КНИГА ЗОАР

с комментарием «Сулам»

Глава Хаей Сара

Глава Толдот

Глава Ваеце

Под редакцией проф. М. Лайтмана

Под редакцией проф. М. Лайтмана
Книга Зоар, Хаей Сара
Laitman Kabbalah Publishers, 2015. – 448 с.
Напечатано в Израиле.

Edited by Prof. M. Laitman
The Book of Zohar, Hayei Sarah
Laitman Kabbalah Publishers, 2015. – 448 pages.
Printed in Israel.

ISBN 978-965-7577-54-7

DANACODE 760-99

До середины двадцатого века понять или просто прочесть книгу Зоар могли лишь единицы. И это не случайно – ведь эта древняя книга была изначально предназначена для нашего поколения.

В середине прошлого века, величайший каббалист 20-го столетия Йегуда Ашлаг (Бааль Сулам) проделал колоссальную работу. Он написал комментарий «Сулам» (лестница) и одновременно перевел арамейский язык Зоара на иврит.

Но сегодня наш современник разительно отличается от человека прошлого века. Институт ARI под руководством профессора М. Лайтмана, желая облегчить восприятие книги современному русскоязычному читателю, провел грандиозную работу – впервые вся Книга Зоар была обработана и переведена на русский язык в соответствии с правилами современной орфографии.

Copyright # 2015 by Laitman Kabbalah Publishers
1057 Steeles Avenue West, Suite 532
Toronto, ON M2R 3X1, Canada
All rights reserved

Содержание

ГЛАВА ХАЕЙ САРА

И подняли – и бросили его в море 8
Думá поднимается и принимает в расчет 11
Царь при возделанном поле 16
Тот, кто умаляет себя 19
И было жизни Сары… 20
И коровы пели 22
Вражду положу между тобою и женою 24
Бесформенным видели меня глаза Твои 26
Скорбеть по Саре и оплакивать ее 29
Дума заносит их в счет и извлекает по счету 32
И умерла Сара в Кирьят-Арба 35
Небесный змей 39
Различные колдовства – среди женщин 41
Пещера Махпела 44
Четыреста шекелей 46
Пещера Махпела 49
И Авраам состарился, достиг преклонных дней .. 55
Сколько мест есть у праведников 56
Эден роняет капли на сад 60
О понятии «возрождение мертвых» 64
Не возьмешь жены из дочерей Кнаана 91
Вот Ривка выходит 94
Молитва, вопль, плач 96
И ввел ее Ицхак в шатер 109
И взял Авраам еще жену 112
А сыновьям наложниц дал Авраам дары 114
Кто отдал на разорение Яакова 115

ГЛАВА ТОЛДОТ

Вот родословная Ицхака 118
И было Ицхаку сорок лет.. 126
И молился Ицхак 130
И толкались сыновья... 132
Трапеза праведников в грядущем будущем 135
Сочетание свойства милосердия с судом 140
И толкались сыновья в утробе ее 149
Собрание изгнаний и возрождение мертвых 151
Соединение изгнаний и возрождение мертвых 153
И выросли отроки – ибо охота на устах его 155
Ибо охота на устах его 156
И сварил Яаков похлебку 158
И был голод в той земле 161
Она сестра моя 164
И повелел Авимелех 166
И нарек ему имя Реховот 168
И ослабли глаза его, и перестал видеть 179
Призвал он Эсава – не знаю дня смерти моей 181
Любимая одежда Эсава 186
В несчастье своем воззвал я, и Он ответил мне............................. 189
Благословения... 190

ГЛАВА ВАЕЦЕ

И вышел Яаков из Беэр-Шевы 226
Семь сует 233
Сияние светящего зеркала 237
Сам и жена-блудница.. 244
И вышел Яаков из Беэр-Шевы 254
Встань, Творец 259
И вышел Яаков из Беэр-Шевы 264
Пророчество, ви́дение и сновидение 265
И вот Творец стоит над ним 272
И пробудился Яаков и сказал: «Как страшно это место» .275

Вот лестница поставлена на землю	277
И дал Яаков обет	282
Сказал рабби Хия Элияу	287
И увидел: вот колодец в поле	290
И вышел Яаков из Беэр-Шевы	300
Буду служить тебе семь лет	307
Высший праведник, нижний праведник	309
Четыре связи	315
И увидел Творец, что нелюбима Лея	319
Колена	321
На этот раз возблагодарю – и нарекла ему имя Йегуда	332
Мысли его были о Рахели	335
И нашел он мандрагоры в поле	345
И было, когда родила Рахель Йосефа	365
Аламот песнь	371
Любое построение может быть только по три	374
Память и воспоминание	384
Смерть и смертная тень	391
И помнил Всесильный о Рахели	393
Назначь себе плату	394
Прутья	398
И брал себе Яаков прут белого тополя	400
Благословения – на голове праведника	410
Но не видел я праведника оставленным	411
И поместил их Всесильный на своде небесном	414
Два небосвода – начало и окончание	415
Насыщаются деревья Творца	419
Прутья (2)	421
Жив Творец, и благословен оплот мой	427
Не отвращает очей Своих от праведника	429
Жертву Мне, хлеб Мой	432
Божки	434
И встретили его ангелы Всесильного	437

Глава Хаей Сара

И подняли – и бросили его в море

1) «И было жизни Сары сто двадцать семь лет»[1].

Первым заговорил рабби Йоси, провозгласив: «"И подняли они Йону, и бросили его в море, и перестало море бушевать"[2]. Надо разобраться. В чем смысл сказанного, что гневалось на Йону море, а не земля, Нуква? Если он покидает пределы страны, чтобы не пребывала над ним Шхина, ведь он покидает землю Исраэля, Нукву – почему же море забрало его, когда он ушел, а не земля, из которой бежал?»

2) «Но всё здесь на своем месте. Море подобно небосводу, а этот небосвод подобен трону величия». Объяснение. Мы уже знаем[3], что есть семь небосводов, ХАГАТ НЕХИ Зеир Анпина, и верхний небосвод, над ними, называемый МИ – ИШСУТ. И нижний небосвод, находящийся ниже всех, – Малхут Зеир Анпина, от которой выстраивается Нуква, – получает две буквы МИ (מ) от высшего небосвода, и они становятся у нее буквами ЯМ (ם). Высший небосвод передает Хохму, имеющуюся в нем, только Нукве. И потому получила Нуква буквы МИ (מ), находящиеся в нем, и стали они в ней ЯМ (ם море), что указывает на Хохму, находящуюся в Нукве.

И поэтому сказано, что это «море (ям ם)» – Нуква, «подобно небосводу» – т.е. нижнему небосводу Зеир Анпина, так как от этого небосвода исходит всё ее строение. «А этот небосвод подобен трону величия» – т.е. ИШСУТ, которые являются троном для высших Абы ве-Имы, и именно поэтому получил нижний небосвод буквы МИ (מ), имеющиеся в троне величия, и это стало «морем» – ЯМ (ם). И различие между словом «земля» и словом «море» – в том, что название Нуквы «земля» указывает не на свечение Хохмы в ней, а только на благословение, пребывающее с ней, а название Нуквы «море (ям ם)» указывает только на свечение Хохмы, имеющееся в ней, и оттуда исходит пророчество.

---

[1] Тора, Берешит, 23:1. «И было жизни Сары сто двадцать семь лет - это годы жизни Сары».
[2] Пророки, Йона, 1:15.
[3] См. Зоар, главу Лех леха, пп. 211-214.

И потому настигло его море, и поглотило в себя, – ведь он убегал от моря, так как убегал от пророчества, которое происходит от мохин Нуквы, являющихся свойством «море». И поэтому гневалось на него море, а не земля. И потому «бросили его в море», и это было сделано для того, чтобы вернуть его к пророчеству, от которого он убежал.

3) «И подняли они Йону и бросили его в море»². Когда бросали его в море, погрузили его по колено – море успокоилось. Подняли его – забушевало море. Сколько раз опускали его, столько же успокаивалось море. Пока сам он не сказал: «Поднимите меня и бросьте в море». Тотчас: «И подняли они Йону, и бросили его в море»².

4) Когда он был брошен в море, вышла из него душа и вознеслась до престола Царя, и была осуждена перед Ним. И была возвращена ему душа, и он вошел в пасть той самой рыбы, и рыба умерла. А затем рыба снова ожила.

5) В час, когда человек поднимается на свое ложе и спит, каждую ночь из него выходит душа его и осуждается перед верховным судом Царя. Если он заслуживает остаться в живых, возвращают душу его в этот мир.

6) И суд ведется двумя путями, потому что не осуждают человека за то зло, которое ему предстоит и предопределено совершить в будущем. Как сказано: «Ибо услышал Всесильный голос отрока оттуда, где он находится»⁴, а не где предстоит (ему находиться). Но не говори, что человека судят лишь по тому добру, которое он уже сделал.

Однако рассматривают человека за добро на данный момент, но судят его по заслугам, которые ему предстоит приобрести, и благодаря которым ему даруется жизнь, несмотря на то, что сейчас он – грешник. Потому что Творец хорошо обращается со всеми созданиями. И все, что Он делает, – лишь во благо всем. И потому Он не судит человека за то зло, которое ему предстоит сделать.

И потому осуждается человек пред Творцом, который знает будущее. И как осуждают человека каждую ночь рассказывается

---

⁴ Тора, Берешит, 21:17.

здесь для того, чтобы выяснить сказанное выше о Йоне – что вышла душа его, и был он осужден пред Творцом.

7) После того, как Йону бросили в море, сказано: «И перестало море бушевать»² – высшее море, Нуква. Когда гнев его стихает, оно пребывает в покое.

В час, когда в мире царит суд, палата суда, Нуква, подобна беременной женщине, рожающей в муках, но когда родит, страх забывается. И также, когда суд царит в мире, он не затихает и не успокаивается, пока не совершается суд над грешниками. И тогда, покоем для него является – пребывать на своем месте в совершенстве и выполнять необходимое. Как сказано: «При гибели нечестивых – торжество»⁵.

8) Сказано: «При гибели нечестивых – торжество». А также сказано: «Разве Я хочу смерти нечестивого?» Ведь нет радости Творцу от того, что совершается суд над грешниками. Но в одном случае говорится, что пока не переполнилась мера, Он не желает «смерти нечестивого». А в другом – после того, как переполнилась мера, и тогда: «При гибели нечестивых – торжество».

---

⁵ Писания, Притчи, 11:10. «При благоденствии праведных ликует город, и при гибели нечестивых – торжество».

ГЛАВА ХАЕЙ САРА

Дума́ поднимается и принимает в расчет

9) «И было жизни Сары»¹. «Это суть Мишны» - квинтэссенция Мишны, поскольку она была очень длинной и была сокращена. «Мы» – мудрецы Мишны, «были близки» – к внутренней сути этой ступени, «слышали голос обращающийся», чтобы воздействовать «сверху вниз, и распространяющийся по миру».

Объяснение. После того как Зеир Анпин, называемый «голос», поднялся и согласовал, и восполнил две линии, – правую и левую Бины, – своим свечением снизу вверх, он обращается и распространяется оттуда к миру, и светит сверху вниз.

«Этот голос переворачивает горы и сокрушает могучие скалы» – т.е. его свечение переворачивает и сокрушает все клипот. «Поднимаются сильные порывы духа, и уши открыты». Объяснение. Здесь выясняется, откуда берется сила воздействия этого голоса, Зеир Анпина, и говорится, что «сильные порывы духа (рухот)», т.е. сфирот Зеир Анпина, называемого «руах (дух)», поднимаются в «ознаим (уши)», в Бину, в виде МАН, и там образовывается «голос». И он согласует там две линии Бины, и Хохма, имеющаяся в левой линии, облачается в хасадим правой, и тогда открываются «ознаим (уши)», чтобы светить.⁶ И в той мере, в какой «голос» открывает «уши», чтобы светить, распространяется и светит он сам.⁷

10) «Голос этот говорил при перемещениях» – при воздействии его, называемом перемещением, поскольку он распространяется в три места⁸, «"убавь часть". И безмолвно спящие, у которых сон в глазницах, возвращаются на свое место».

Объяснение. Средняя линия не может согласовать две линии и включить их друг в друга прежде, чем уменьшает левую линию от ГАР до ВАК де-ГАР. И во время свечения левой линии, без включения в хасадим правой, перекрываются все света, и темнеет ночь, и люди спят. То есть уходят из них мохин. И

---

⁶ См. Зоар, главу Лех леха, п. 6.
⁷ См. Зоар, главу Берешит, часть 1, п. 363.
⁸ См. Зоар, главу Ваера, п. 28, а также Зоар, главу Берешит, часть 1, п. 12.

это означает сказанное: «голос» – средняя линия, «говорил: "Убавь часть"» – т.е. повелевал силой его убавить часть, ГАР де-ГАР, от свечения левой линии. И тогда «безмолвно спящие, у которых сон в глазницах» – из-за свечения левой линии без включения в правую, которое перекрывало им света, теперь «возвращаются на свое место». Так как сейчас, когда уменьшились ГАР левой линии, левая и правая линии включились друг в друга, и света открываются. И потому пробуждаются спящие и постигают свои мохин, являющиеся их жизненной силой.

«Царь» – Нуква, получающая от Зеир Анпина, называемого «голос», «говорит: "Охраняйте врата! Повелитель многочисленных воинств находится на месте своем!"» Когда Нуква, называемая Царем, получила мохин от голоса, средней линии, сказала: «Охраняйте врата!» То есть, после того, как голос сказал: «Убавь часть», и уменьшил ГАР, передающие наполнение сверху вниз, сказала также и Нуква: «Охраняйте врата!» – чтобы не притягивали сверху вниз. И тогда «Повелитель многочисленных воинств» – Матат, «находится на месте своем» – т.е. получает эти мохин от Нуквы.

11) Все они не чувствуют и не знают, что книга раскрыта, и что записаны по имени, и что Дума поднимается и принимает в расчет. Три эти (понятия), книга-имя-расчет, находятся в Нукве. Сама Нуква называется книгой, в которой содержатся все души и выходят из нее. И у каждой души есть в этой книге, Нукве, уровень ступени, который называется «имя». А уровень этой ступени выходит в зивуге на экран, который называется расчетом, поскольку ступень этого зивуга рассчитана и учтена в авиюте экрана.

А слова «книга раскрыта» означают, что Нуква раскрыта для получения душ от Зеир Анпина. «И что записаны по имени» – и у каждой души есть в этой книге уровень особой ступени, которая выходит в результате расчета, то есть экрана. «И Дума» – являющийся ангелом, ответственным за мертвых, чтобы судить их в могилах и подготовить к возрождению из мертвых, а также за души грешников, чтобы судить их в аду, «поднимается и принимает в расчет» – поднимается в назначении своем и принимает полномочия судить эти мертвые тела посредством расчета, т.е. экрана средней линии.

Есть два вида судов и наказаний:
1. Исходящие от власти левой линии до выхода средней линии.
2. Исходящие от самой средней линии, после того, как она включила правую и левую линии друг в друга.

И это происходит потому, что средняя линия «говорит при перемещениях: «Убавь часть» – т.е. уменьшает ГАР левой линии, передающие наполнение сверху вниз. И вследствие этого, все келим, хоть раз принявшие в себя это свечение сверху вниз, должны аннулироваться и возродиться заново.

И известно, что отведать от Древа познания означает притянуть наполнение сверху вниз.[9] И тела из-за этого обречены на смерть. А вследствие свечения средней линии тела вынуждены аннулироваться окончательно, т.е. гнить в могиле до тех пор, пока не останется от них только горсть праха, потому что не выйдет из них принятая ими скверна, если сгниют недостаточно. А затем, во время возрождения, они снова восстанавливаются. И ответственный за этот суд, ангел Дума, поднимающийся в назначении своем – судить мертвые тела в могилах – которое он получает вследствие расчета, т.е. экрана де-хирик средней линии, называемого «расчет», а именно: в силу двух видов судов и наказаний, исходящих от средней линии, от ее экрана.

Поэтому только у тех, кто удостоился при жизни получить мохин от средней линии, будут мертвые тела после смерти судиться Думой, силой средней линии. Однако у тех, кто при своей жизни не удостоился мохин средней линии, но был привязан к левой линии, нисходящие на них суды и наказания относятся к первому виду, а не к средней линии. Поэтому после их смерти не примет Дума их мертвые тела, так как суды его исходят только от средней линии. И как удостоятся ее после смерти те, кто не удостоился при жизни?

И отличие, будут ли мертвые тела судиться Думой или нет, очень большое. Ведь оживление мертвых обусловлено большим общим зивугом, происходящим в конце исправления, когда все зивуги и ступени, вышедшие от них одна за другой на протяжении шести тысяч лет, соберутся в один общий зивуг

---

[9] См. Зоар, главу Берешит, часть 2, п. 285.

одновременно. И поскольку они собираются все сразу, это вызывает очень большой свет, несущий конец исправления.[10]

Поэтому мертвые тела, которые судятся Думой, относящиеся к зивугам, производимым в средней линии посредством расчета, присутствующего в каждом зивуге, становятся готовыми благодаря этому получить также и собрание сразу всех зивугов в конце исправления, и восстанут к возрождению из мертвых. И это смысл того, что ангел Дума принимает мертвых в результате расчета – то есть в меру зивуга. А затем, во время оживления мертвых, он их включает в расчет. Поскольку тогда все расчеты соберутся в один расчет, и оживут мертвые.

Но осуждаемые первым видом наказаний, от левой линии, мертвые тела которых не были включены в расчет средней линии, и поэтому Дума не принимает их в расчет, они не восстанут к возрождению из мертвых, поскольку нет у них доли в этом большом свете, который соберется от всех зивугов, происходящих в средней линии.

«И лежащие во прахе», т.е. грешники, не включаются в зивуг голоса и речи, а «возвращаются наружу». Иначе говоря, хотя они уже и вошли внутрь, чтобы получить от средней линии, возвратятся наружу и не захотят получать от нее. «Ведь приближающий добро» – т.е. средняя линия, Есод, называемый добром, «должен быть учтен в них» – т.е. давать им наполнение посредством расчета. «Но они не желают перемещения и переворачивания».

Объяснение. Мохин, нисходящие посредством расчета от средней линии, нисходят с помощью перемещения, т.е. когда они перемещаются, следуя друг за другом в последовательности трех точек холам-шурук-хирик.[11] И производится также исправление переворачиванием ступеней при свечении левой линии. То, что было в ней раньше – ГАР вверху, а после них ВАК, а после этого вынесение приговора, – перевернулось. И вынесение приговора стало высшим, за ним ВАК, и в завершение их всех – ГАР.[12]

---

[10] См. «Предисловие книги Зоар», п. 91, со слов: «И поэтому сказано: "Бен Иш Хай..."»

[11] См. Зоар, главу Ваера, п. 48, со слов: «И сказано: "Третий цвет..."»

[12] См. Зоар, главу Ваера, п. 286, со слов: «Внутренний смысл сказанного...»

И это смысл того, что грешники, которые связаны с левой линией, не желают мохин средней линии. Ведь мохин средней линии приходят с помощью перемещения по трем точкам и переворачивания ступеней левой линии. А они не хотят перемещения и переворачивания, так как желают только ГАР левой линии, нисходящие к ним сверху вниз.

12) И поскольку они не желают мохин, приходящих с помощью перемещения и переворачивания, то падут и не восстанут к возрождению из мертвых. И поэтому грешники вычеркиваются из книги Думы, так как он принимает только посредством расчета от средней линии, которую не включают в себя грешники. А потому – кто же потребует их во время оживления мертвых? Ведь при оживлении мертвых ангел Матат получит от Думы список расчета по кладбищам. Но кто же потребует, чтобы грешники, которые не вошли в расчет Думы, были возрождены из мертвых? И кто обитает в их расчете? Это намек на тяжелую клипу, называемую Сихон, которая вселилась в расчет, и она противоположна Думе.

Дума означает «дмама́ (безмолвие)». А Сихон означает «сиха (разговор и речь)». Горе им и жизни их, и страданиям их! О них сказано: «Пусть будут вычеркнуты из книги жизни!»[13] – ибо не восстанут к возрождению из мертвых.

---

[13] Писания, Псалмы, 69:29. «Пусть будут вычеркнуты из книги жизни, и среди праведников не будут записаны!»

Царь при возделанном поле[14]

13) «И было жизни Сары»[15]. Почему так отличается сказанное о Саре? Ведь Тора говорит о смерти ее больше, чем обо всех женщинах мира, смерть которых не описана в Торе. Но и о них сказано: «И умерла Рахель»[16], «И умерла там Мирьям»[17], «И умерла Двора, кормилица Ривки»[18], «И умерла дочь Шуи, жена Йегуды»[19] – т.е. в Торе сказано о смерти многих женщин.

14) Обо всех них не написано так, как написано о Саре: «И было жизни Сары сто лет, и двадцать лет, и семь лет – это годы жизни Сары». Всем им не насчитывались дни и годы так, как Саре. Обо всех них не написана особая глава, как о Саре. И всё это потому, что она является той ступенью, от которой зависят все дни и годы человека. Иначе говоря, от этих мохин, которые называются «жизнь Сары» и подразумеваются под числами «сто лет и двадцать лет, и семь лет», происходит жизнь человека.

15) «Но превосходство земли во всем – это царь при возделанном поле». «Но превосходство земли» – т.е. Нуквы, «во всем» – в Есоде Зеир Анпина, ибо из Есода выходят духи (рухот), души (нешамот) и благо миру.

«Царь при возделанном поле». «Царь» – это Творец. «Возделанное поле» – когда оно исправлено как подобает. Высший Царь, Зеир Анпин, соединяется с полем, когда оно возделано.

---

[14] Писания, Коэлет, 5:8. «Но превосходство земли во всем – это царь при возделанном поле».
[15] Тора, Берешит, 23:1. «И было жизни Сары сто лет, и двадцать лет, и семь лет – это годы жизни Сары».
[16] Тора, Берешит, 35:19. «И умерла Рахель. И погребена была она на пути в Эфрат, он же Бейт-Лехем».
[17] Тора, Бемидбар, 20:1. «И пришли сыны Исраэля, все общество, в пустыню Цин в первый месяц, и разместился народ в Кадеше. И умерла там Мирьям, и похоронена была там».
[18] Тора, Берешит, 35:8. «И умерла Двора, кормилица Ривки, и была погребена ниже Бейт-Эля, под дубом, который назвали дубом Плача».
[19] Тора, Берешит, 38:12. «И прошло много дней. И умерла дочь Шуи, жена Йегуды. И утешился Йегуда, и взошел он к стригущим его овец, он и друг его Хира из Адулама, в Тимну».

«Поле, которое благословил Творец»[20], – это Нуква, о которой сказано: «Как запах поля, которое благословил Творец»[20]. Ибо когда оно возделано и исправлено полностью, как подобает, высший Царь, Зеир Анпин, соединяется с ним.

16) «Царь» – это Шхина, царящая в доме человека, дабы исправляться в ней, когда человек женат и соединяется с женой, чтобы порождать и приносить плоды. Шхина порождает души, чтобы поселять их в себе, и потому соединяется только с возделанным полем.

17) «Царь» – это жена, боящаяся Творца, как сказано: «Жена, боящаяся Творца, прославлена»[21]. Иными словами, это Шхина. «При возделанном поле» – это чужая жена, нечистая сторона, как сказано: «Чтобы охранить тебя от чужой жены»[22]. Ибо есть поле, и есть поле. Есть поле, где царят все благословения и святыни, как сказано: «Как запах поля, которое благословил Творец»[20]. И это – Шхина. И есть поле, где царят всё разрушение и скверна, и уничтожение, и убийства, и войны. И это – нечистая сторона.

И этот царь, т.е. Шхина, иногда служит этому полю, т.е. нечистой стороне, как сказано: «Под тремя трясется земля, четырех она не может носить... рабыню, наследующую своей госпоже»[23]. Иными словами, поле нечистой стороны наследует Шхине. И тогда свет этого царя, т.е. Шхины, укрывается и меркнет, пока она не очистится и не соединится наверху с Зеир Анпином.

18) Поэтому приносится (в жертву) козел на новомесячье, и тогда отделяется это поле, т.е. нечистая сторона, от святого царя, т.е. от Шхины, и благословения не пребывают над этим полем, над нечистой стороной. Когда же он служит этому полю,

---

[20] Тора, Берешит, 27:26-27. «И сказал ему Ицхак, отец его: "Подойди же и поцелуй меня, сын мой". И тот подошел и поцеловал его, и он обонял запах одежды его, и благословил его, и сказал: "Гляди, запах сына моего, как запах поля, которое благословил Творец"».
[21] Писания, Притчи, 31:30. «Обманчива прелесть, и суетна красота: жена, боящаяся Творца, прославлена».
[22] Писания, Притчи, 7:5.
[23] Писания, Притчи, 30:21-22. «Под тремя трясется земля, четырех она не может носить: раба, когда он делается царем, и негодяя, когда он досыта ест хлеб, ненавистную, вышедшую замуж, и рабыню, наследующую своей госпоже».

нечистой стороне, тогда, как сказано: «Ибо в поле он нашел ее» – т.е. Шхину, «кричала девица обрученная, но некому было спасти ее»[24]. В поле – значит в нечистой стороне.

19) Явилась Хава в мир и прилепилась к тому самому змею, и привнес он в нее скверну, и навлекла она смерть на мир и мужа своего. Явилась Сара, и спустилась в место нечистой стороны, и поднялась, и не прилепились к ней клипот, как сказано: «И поднялся Аврам из Египта, он и жена его, и все, что у него»[25]. Явился Ноах в мир, и сказано (о нем): «И выпил вина, и опьянел, и обнажился»[26].

20) И поскольку Авраам и Сара не прилепились к нечистой стороне, заслужила Сара высшую жизнь – для себя, для мужа и для сыновей своих после нее. Сказано об этом: «Смотрите на скалу, из которой высечены вы» – т.е. на Авраама, «и в глубину рва, из которого извлечены вы»[27], – т.е. на Сару. И сказано: «И было жизни Сары...», потому что она заслужила все их, все эти годы. А обо всех женщинах так не сказано. Не сказано: «И было жизни Хавы...», и обо всех – точно так же. Ибо она прилепилась к жизни, и поэтому жизнь относится к ней.

---

[24] Тора, Дварим, 22:27.
[25] Тора, Берешит, 13:1.
[26] Тора, Берешит, 9:21.
[27] Пророки, Йешаяу, 51:1. «Слушайте Меня, следующие за правдой, ищущие Творца! Смотрите на скалу, из которой высечены вы, и в глубину рва, из которого извлечены вы».

ГЛАВА ХАЕЙ САРА

Тот, кто умаляет себя

21) Счастлив тот, кто умаляет себя в этом мире: как велик и возвышен он в мире вечном! Кто мал в этом мире, тот велик в вечном мире. А кто велик в этом мире, тот мал в вечном мире. Сказано: «И было жизни Сары сто лет, и двадцать лет, и семь лет»[28]. «Сто» – это большой счет, а сказано о нем «год (шана)»; умалил его до одного года. «Семь» – это малый счет; увеличил и преумножил его, и сказано о нем «лет (шаним)».

Творец возвеличивает лишь того, кто умаляет себя, а умаляет лишь того, кто возвеличивает себя. Счастлив тот, кто умаляет себя в этом мире: как велики достоинства его в мире вечном!

---

[28] Тора, Берешит, 23:1. «И было жизни Сары сто лет, и двадцать лет, и семь лет». Слово лет в первых двух случаях употребляется в единственном числе – год.

И было жизни Сары...

23)[29] «И было жизни Сары сто лет, и двадцать лет, и семь лет – это годы жизни Сары». «И было жизни Сары» – вся эта жизнь наверху, в Бине. «Сто лет» – это Кетер наверху, «и двадцать лет» – это Хохма и Бина наверху, «и семь лет» – это ЗАТ наверху. То есть это ГАР и ЗАТ Бины, откуда Сара получила жизнь, мохин. Почему обо всех сказано «год», а о семи сказано «лет», буквально: «сто год (мéа шанá), и двадцать год (эсрим шана), и семь лет (шéва шаним)»?

24) Однако же «сто лет» – это совокупность всего там, т.е. Кетер, включающий все десять сфирот, каждая из которых состоит из десяти, и всего их сто. И включено туда высшее место, самое скрытое из всего скрытого, – т.е. Арих Анпин, ежедневно дающий Малхут сто благословений из ста своих сфирот. Арих Анпин – это Кетер мира Ацилут. И также в «двадцать лет», т.е. в Хохму и Бину, включен Арих Анпин, самый скрытый из всего скрытого, и поэтому сказано о них «год», в единственном числе, так как он – это свойство единства. Ибо «мысль» и «юбилей (йовель)», т.е. Хохма и Бина, не отделяются друг от друга никогда, потому что ГАР связаны друг с другом как одно целое.

25) Однако «семь лет», т.е. ЗАТ Бины, отделены друг от друга и исключены из совокупности скрытого наверху, т.е. Арих Анпина, так как они находятся под парсой Арих Анпина, расположенной в его хазе, и парса отделяет их от Арих Анпина. И хотя всё в равной мере является единством, но ЗАТ делятся посредством суда и милосердия на несколько сторон и путей. Тогда как наверху, в ГАР Бины, в которые Арих Анпин облачается в свойстве выше хазе, нет суда вообще, и поэтому сказано об этих семи годах «семь лет (шаним)», а не «год (шана)», как в ГАР. И все вместе, десять сфирот ГАР и ЗАТ, называются «жизнь». Поэтому сказано: «И было жизни Сары» – действительно «было», так как она (жизнь Сары) была создана и находилась наверху, в десяти сфирот Бины.

26) Почему о смерти Сары написано больше, чем об остальных женщинах? Потому что Ицхаку, когда он был связан для жертвоприношения, было тридцать семь лет. И когда он был

---

[29] Пункт 22 в данной редакции текста не приводится.

связан, умерла Сара, как сказано: «И пришел Авраам...»[30] Он пришел с горы Мориа, после жертвоприношения Ицхака. И эти тридцать семь лет со дня рождения Ицхака до времени принесения его в жертву, конечно же, были жизнью Сары, согласно числовому значению слова «и было (ויהיו)», составляющего в гематрии тридцать семь лет[31] – со дня рождения Ицхака и до принесения его в жертву. И смерть Сары описана в Торе, чтобы сообщить нам это.

---

[30] Тора, Берешит, 23:2. «И пришел Авраам скорбеть по Саре и оплакивать ее».
[31] В гематрии, сумма числовых значений букв слова ויהיו составляет 37 (6+10+5+10+6).

ГЛАВА ХАЕЙ САРА

И коровы пели

27) «Псалом. Пойте Творцу новую песнь, ибо чудеса сотворил Он, помогла ему десница Его и рука Его святая»[32]. Эти слова Писания провозгласили коровы, как сказано: «И коровы пели в пути»[33]. Что значит «пели»? То есть возглашали новую песнь. Какую же песнь? – «Псалом. Пойте Творцу новую песнь».

28) Все, сотворенные в мире Творцом, возглашают хвалы и песни пред Ним, как наверху, так и внизу. Так, может быть, коровы сами возгласили эту песнь? Именно так и было. Но только над этими коровами был ковчег, когда же ковчег забирали у них, они мычали, как прочие коровы мира, и не возглашали песнь. Конечно же, ковчег, находившийся над ними, заставлял их петь.

29) Сказано «псалом», тогда как во всех местах сказано: «псалом Давида» или «Давидов псалом». Здесь же Давид вовсе не упомянут, а сказано только «псалом». Это потому, что в будущем дух святости воспоет его, когда Творец поднимет Исраэль из праха. И потому не сказано здесь: «Давида». И тогда «пойте Творцу новую песнь» – ведь она действительно новая, потому что песнь, подобная этой, еще не возглашалась со дня сотворения мира.

30) Сказано: «Нет ничего нового под солнцем»[34]. А здесь, песнь эта – новая, и она под солнцем, ибо под солнцем будет (возглашаться). И что же такое эта песнь? Это луна, т.е. Нуква. Ведь тогда будет новая луна под солнцем, и обновится ее свет, став «как свет солнца»[35], т.е. Зеир Анпина.

Каков же смысл того, что будет новое под солнцем? Об этом сказано: «Ибо чудеса сотворил Он»[32]. Что же это за чудеса? Сказано: «Помогла ему десница Его и рука Его святая»[32] – т.е.

---

[32] Писания, Псалмы, 98:1. «Псалом. Пойте Творцу новую песнь, ибо чудеса сотворил Он, помогла ему десница Его и рука Его святая».
[33] Пророки, Шмуэль 1, 6:12. «И коровы шли прямо (пели) в пути, по дороге к Бейт-Шемешу; одною дорогою шли, идя с мычанием, и не отклонялись ни вправо, ни влево; а князья плиштим следовали за ними до границы Бейт-Шемеша».
[34] Писания, Коэлет, 1:9.
[35] Пророки, Йешаяу, 30:26. «И будет свет луны как свет солнца».

Его правая и левая рука, Хесед и Гвура. «Помогла ему» – кому? Той ступени, которая возгласила эту песнь, – духу святости, Нукве. Ибо Нуква полагалась на них, на правую и левую руку, как сказано: «Помогла ему десница Его и рука Его святая» – т.е. Его левая рука.

И потому слова «помогла ему десница Его», конечно же, указывают на ту ступень, которая называется псалмом, духом святости, Нуквой. И будет ее свет как свет солнца – когда встанут мертвые мира и пробудятся из праха. Тогда возникнет новое – то, что еще не происходило в этом мире.

31) В то время, когда Творец совершит в мире возмездие за Исраэль, будет возглашена эта «новая песнь». Иначе говоря, с приходом Машиаха, но не во время воскрешения мертвых, потому что после прихода Машиаха пробудятся мертвые мира из праха, и мир возродится к совершенному существованию. И смерть не будет властвовать в мире как прежде, когда змей вызвал смерть в этом мире, и мир осквернился, и омрачились лица творений.

Вражду положу между тобою и женою

32) «Несутся с судами папирусными»[36]. Сколько же судов плывет в великом море, и есть среди них суда и корабли, отличающиеся друг от друга. А эти суда змея, плывущие среди них, называются «судами папирусными».

Объяснение. Великое море – это Нуква. Суда, плывущие по морю, – это ступени ее свечения нижним. Суда змея – это проникновения змея, чтобы питаться от нее, и эти проникновения называются папирусными судами (ониёт эйва אֳנִיּוֹת אֵיבָה). «Вражду (эйва איבה) положу между тобою и женою»[37] – т.е. Он даст ему проникнуть, чтобы питаться от Нуквы, и это проникновение называется враждой.

33) «Между тобою и женою»[37]. Сказано: «Жена, трепещущая пред Творцом»[38] – т.е. Малхут. «Между потомством твоим»[37] – это все остальные народы-идолопоклонники, т.е. потомство змея, «и потомством ее»[37] – это Исраэль, потомство Малхут. «Оно будет поражать тебя в голову»[37] – это Творец, который в будущем истребит змея из мира, как сказано: «Уничтожит смерть навеки»[39]. А также сказано: «Дух нечистоты удалю с земли»[40].

34) «В голову (рош)» – это в грядущем будущем, когда оживут мертвые. Ибо тогда мир будет свойством «рош», так как будет пребывать в рош – т.е. в нем будут светить три первые сфирот (ГАР), представляющие собой высший мир.

«А ты будешь жалить его в пяту»[37] – т.е. в этом мире сейчас, до конца исправления, так как мир – это пята, он лишен

---

[36] Писания, Иов, 9:25-26. «Дни мои быстрее гонца, бегут, не видя добра. Несутся с судами папирусными, как орел, что летит на добычу».
[37] Тора, Берешит, 3:15. «И вражду положу между тобою и женою, и между потомством твоим и потомством ее. Оно будет поражать тебя в голову, а ты будешь жалить его в пяту».
[38] Писания, Притчи, 31:30. «Жена, трепещущая пред Творцом, прославлена».
[39] Пророки, Йешаяу, 25:8.
[40] Пророки, Зехария, 13:2.

совершенного существования. И этот змей уязвляет мир, омрачая лики творений.

35) Дни человека были сотворены и находились на высших ступенях, в семи сфирот Хесед-Гвура-Тиферет-Нецах-Ход-Есод-Малхут (ХАГАТ НЕХИМ). Когда закончилось их пребывание на этих ступенях, как сказано: «Дни лет наших – семьдесят лет»[41], в соответствии с семью сфирот, каждая из которых состоит из десяти, нет более ступени для существования. Поэтому сказано: «Высокомерие их – суета и ничтожность»[41], и их как не было. Высокомерие указывает на больший срок, то есть если человек живет больше семидесяти лет, то они – лишь суета и ничтожность, так как нет более сфиры, чтобы привлечь жизнь от нее. И потому этих лет словно и не было вовсе, так как неугодны они.

36) Однако дни праведников продолжаются, даже если они живут больше семидесяти лет. Ибо они получают от высшего знака удачи, который добавляет жизнь к семидесяти годам – сколько угодно, как сказано: «И было жизни Сары сто двадцать семь лет»[1], а также: «Вот дни лет жизни Авраама… – сто семьдесят пять лет»[42]. Но если сказать, что ведь и об Ишмаэле сказано: «Вот годы жизни Ишмаэля: сто тридцать семь лет»[43], хотя он не был праведником – то это потому, что он раскаялся. Поэтому говорится о его днях, как о днях Авраама.

---

[41] Писания, Псалмы, 90:10. «Дни лет наших – семьдесят лет, а если сильны – восемьдесят лет, и высокомерие их – суета и ничтожность, ибо быстро мелькают они, и умираем мы».

[42] Тора, Берешит, 25:7. «Вот дни лет жизни Авраама, которые он прожил, – сто семьдесят пять лет».

[43] Тора, Берешит, 25:17. «И вот годы жизни Ишмаэля: сто тридцать семь лет».

Бесформенным видели меня глаза Твои

37) «Иди, друг мой, выйдем в поле, ночевать будем в деревнях»[44]. Выходящий в путь должен вознести три молитвы:
– молитву, обязательную в этот день;
– дорожную молитву, за тот путь, который он проделывает;
– и молитву, чтобы вернуться домой с миром.

И для этих трех не нужны три отдельных благословения, но даже с одним благословением он может проделать его (путь). Ибо все свои просьбы человек может включить в благословение: «Внимающий молитве»[45].

38) Все дела человека записаны в книгу, – в высшем мире, – как добро, так и зло. И за все ему предстоит дать ответ. Ведь сказано: «Бесформенным видели меня глаза Твои»[46]. Иначе говоря, все дела, совершенные бесформенным телом, которое не следит за тем, что будет в будущем мире, – «видели глаза Твои», ибо Ты взирал на них.

«И в книгу Твою все записаны будут»[46] – чтобы дать за них ответ в будущем мире. А потому человек всегда должен дела предварять молитвой, и это поможет ему.

39) Не человек совершает нарушения, а тот, кто является бесформенной массой (големом), а не человеком, кто не считается с нуждами святой души, и все его дела – как у животного, которое ни на что не обращает внимания и ничего не знает. Но разве Давида можно назвать бесформенным телом, которое не считается с душой, когда он произносит эти слова?

Адам Ришон возгласил ту же строфу: «Бесформенным видели меня глаза Твои»[46], потому что «бесформенным» означает – материя, не получившая завершенной формы. И сказал он: «Прежде, чем Ты вселил в меня душу, когда я был бесформен,

---

[44] Писания, Песнь песней, 7:12.
[45] Благословение молитвы «Восемнадцать» – «Благословен Ты, Творец, внимающий молитве».
[46] Писания, Псалмы, 139:16. «Бесформенным видели меня глаза Твои, и в книгу Твою все записаны будут. Дни содеяны – и нет ни одного из них».

видели глаза Твои, как делать по форме моей людей, которые будут подобны мне. И в книгу Твою все записаны будут, причем записаны будут поименно, с указанием, кто они». «Дни содеяны»[46] – т.е. сделаны по этой его форме. «И нет ни одного из них»[46] – т.е. не остался ни один из них.

40) Почему не осталось ни одного из тех, кто был подобен образу Адама? Все, кто походил на Адама, даже если это сходство было отдаленным, а не явным, умерли не своей смертью. Все они были убиты по той же причине – из-за того, что были похожи на Адама.

Образ Адама и красота его была как сияние небосвода, возвышающегося над всеми небосводами, как тот свет, который укрыл Творец для праведников в будущем мире. И потому все те, в ком был хотя бы намек на образ Адама, бывали им же поражены и умирали.

41) Таковы пути Творца: если Он дает человеку богатство, то для того, чтобы давать пропитание миру и выполнять заповеди. Если же человек не сделал этого, а кичится своим богатством, то им же и будет поражен, как сказано: «Богатство, хранимое на беду своему владельцу»[47].

Если Он дает ему сыновей, то для того, чтобы обучать их путям Творца и выполнению Его заповедей, – как сказано об Аврааме: «Ибо предназначил Я его заповедать сыновьям своим и дому своему после себя соблюдать путь Творца»[48]. Если же человек не сделал этого и гордится ими, то ими же и поражают его.

Так же случилось, когда дал им Творец от красоты высшего блага Адама Ришона. Дал Он им это, чтобы они соблюдали Его заповеди и выполняли Его волю. Но они не делали этого, а возгордились. Тогда той же красотой, которой благословились, и были поражены.

42) Когда сотворил Творец Адама Ришона, и тот был еще бесформен, прежде чем вселить в него душу, призвал Творец

---

[47] Тора, Коэлет, 5:12. «Тяжкий недуг видел я под солнцем, – богатство, хранимое на беду своему владельцу!»

[48] Тора, Берешит, 18:19. «Ибо предназначил Я его заповедать сыновьям своим и дому своему после себя соблюдать путь Творца».

ангела, назначенного над формами людей, и сказал ему: «Взгляни и создай по его форме шесть человек: Шимшона, Шауля, Асаэля, Йошияу, Цидкияу и Авшалома». Сказано об этом: «И родил подобного себе, по образу своему, и нарек ему имя Шет»[49] – т.е. шесть (шита) человек.

43) Творец взял от того же самого праха, из которого был сотворен Адам Ришон, чтобы сотворить этих шестерых человек. И назвал его Шет, что значит: шесть. Иными словами, назвал и вызвал шестерых человек, и об этом сказано: «И родил подобного себе, по образу своему» – т.е. от того же теста, из которого была сотворена его бесформенная материя. И потому сказано: «Бесформенным видели меня глаза Твои»[46] – т.е. «Ты взирал, как делать подобных ему».

«И в книгу Твою все записаны будут»[46]. Кто это «все»? – которые не хранили данное им Творцом и были изгнаны из мира.

44) Как мы знаем, на три смены делится ночь, т.е. трижды по четыре часа. И в каждую смену есть у Творца особое выяснение с человеком. Когда душа выходит из него, а бесформенное тело остается спать на своей кровати, тогда душа его поднимается каждую ночь пред Творцом. И есть у Него особое выяснение с ней во время каждой смены. Если удостаивается она – радуются с ней наверху, а если нет – гонят ее прочь.

---

[49] Тора, Берешит, 5:3. «И жил Адам сто тридцать лет и родил подобного себе, по образу своему, и нарек ему имя Шет».

ГЛАВА ХАЕЙ САРА

Скорбеть по Саре и оплакивать ее[50]

45) «Заклинаю я вас, дочери Йерушалаима: если встретите вы друга моего, что вы скажете ему? – что больна я любовью!»[51] Душа говорит так тем душам, которые удостоились войти в высший Йерушалаим: «Заклинаю я вас, дочери Йерушалаима: если встретите вы друга моего» – это Творец, свечение высшего зеркала, «что вы скажете ему? – что больна я любовью!» – наслаждаться свечением Его и укрываться в тени Его. «Больна я любовью!» – это страсть и влечение, к которым стремилась душа моя в мире, над всем, поэтому «больна я».

46) Это любовь, которую испытывает душа к телу, когда завершается установленный телу срок, те дни, которые предназначались ему, как сказано: «И было жизни Сары сто двадцать семь лет»[1]. Сказано: «И поднялся Авраам от лица умершей своей»[52]. Что сказано в предыдущем отрывке: «И умерла Сара в Кирьят-Арба, он же Хеврон, на земле Кнаан»[50].

47) «И умерла Сара» – это тело, «в Кирьят-Арба (досл. в городе четырех)» – это четыре основы, «он же Хеврон (досл. соединенный)» – которые были соединены с телом при жизни, «на земле Кнаан» – в этом мире, определенном человеку на краткое время.

48) «И пришел Авраам скорбеть по Саре и оплакивать ее» – все семь дней душа человека поминает тело и скорбит о нем. Как сказано: «Пока плоть его на нем, больно ему, и душа его о нем печалится»[53]. И сказано: «И пришел Авраам скорбеть по Саре и оплакивать ее»[50]. «И пришел Авраам» – это душа, «скорбеть по Саре» – это тело.

49) Когда душа удостаивается и поднимается в место своего подъема, тело лежит спокойно и отдыхает на ложе своем, как сказано: «Он отходит к миру, покоится на ложе своем, уходит

---

[50] Тора, Берешит, 23:2. «И умерла Сара в Кирьят-Арба, он же Хеврон, на земле Кнаан. И пришел Авраам скорбеть по Саре и оплакивать ее».
[51] Писания, Песнь песней, 5:8.
[52] Тора, Берешит, 23:3. «И поднялся Авраам от лица умершей своей, и говорил он сынам Хета так».
[53] Писания, Иов, 14:22.

в праведности своей»⁵⁴. «Уходит в праведности своей» – это душа уходит в праведности, в райское место, уготованное для нее. «В праведности своей (нехохó נכוחה)» написано с «хэй ה». А когда она не удостаивается, и заслуживает получить наказание, она уходит опустошенной, и каждый день навещает тело и могилу.

50) Большая твердая кость, бедренная кость, которая поражена и сдвинулась со своего места, и начинает портиться, с одной и с другой стороны, и она в течении двенадцати месяцев все время навещает свое место. Так и душа, заслуживающая получить наказание, ходит снаружи по миру, навещая свое место в мире и на кладбище в течении двенадцати месяцев.

51) «И поднялся Авраам от лица умершей своей»⁵². Когда душа пребывает в высшем совершенстве, полученном от Бины, тогда добавляется к ней буква «хэй ה», и дается ему имя Авраам (אברהם). Но здесь сказано так, словно он не такой уж праведник, – ведь сказано: «И поднялся Авраам». Как сидящий на большом престоле мог опуститься, чтобы сесть на нижний, малый престол?

Объяснение. Буква «хэй ה», добавившаяся к имени Авраам, указывает на то, что он поднялся и достиг больших мохин от Бины.⁵⁵ Слова «и поднялся Авраам от лица умершей своей» указывают на мохин де-катнут, которые светят телу.

«И поднялся» – означает получение мохин, которые ставят его на ноги. «От лица умершей своей» – от лица, относящегося к мертвому телу, которое называется Сара, и это – мохин де-катнут. А когда душа зовется по имени Авраам, это свидетельствует о том, что у нее уже есть мохин де-гадлут от высшей Бины. В таком случае, почему сказано: «Встал Авраам от лица своей умершей» – ведь это указывает на мохин де-катнут? И это означает сказанное: «Как сидящий на большом престоле мог опуститься, чтобы сесть на нижний, малый престол?»

52) «И поднялся Авраам от лица умершей своей». Когда душа достойна того, чтобы взойти на свое место в раю, она защищает сначала «святое тело», из которого вышла, а затем

---

⁵⁴ Пророки, Йешаяу, 57:2.
⁵⁵ См.Зоар, главу Лех леха, п. 455, со слов: «Но почему же Ицхак...»

восходит к месту своей ступени. «И поднялся Авраам от лица своей умершей» – прежде, чем душа уходит из тела, чтобы подняться в Эденский сад, она притягивает для тела соответствующие ему мохин, чтобы оно могло присоединиться к числу остальных тел праведников. На эти мохин указывают слова: «И поднялся Авраам».

53) «И поднялся Авраам от лица умершей своей, и говорил сынам Хета». «Сыны Хета» – это остальные неживые тела праведников, которые испытывали страх и притеснения в мире во имя трепета перед Создателем своим. И они боятся и страшатся того, что пребывают во прахе. И потому называются сынами Хета (страха)[56]. Зачем же нужны душе неживые тела праведников? Все они записаны в число собравшихся – то есть внесены в счет, и они будут извлечены для возрождения из мертвых по этому счету. И потому душа говорила с ними – чтобы это тело вошло вместе с ними в то же число собравшихся. Поэтому сказано: «Говорил сынам Хета».

54) Что же сказала им душа, зовущаяся Авраам? Говорила она в духе примирения и уважения: «Пришелец и оседлый я у вас»[57], иначе говоря, сказал им: «Это тело будет с вами в том же числе собравшихся, в этом соединении». И они также ответили ему в духе уважения и примирения, как сказано: «И отвечали сыны Хета Аврааму, говоря ему: "Выслушай нас, господин мой! Избранник Всесильного ты среди нас"»[58].

---

[56] Хет (חת) на иврите – также страх.
[57] Тора, Берешит, 23:4. «Пришелец и оседлый я у вас; дайте мне участок для погребения у вас, и похороню умершую мою от лица моего».
[58] Тора, Берешит, 23:5-6. «И отвечали хеты Аврааму, говоря ему: "Выслушай нас, господин мой! Избранник Всесильного ты среди нас, в лучшей из гробниц наших похорони умершую твою! Никто из нас не откажет тебе в своей гробнице для погребения умершей твоей"».

Дума заносит их в счет и извлекает по счету

55) Что означает: «Избранник Всесильного ты»? Прежде чем праведник ушел из мира, выходит воззвание каждый день над праведниками, пребывающими в Эденском саду: «Приготовьте место для такого-то, приходящего сюда». И поэтому они говорят от имени Всесильного свыше: «Ты избранник». Каждый день среди нас, среди лучших наших гробниц, среди лучших праведников, в собрании лучших праведников перечисляйте его. Внесите его в счет вместе с нами, и никто не исключит его из нашего числа, потому что все мы рады ему и первыми поприветствуем его.

56) После того, как душа встречает их и обсуждается, она встречает того правителя, который поставлен над ними, и это ангел, ответственный за кладбища, и имя его Дума, и он возглашает среди них каждый день о праведниках, которые должны войти в их среду. И она тут же встречает его, чтобы поместить тело в спокойствии и уверенности, в отдыхе и покое. Это означает сказанное: «И говорил он Эфрону»[59].

57) Это же ангел, зовущийся Дума, почему ему дали имя Эфрон (עפרון)? Потому что он назначен ответственным за покоящихся во прахе (афар עפר), и ему переданы все книжки праведников и все группы благочестивых (хасидов), покоящихся во прахе, и в будущем ему предстоит извлечь их по счету.

58) В грядущем будущем, когда Творец вспомнит о возрождении мертвых, он призовет ангела по имени Дума, ответственного за кладбища, и потребует от него число всех умерших, праведников и благочестивых, и тех приверженцев веры, которые пошли на смерть во имя Него. И тот извлекает их по счету так же, как заносил в этот счет. И сказано об этом:

---

[59] Тора, Берешит, 23:13. «И говорил он Эфрону в слух народа этой земли, и сказал: "Если бы ты только меня послушал! Я даю тебе серебро за поле: возьми у меня, и я похороню там умершую мою"».

«Выводящий по числу воинства их, всех их по имени называет Он; от Великого могуществом и Мощного силой никто не скроется»[60].

59) Души грешников отданы во власть этого ангела по имени Дума, чтобы ввести их в ад и предъявить обвинение там. И когда предаются в руки его, больше уже не возвращаются, пока не войдут в ад. И это страх Давида, когда боялся он за совершенный грех, воскликнув: «Если бы Творец не помог мне, то совсем немного – и была бы душа моя в безмолвии»[61].

И душа встречает его, чтобы поместить тело с остальными телами праведников, по числу их. И это означает сказанное: «И говорил он Эфрону»[59].

60) Однако ангел сам спешит ответить ему, как сказано: «А Эфрон сидел среди сынов Хета»[62], – которые страшились (хату) покоиться во прахе. И он спешит первым предложить ему включить это тело в число праведников, как сказано: «И отвечал Эфрон-хити Аврааму во услышание сынов Хета, перед всеми пришедшими к вратам его города, сказав так»[62].

Что значит – «перед всеми пришедшими к вратам его города»? Это те, кто был в числе внесенных в список. И так определено, что под присмотром Думы они по счету входят в могилы, и согласно списку будут затем извлечены, и он отвечает за покоящихся во прахе.

61) «Поле я отдал тебе, и пещеру, что в нем»[63] – это сокровищница великого умиротворения и покоя. Нет ни одного праведника из тех, кто занимается Торой, у которого бы не было двухсот миров и стремления к Торе, как сказано: «А

---

[60] Пророки, Йешаяу, 40:26. «Поднимите глаза ваши ввысь и посмотрите, Кто создал их. Выводящий по числу воинства их, всех их по имени называет Он; от Великого могуществом и Мощного силой никто не скроется».
[61] Писания, Псалмы, 94:17.
[62] Тора, Берешит, 23:10. «А Эфрон сидел среди сынов Хета, и отвечал Эфрон-хити Аврааму во услышание сынов Хета».
[63] Тора, Берешит, 23:11. «Нет, господин мой, послушай меня: поле я отдал тебе, и пещеру, что в нем, тебе я отдал ее, на глазах сынов народа моего я отдал ее тебе; похорони умершую твою».

двести – стерегущим плоды его»⁶⁴. «А двести» – за то, что жертвуют собою каждый день так, словно они принимают на себя смерть за святость имени Его.

Как сказано: «Люби Творца Всесильного твоего, всем сердцем своим, и всей душою своей, и всем существом своим»⁶⁵. Каждый, кто во время произнесения этих слов жертвует своей душою, наследует четыреста миров в мире будущем: двести – за Тору, а двести – за то, что жертвовал собой каждый день ради святости имени Его.

---

⁶⁴ Писания, Песнь песней, 8:12. «Виноградник мой предо мною. Тысяча – тебе, Шломо, а двести – стерегущим плоды его».
⁶⁵ Тора, Дварим, 6:5.

ГЛАВА ХАЕЙ САРА

И умерла Сара в Кирьят-Арба

62) «И умерла Сара в Кирьят-Арба»[66]. Подобного этому не было ни с одной женщиной мира. Ибо сказано о числе ее дней и лет, и жизни ее в мире, и о месте, в котором она захоронена, чтобы показать, что среди всех женщин мира не было такой, как Сара.

63) Казалось бы, и о Мирьям сказано: «И умерла там Мирьям, и похоронена была там»[67] – как о Саре. Но на самом деле это сказано только затем, чтобы показать грех Исраэля, как сказано: «И не было воды для общины, и собрались они против Моше»[68]. Ибо воды прибывали в Исраэль только благодаря заслуге Мирьям. Но при упоминании о ее смерти не говорится о числе дней и лет, как в случае с Сарой.

64) «Благо тебе, земля, чей царь свободен»[69]. Счастливы Исраэль, которым Творец дал Тору, чтобы познать им все скрытые пути и раскрыть высшие тайны.

65) «Благо тебе, земля» – это земля жизни, Нуква, становящаяся облачением Дающему жизнь. И она – мать (има), так как ее царь, Зеир Анпин, уготовил для нее все благословения, полученные от высших родителей, – высших Абы ве-Имы. Этот царь, т.е. свойство «вав ו», всегда готов давать ей благословения. И он зовется свободным, так как он – порождение юбилея, т.е. Бины, ИШСУТ. Ее мохин выводят рабов на свободу, и это – мохин свечения Хохмы. Он – сын высшего мира, высших Абы ве-Имы, непрестанно передает наполнение от их постоянного зивуга – всю жизнь и весь свет, и всё умащение величия и славы.

---

[66] Тора, Берешит, 23:2. «И умерла Сара в Кирьят-Арба, он же Хеврон, на земле Кнаан. И пришел Авраам скорбеть по Саре и оплакивать ее».

[67] Тора, Бемидбар, 20:1. «И пришли сыны Исраэля, все общество, в пустыню Цин в первый месяц, и разместился народ в Кадеше. И умерла там Мирьям, и похоронена была там».

[68] Тора, Бемидбар, 20:2. «И не было воды для общины, и собрались они против Моше и против Аарона».

[69] Писания, Коэлет, 10:17. «Благо тебе, земля, чей царь свободен и чьи сановники едят вовремя для укрепления сил, а не для опьянения».

Объяснение. Царь, Зеир Анпин, – это порождение юбилея (йовель), и оттуда исходят мохин свободы (херут) – свечение Хохмы. И он также сын Абы ве-Имы, зивуг которых совершается постоянно и не прерывается никогда, и от них происходят все мохин. И потому зовется он «свободным (бен-хорин)», а не «вольным (бен-херут)».[70] И все мохин «юбилея» и высших Абы ве-Имы дает первенец, Зеир Анпин, этой земле, Нукве, как сказано: «Сын Мой, первенец Мой – Исраэль»[71]. Это сказано о Зеир Анпине, который зовется Исраэль, а также называется первенцем, когда у него есть все эти мохин. И потому говорит о ней Писание: «Благо тебе, земля».

66) «Горе тебе, земля, чей царь – отрок»[72] – когда нижняя земля и нижний мир получают питание от правления «крайней плоти», и всё притягивается вниз только от царя, зовущегося «отроком», т.е. Матата. Горе миру, который вынужден таким образом получать пропитание.

67) У этого отрока, Матата, нет ничего своего, лишь благословения, получаемые им от Нуквы в заведомые времена. Каждый раз, когда прекращаются у него благословения из-за того, что луна, т.е. Нуква, становится ущербной и темнеет, и тогда прекращаются благословения у Матата – горе в этот час миру, который должен питаться от него для своего существования. И мало того, мир подвергается бесчисленным судам, и еще прежде чем получает пропитание от него, получает от клипот, так как в это время всё существует и вершится по суду.

68) «И умерла Сара в Кирьят-Арба, он же Хеврон»[66]. Но смерть ее была вызвана не извивающимся змеем, ангелом смерти, – он не смог властвовать над ней, как властвует над всеми жителями мира. Все жители мира умирают от руки его с того дня, как Адам навлек на них смерть, – кроме Моше, Аарона и Мирьям, которые умерли не от руки ангела смерти, а от «касания уст». Сказано о них: «по слову (досл. вышедшему

---

[70] См. Зоар, главу Лех леха, п. 447.
[71] Тора, Шмот, 4:22.
[72] Писания, Коэлет, 10:16. «Горе тебе, земля, чей царь – отрок, и где сановники трапезничают спозаранку».

из уст) Творца»⁷³,⁷⁴. Однако ради славы Шхины не сказано о Мирьям: «по вышедшему из уст Творца», хотя и она умерла от «касания уст».

69) Но о Саре сказано, что она умерла в Кирьят-Арба, в высшем свойстве, а не по иной причине. В Кирьят-Арба, а не под влиянием змея. «В Кирьят-Арба, он же Хеврон»⁶⁶, где Давид соединился с праотцами. И потому смерть ее произошла не под чужим воздействием, а в Кирьят-Арба.

Объяснение. Есть два свойства Малхут: «четвертая» и «седьмая».⁷⁵ В свойстве над парсой, от хазе и выше Зеир Анпина называется четвертой по отношению к праотцам, т.е. ХАГАТ, и называется Малхут (царство) Давида, а также Кирьят-Арба⁷⁶. А в исправленном виде она называется землею жизни, о которой сказано: «Благо тебе, земля, чей царь свободен»⁶⁹. В свойстве ниже парсы, от хазе и ниже Зеир Анпина, она считается седьмой по отношению к сыновьям, т.е. НЕХИ, и называется Малхут (царство) Йосефа.

«О Саре сказано, что она умерла в Кирьят-Арба, в высшем свойстве» – и это Малхут Давида, являющаяся высшей и находящаяся над парсой Зеир Анпина. И не «под чужим воздействием» – нижняя Малхут, находящаяся под парсой, называемая седьмой. «В Кирьят-Арба, а не под влиянием змея» – отсюда понятно, что она умерла не от свойства змея, являющегося ангелом смерти, поскольку у него нет власти и удела в Малхут, которая находится выше парсы и называется Кирьят-Арба.

«В Кирьят-Арба, он же Хеврон», где царь Давид соединился с праотцами – это ХАГАТ, которые находятся выше парсы Зеир Анпина. И потому смерть ее была не от руки ангела смерти, происходящего от нижней Малхут, а в Кирьят-Арба.

70) Когда дни человека проходят на высших ступенях, ХАГАТ НЕХИМ, человек существует в мире. Когда он уже не находится на высших ступенях, завершив семьдесят лет жизни,

---

⁷³ Тора, Бемидбар, 33:38. «И взошел Аарон, священник, на гору Ор, по слову Творца, и умер там».
⁷⁴ Тора, Дварим, 34:5. «И умер там Моше, раб Творца, в земле моавитской, по слову Творца».
⁷⁵ См. Зоар, главу Берешит, часть 1, п. 117.
⁷⁶ Арба на иврите – четыре.

проистекающие из семи сфирот ХАГАТ НЕХИМ, дни его выходят из этих сфирот и опускаются под них, пока не приблизятся к той ступени, где царит смерть, ангел смерти, – под сфирой Малхут. Сказано об этом: «У входа грех лежит»[77].

Тогда он получает право забрать душу и одним махом пересекает весь мир, и забирает душу, и оскверняет тело – и тело остается нечистым. Счастливы праведники, которые не осквернились им и не осталось нечистоты в теле их.

И это доказательство того, что ангел смерти не властвовал над Сарой. Ибо разъяснилось здесь, что смерть приходит к человеку после того, как он выходит из семи сфирот и оказывается под нижней Малхут, – там, где место ангела смерти, и тогда он получает право и забирает душу его. И получается, что Сара, которая никогда не опускалась под нижнюю Малхут, а умерла в Кирьят-Арбе, т.е. в высшей Малхут над парсой в месте хазе Зеир Анпина, конечно же, умерла не от ангела смерти.

---

[77] Тора, Берешит, 4:7. «Ведь если исправишься, прощен будешь, а если не исправишься, у входа грех лежит, и к тебе его влечение, – но ты властвуй над ним!»

Небесный змей

71) Посреди небосвода пролегает сияющий путь. Это – небесный змей, называемый астрономами Млечным Путем. Все мелкие звезды объединены в нем и громоздятся в нем мириадами. Они сгруппированы и громоздятся в нем, как горы над горами, без счета. И они поставлены над делами жителей мира, которые скрыты.

72) Подобно этому, многочисленные скопления светов клипот вышли в мир от того высшего первого змея, которым был соблазнен Адам. И все они поставлены над делами мира, находящегося в скрытии. Поэтому, когда приходит человек очиститься, помогают ему свыше, и он окружен заботой своего Владыки и оберегаем, и называется святым.

73) Когда же приходит человек оскверниться, многочисленные скопления светов этих клипот уготованы для него, и все они властвуют в нем и окружают его, и оскверняют его, и он зовется нечистым. И все идут и провозглашают перед ним: «Нечист, нечист!» Как сказано: «И "нечист, нечист" будет кричать»[78]. И все они связаны с тем первым змеем и скрыты в многочисленных делах жителей мира.

74) Все дела злодея Билама были со стороны скверны. Всевозможные заклинания и колдовства в мире, все они образуют связь с этим первородным змеем (нахаш) и происходят от него, и это – мерзкий дух скверны. И потому все колдовства в мире зовутся по имени первородного змея заклинаниями (нахаши́м). Все они происходят от той стороны, и каждый, кто тянется за колдовством, оскверняется.

75) Более того, он заранее должен оскверниться, если хочет совершить колдовство, чтобы привлечь к себе эту сторону духа скверны. И по тому, как человек пробуждается снизу, он притягивает на себя и сверху. Если пробуждается внизу на стороне святости, он притягивает на себя святость свыше и освящается. Если же он пробудился внизу на стороне скверны, то навлекает

---

[78] Тора, Ваикра, 13:45. «И прокаженный, на котором язва, одежды его будут разорваны и головные волосы его отпущены, и до уст себя покроет, и "нечист, нечист" будет кричать».

на себя дух скверны и оскверняется. И это означает сказанное: «Кто пришел оскверниться, того оскверняют».

76) Поэтому, чтобы привлечь на себя дух скверны от высшего змея, злодей Билам осквернялся каждую ночь с ослицей, совершая с ней соитие, дабы оскверниться и привлечь на себя дух скверны. А после этого совершал свои колдовства и действа.

77) В начале своих действий он брал одного из змеев, привязывал его перед собою, отсекал ему голову и вынимал его язык. Он брал известные травы, сжигал их и делал из них особое воскурение. А затем брал голову змея, рассекал ее на четыре части и делал из нее другое воскурение.

78) Очертив вокруг себя один круг, он произносил слова и совершал различные действия, пока не привлекал к себе духов скверны, которые сообщали ему всё, что нужно. По их слову он совершал свои действа, согласно тому, что они узнавали от небесного змея.

79) Отсюда он заимствовал предсказания, чары и ворожбу. И потому сказано: «И не обратился он, как прежде, к заклинаниям (нахашим)»[79] – т.е. поистине к змеям. Ибо суть и корень скверны и начало всего кроется именно в зме́е.

---

[79] Тора, Бемидбар, 24:1. «и увидел Билам, что угодно Творцу благословить Исраэль, и не обратился он, как прежде, к заклинаниям, но обратил к пустыне лицо свое».

ГЛАВА ХАЕЙ САРА

Различные колдовства – среди женщин

80) Почему всевозможные колдовства и чародейства распространены (настолько) лишь среди женщин? Потому что, когда змей вошел к Хаве, он привнес в нее нечистоту, привнес только в нее, но не в мужа ее. А колдовства исходят от нечистоты змея, и поэтому колдовства распространены среди женщин.

81) Всем тем колдовствам, которые совершил Билам, он научился от отца своего. Но в тех «горах восточных», т.е. на земле востока, учился он в основном разного рода колдовствам и чародействам, потому что в этих горах находятся ангелы Аза и Азаэль, которых Творец сбросил с небес, так как те жаловались на создание человека[80]. И они там связаны железными оковами и передают колдовства людям. И оттуда узнавал всё Билам, как сказано: «Из Арама привел меня Балак, царь Моава, от гор восточных»[81], в которых находятся Аза и Азаэль.

82) Сказано: «И не обратился он, как прежде, к заклинаниям, но обратил к пустыне лицо свое»[79]. Ведь не всегда он обращался к заклинаниям? Нижняя сторона, исходящая от высшего духа нечистоты, и является тем духом, который властвовал в пустыне, когда сыны Исраэля сделали тельца, чтобы оскверниться от него, и он является нижней (стороной). И потому: «Но обратил к пустыне лицо свое». И со всех сторон совершал колдовства, чтобы уничтожить Исраэль, но не мог уничтожить их.

83) Мы уже изучали, что когда стояли Исраэль у горы Синай, прекратилась у них нечистота. И когда Исраэль получили Тору, прекратилась у них нечистота. А у идолопоклонников, которые не получили Тору, нечистота не прекращалась. Но ведь у женщин нечистота уже прекратилась – почему же тогда колдовства (совершаются), главным образом, среди женщин?

---

[80] См. Зоар, главу Балак, пп. 416-426.
[81] Тора, Бемидбар, 23:7.

84) Тора была вручена лишь мужчинам, о чем сказано: «Вот учение, которое разъяснил Моше сынам Исраэля»[82] – ведь женщины освобождены от заповедей Торы, то есть от исполнительных заповедей, определяемых временем. И поэтому не прошла их нечистота во время вручения Торы, и потому колдовства, происходящие от нечистоты змея, распространены, главным образом, среди женщин.

85) И еще. После (прегрешения) тельца все вернулись к нечистоте своей, даже мужчины. А женщины – им труднее отделить себя от нечистоты, чем мужчинам. И поэтому женщины пребывают в колдовстве и нечистоте этой больше, чем мужчины. И трудно им отдалиться от нечистоты, поскольку женщины происходят от левой стороны и прилепились к суровому суду, находящемуся в левой линии. И эта сторона прилепилась к ним больше, чем к мужчинам, поскольку они исходят со стороны сурового суда, и всё прилепляется к своему виду и следует ему.

86) Колдовства происходят от нечистоты змея, ибо Билам осквернял себя вначале, чтобы привлечь к себе дух этой нечистоты, поэтому совершал колдовства. И так же человек должен остерегаться женщины в дни нечистоты ее и не касаться ее, так как заражена она духом нечистоты. И если она будет совершать колдовства в это время, они будут у нее более успешными, чем в другое время. И поэтому всё, чего она касается, становится нечистым, не говоря уже о том, кто приблизился к ней. Счастливы Исраэль, которым Творец даровал Тору и сказал: «И к жене во время отстранения в нечистоте ее не приближайся, чтобы открыть наготу ее... – Я, Творец»[83].

87) Если кто-то внимает щебетанию птиц, чтобы предсказывать будущее, почему это называется заклинанием и колдовством? Потому что исходит от этой стороны нечистоты: над этой птицей пребывает дух нечистоты, извещая ее о событиях в мире, а всякий дух нечистоты связан со змеем и передается миру от него. И нет того, кто бы спасся от него в мире, так как он пребывает во всем до тех пор, пока Творец в будущем не

---

[82] Тора, Дварим, 4:44.
[83] Тора, Ваикра, 18:19.

устранит его из мира. Как сказано: «Уничтожит он смерть навеки»[84]. И сказано: «И дух нечистоты удалю с земли»[85].

---

[84] Пророки, Йешаяу, 25:8. «Уничтожит Он смерть навеки, и смахнет Творец Всесильный слезу с лица всех, и позор народа Своего устранит Он на всей земле, ибо (так) сказал Творец».

[85] Пророки, Зехария, 13:2. «И будет в тот день, – слово Властелина воинств, – истреблю имена идолов с земли, и не помянут их более, а также лжепророков и дух нечистоты удалю с земли».

Пещера Махпела

88) Аврааму были известны признаки той самой пещеры Махпела. Его сердце и желание были там, потому что, войдя туда раньше, он обнаружил спрятанных там Адама и Хаву. Откуда же он знал, что это были именно они, ведь он не был знаком с ними прежде? Но дело в том, что он видел образ Адама и созерцал его, и там открылся перед ним один из входов Эденского сада – и понял он, что рядом с ним находится этот образ Адама. Ибо понял, благодаря тому, что (Адам) при жизни своей находился в Эденском саду, он удостоился и после кончины быть погребенным возле входа Эденского сада.

89) Каждый, кто созерцает образ Адама, уже никак не может спастись от смерти и должен умереть немедленно; ибо в час, когда человек уходит из мира, он видит Адама Ришона, и в тот же момент умирает. Но Авраам созерцал его, и видел образ его, и остался в живых. И видел свет, светящий в пещере, и одну горящую свечу. И тогда понравилось Аврааму это место, чтобы покоиться в нем – и его сердце и желание были всегда в этой пещере.

90) Мудро поступил Авраам, когда просил могилу для Сары. Ведь когда просил, он не попросил сразу же пещеру и не сказал, что хочет расстаться с ними, а сказал: «Дайте мне среди вас участок для погребения, чтобы похоронить умершую передо мной»[86]. И не упомянул ни Эфрона, ни пещеру, хотя Эфрон был там. Сказано: «Эфрон же сидел среди сынов Хета»[87] – но, несмотря на это, Авраам ничего тогда не сказал.

91) Но обратился он к ним, как сказано: «И говорил он сынам Хета так:[88] "Я у вас пришелец, но и старожил, дайте мне среди вас участок для погребения, чтобы похоронить мою умершую передо мной"[86]». Разве можно такое представить, что Авраам хотел быть похороненным среди них, среди нечистых, или желание его соединиться с ними было таким большим, что

---

[86] Тора, Берешит, 23:4. «Я у вас пришелец, но и старожил, дайте мне среди вас участок для погребения, чтобы похоронить мою умершую передо мной».
[87] Тора, Берешит, 23:10.
[88] Тора, Берешит, 23:3. «И поднялся Авраам от лица умершей своей, и говорил он сынам Хета так».

сказал им: «Дайте мне среди вас участок для погребения»? Но он поступил мудро.

92) И мы учимся на примере Авраама, как надо поступать. Ведь его стремление и желание было к этой пещере, и хотя Эфрон был там, он не хотел тотчас у него просить и открыть, насколько он желает приобрести эту пещеру. И попросил сначала то, что ему не нужно, и у других, а не у Эфрона, обратившись к сынам Хета: «Дайте мне среди вас участок для погребения».

93) А сыны Хета ответили ему перед Эфроном: «Выслушай нас, господин мой! Избранник Всесильного ты среди нас»[89]. Сказано: «А Эфрон сидел среди сынов Хета»[90]. «Сидел» (йошев ישב) – сказано с буквой «йуд יֹ», огласованной «камац», ведь поскольку «йуд י» не огласован, его можно огласовать «камац», и это указывает, что уже в начале слов, произнесенных Авраамом, Эфрон находился там.

Тогда он сказал: «Послушайте меня и обратитесь попросите за меня Эфрона, сына Цохара»[91]. «Если вы думаете: из-за того, что честь и слава моя гораздо больше ваших, делаю я это, – прошу пещеру Махпела у Эфрона, потому что вас не желаю просить, то это не так, а "среди вас"». Как сказано: «Пусть даст ее мне среди вас»[91], «похоронить "среди вас" – это моё желание, так как я желаю быть с вами, и делаю это, чтобы не расставаться с вами».

---

[89] Тора, Берешит, 23:5-6. «И отвечали хеты Аврааму, говоря ему: "Выслушай нас, господин мой! Избранник Всесильного ты среди нас, в лучшей из гробниц наших похорони умершую твою! Никто из нас не откажет тебе в своей гробнице для погребения умершей твоей"».

[90] Тора, Берешит, 23:10. «А Эфрон сидел среди сынов Хета, и отвечал Эфрон-хити Аврааму во услышание сынов Хета».

[91] Тора, Берешит, 23:8-9. «И говорил с ними так: "Если вы душою расположены похоронить мою умершую, то послушайте меня и попросите за меня Эфрона, сына Цохара, чтобы он дал мне пещеру Махпела, которая у него, которая на краю поля его; за полную (цену) серебром пусть даст ее мне среди вас во владение погребальное"».

Четыреста шекелей

94) Говоря об этой главе, авторы Мишны прокомментировали ее относительно души. Авраам – это душа, а Сара – тело. Благословен удел праведников в будущем мире, поскольку Тора в их сердце подобна сильному источнику – хотя и перекрывают его, все же благодаря множеству вод, прорвутся и откроются источники, текущие во все стороны.

95) Никогда тело человека после смерти не будет занесено Думой в число праведников, пока душа не покажет ему в качестве опознавательного знака письмо, которое херувимы дают ей в Эденском саду.

Ибо душа, после того как она вошла в Эденский сад, собирается подняться на свое место наверх, в Бину, и не спускаться вниз, в Малхут. Но прежде чем подняться и взойти на свое место, она становится защитником тела перед Думой и показывает Думе, что тело достойно получить вознаграждение – четыреста миров.

96) Дума знает, что тело достойно вознаграждения, четырехсот миров, прежде чем тело показывает ему (это), так как провозглашают об этом в Эденском саду. Но когда душе дают письмо в качестве опознавательного знака, она возвращается к телу, чтобы способствовать занесению его в число праведников Думой. Сказано об этом: «Если бы ты только послушал меня. Я даю тебе серебро за поле, возьми у меня»[92]. Серебро (кесеф) за поле – это влечение (кисуф) и страсть к четыремстам мирам, которые даются в наследие телу.

Пояснение сказанного. Если праведники удостаиваются при жизни получить мохин, дающиеся на экран средней линии, Дума принимает этот экран, называющийся счетом, и очищает с помощью него тело праведника после его смерти и подготавливает его к возрождению. Это осуществляется двумя путями:
1. Ступень света является основой очищения тела. Если тело при жизни удостоилось получить эти мохин, привлекаемые из

---

[92] Тора, Берешит, 23:13. «Если бы ты только послушал меня. Я даю тебе серебро за поле, возьми у меня, и я похороню там умершую мою».

средней линии и называющиеся «четыреста миров влечения», Дума принимает тело и подготавливает его к возрождению.

2. Экран, называющийся счетом, а также книжкой, является основой очищения тела. И после того, как душа удостоилась его, она уже ради тела начинает вести переговоры с Думой.

В тот момент, когда душе дается письмо в качестве опознавательного знака, она ищет тело, чтобы способствовать занесению его в число праведников Думой. Сказано об этом: «Если бы ты только послушал меня. Я даю тебе серебро за поле, возьми у меня».

«Я даю» – это значит, что серебро уже готово, имеется в виду экран. Ведь когда у человека есть экран, ступень сама, разумеется, готова выйти на него. И ступень, которая выходит на этот экран, называется «четыреста миров влечения». Однако нет нужды говорить с Эфроном о том, что касается этого уровня, ибо когда человек обрел экран, в Эденском саду уже объявляют, что он праведник и достоин получить эту ступень, называемую «четыреста миров влечения».

97) Только являющийся «прахом», сможет заслужить всё это, т.е. четыреста миров влечения. Кто же заслужит и кто восстанет? Сказано об этом: «Кто взойдет на гору Творца и кто встанет в месте Его святом?»[93]

98) «И внял Авраам Эфрону, и отвесил Авраам Эфрону серебро... четыреста шекелей серебра, что в ходу у торговца»[94]. «Серебро (кесеф)» – т.е. большое влечение (кисуф) к этим желанным мирам. «Четыреста шекелей серебра» – это четыреста миров наслаждений и желаний.

«Что в ходу у торговца» – оно пройдет все врата небес и высшего Йерушалаима, и никто не выступит против него. Иными словами, тот, кто удостоился этих мохин, относящихся к четыремстам мирам влечения, является совершенным на всех

---

[93] Писания, Псалмы, 24:3-4. «Кто взойдет на гору Творца и кто встанет в месте Его святом? Тот, у кого чистые руки и непорочно сердце, кто не склонял к суете души моей и не клялся ложно».

[94] Тора, Берешит, 23:16. «И внял Авраам Эфрону, и отвесил Авраам Эфрону серебро, о котором он говорил в слух сынов Хета, – четыреста шекелей серебра, что в ходу у торговца».

ступенях врат небес и высшего Йерушалаима, и некому обвинить его там.

А о нижнем Йерушалаиме не говорится, потому что эти четыреста представляют ХУБ ТУМ светов, облаченные в КАХАБ и Тиферет келим. И недостает ему Кетера светов, поскольку недостает ему Малхут от келим – как известно из обратного порядка светов и келим. А Малхут де-келим – это нижний Йерушалаим, так как высший Йерушалаим – это Бина, а нижний Йерушалаим – это Малхут, которая будет исправлена лишь в конце исправления.

Поэтому до тех пор есть не более, чем «четыреста шекелей серебра», указывающих на то, что недостает там Кетера от светов и Малхут от келим. И потому речь идет о высшем Йерушалаиме, а не о нижнем Йерушалаиме. Но вместе с тем, свечение этих четырехсот частично проходит и светит также Малхут. И потому сказано: «Что в ходу у торговца» – ибо Малхут называется торговцем, как сказано: «Она подобна кораблям торговца»[95]. И посредством этого свечения, которое проходит к ней, она постепенно становится пригодной к получению своего совершенства в конце исправления.

99) «А после этого похоронил Авраам Сару, жену свою»[96] – т.е. тело. И оно было занесено Думой в список с остальными праведниками вместе, т.е. принято в расчет[97]. Все тела, записанные Думой и зачтенные им, возродятся в то время, когда Творец оживит покоящихся во прахе. Горе грешникам, которых он не занес в список, – пропадут они в аду навеки.

---

[95] Писания, Притчи, 31:14. «Она подобна кораблям торговца – издалека приносит хлеб свой».
[96] Тора, Берешит, 23:19. «А после этого похоронил Авраам Сару, жену свою, в пещере поля Махпела».
[97] См. выше, п. 11.

ГЛАВА ХАЕЙ САРА

Пещера Махпела

100) По какой причине вошел Авраам в пещеру? Ибо бежал он за тем теленком, о котором сказано: «И к скоту побежал Авраам, и взял теленка»[98]. А тот теленок добежал до самой пещеры, и Авраам вошел вслед за ним в пещеру и увидел то, что увидел.

101) Была еще одна причина: он молился каждый день, и доходил до того поля, которое возносило высшие запахи, и видел свет, выходящий из пещеры, и молился там, и там говорил с ним Творец. И потому он желал получить эту пещеру, и стремление его всегда было направлено к этому месту.

102) Почему же он не пытался купить ее до этого? Потому что не нуждался в ней, боясь, как бы не проследили за ним и не поняли его стремления и важности этой пещеры (для него). Ведь тогда они бы подняли цену или совсем отказались от ее продажи. Теперь же, когда она понадобилась ему, он сказал: «Уже настало время попросить ее».

103) Если бы Эфрон увидел в этой пещере то, что видел в ней Авраам, он никогда не продал бы ее. Однако, разумеется, Эфрон не видел в ней ничего, так как всякая вещь раскрывается лишь владельцу ее. И потому только Аврааму раскрылось (это), а не Эфрону. Аврааму раскрылось, так как принадлежало ему, а Эфрону не раскрылось, поскольку он не имел к этому отношения. Поэтому не раскрылось Эфрону ничего в этой пещере, и не видел он в ней ничего, кроме мрака. И потому продал ее.

104) И даже то, чего Авраам сначала не просил продать ему, он продал. Ведь Авраам сказал только: «Чтобы он дал мне пещеру Махпела»[91], а поле не упомянул. Эфрон же сказал: «Поле я отдал тебе, и пещеру, что в нем, тебе я отдал ее»[99]. Это потому, что всё постыло Эфрону, ведь не знал он, что это такое. И даже поле, где была пещера, постыло ему. Поэтому продал он также и поле, хотя Авраам его не просил.

---

[98] Тора, Берешит, 18:7. «И к скоту побежал Авраам, и взял теленка нежного и хорошего, и дал отроку, и тот поспешил приготовить его».
[99] Тора, Берешит, 23:11.

105) Когда Авраам впервые вошел в пещеру, он увидел там свет, и расступился пред ним прах, и раскрылись ему две могилы. Тем временем встал из своей могилы Адам в образе своем и увидел Авраама, и обрадовался. Отсюда стало ясно Аврааму, что в будущем он там будет похоронен.

106) Сказал ему Авраам: «Пожалуйста, скажи, разве пристанище это не покрыто?» Иными словами, он был удивлен, потому что пещера Махпела – это пещера внутри пещеры[100], и в ней должен быть абсолютный мрак. Однако он увидел там свет, словно в доме с открытым верхом, без крыши.

Сказал ему Адам: «Творец скрыл меня здесь, и с того времени до сих пор скрываюсь я». Пока не пришел Авраам, Адам и мир были лишены совершенства, и потому он должен был скрываться, чтобы не удерживались в нем клипот. Но когда пришел в мир Авраам, он исправил его и мир, и (Адам) больше не должен скрывать себя.

107) «И стало поле и пещера, что в нем, Аврааму погребальным уделом»[101]. Это было настоящим становлением поля, чего не было с ним до сих пор. Становление означает «по важности», так как, перейдя во владение Авраама, поле обрело важность. И потому сказано о нем: «стало».

Поле начало существовать и поднялось благодаря Аврааму, а до тех пор не было видно там ничего. Теперь же, благодаря Аврааму, то, что было скрыто, начало существовать и поднялось. И тогда всё стало согласно своему назначению, как и должно быть.

108) Когда Авраам вошел в пещеру и привел туда Сару, встали Адам и Хава и не захотели быть похороненными там. И сказали: «Мало того что мы пристыжены в том мире пред Творцом из-за греха, который вызвали, – теперь добавится нам еще один стыд: мы будем испытывать стыд в сравнении с вашими добрыми делами».

---

[100] Слово Махпела (מכפלה) имеет корень כפל, означающий удвоение.
[101] Тора, Берешит, 23:20. «И стало поле и пещера, что в нем, Аврааму погребальным уделом от сынов Хета».

109) Сказал Авраам: «Вот, я готов молиться пред Творцом за тебя, чтобы ты не стыдился пред Ним никогда» – чтобы Творец полностью простил ему грех. «А после этого похоронил Авраам Сару, жену свою»[96] – после того как принял на себя обязательство молиться за Адама.

110) Адам вернулся на свое место, а Хава не вернулась, потому что она побудила Адама согрешить и боялась, что Адам не примет ее. Пока не приблизился Авраам и не ввел ее к Адаму – и принял он ее ради Авраама. Сказано: «А после этого похоронил Авраам Сару, жену свою». «Сару» сказано не «ле-Сара (לשרה)», а «эт Сара (את שרה)» – т.е. включая Хаву, которую Авраам вернул в могилу.

Тогда успокоились Адам и Хава на своем месте, как подобает. Сказано: «Вот порождения неба и земли при сотворении их»[102]. И мы изучали, что это означает: «при Аврааме», потому что буквы выражений «при сотворении их (бе-ибарам בהבראם)» и «при Аврааме (бе-Авраам באברהם)» совпадают. Это указывает на то, что для него они существовали. «Порождения неба и земли» – это Адам и Хава, так как сказано не «вот небо и земля», а «порождения неба и земли», что указывает на Адама и Хаву, которые не были порождениями людей. И о них говорится, что существовали они ради Авраама, ибо сказано: «И стало поле и пещера, что в нем, Аврааму»[101]. Пока не пришел Авраам, Адам и Хава не существовали в том мире. Иначе говоря, объясняется, что «и стало» означает существование. «Поле и пещера, что в нем» – это указывает на Адама и Хаву, которые там находятся. «Аврааму» – значит «для Авраама». Ведь Адам и Хава существовали для Авраама.

111) Пещера эта – не Махпела. Ведь сказано: «Пещера Махпела»[91], а затем: «Пещера поля Махпела»[96]. Таким образом, поле называется Махпела, а не пещера.

112) Ее называют пещерой Махпела, как сказано: «Чтобы он дал мне пещеру Махпела»[91]. Однако, конечно же, не пещера зовется Махпела, и не поле зовется Махпела, а это поле и пещера вместе называются именем Махпела. Но разумеется, поле Махпела, а не пещера, потому что только поле носит имя

---
[102] Тора, Берешит, 2:4.

Махпела, а не пещера, так как пещера находится в поле, а поле – в чем-то другом.

113) Под Йерушалаимом сложена вся земля Исраэля, т.е. Малхут, и находится он наверху и внизу, в следующем виде: есть Йерушалаим наверху – Бина, и есть Йерушалаим внизу – Малхут. Ибо он содержится наверху и содержится внизу. Таким образом, высший Йерушалаим содержится в двух сторонах, наверху и внизу, и нижний Йерушалаим содержится в двух сторонах, наверху и внизу, и потому он удвоенный.

Объяснение. Высший Йерушалаим – это Бина, а нижний Йерушалаим – это Малхут. Известно, что при сочетании свойства милосердия с судом, они включились друг в друга. И вследствие такого взаимного включения образуются четыре качества: есть Бина и Малхут, включенные в Бину, а есть Бина и Малхут, включенные в Малхут. Таким образом, свойство Малхут удвоилось, так как есть Малхут в Бине, и есть Малхут в Малхут.

114) И потому это поле является следствием такого удвоения (махпела), т.е. Малхут, и находится оно там. Сказано: «Гляди, запах сына моего, как запах поля, которое благословил Творец»[103] – т.е. Малхут. И она удвоена, наверху и внизу. И потому сказано: «поле Махпела (удвоенной)», а не «двойное поле», так как речь идет об удвоенной Малхут, называемой полем.

Объяснение. Это четыре Малхут: две Малхут над хазе – Бины и Малхут свойства Бина, и две Малхут под хазе – Бины и Малхут свойства Малхут. Обе Малхут над хазе подслащены и включены друг в друга. Однако под хазе подслащена только третья Малхут, а четвертая Малхут не подслащена от Бины вовсе. Пещера, в которой похоронен Адам Ришон, происходит от четвертой, неподслащенной Малхут, как сказано: «Ибо прах ты, и в прах возвратишься»[104]. Но поскольку он раскаялся – пещера включилась в поле, т.е. в третью, подслащенную Малхут. И там он был похоронен.

---

[103] Тора, Берешит, 27:27. «И тот подошел и поцеловал его, и обонял запах одежды его, и благословил он его, и сказал: "Гляди, запах сына моего, как запах поля, которое благословил Творец"».
[104] Тора, Берешит, 3:19.

И сказано[105]: «Не пещера зовется Махпела, и не поле зовется Махпела», потому что пещера – это четвертая Малхут, не подслащенная в Бине, и потому она не удваивается в Бине. И поле, т.е. третья, подслащенная Малхут, не удваивается, так как в ее месте под хазе нет двух Малхут. Только над хазе Малхут называется Махпела, поскольку там две Малхут на самом деле включены друг в друга: одна от Бины и одна от Малхут.

И поэтому сказано[106], что «высший Йерушалаим» – т.е. находящийся над хазе Нуквы, «содержится в двух сторонах, наверху и внизу» – т.е. это две Малхут, от Бины и от Малхут свойства Бины.

«И нижний Йерушалаим» – т.е. находящийся под хазе Нуквы, «содержится в двух сторонах, наверху и внизу» – и это две Малхут, от Бины и от Малхут свойства Малхут. «И потому он удвоенный». И потому высший Йерушалаим[107] – это Махпела (удвоенная), поскольку там есть две подслащенные Малхут. И потому это поле, о котором здесь говорится, т.е. третья Малхут, тоже считается Махпелой, так как Махпела (удвоенная) – это подслащение Биной. И потому, конечно же, это поле Махпела (удвоенной), а не двойное поле. Ибо если бы само поле было двойным, то надо было бы сказать: «двойное поле» – (на иврите) в мужском роде. Но поскольку само оно не является Махпелой, а привлекает Махпелу от двух Малхут, что над хазе, сказано: «Махпела» – по имени той Малхут, что над хазе.

115) Конечно же, поле Махпела (המכפלה). Махпела (удвоенная) – это буква «хэй ה» в святом имени. Есть две буквы «хэй ה» в имени АВАЯ (הויה), и обе они едины в нем, так как включены друг в друга, благодаря взаимодействию свойства милосердия с судом. И она является причиной того, что Писание скрытым образом указывает на удвоенную «хэй ה» – «ה' מכפלה», потому что в святом имени АВАЯ (הויה) нет другой двойной буквы, кроме нее. Иначе говоря, слово Махпела (המכפלה) с определенным артиклем «хэй ה» намекает на удвоенную «хэй ה» – на нижнюю «хэй ה» имени АВАЯ (הויה), т.е. на Малхут, подслащенную в Бине, в первой «хэй ה» имени АВАЯ (הויה).

---

[105] См. выше, п. 112.
[106] См. выше, п. 113.
[107] Города в иврите – женского рода

116) И хотя пещера, конечно же, была двойной, т.е. пещерой внутри пещеры, однако зовется она пещерой поля Махпела (удвоенной) из-за подслащения Малхут в Бине, а не потому, что эта пещера была сдвоенной. И Авраам знал об этом, но скрыл в обращении к сынам Хета, и сказал: «Чтобы он дал мне пещеру Махпела»[91], – т.е. назвав пещеру двойной. И не сказал: «поля Махпела» – по имени подслащения Биной. Однако Тора называет ее именно «пещерой поля Махпела»[96], как и подобает, – по имени подслащения Малхут в Бине, которое происходит только в поле, но не в пещере.

117) Творец делает всё, чтобы существующее в этом мире, в Малхут, было подобным существующему наверху, в Бине, и чтобы сливались они друг с другом ради славы Его наверху и внизу. Счастлив удел праведников, которых Творец желает в мире: в этом мире и в мире будущем.

ГЛАВА ХАЕЙ САРА

И Авраам состарился, достиг преклонных дней

118) «И Авраам состарился, достиг преклонных дней»[108]. «Счастлив избранный Тобой и приближенный к Тебе, обитать будет во дворах Твоих»[109]. Эти слова разъяснились. Поистине счастлив человек, чьи пути угодны Творцу, и он желанен Ему, чтобы приблизить к Себе.

119) Авраам приблизился к Творцу. Все дни свои он стремился приблизиться к Нему. Не за один день и не за один раз приблизился Авраам, и только добрые дела приближали его день за днем, от ступени к ступени, пока не поднялся он на свою ступень.

120) К старости он взошел на высшие ступени как подобает. И об этом сказано: «Авраам состарился», и тогда «достиг преклонных дней» – высших дней, тех дней, которые известны постигшим веру. «И Творец благословил Авраама во всем (бе-коль)». Есод высших Абы ве-Имы называется «всё (коль)», и оттуда выходят все благословения и всё благо, потому что изобилие его не прекращается никогда.

121) Счастливы совершающие возвращение, которые в одночасье, за один день, в одно мгновение приближаются к Творцу. Такого не было даже у завершенных праведников, которые годами сближались с Творцом. Авраам достиг этих высших дней только к старости, и также Давид, о котором сказано: «И царь Давид состарился, достиг преклонных дней»[110]. Однако совершающий возвращение сразу же входит и сливается с Творцом.

122) В месте, где стоят совершающие возвращение в том мире, не вправе стоять завершенные праведники. Поскольку они ближе всех к Царю и привлекают высшее изобилие с бо́льшим стремлением сердца и с наибольшей силой, чтобы сблизиться с Царем.

---

[108] Тора, Берешит, 24:1. «И Авраам состарился, достиг преклонных дней. А Творец благословил Авраама во всем».
[109] Писания, Псалмы, 65:5. «Счастлив избранный Тобой и приближенный к Тебе, обитать будет во дворах Твоих. Насытимся благами дома Твоего, святостью чертога Твоего».
[110] Пророки, Мелахим 1, 1:1.

Сколько мест есть у праведников

123) Сколько исправленных мест есть у Творца в том мире, и во всех есть жилища для праведников – для каждого согласно его ступени, как подобает ему.

124) «Счастлив избранный Тобой и приближенный к Тебе, обитать будет во дворах Твоих»[109] – это те, кого Творец приблизил к Себе. Души эти поднимаются снизу вверх, чтобы объединиться в уделе своем, уготовленном для них. «Обитать будет во дворах Твоих» – это места́ и ступени вне дворца. Что же они собой представляют? Сказано: «Я дам тебе продвигающихся среди стоящих этих»[111] – это известная ступень среди высших праведников.

125) Все, кто удостоился этой ступени, – посланники Властелина мира, подобно ангелам. Ибо «продвигающихся» означает – посланников, которые всегда выполняют поручение, согласно воле их Властелина, так как они всегда находились в святости, и не осквернились.

126) Кто оскверняется в этом мире, тот навлекает на себя дух скверны. Когда же душа его выходит из него, оскверняет его нечистая сторона, и жилище его – среди таких же нечистых. Они – вредители мира, ибо то, что человек привлекает на себя в этом мире, то и будет его жилищем, и то же самое привлекается в вечном мире.

127) Каждый, кто освящает себя и остерегается в этом мире, чтобы не оскверниться, жилище его – в том мире, среди высших праведников, всегда выполняющих порученное Творцом. И стоят они во дворе, который словно «двор Скинии»[112], и о них сказано: «Счастлив обитающий во дворах Твоих».

---

[111] Пророки, Зехария, 3:7. «Так сказал Повелитель воинств: "Если путями Моими ходить будешь и если исполнять будешь службу Мою, а также судить будешь ты дом Мой, а также стеречь дворы Мои, то и Я дам тебе продвигающихся среди стоящих этих"».

[112] Тора, Шмот, 27:9. «И сделай двор Скинии. Для южной стороны, справа: завесы для двора из крученого виссона, длиной в сто локтей для одной стороны».

128) И есть другие, которые еще больше находятся внутри. Они не во дворе, а в доме, как сказал Давид: «Насытимся благами дома Твоего»[109]. Но раз уж он сказал: «Обитать будет во дворах Твоих»[109], то почему сказано: «Насытимся благами дома Твоего»? Следовало сказать: «Насытится благами дома Твоего», так же как сказал: «Обитать будет во дворах Твоих». Однако во внутреннем помещении сидят только цари дома Давида. И поэтому он говорит как бы от себя: «Насытимся благами дома Твоего» – имея в виду себя и остальных царей, которые могут сидеть во внутреннем помещении, называемом «дом Твой», т.е. в Храме[113].

129) И есть место для высших приверженцев, которые входят еще далее внутрь – в чертог. О них сказано: «Святостью чертога Твоего»[109]. Сколько же обиталищ и светов, превосходящих друг друга и отличающихся друг от друга, есть в том мире. И каждый стыдится перед светом другого, ибо так же как в добрых делах люди отличаются друг от друга в этом мире, так же обиталища и света их в том мире отличаются друг от друга.

130) Даже в этом мире, когда человек спит на своем ложе, а души выходят из тела и должны блуждать по миру – не каждая блуждающая душа поднимается, чтобы увидеть славу лика Атик Йомина, но лишь согласно тому, к чему человек всегда тянется, и согласно его делам поднимается душа его.

131) Когда он спит, а душа выходит из него, – все духи скверны хватаются за нее, и она прилепляется к ним, к этим нижним ступеням, проходящим по миру. И они сообщают ей о вещах, которые вскоре произойдут в мире, – из того, что слышали за завесой. А иногда они сообщают ей ложные вещи и насмехаются над ней.

132) Если же человек заслужил, чтобы душа его поднималась во время сна, она продолжает блуждать и пробивает себе путь меж духов скверны. И все они возглашают, говоря: «Освободите место, расступитесь, это не от нашей стороны». И она поднимается и вступает в среду тех праведников, и они сообщают ей одну достоверную вещь.

---

[113] На иврите Храм (בית מקדש) – букв. дом святости.

133) Когда же спускается душа, тогда все смешанные станы, состоящие из таких ангелов, в которых святость, будни и скверна действуют в смешении, хотят приблизиться к ней и узнать ту достоверную вещь, которую она услышала. И они сообщают ей другие вещи. А та вещь, которую она взяла от святости, кажется ей среди вещей, взятых у смешанных станов, зерном среди плевел и соломы. Такой человек удостаивается больше всех еще при жизни, когда душа его находится в этом мире.

134) Подобно этому, когда души выходят из тела этого мира после смерти, они хотят подняться. Сколько же у этого входа стражников и станов вредителей. И если души относятся к их стороне, то все они улавливают эти души и передают их Думе, дабы ввергнуть их в ад.

135) А затем они поднимаются из ада, и их удерживают, и берут их и возглашают о них: «Это те, кто преступил заповеди своего Властелина». И блуждают с ними по всему миру, а затем возвращают их в ад. И таким образом поступают с ними, выводя их из ада и возглашая о них, а затем снова возвращая, и так – до двенадцати месяцев. А спустя двенадцать месяцев они затихают и приходят в место, которого заслуживают. Однако те души, что заслужили, – как было сказано, поднимаются наверх и удостаиваются своих мест.

136) Счастливы праведники, для которых припрятано много блага в том мире. Но у всех этих праведников место не столь сокровенное, как у тех, кто знает тайну своего Владыки и умеет сливаться с Ним каждый день. О них сказано: «Глаз, не видевший иных божеств, кроме Тебя, даст Он уповающему на Него»[114].

137) Что значит «уповающему на Него»? Теми, кто далек от понимания мудрости и ждет ее, чтобы понять суть вещей и познать своего Господина, прославляется Господин их каждый день. Именно они вступают в окружение высших праведников, они входят во все высшие врата, и никто не может помешать им. Благословен их удел в этом мире и в мире будущем.

138) Авраам вошел, чтобы познать своего Владыку и прилепиться к нему как подобает, после того как сначала совершил

---
[114] Пророки, Йешаяу, 64:3.

добрые дела. И удостоился этих высших дней, и благословился от места, откуда выходят все благословения. Как сказано: «Творец благословил Авраама во всем»[108]. Что значит «во всем»? Это место реки, во́ды которой не иссякают никогда, – Есод высших Абы ве-Имы, зивуг которых не прерывается никогда.

139) Авраам не хотел смешиваться с женщинами мира и прилепляться к другим народам-идолопоклонникам, потому что жены других народов, занимающихся идолопоклонством, оскверняют своих мужей и тех, кто к ним прилепляется. Ибо когда Авраам познал мудрость – познал суть и корень, и из какого места выходят и блуждают по миру духи скверны. И потому заклял своего раба, что он не возьмет его сыну жену из других народов.

Эден роняет капли на сад

140) «И вот, одно колесо внизу у этих созданий для четырех ликов его»[115]. «Одно колесо» стало душой (нешама). И хотя колесо (офан) везде обозначает душу (нефеш), все равно Мишна утверждает, что в этом отрывке название «офан» снова стало нешамой.

141) «Одна она, голубка моя, чистая моя, одна она»[116] – это нешама. Почему здесь, в Песни песней, мы называем душу в женском роде: «голубка моя, чистая моя», а там, в Торе, зовется она в мужском роде – Авраамом?

142) В Торе нешама называется в мужском роде относительно тела, так как тело по отношению к душе – как женщина по отношению к мужчине. Так и душа относительно более высокой ступени – как женское свойство относительно мужского. И согласно этому каждый занимает свой уровень. И потому в Песни песней, когда Царь, которому принадлежит мир (шалом שלום), говорит о душе, будучи более высокой по отношению к ней ступенью, она считается для него женским свойством, и он называет ее в женском роде: «голубка моя, чистая моя». В Торе же речь идет о душе самой по себе, и потому называется она в мужском роде – Авраамом.

143) Четырежды в час каждый день, на сад источается благо. И от этих капель берет начало большая река, разделяющаяся на четыре русла. Сорок восемь капель источаются каждый день, и оттуда насыщаются деревья этого сада, как сказано: «Насыщаются деревья Творца»[117].

Сказано: «Орошает горы с высот Своих»[118]. «Высота» – это Эден. И Эден находится выше Аравот. Он в Аравот, как мы

---

[115] Пророки, Йехезкель, 1:15. «И я увидел живые существа эти, и вот одно колесо внизу у этих созданий для четырех ликов его».
[116] Писания, Песнь песней, 6:9. «Одна она, голубка моя, чистая моя, одна она у матери своей, избранная – у родительницы своей. Увидели ее девицы – и признали, царицы и наложницы – и восхвалили ее».
[117] Писания, Псалмы, 104:16. «Насыщаются деревья Творца, кедры Леванона, которые насадил Он».
[118] Писания, Псалмы, 104:13. «Орошает горы с высот Своих, плодами дел Твоих насытится земля».

изучаем, что там хранилище хорошей жизни, благословения и мира, и душ праведников. И скрытому наверху нижнему Эдену соответствует сад на земле, и он получает от него наполнение каждый день.

144) Сорок восемь пророков вставали в Исраэле, и каждый из них получал в свой удел суть одной из этих капель Эдена, всего сорок восемь капель. И если каждый пророк, получавший одну из этих капель, своим духом святости превосходил всех остальных людей, то об Адаме Ришоне, получавшем от всех сорока восьми капель, уж и говорить нечего. Отсюда мы можем сделать вывод, какой была мудрость его.

145) И каким же образом пророки получили от этих капель? Однако вместе с каждой каплей, исходящей из Эдена, нисходил дух мудрости. И поэтому есть воды, возвеличивающие мудрецов, а есть воды, возвеличивающие глупцов, но те воды, которые возвеличивают мудрецов, проистекают от капель Эдена.

146) Самая первая из четырех рек, в водах которых находятся эти капли, это та, о которой сказано: «Имя одной - Пишон»[119]. Пишон был самой особой рекой, и она нисходила в землю Египта, поэтому мудрость египтян превышала мудрость всего мира.

147) Когда был вынесен приговор и пропала мудрость Египта, это произошло потому, что Творец забрал капли. И с тех пор, как были забраны эти капли, и перестали выходить из сада, исчезла мудрость Египта.

148) От этого духа, выходившего из Эдена, насыщались все праведники, как сказано: «Расходящийся по саду с наступлением (досл. с духом) дня»[120]. И это укрыто в Эденском саду на грядущее будущее. И это река, которую Йехезкель видел в своем пророчестве. И поэтому сказано: «И наполнится земля

---

[119] Тора, Берешит, 2:11. «Имя одной - Пишон, она обтекает всю землю Хавила, где есть золото».

[120] Тора, Берешит, 3:8. «И услышали голос Творца Всесильного, расходящийся по саду с наступлением дня, и спрятался Адам и жена его от Творца Всесильного среди деревьев сада».

знанием Творца, как полно море водами»[121], и эти воды всегда умножают знания в мире.

149) Все души праведников находятся наверху в Эдене. И так же, как преумножается мудрость в мире от того, что нисходит из Эдена, тем более – у находящихся в нем и наслаждающихся его негами и влечениями.

150) Когда душа удостаивается войти во врата высшего Йерушалаима, Михаэль, великий правитель, сопровождает ее и первым посылает мир ей. Ангелы-служители с удивлением спрашивают его о ней: «"Кто она, поднимающаяся из пустыни?"[122] Кто она, поднимающаяся среди высших из этого бренного тела, подобного дуновению, как сказано: "Человек дуновению подобен"[123]?» И он отвечает им: «"Одна она, голубка моя, чистая моя"[116] – особая она, "одна она у матери своей"[116]». «У матери своей» – это престол величия, и называется матерью души, и она рожает ее, т.е. отделяется от нее.

151) «Увидели ее девицы – и признали» – это остальные души, обладающие высокими достоинствами, и они называются «дочери Йерушалаима». Эти (души) называются «дочери Йерушалаима», а остальные – «дочери Лота». «Увидели ее девицы – и признали» – остальные души восхваляют ее и говорят: «Благословен приход твой».

«Царицы и наложницы – и восхвалили ее». «Царицы» – это праотцы, «и наложницы» – обратившиеся к праведной вере. Все они восхваляют и возвеличивают ее, пока не взойдет она наверх, и тогда душа пребывает в своих достоинствах и живет долгие годы, как сказано: «И Авраам состарился, достиг преклонных дней»[108]. Входит в преклонные дни – в будущий мир.

152) Когда душа пребывает в совершенстве своем на высшем месте, она больше не ищет тело, но от нее рождаются и

---

[121] Пророки, Йешаяу, 11:9. «Не будут делать зла и не будут губить на всей Моей святой горе, и наполнится земля знанием Творца, как полно море водами».

[122] Писания, Песнь песней, 3:6. «Кто она, поднимающаяся из пустыни, словно дымные столбы, окуриваемая миррою и фимиамом, и всякими благовониями».

[123] Писания, Псалмы, 144:4. «Человек дуновению подобен, дни его – как тень проходящая».

выходят другие души, а сама она остается в своем состоянии. А если в этом мире, являющемся тленом, душа входит в тело, в зловонную каплю? В грядущем будущем, когда все очистятся, и тело будет предпочтено для существования и улучшения, конечно же, войдет в него эта душа во всем своем совершенстве и возвышении.

153) Точно ту же душу и то же тело, Творец возродит для существования в грядущем будущем, однако оба они станут совершенными в восполнении знания, чтобы постичь то, чего не постигли в этом мире.

О понятии «возрождение мертвых»

154) «И Авраам состарился, достиг преклонных дней»[124] – того мира, который представляет собой дни, т.е. свет, а не этого мира, называемого «ночь». «Достиг преклонных дней» – верхних сфирот, находящихся в высшем мире и являющихся теми светами, которые называются «дни». «Достиг преклонных дней» – когда он достигает тех миров, которые называются «дни», согласно приобретенным наслаждениям и стремлениям. «А Творец благословил Авраама во всем». «Во всем» – тем положением, т.е. властью, данной ему Творцом от имени Его, и это буква «хэй», которой был сотворен мир.

155) Матат, управляющий внутренними делами, он же отрок – раб господина своего, и этот господин властвует над ним. Он назначен ответственным за душу, чтобы давать ей каждый день от того света, который велено ему давать ей. И в будущем ему предстоит получить письменный отчет с кладбищ, составленный Думой относительно каждого тела, и предоставить его своему господину. Ему же предстоит сделать ту самую кость луз закваской для построения тела под землей, и исправить это тело, и оживить его в совершенстве, соответствующем телу без души. А Творец затем уже пошлет душу на свое место в теле, когда оно войдет в землю Исраэля.

И необходимо выяснить должным образом, что представляет собой эта остающаяся в могиле и не сгнивающая кость, о которой сказано здесь, что ангел Матат делает ее закваской для воссоздания тела. Эта кость называется «луз», и она не наслаждается теми блюдами и напитками, которые ест и пьет человек. Поэтому она не разлагается в могиле, как остальные кости. И из нее заново отстраивается тело человека, которому предстоит возродиться из мертвых. И необходимо понять, почему она называется «луз», и почему не ест и не пьет, и не разлагается в могиле? И в чем ее особое предназначение, ибо только из нее может быть отстроено тело во время возрождения?

---

[124] Тора, Берешит, 24:1. «И Авраам состарился, достиг преклонных дней. А Творец благословил Авраама во всем».

Уже выяснилось, что именно те мохин, которые тело получает при жизни, в средней линии, приводят его к разложению в могиле. Для того чтобы как следует в этом разобраться, мы должны знать, что Яаков – это средняя линия, а Эсав – левая линия, не включающая в себя правую. Сказано: «И сварил Яаков кушанье»[125] – то есть мохин, исходящие от средней линии, называемой Яаков. «А Эсав пришел с поля усталый»[125], и сказал: «Дай же мне похлебать от красного, красного этого»[126] – то есть хотел, чтобы средняя линия наполнила его своими мохин, которыми левая линия включается в правую, и оттуда исходит жизнь.

Но Яаков сказал ему: «Продай же от сего дня свое первородство мне»[127]. Ибо известно, что мохин Хохмы нисходят в левой линии, что и называется первородством и величием (гадлут), и поэтому она не желает включаться в правую линию, т.е. в свет хасадим, который намного меньше него. Однако нижние не могут получить свечение левой линии прежде, чем она облачится в хасадим правой линии.

И поэтому Эсав был усталым. Это видно из сказанного им: «Вот я близок к смерти, для чего же мне первородство?!»[128] И поэтому продал он ему первородство, а также: «И пренебрег Эсав первородством»[129] – так как он вынужден был получить у Яакова мохин от включения правой линии. Выясняется, таким образом, что с получением Эсавом мохин средней линии, он отменяет свое первородство, т.е. свечение Хохмы левой линии без правой. Но кроме того, он еще пренебрегает им, так как излагает свое мнение, что от свечения левой приходит только смерть, как сказано: «Вот я близок к смерти». Но от свечения средней линии исходит жизнь.

Отсюда можно произвести сопоставление и с телом человека. Ибо каждое тело попало под власть Сáма, покровителя

---

[125] Тора, Берешит, 25:29. «И сварил Яаков кушанье, а Эсав пришел с поля усталый».
[126] Тора, Берешит, 25:30. «И сказал Эсав Яакову: "Дай же мне глотнуть от красного, красного этого, ибо устал я". Потому нарек ему имя Эдом».
[127] Тора, Берешит, 25:31. «Но Яаков сказал: "Продай же от сего дня свое первородство мне"».
[128] Тора, Берешит, 25:32. «И сказал Эсав: "Вот я близок к смерти, для чего же мне первородство?!"»
[129] Тора, Берешит, 25:34. «И дал Яаков Эсаву хлеба и похлебку из чечевицы: и он ел и пил, и встал, и пошел; и пренебрег Эсав первородством».

Эсава, в момент нарушения запрета Древа познания, вследствие чего тело обречено на смерть. И власть эта, установившаяся из-за привнесения скверны змея, не отстраняется от тела прежде, чем оно сгниет в могиле. И поэтому праведники очищают свое тело, исходящее от силы левой линии, до тех пор, пока оно не станет достойным получения мохин от средней линии. А с получением этих мохин открывается телу, что оно пренебрегает своим первородством, подобно Эсаву. И впечатление от этого пренебрежения остается в теле даже после смерти, до такой степени, что приводит его к гниению, означающему полную отмену всей его силы получения, пока не остается даже воспоминания о нем.

Но трудно понять, в таком случае, – как же оно еще сможет восстать к возрождению из мертвых, будучи уже истлевшим? А дело в том, что как в левой линии есть ГАР и ВАК – так и в теле, которое получает от нее, есть тоже ГАР и ВАК. И также в Эсаве был ГАР и ВАК – келим для получения ГАР и келим для получения ВАК. И выяснилось, что мохин средней линии, которые получил Эсав, привели его к пренебрежению первородством, а также приводят все тело к разложению во прахе.

Однако мохин, приходящие от средней линии, являются всего лишь свойством ВАК де-ГАР, и нет в них ничего от ГАР де-ГАР. Таким образом, только ВАК Эсава пренебрегли первородством, поскольку раскрылось через них, что от левой линии исходит смерть, а от правой линии – жизнь. Но, в таком случае, ГАР Эсава – которые не получили ничего от мохин Яакова, поскольку они только ВАК де-ГАР – остались под властью левой линии и вовсе не пренебрегали первородством. Ибо, так или иначе, умирают, потому что средней линии нечего им дать.

И соответственно, тела всех людей из-за мохин, получаемых ими при жизни, сгнивают в могиле. Это относится именно к келим ВАК тела, наслаждающимся от средней линии. В то время как келим ГАР тела, которые никогда не наслаждаются от этих мохин средней линии, не разлагаются в могиле, как и ГАР Эсава. И поскольку не наслаждаются, не проявляют пренебрежение.

И поэтому говорится, что есть кость, не разлагающаяся в могиле, – часть тела, относящаяся к получению ГАР де-ГАР, которая не наслаждается блюдами и напитками, т.е. мохин, приходящими от средней линии. Поэтому она не разлагается, и поэтому из нее отстраивается тело для возрождения из мертвых.

А смысл того, что зовется «луз», заключается в следующем. Сказано: «И назвал это место Бейт-Эль, но Луз – первоначальное имя этого города»[130]. Пояснение сказанного. Любое понятие рассматривается в трех свойствах: мир, год и душа. И свечение левой линии без правой в свойстве «мир» носит название города «Луз», как в сказанном: «Мерзость перед Творцом порочный (налóз)»[131]. А также: «И порочны (нелозим) в стезях своих»[132]. А Яаков, являющийся средней линией, исправил этот город, и воцарилось в нем божественное присутствие. И потому назвал его Бейт-Эль (дом Творца). А до этого он звался Луз. Однако средняя линия может исправить только свойство ВАК де-ГАР, но не ГАР де-ГАР. Таким образом, не весь город Луз получил свое исправление, будучи названным Бейт-Эль, а только свойство ВАК этого города получило исправление, став Бейт-Элем. Но у свойства ГАР де-ГАР города осталось первоначальное название – «Луз», потому что Яаков не мог исправить его. И это относится к свойству «мир».

И так же относительно свойства «душа» каждое тело считается городом Луз. И когда праведники удостаиваются получить мохин средней линии, а тело их удостаивается присутствия Шхины, их тело называется Бейт-Эль (дом Творца), вместо предыдущего названия Луз (от слова порочный). Однако ГАР их тела, поскольку им нечего получить от средней линии, нисколько не исправились, и не называются Бейт-Эль, а остались с прежним названием – Луз. Таким образом, эта кость, относящаяся к ГАР де-ГАР, называется Луз, так как остается в порочности своей и не поддается никакому исправлению на протяжении шести тысяч лет, поскольку мохин левой линии не питают ее.

Как сказано: «В будущем оживит Творец мертвых в их пороках, чтобы не сказали: не он это». Кость Луз – это порок

---

[130] Тора, Берешит, 28:19.
[131] Писания, Притчи, 3:32. «Потому что мерзость пред Творцом порочный, а с праведными у Него общение».
[132] Писания, Притчи, 2:15. «Когда пути их кривы и порочны в стезях своих».

в теле, который не может быть исцелен в течение шести тысяч лет. И от него восстанет тело к возрождению из мертвых, чтобы не сказали, что оно другое по сравнению с его формой в Бесконечности.

Итак, мы выяснили подробно, почему она называется Луз, и почему не ест и не пьет, и не разлагается в могиле, и почему именно из нее восстанет тело для возрождения из мертвых. И эти вещи следует помнить, так они являются ключевыми моментами для понимания рассматриваемой далее статьи.

156) В этот час сказано: «И сказал Авраам рабу его»[133]. Если это рассматривать со стороны данного учения, т.е. в соответствии сказанному о возрождении из мертвых, то что означает – «рабу его»? Авраам – это душа. В таком случае «и сказал Авраам рабу своему» означает – рабу души. Но разве может быть раб у души? Если рассматривать слова «рабу его» безотносительно Авраама, как это представляется из сказанного, то они будут означать – раб Творца, близкий к служению Ему. Это Матат, который в будущем придаст благообразие этому телу в могиле.

157) «И сказал Авраам рабу его, старшему в доме своем, управлявшему всем, что у него»[133]. «Рабу его» – это Матат, раб Творца. «Старшему в доме его» – потому что он стоит во главе всех творений Создателя. «Правящему всем, что у него» – т.е. Творец дал ему власть над всеми воинствами, над всеми высшими ангелами.

158) Все воинства этого раба завладевают светом и наслаждаются сиянием души. Уже объяснялось, что свет души больше света престола величия. Но ведь душа получает наполнение от престола, а получающий должен обязательно быть меньше дающего? И истолковывается это так: одно – согласно полагающемуся ему, и другое тоже – согласно полагающемуся ему.

Это очень глубокие понятия, и производить выяснение необходимо от их корня. Поскольку этими корнями являются «человек, сидящий на престоле» и «престол» – то есть Аба ве-Има и ИШСУТ. Где ИШСУТ – это престол, левая линия, а Аба

---

[133] Тора, Берешит, 24:2. «И сказал Авраам рабу его, старшему в доме своем, управлявшему всем, что у него: "Положи руку твою под бедро мое"».

ве-Има – человек, сидящий на престоле, правая. От них происходят ЗОН, где Зеир Анпин – это человек, сидящий на престоле, а Нуква – это престол. А от них происходят души и Матат со своим окружением: души – от человека, восседающего на престоле, а Матат со своим окружением – от престола.

Известно, что нижние нуждаются в свечении Хохмы. И все то время, пока у них нет свечения Хохмы, хотя и получают они свет хасадим от Зеир Анпина и от высших Абы ве-Имы, все же находятся в свойстве ВАК без рош. До тех пор, пока не получат Хохму от престола – от Нуквы и ИШСУТ. И тогда приобретают ГАР. Таким образом душа, прежде чем она получает свет престола, находится в свойстве ВАК без рош, ВАК де-ВАК. И она меньше, чем свет престола, который являет собой ГАР де-ВАК. Но после того, как получает свечение Хохмы от света престола, она становится намного больше света престола. Ведь свет престола происходит от Нуквы и от ИШСУТ, и это свойство ГАР де-ВАК, а свет души происходит от Зеир Анпина и Абы ве-Имы и является свойством самих ГАР.

И поэтому задается вопрос: как может быть, что свет души больше, чем свет престола, – ведь душа получает от престола, то есть она меньше этого престола? И душа, прежде чем она получает от престола, является свойством ВАК де-ВАК, а престол – ГАР де-ВАК, и поэтому она получает от престола.

И истолковывается это так: одно – согласно полагающемуся ему, и другое тоже – согласно полагающемуся ему. Иными словами, это два света, отличающиеся друг от друга. Поскольку душа, в сущности, является светом хасадим, а престол – светом Хохмы. И поэтому, когда душа нуждается в свечении Хохмы, она обязана получать от престола, хотя, в корне своем, душа больше, чем свет престола. И поэтому говорится, что она, в действительности, больше, чем свет престола. Как сказано: «Образ, подобный человеку над ним сверху»[134]. «Над ним» – означает в духовном, которое не занимает ни времени, ни места, и является только лишь показателем достоинства. Таким образом, свет души больше света престола, так как она,

---

[134] Пророки, Йехезкель, 1:26. «А над небосводом, что находится над ними – образ престола, подобный камню сапфиру, и над образом этого престола – образ, подобный человеку над ним сверху».

в корне своем, происходит от человека, восседающего на этом престоле.

159) А когда он отправляется выполнять поручение Творца, все воинства его и колесница (меркава) его питаются от этого сияния души, от света хасадим, от человека, восседающего на престоле, происходящего от Зеир Анпина и получающего от высших Абы ве-Имы. И эта душа говорит ему: «Положи руку твою под бедро мое»¹³³. «Положи руку твою» – т.е. опору твою, воинства Матата, «под бедро мое» – это свет, исходящий из души, потому что «бедро мое» означает НЕХИ. И в этом преимущество души над ними, потому что у нее есть НЕХИ келим и ГАР светов. Поэтому сказала она ему: «Положи руку твою под бедро мое» – чтобы он получил свет ГАР, включенный в ее НЕХИ. И этот свет является клятвой, которую он взял с него.

160) В тот час, когда он отправляется с поручением Творца, Творец приводит в движение все Свои высшие воинства одной буквой имени Своего, буквой «йуд י» имени АВАЯ (היה), и это Аба ве-Има, являющиеся корнем света души. «Ярки (ירכי бедро мое)» – в гематрии «рам (רם возвышенный)». То есть, душа говорит: «Положи руку твою» – опору твою, ниже совершенства Возвышенного и Превознесенного, властвующего надо всеми, т.е. имеется в виду Атик, светящий в Абе ве-Име, обозначаемых буквой «йуд י». И после того, как душа заручилась поддержкой высших, светом высших Абы ве-Имы, под рукой его, сказала ему: «Я заклинаю тебя великой клятвой, Им (Творцом)», как сказано: «И я заклинаю тебя Творцом, Всесильным небес и Всесильным земли»¹³⁵.

161) Спросил рабби Ицхак: «Сказано: "Заклинаю тебя Творцом, Всесильным небес и Всесильным земли"¹³⁵. Если он уже сказал "Творцом"» – т.е. что заклинает его Творцом, «то зачем еще добавил "Всесильным небес и Всесильным земли"?» Было сказано, что в час, когда тот отправляется, Творец приводит в действие все свои воинства одной буквой своего имени, буквой «йуд י», светом хасадим высших Абы ве-Имы. Почему же сказал, что заклинает его «Всесильным небес и Всесильным земли», где «небеса» – это Зеир Анпин, происходящий от высших

---

¹³⁵ Тора, Берешит, 24:3. «Заклинаю тебя Творцом, Всесильным небес и Всесильным земли, что ты не возьмешь сыну моему жены из дочерей Кнаана, в среде которого я живу».

Абы ве-Имы, а «земля» – Нуква, происходящая от ИШСУТ, ведь достаточно было клятвенно уверить его только Творцом?

Ответил рабби Йегуда: «Потому и заклинает его "Всесильным небес и Всесильным земли", чтобы указать, что Он властвует над всем одновременно и в один миг приводит в движение всё, и все они – как ничто перед Ним». То есть, потому он и упоминает небо и землю во время своего напутствия, что они являются светом буквы «йуд י», указывая этим, что свет этот властвует над всеми ступенями, и все они, как ничто перед Ним.

Рабби Ицхак говорит, что над двумя буквами Своего имени Он приводит в действие все воинства Свои, в тот момент, когда Матат отправляется со своей миссией. И это указывает, что Он – это всё, и нет никого, кроме Него.

Объяснение. Мнение рабби Ицхака отличается от мнения рабби Йегуды, который сказал выше, что «Творец приводит в действие все Свои воинства одной буквой Своего имени», т.е. только светом правой линии от Абы ве-Имы, т.е. буквой «йуд י» имени АВАЯ (הויה). И поэтому он возражает, что в клятвенном уверении говорится «Всесильным небес», свет которого исходит от Абы ве-Имы, «и Всесильным земли», свет которого исходит от ИШСУТ, левой линии. И это, с точки зрения рабби Ицхака, доказательство того, что в час, когда Матат отправляется с поручением Творца, Творец приводит в действие все воинства Свои двумя буквами Своего имени АВАЯ (הויה) – «йуд-хэй יה», где «йуд י» – это свет высших Абы ве-Имы, а «хэй ה» – это свет ИШСУТ, то есть также и свечением Хохмы, исходящим от ИШСУТ. И это свечение Хохмы уничтожает клипот, и все видят, что Он – всё, и нет никого, кроме Него.

162) «Я заклинаю тебя Творцом, Всесильным небес» – этой клятвой союза заклинает душа, как сказано: «Что не возьмешь жену ты сыну моему», т.е. имеется в виду, что Авраам – это душа[136].

163) Отсюда понятно, что душа сказала Матату: «Поскольку ты отправляешься с этой миссией» – оживить мертвых, «не бери жены сыну моему» – не бери «тела» сыну моему, так как «тело» по отношению к «душе» называется женой. «Чтобы не

---

[136] См. выше, п. 48.

войти ему в другое тело, чужое, которое недостойно его, но только в то тело, которое является моим, именно то, из которого я вышла». Об этом сказано: «Но в мою землю и на мою родину пойдешь».

Объяснение. Мы уже пояснили сказанное[137]: «В будущем мертвецы восстанут в своих пороках, чтобы не сказали: "Другой это"». Чтобы (тело) было в той же форме, как и при включении в Бесконечность. Поэтому душа заклинает Матата: «На землю мою и на родину мою пойдешь»[138] – то есть к моему телу, которое осталось в той самой кости Луз, и чтобы это было именно то тело, из которого я вышла, ему надлежит возродиться из мертвых. А после того, как исцелится от порока своего, оно будет достойно облачения души навеки.

164) Что означает: «И возьми жену сыну моему Ицхаку»? Если имеется в виду облачение души, нужно было сказать: «Аврааму». То есть (возьми) тело, которое страдало со мной в том мире, и не было у него наслаждения, и стремится к нему из-за трепета перед Господином его. И это – кость Луз, которая не испытывает наслаждения от еды и питья в этом мире, именно это тело возьми, чтобы радоваться вместе с ним весельем праведников, радоваться вместе с ним отрадой Творца. Радоваться вместе с ним, как сказано: «Тогда наполнятся уста наши смехом»[139].

165) Один ангел выполняет лишь одну миссию, а не две одновременно. Но ведь здесь есть две миссии:
1. Оживить тело в могиле его.
2. Поднять его в землю Исраэля, где облачается в него душа.

Каким же образом один ангел здесь выполняет две миссии?

---

[137] См. выше, п. 155, со слов: «И необходимо выяснить...»
[138] Тора, Берешит, 24:4 «Но на землю мою и на родину мою пойдешь и возьмешь жену для сына моего, для Ицхака».
[139] Писания, Псалмы, 126:2. «Тогда наполнятся уста наши смехом и язык наш – пением. Тогда скажут между народами: "Великим благом вознаградил их Творец!"»

Один ангел, у которого «чернильница писца у чресел его»¹⁴⁰, Гавриэль, должен написать каждому на челе его, что надо исправить тело. А затем великий правитель Матат отправляется исправлять каждого и поднять его для получения своей души. И сказано: «Он пошлет ангела Своего пред тобой, и ты возьмешь жену»¹⁴¹. «Перед тобой» указывает – перед выполнением тобой миссии. То есть Творец пошлет прежде ангела исправить тело, а затем приведут Матата, для облачения души, так как один ангел не выполняет две миссии.

166) Колодец для видящих и наполняющих его начерпанными водами, а он сам наполняется от источника еще больше, чем от них. Колодец, наполняющийся сам, поскольку основа его души – от света хасадим, от высших Абы ве-Имы, зивуг которых не прекращается никогда, и поскольку он притягивает свечение Хохмы от ИШСУТ, называют его «колодец видящих», благодаря Хохме, которую он получает от ИШСУТ. И это сравнивается с тем, что его наполняют, черпая из другого места, так как его собственный корень исходит не от ИШСУТ, а только от высших Абы ве-Имы.

И в силу того, что его хасадим, в корне своем, исходят от Абы ве-Имы и находятся в свойстве непрерывного источника, они гораздо важнее свечения Хохмы, которым наполняют его из ИШСУТ. Потому что Аба ве-Има по сравнению с ИШСУТ, как ГАР по сравнению с ВАК. «Колодец Лахай-рои (досл. видящих живое)»¹⁴². Видение – означает свечение Хохмы.

167) Должен человек устроить прием раву своему в новомесячье.

168) У того первого света, который действовал в начале творения, а затем был упрятан для праведников на грядущее будущее, есть десять перемещений. В десяти он перемещается, и в

---

¹⁴⁰ Пророки, Йехезкель, 9:2. «И вот, шесть мужей появляются со стороны верхних ворот, обращенных к северу, и у каждого орудие разрушения в руке его, и один меж ними, одетый в лен, и чернильница писца у чресел его. И пришли, и стали у медного жертвенника».

¹⁴¹ Тора, Берешит, 24:7. «Творец Всесильный небес, который взял меня из дома отца моего и из страны рождения моего, и который говорил мне, и который клялся мне, говоря: "Потомству твоему отдам я страну эту", – Он пошлет ангела Своего перед тобой, и ты возьмешь сыну моему жену оттуда».

¹⁴² Тора, Берешит, 25:11.

десяти управляет всем, и в десяти знамениях вершит свои деяния. Десять записей, десять ключей от мест исцеления у него, и десять записей он берет из Эденского сада, чтобы исправить землю для тел праведников.

Объяснение. Число «десять» указывает на свет хасадим[143]. А первый свет, который был упрятан для праведников – это свет Хохмы, и поэтому Адам Ришон мог с помощью него видеть «от края мира и до края». Потому что свет глаз и зрение – это свет Хохмы. У первого света есть десять перемещений – то есть свет Хохмы раскрывается в десяти облачениях, называемых «свет хасадим». И приходит к этому облачению благодаря тому, что приходит в трех линиях, каждая из которых облачена в десять. И это означает сказанное: «В десяти он перемещается» – т.е. перемещается и передает наполнение в десяти, и это правая линия, сутью отдачи которой является свет хасадим.

«И в десяти управляет всем» – это левая линия, и хотя сутью ее отдачи является Хохма, исходящая от точки шурук, все же управляет она и передает только через облачение в хасадим.

И «в десяти знамениях вершит свои деяния» – это средняя линия, согласующая между двумя этими линиями, и от нее исходят все «знамения и чудеса»[144] со стороны святости.

«Десять записей, десять ключей от мест лечения у него». «Записи» – это экраны[145], а «ключи» – ступени светов хасадим, которые выходят на эти записи, и посредством этих ступеней света он исцеляет больных. Ибо все болезни исходят от левой линии, так как они без включения правой линии. А когда выходит средняя линия с экраном хирик, на него выходит ступень света хасадим, согласовывая тем самым линии до тех пор, пока они не включатся друг в друга[146], и тогда исцеляются все больные. И поэтому называются ступени ее света ключами для исцеления больных, и их десять, поскольку они составляют этот свет хасадим.

---

[143] См. «Предисловие книги Зоар», статью «Ростки», обозрение Сулам, п. 1, со слов: «И это нужно понять…»
[144] Тора, Дварим, 26:8. «И вывел нас Творец из Египта рукою сильною и мышцею простертою, и страхом великим, и знамениями, и чудесами».
[145] См. выше, п. 96, со слов: «Пояснение сказанного…»
[146] См. Зоар, главу Берешит, часть 1, п. 142.

«Десять записей» – это экран средней линии, с помощью которого вносятся в «расчет» праведники ангелом Дума. Это гарантирует им то, что они восстанут к возрождению из мертвых. Как сказано: «И искупит землю свою народ Его» – исправить могилу, чтобы они были достойными сказанного: «И раскрою я могилы ваши».[147]

169) Можно видеть больше чем одного ангела, ибо свет души больше чем свет ангелов.[148] И поскольку понятие «десять» выяснилось только в трех высших линиях Хохма, Бина, Даат, эти «десять» выясняются дальше также и в семи нижних сфирот. И сказано, что этот мир, Малхут, создан в десяти и управляем в десяти, и это Есод, управляющий Малхут, называемой «мир». «Святой престол – в десяти», т.е. Нецах и Ход, называемые нижним престолом, в десяти. «Тора», Тиферет, «в десяти». «Перемещения его», т.е. Гвура, «в десяти». «Высшие миры», Хесед, являющийся высшим из семи нижних сфирот, «в десяти». «И один, высший над всеми, Благословен Он» – т.е. Кетер, «и от него исходит всё» – т.е., как свет хасадим, который и подразумевается под числом «десять», так и свет Хохмы.

170) Сказано: «И взял раб десять верблюдов из верблюдов господина своего, и пошел»[149]. Что означает: «Всё добро его господина в руке его»[149]? Как может быть, что всё достояние Авраама он мог унести в руке своей? Это имя Господина его, т.е. Шхина, называемая именем, которая шла с ним, чтобы привести его в желаемое место и защитить его, т.е. устранить перед ним помехи. И это, конечно же, смысл сказанного: «Так как имя Мое несет он в себе»[150].

171) Каждый, кто достоверно знает имя Его, знает, что Он и имя Его едины. «Он» – Творец, «и имя Его» – Шхина. Как

---

[147] См. выше, п. 11.
[148] См. выше, п. 158, со слов: «И поэтому задается вопрос...»
[149] Тора, Берешит, 24:10. «И взял раб десять верблюдов из верблюдов господина своего, и пошел, и всё добро его господина в руке его; и встал, и пошел в Арам-Наараим, в город Нахора».
[150] Тора, Шмот, 23: 20-21. «Вот Я направляю посланца пред тобою, чтобы хранить тебя в пути и привести тебя на место, которое Я уготовил. Берегись пред ним и слушай голоса его, не прекословь ему, ибо он не простит вашей провины, так как имя Мое несет он в себе».

сказано: «Творец един, и имя Его едино»[151]. То есть «имя» – Шхина, и «Он» – Зеир Анпин, едины.[152]

172) «И расположил он верблюдов вне города, возле колодца с водой»[153]. «Вне города» означает – на кладбище. «Возле колодца с водой» – говорится о тех, кто в числе первых будет воскрешен из мертвых на кладбище. И это те, кто прилагал усилия в занятиях Торой. Ведь когда человека кладут в могилу, о чем спрашивают у него вначале? Установил ли он времена для Торы, о чем сказано: «И станет неизменность времен твоих силой спасения»[154]. И уж тем более при выходе его не возникает сомнения в том, чтобы воскресить его первым.

173) «Под вечер»[153] – шестого дня, т.е. в канун субботы, когда наступает время воскрешения мертвых. Шесть тысяч лет стоит мир. А канун субботы – это шестое тысячелетие, являющееся завершением всего. «Под вечер» – означает время завершения всего. «Ко времени выхода черпальщиц»[153] – это ученики мудрецов, черпающие воды Торы. И это время, чтобы выйти и отряхнуться от праха. Иначе говоря, восстать из мертвых.

174) Те, кто занимается постижением Владыки своего в этом мире, – и душа их пребывает в совершенстве для мира будущего – удостоились выйти из могилы благодаря клятвенному обещанию, взятому душой с Матата. Ведь Матат отправляется узнать, какое из тел принадлежит именно ей, как и требовала от него клятвенно душа. И это, как сказано: «Вот, я стою у источника вод»[155]. Несмотря на то, что это тело ученика мудреца, отправляется Матат проверить безупречность его, как сказано: «И будет – девице, выходящей черпать, скажу я: "Дай

---

[151] Пророки, Зехария, 14:9. «И будет Творец царем на всей земле, в тот день будет Творец един, и имя Его едино».
[152] См. Зоар, главу Берешит, часть 1, п. 126, со слов: «Зоар выясняет сказанное...»
[153] Тора, Берешит, 24:11. «И расположил он верблюдов вне города, возле колодца воды, под вечер, ко времени выхода черпальщиц».
[154] Пророки, Йешаяу, 33:6. «И станет неизменность времен твоих силой спасения, мудрости и знания; трепет пред Творцом – сокровище Его».
[155] Тора, Берешит, 24:13. «Вот я стою у источника вод, и дочери людей города выходят черпать воду».

мне выпить немного воды из кувшина твоего"»¹⁵⁶. Что означает: «Дай мне намек о том, что знаешь ты имя, постигнутое тобой».

175) «Если она скажет мне: "И ты пей"»¹⁵⁷. Тем самым она дает ему понять три вещи:

1. И ты тоже раб, как я, – т.е. лишен ГАР.
2. Твое знание не заменило мне знание Творца. То есть она не впала в заблуждение, что у мохин, которые он дает душам, есть окончательное совершенство, подобное совершенству Творца.
3. Ты должен постичь, что являешься таким же творением, как и я. Хотя ты и ангел, все равно ты подобен творению, т.е. обладаешь недостатком, как и я.

176) «И верблюдам твоим я начерпаю»¹⁵⁷ – т.е. и воинствам его она даст знать от того, что постигла и почерпнула. Ибо «верблюды твои» означает – воинства твои. Иными словами, знание постигнутого ею заключается в следующем:

1. Что они не достигли твоей поддержки, т.е. постижения нет у них.
2. Узнала я, что есть у меня превосходство над тобой, и это включение точки этого мира, которого недостает высшим ангелам.
3. И как создан ты из сияния, которое дано тебе. То есть она постигла также тайну его создания.

«Если тело расскажет обо всех этих постижениях его, то это будет мне знаком, который Ты дал мне, в виде всего этого» – т.е. если тело скажет ему все вышеизложенные вещи, не упустив ничего. «И тогда я узнаю, что это – жена, т.е. тело той души, которая взяла с меня клятву».

---

¹⁵⁶ Тора, Берешит, 24:42-43. «И пришел я сегодня к источнику, и сказал: "Творец Всесильный господина моего Авраама! Если Ты желаешь увенчать успехом путь мой, которым иду, то вот, я стою у источника воды, и будет – девице, выходящей черпать, скажу я: дай мне выпить немного воды из кувшина твоего"».

¹⁵⁷ Тора, Берешит, 24:44. «И если она скажет мне: "И ты пей, и верблюдам твоим я начерпаю", – вот жена, которую Творец предназначил сыну господина моего"».

177) «И случилось, что он еще не кончил говорить»[158] — только собрался проверить тело относительно всего этого, «как выходит Ривка»[158] — это праведное тело, которое занимается Торой, а свое тело он отделяет, чтобы постичь и познать Создателя своего. «Которая родилась у Бетуэля»[158] — дочь (бат) сильного (эль), «сына Милки (מלכה)»[158] — сына Царицы (малка מלכה) мира, «жены брата Авраама Нахора»[158] — подруга разума, тело, прилепившееся к разуму, брату души, «и кувшин на ее плече»[158] — мудрость, которую она несет.

178) «И побежал раб навстречу ей»[159] — это Матат, «и сказал: "Дай мне глоток воды из кувшина твоего"»[159] — дай мне только намек, что ты знаешь из мудрости познания Создавшего тебя, которою занималась ты в оставленном тобой мире. После всего этого сказано: «И я вдел кольцо в ноздри ее, и браслеты надел на руки ее»[160] — кости, которые раскиданы в одной и в другой стороне, он соединяет вместе и взвешивает их, одно против другого.

179) В тот же час это тело встает в земле Исраэля, и там входит в него душа его. Кто ведет его в землю Исраэля? Творец прощает грехи под землей, и они перемещаются, направляясь в землю Исраэля, как сказано: «И земля изрыгнет мертвых»[161].

180) Гавриэль ведет их в землю Исраэля, как сказано: «Поедешь ли с этим мужем?»[162], и сказано: «Муж Гавриэль»[163]. А каков смысл сказанного: «А у Ривки брат по имени Лаван»[164]?

---

[158] Тора, Берешит, 24:15. «И случилось, что он еще не кончил говорить, как выходит Ривка, которая родилась у Бетуэля, сына Милки, жены брата Авраама Нахора, и кувшин на ее плече».

[159] Тора, Берешит, 24:17. «И побежал раб навстречу ей, и сказал: "Дай мне глоток воды из кувшина твоего"».

[160] Тора, Берешит, 24:47. «И я спросил ее, и сказал: "Чья ты дочь?" Она сказала: "Дочь Бетуэля, сына Нахора, которого родила ему Милка". И я вдел кольцо в ноздри ее, и браслеты надел на руки ее».

[161] Пророки, Йешаяу, 26:19. «Оживут Твои умершие, восстанут мертвые тела! Пробудитесь и ликуйте, покоящиеся во прахе, ибо роса рассветная — роса Твоя, и земля изрыгнет мертвых».

[162] Тора, Берешит, 24:58. «И позвали Ривку и сказали ей: "Поедешь ли с этим мужем?" И сказала она: "Пойду"».

[163] Писания, Даниэль, 9:21. «И я еще возношу молитву, как муж Гавриэль, которого видел я прежде в видении, быстро пролетев, коснулся меня в то время, когда приносят вечернюю жертву».

[164] Тора, Берешит, 24:29. «А у Ривки брат по имени Лаван. И выбежал Лаван к мужу тому, к источнику».

Это значит, что злое начало не устраняется из мира, и хотя не обнаруживается полностью, частично раскрывается.

181) Вначале, когда злое начало было привнесено в этот мир, оно называлось Лотом. В будущем мире оно устранится из мира, но не полностью. И называется оно Лаван, не настолько мерзкое, как вначале, но подобно тому, кто очистился от своей мерзости. Зачем нужен Лаван? Чтобы мы могли плодиться и размножаться. Ведь если бы не было злого начала, не было бы возможности плодиться и размножаться.

182) После того, как тело воссоздано и может существовать, сказано: «И отпустили они Ривку, сестру свою, и кормилицу ее»[165]. Что значит: «И кормилицу ее»? Это движущая сила, сила тела.

183) «Со мною с Леванона, невеста, со мною с Леванона придешь! Воззри с вершины Аманы, с вершины Сенира и Хермона»[166]. Когда тело воссоздано для существования, и его приводят в землю Исраэля, чтобы получить душу, ждет его душа и выходит навстречу ему, как сказано: «И вышел Ицхак молиться в поле»[167]. Сказано: «Со мною с Леванона, невеста» – это (говорит) душа. «Воззри с вершины Аманы»[166], как сказано: «И поднял он глаза свои и увидел»[168].

184) И теперь душа называется Ицхак из-за великой радости, пребывающей в мире.[169]

185) Вначале душа зовется Авраам, а тело – Сара. Теперь же душа называется Ицхак, а тело – Ривка. Сорок лет до начала существования тела, душа ждет тело в земле Исраэля, на месте Храма.

---

[165] Тора, Берешит, 24:59. «И отпустили они Ривку, сестру свою, и кормилицу ее, и раба Авраама и его людей».
[166] Писания, Песнь песней, 4:8. «Со мною с Леванона, невеста, со мною с Леванона придешь! Воззри с вершины Аманы, с вершины Сенира и Хермона, от львиных логовищ, с леопардовых гор».
[167] Тора, Берешит, 24:63. «И вышел Ицхак молиться в поле под вечер, и поднял он глаза свои и увидел: вот верблюды идут».
[168] Тора, Берешит, 18:2. «И поднял он глаза свои, и увидел: и вот, три человека стоят над ним. И увидел он, и побежал навстречу им от входа в шатер, и поклонился до земли».
[169] Ицхак переводится с иврита – будет смеяться, радоваться.

186) «И взял Ривку, и она стала ему женою, и он полюбил ее, и утешился Ицхак после матери своей»[170]. Любит это тело и утешается с ним, и это время, когда смех и радость наполняют мир.

187) Что значит: «И взял Авраам еще жену по имени Ктура»[171]? Сказанное здесь противоречит пояснению того, что касается тела и души во время воскрешения.

188) В то время, когда истинные мудрецы выясняют тайны написанного, те ступени, о которых говорится в этих отрывках, сами являются в это время к мудрецам и содействуют тому, чтобы те привели к их раскрытию. И если бы не их помощь, мудрецы не смогли бы раскрыть ни одной тайны.

189) Счастлив человек, который налагает тфилин и знает, какой смысл заключен в них.

190) Творец, в своей великой любви, которую испытывал к Исраэлю, сказал им сделать Ему Скинию, подобно высшему строению наверху, дабы Он пришел обитать с ними. И об этом сказано: «Пусть сделают Мне Святилище, и Я буду обитать среди них»[172]. В этом случае неясен смысл тфилин.

191) Святилище было создано наподобие высшего, в виде форм его святых строений. А потом Творец поместил Свою Шхину вместе с ними. То же самое можно сказать о тфилин, человек, налагающий их, должен быть подобием высших строений: нижнего строения и высшего строения, чтобы установилось царство Его и поместил Он над ним Свою Шхину.

Пояснение сказанного. Есть два строения[173], и оба они нужны. Есть в высшем строении, расположенном над хазе, преимущество, которого нет в нижнем строении, расположенном ниже хазе. Ибо зивуг происходит только от хазе и выше, где находится лик человека, а не от хазе и ниже, где лик человека

---

[170] Тора, Берешит, 24:67. «И ввел ее Ицхак в шатер Сары, матери своей, и взял Ривку, и она стала ему женою, и он полюбил ее, и утешился Ицхак после матери своей».
[171] Тора, Берешит, 25:1.
[172] Тора, Шмот, 25:8.
[173] См. Зоар, главу Берешит, часть 1, п. 82, со слов: «Пояснение сказанного...».

отсутствует. А также в нижнем строении от хазе и ниже есть преимущество, которого нет в высшем строении от хазе и выше. Ведь место раскрытия Хохмы находится в том строении, что от хазе и ниже, а не в том, что от хазе и выше. И потому совершенство раскрывается только в обоих строениях вместе, так как нижнее строение поднимается и включается в зивуг, происходящий от хазе и выше, в высшем строении. И тогда раскрывается Хохма в нижнем строении.

Скиния стала высшим подобием в форме святых строений. Иными словами, Скиния и ее келим расположились по примеру двух этих строений, потому что нижнее строение поднялось тогда в место высшего строения и включилось там в зивуг. И тогда раскрылась Хохма в нижнем строении, что означает пребывание Шхины в нижних. Так же и человек, накладывающий тфилин, должен сосредоточить свое намерение на двух этих строениях и порядках между ними, и тогда установится царство (малхут) Творца, и Творец поместит над ним Свою Шхину. Ибо Хохма раскрывается только в Малхут, которая лежит от хазе и ниже и называется Шхиной. Однако зивуг для привлечения Хохмы происходит только от хазе и выше. И потому, посредством двух строений вместе, раскрывается совершенство.

192) Как мы знаем, в тфилин кроются высшие тайны и образы их. И есть в нем, от хазе и ниже, где находится Малхут, три строения, подобные святым высшим. Они представляют три буквы Его святого имени: «йуд-хэй-вав יהו». Ибо три строения – это три буквы «йуд-хэй-вав». Четыре раздела властвуют над четырьмя буквами Его святого имени. И потому это тайна буквы «шин ש» с четырьмя кетерами и «шин ש» с тремя кетерами, и это три царя, властвующие над телом, т.е. от хазе и ниже, и они соответствуют трехглавой букве «шин ש». И тфилин над Творцом наверху – это головные тфилин, а тфилин руки, и это четыре раздела, соответствуют четырехглавой букве «шин».

Здесь выясняется различие между высшим строением над хазе и нижним строением под хазе. В нижнем строении недостает лика человека, т.е. нижней «хэй ה» имени АВАЯ (הויה). Таким образом, в нижнем строении есть только три буквы «йуд-хэй-вав יהו», и недостает нижней «хэй ה». И только в строении над хазе есть все четыре буквы.

И поэтому сказано, что есть только три строения, представляющие три буквы Его святого имени АВАЯ, «йуд-хэй-вав הי"ו», и это – Хохма, Бина и Тиферет. И недостает Малхут, т.е. нижней «хэй ה». Они состоят друг из друга и считаются тремя парцуфами «йуд-хэй-вав הי"ו», т.е. тремя строениями, после того, как поднимутся для зивуга в высшем строении.

И сказано, что четыре раздела властвуют над четырьмя буквами Его святого имени. Четыре раздела в тфилин – это ХУБ ТУМ. И они властвуют над четырьмя буквами АВАЯ, ибо четыре буквы АВАЯ – это ХУБ ТУМ.

И поэтому есть буква «шин» с тремя кетерами и с четырьмя кетерами. «Шин», состоящая из трех кетеров, указывает на нижнее строение, и в нем самом есть только три буквы «йуд-хэй-вав הי"ו» и отсутствует нижняя «хэй ה». И это – три царя, властвующие над телом от хазе и ниже, т.е. НЕХИ. Они называются царями потому, что от хазе и ниже всё принадлежит Малхут (букв. царству). А «шин» с четырьмя кетерами указывает на высшее строение, где четыре буквы АВАЯ пребывают в совершенстве, и это – четыре раздела тфилина.

193) Сердце властвует, так же как и над нижним строением, и нижний, т.е. Нуква, властвует. И строение конечности находится внизу. Это Нуква, тфилин руки, называющейся конечностью. И сердце, т.е. свойство от хазе и выше, властвует подобно тому, как это внизу, ниже хазе. И они вручены ему, чтобы собрать все небесные воинства. Так сердце властвует внизу, и вручаются ему все органы тела.

Объяснение. Раскрытие свечения Хохмы называется – властвовать над строением. И поэтому только Малхут властвует, поскольку в ней происходит раскрытие. И разъяснилось, что высшее строение, расположенное от хазе и выше, это свойство укрытых хасадим. Но место зивуга находится там, а не в нижнем строении.

Таким образом, основное раскрытие Хохмы непременно происходит в высшем строении, но не для себя, а для того чтобы передать наполнение нижнему строению. И поэтому Малхут высшего строения, расположенного над хазе, называется сердцем – по имени тридцати двух[174] путей Хохмы, которые раскрываются в ней.

И потому есть два вида раскрытия Хохмы (мудрости) в сердце:

1. Когда оно находится над хазе на своем месте, Хохма раскрывается ему не для себя, а для того чтобы передать наполнение нижнему строению.
2. Когда нижнее строение поднимается и включается в него, и оно получает от него Хохму, считается, что эта Малхут, т.е. сердце, спускается с ними под хазе и раскрывает там свечение Хохмы внизу.

И поэтому сказано, что сердце властвует, так же как и над нижним строением. Это первый вид раскрытия Хохмы, когда она раскрывается не для себя, и потому считается, что светит подобно нижнему строению, т.е. только для того, чтобы передать свечение, но для себя оно не является существенным. И только относительно нижнего строения, под хазе, можно назвать его настоящим управлением.

И поэтому сказано, что строение конечности, т.е. тфилин руки, Малхут, находится внизу, т.е. имеется только ниже хазе. А сердце властвует посредством Хохмы выше хазе, подобно тому, как это внизу, так как должно передать Хохму вниз, нижнему строению. И поскольку оно не светит для себя, это не считается в нем настоящим свечением.

И сказано, что они вручены ему, чтобы собрать все небесные воинства. Когда Хохма раскрывается в нем, вручаются ему все небесные воинства, потому что свечение Хохмы включает и собирает под собой все ступени. И это – раскрытие Хохмы второго вида, когда сердце включается в нижнее строение, и нисходит с ними, и начинает светить под хазе. И вручаются ему все ступени тела, т.е. от хазе и ниже.

То, что находится выше хазе Зеир Анпина, считается свойством Зеир Анпина, называемым небесами. И потому все ступени, которые зависят от него, называются небесными воинствами. А то, что находится ниже хазе Зеир Анпина, считается

---

[174] Число 32 обозначается буквами ламэд-бэт, которые складываются в слово сердце: לב.

Нуквой, которая зовется телом. И ступени, которые зависят от нее, называются органами тела.

194) А над сердцем находятся четыре раздела мозга в голове. Однако высший властитель над ними – Творец, Царь всего.

Объяснение. Тфилин руки – это сердце, Малхут, где происходит раскрытие Хохмы. А тфилин головы – это мозг (моах), Зеир Анпин, т.е. царь, властвующий в укрытых хасадим, и он получает наполнение от высших Абы ве-Имы в свойстве – «ибо желает милости (хафец хесед) Он»[175]. И свечение Хохмы не может раскрыться на его месте. И поэтому сказано, что Творец – это высший Властитель над ними, Царь всего. В четырех разделах, относящихся к голове, властвует Творец, Зеир Анпин, и там не бывает раскрытия свечения Хохмы.

И Хохма раскрывается подобно тому, как было в Храме: «Сделай одного херувима с одного края и одного херувима с другого края»[176]. А над ними – Шхина царя в четырех буквах АВАЯ (הויה): «йуд-хэй יה» над правым херувимом и «вав-хэй וה» над левым херувимом; и с обоими строениями: высшее строение над правым херувимом и нижнее строение над левым херувимом.

195) И так же сердце и мозг, т.е. тфилин руки и тфилин головы: сердце – с одной стороны, а мозг – с другой. А над ними – Шхина Царя в четырех разделах. Отсюда и далее начинаются тайны кетеров букв: разделы в телах их – это отделения (тфилин), а ремни их – это законы, данные Моше на (горе) Синай. И смысл всего раскрывается при выяснении тринадцати свойств милосердия.

196) Так что же значит: «И взял Авраам еще жену по имени Ктура»[171]?

197) Этот отрывок означает, как раскрыли товарищи, авторы Мишны, что в то время, когда душа войдет в свое святое

---

[175] Пророки, Миха, 7:18. «Кто Творец, подобный Тебе, (который) прощает грех и проходит мимо (не вменяет в вину) преступления остатку наследия Своего, не держит вечно гнева Своего, ибо желает милости Он».

[176] Тора, Шмот, 25:19. «Сделай одного херувима с одного края и одного херувима с другого края – из самой крышки сделайте херувимов на обоих ее концах».

тело, эти слова: «И взял Авраам еще жену» будут сказаны о грешниках, которые возродятся к жизни и исправят деяния свои. Тогда душа даст им от своего драгоценного сияния, чтобы узнали они и вернулись, и удостоились совершенной чистоты.

198) Когда Шломо увидел это, он очень удивился и сказал: «Видел я нечестивцев, которых похоронили, и приходили они и от святого места расходились»[177]. То есть придут они и будут жить от святого места, когда восстанут при воскрешении мертвых.

Сказано: «Переменит ли эфиоп кожу свою, а леопард – пятна свои?»[178] Так и грешники, не заслужившие возвращения в этом мире и превознесения добрых дел, никогда не смогут превознести их в будущем мире. Иначе говоря, даже когда встанут они при воскрешении мертвых, все равно не смогут совершать добрых дел, так как не удостоились этого при жизни.

199) «И она родила ему Зимрана и Якшана»[179] – много злодеяний, пока они не удаляются из мира, как сказано: «И отослал их от Ицхака, сына своего»[180]. Сказано о них: «И пробудятся многие из спящих во прахе земном, одни – для вечной жизни, другие – на поругание и вечный позор»[181]. Но о других сказано: «А разумные воссияют, как сияние небосвода»[182]».

200) В то время (душа) называлась Авраам, а после него называется Ицхак, как сказано: «И благословил Творец Ицхака, сына его. И жил Ицхак рядом с колодцем Лахай-рои»[183]. Рядом

---

[177] Писания, Коэлет, 8:10. «Видел я также нечестивцев, которых похоронили, и приходили они и от святого места расходились, и они были забыты в том городе, где так поступали; это тоже суета».

[178] Пророки, Йермияу, 13:23. «Переменит ли эфиоп кожу свою, а леопард пятна свои? Также и вы –сможете сделать добро, привыкшие делать зло?».

[179] Тора, Берешит, 25:2. «И она родила ему Зимрана и Якшана, и Медана, и Мидьяна, и Ишбака, и Шуаха».

[180] Тора, Берешит, 25:6. «А сыновьям наложниц, которые у Авраама, дал Авраам дары и отослал их от Ицхака, сына своего, при жизни своей, на восток, в землю восточную».

[181] Писания, Даниэль, 12:2. «И пробудятся многие из спящих во прахе земном, одни – для вечной жизни, другие – на поругание и вечный позор».

[182] Писания, Даниэль, 12:3. «А разумные воссияют, как сияние небосвода, и склоняющие к справедливости многих – как звезды, отныне и вечно».

[183] Тора, Берешит, 25:11. «И было после смерти Авраама, и благословил Творец Ицхака, сына его. И жил Ицхак рядом с колодцем Лахай-рои».

со знанием Живого, т.е. Оживляющего миры, чтобы познать и постичь то, чего не постиг в этом мире, как сказано: «И наполнится земля знанием Творца»[184].

201) «И вернется прах в землю, чем он и был, а дух возвратится к Всесильному, который дал его»[185]. Когда Творец сотворил человека, Он взял прах его из священного места и создал тело его из четырех сторон света, каждая из которых дала ему силу. А потом излил на него дух жизни, как сказано: «Вдохнул в ноздри его душу жизни»[186]. А затем встал и узнал он, что в него включено как высшее, так и нижнее. И тогда слился с Творцом и познал высшую мудрость.

202) Подобно этому, все люди мира включают как высшее, так и нижнее. И все те, кто умеет освящать себя в этом мире как дóлжно, – порождая сына, привлекают на него дух святости с места, из которого выходят все святыни. И они называются сыновьями Творца, поскольку их тело создано в надлежащей святости. И дают ему также подобающий дух от высшего места святости.

203) Тот день, в который человеку предстоит дать отчет в деяниях своих, прежде чем он выйдет из мира, – это день отчета, когда отчитываются душа и тело. После этого душа выходит из тела и отделяется от него, а тело, сотворенное из праха, возвращается в прах. И всё возвращается в то место, откуда было взято. И до того времени, пока Творец не воскресит мертвых, всё будет сокрыто пред ним.

204) А в будущем то же самое тело и ту же самую душу вернет Творец в мир, как вначале, и обновит лик мира. Сказано об этом: «Оживут Твои умершие, восстанут мертвые тела»[187]. И та же самая душа, сокрытая пред Творцом, возвращается на свое место после смерти тела, согласно делам своим, как сказано: «А дух возвратится к Всесильному, который дал его»[185].

---

[184] Пророки, Йешаяу, 11:9. «Не будут делать зла и не будут губить на всей Моей святой горе, и наполнится земля знанием Творца, как полно море водами».

[185] Писания, Коэлет, 12:7.

[186] Тора, Берешит, 2:7.

[187] Пророки, Йешаяу, 26:19. «Оживут Твои умершие, восстанут мертвые тела! Пробудитесь и ликуйте, покоящиеся во прахе, ибо роса рассветная – роса Твоя, и земля изрыгнет мертвых».

Когда же Он будет воскрешать мертвых, изольет Он на них росу с вершины Своей. И от этой росы восстанут все тела из праха.

205) «Ибо роса рассветная – роса Твоя»[188]. «Роса рассветная» – это настоящие света, от тех высших светов, с помощью которых Он в будущем даст жизнь миру. Тогда Древо жизни, т.е. Зеир Анпин, будет наполнять жизнью, которая не прекращается никогда. Сейчас жизнь прекращается, ибо когда властвует злой змей, луна укрывается, и прекращается зивуг высших солнца и луны, т.е. ЗОН. И потому воды Зеир Анпина, Древа жизни, как бы иссякают. Поэтому жизнь в мире не господствует как подобает.

206) А в то время злое начало, т.е. коварный змей, исчезнет из мира, и удалит его Творец, как сказано: «И дух нечистоты удалю с земли»[189]. Когда он будет устранен из мира, луна не будет больше укрываться, и у реки, берущей начало и исходящей из Эдена, то есть у Зеир Анпина, не иссякнут источники. И тогда сказано: «И будет свет луны, как свет солнца, а свет солнца станет семикратным»[190].

207) Если все тела в мире воскреснут и пробудятся из праха, то следует спросить: а что с телами, которые зарождались с одной душой, – т.е. одна душа последовательно кругообращалась в нескольких телах? Что будет с ними – все они поднимутся к возрождению из мертвых или только последнее?

Тела, которые не удостоились добрых дел и не сумели восполнить душу, они словно не существовали, и подобны они высохшему дереву в том мире и такими же будут при воскрешении мертвых. И только последнее тело, которое зародилось и успешно развилось, и получило свои духовные корни как подобает, поднимется к возрождению из мертвых.

---

[188] Пророки, Йешаяу, 27:19.
[189] Пророки, Зехария, 13:2. «И будет в тот день, – слово Властелина воинств, – истреблю имена идолов с земли, и не помянут их более, а также лжепророков и дух нечистоты удалю с земли».
[190] Пророки, Йешаяу, 30:26. «И будет свет луны, как свет солнца, а свет солнца станет семикратным, как свет семи дней, в день, когда Творец исцелит народ Свой от бедствия и рану его от удара излечит».

208) И о нем сказано: «Будет как дерево, посаженное у воды»[191]. Ибо оно принесло плоды, т.е. добрые дела, и пустило корни как подобает наверху, в высшем мире. Ведь от каждой заповеди раскрывается соответственно духовный корень наверху. А о прошлом теле, не принесшем плодов и не пустившем корней, сказано: «Будет он как можжевельник посреди степи, и не увидит наступления благоденствия»[192]. Наступление благоденствия – это воскрешение мертвых.

209) И появится свет, который должен был открыться праведникам, сокрытый пред Ним со дня сотворения мира, как сказано: «И увидел Всесильный свет, что он хорош»[193]. И тогда Творец должен воскресить мертвых. Сказано: «Засияет вам, боящиеся имени Моего, солнце спасения»[194]. Ибо тогда возобладает добро в мире. А то, что называется злом, будет устранено из мира. И тогда покажется, что всех тел, предшествовавших последнему, словно и не было.

210) В будущем Творец придаст всем прежним телам дух иной. И если они удостоятся его и смогут пойти прямым путем, то восстанут в мире как подобает. А если нет, то станут прахом под ногами праведников. Сказано об этом: «И пробудятся многие из спящих во прахе земном, одни – для вечной жизни, другие – на поругание и вечный позор»[181]. Всё установлено и предначертано пред Творцом, и все они учтены на момент возрождения, как сказано: «Выводящий по числу воинства их, всех их по имени называет Он»[195].

211) Все мертвые, находящиеся в земле Исраэля, поднимутся к возрождению первыми. Поскольку Творец пробудит над ними дух и поднимет их. Тех, кто в земле Исраэля. Те, кто находятся в других землях, говорится о них не «возрождение», а «восстание», ибо дух жизни пребывает лишь в святой земле

---

[191] Пророки, Йермияу, 17:8.
[192] Пророки, Йермияу, 17:6. «И будет он как можжевельник посреди степи, и не увидит наступления благоденствия, и будет жить в сожженной (зноем) пустыне, среди необитаемых солончаков».
[193] Тора, Берешит, 1:4. «И увидел Всесильный свет, что он хорош; и отделил Всесильный свет от тьмы».
[194] Пророки, Малахи, 3:20.
[195] Пророки, Йешаяу, 40:26. «Поднимите глаза ваши ввысь и посмотрите, Кто создал их. Выводящий по числу воинства их, всех их по имени называет Он; от Великого могуществом и Мощного силой никто не скроется».

Исраэля. Поэтому написано только о них: «Оживут Твои умершие»[196]. А тело тех, кто находится за пределами этой земли, будет воссоздано, и они восстанут к воскрешению тела без духа, а потом будут перемещаться под земным прахом, пока не достигнут земли Исраэля, и там получат душу, но не в другом месте, чтобы пришли к достойному существованию в мире.

212) В час, когда Творец будет оживлять мертвых, все те души, которые пробудятся перед Ним, предстанут перед Ним по видам – каждая в том виде, в каком была в этом мире. И низведет их Творец к телам своим, и назовет их по именам, как сказано: «Всех их по имени называет Он»[195]. И каждая душа займет свое место в теле, и все они восстанут, чтобы жить в мире как подобает. И тогда мир придет к совершенству. И об этом времени сказано: «И позор народа Своего устранит Он на всей земле»[197]. Это злое начало, омрачающее лица творений и господствующее над ними, которое Он устранит из мира.

213) Итак, мы видим: всё время, пока этот дух пребывает в человеке, он не оскверняется, (но как только) выходит душа из него – (тут же) оскверняется. Ведь это злое начало, и когда оно забирает дух человека, оттого как оно – злое начало, и оно – ангел смерти, оно оскверняет его, и остается после него нечистое тело, ибо вместе с силой нечистоты Древа познания, забирает душу человека. И нечистота является корнем всей испорченности. А другие народы, идолопоклонники, наоборот: при жизни своей они нечестивы, поскольку их души нисходят к ним со стороны нечистоты, а когда тело их освобождается от нечистоты, и они умирают, и душа выходит от них, а тело остается без какой-либо скверны. И поэтому от них не оскверняются, как мы изучаем – «мертвые тела идолопоклонников не оскверняют (находящихся) в Шатре собрания»[198].

214) И потому тот, кто связался с женщиной из других народов-идолопоклонников, осквернился. И сын, родившийся у него от нее, принимает на себя этот дух нечистоты. Возникает

---

[196] Пророки, Йешаяу, 26:19. «Оживут Твои умершие, восстанут мертвые тела! Пробудитесь и ликуйте, покоящиеся во прахе, ибо роса рассветная – роса Твоя, и земля изрыгнет мертвых».

[197] Пророки, Йешаю, 25:8. «Уничтожит Он смерть навеки, и смахнет Творец Всесильный слезу с лица всех, и позор народа Своего устранит Он на всей земле, ибо (так) сказал Творец».

[198] Вавилонский Талмуд, трактат Бава меция, лист 114:2.

вопрос: ведь со стороны своего отца он происходит от Исраэля, почему же вынужден принять на себя дух нечистоты? Но вначале осквернился его отец, потому что в час, когда связал себя с этой женщиной, стал нечист. И поскольку отец осквернился этой женщиной, и она – нечиста, то тем более – сын, родившийся от нее, примет на себя дух нечистоты. И мало того, он еще преступил Тору, как сказано: «И не должен ты поклоняться божеству чужому, ибо Творец ревностный – имя Его, Владыка ревностный Он»[199] – т.е. Он ревностно относится к этому завету, дабы человек не осквернил его связью с женщиной из других народов.

---

[199] Тора, Шмот, 34:14.

ГЛАВА ХАЕЙ САРА

Не возьмешь жены из дочерей Кнаана

215) Когда Авраам постиг мудрость учения, он хотел отдалиться от остальных народов и не соединяться с ними. Поэтому сказано: «Заклинаю тебя Творцом, Всесильным небес и Всесильным земли, что не возьмешь ты сыну моему жены из дочерей Кнаана, в среде которого я живу»[200]. «Из дочерей Кнаана» конечно, ведь о них сказано: «И сочетался с дочерью бога чужого»[201]. «Среди которого я живу»[200]. «Я», здесь тот случай, когда «я» означает – Шхина, которая находилась в изгнании. И заставил его поклясться, что он не осквернится ими.

216) Каждый, кто сочетает этот святой завет с женщиной из других народов-идолопоклонников, вызывает нечистоту в другом месте тем, что нарушает высший завет, и приводит к тому, что отдает его рабыне. И поэтому сказано: «Под тремя трясется в гневе земля»[202]. И хотя взял с него обет, всё еще не был уверен в нем Авраам. Но вознес молитву Творцу, сказав: «Творец, Всесильный небес, Он пошлет Своего ангела»[203]. «Своего ангела» – означает, безусловно, «посланника завета». И пошлет его, чтобы соблюдался этот завет и не осквернялся среди народов.

---

[200] Тора, Берешит, 24:3. «Заклинаю тебя Творцом, Всесильным небес и Всесильным земли, что ты не возьмешь сыну моему жены из дочерей Кнаана, в среде которого я живу».

[201] Пророки, Малахи, 2:11. «Изменил Йегуда, и гнусность творилась в Исраэле и в Йерушалаиме, ибо осквернил Йегуда святость Творца, которую любил, и сочетался с дочерью бога чужого».

[202] Писания, Притчи, 30:21-23. «Под тремя трясется в гневе земля, четырех она не может носить: раба, когда он делается царем, и негодяя, когда он досыта ест хлеб, ненавистную (женщину), вышедшую замуж, и рабыню, наследующую госпоже своей».

[203] Тора, Берешит, 24:7. «Творец Всесильный небес, который взял меня из дома отца моего и из страны рождения моего, и который говорил мне, и который клялся мне, говоря: "Потомству твоему отдам я страну эту", – Он пошлет ангела Своего перед тобой, и ты возьмешь сыну моему жену оттуда».

217) «Только сына моего не возвращай туда»²⁰⁴ – поскольку знал Авраам, что во всей его семье, кроме него самого, не было того, кто познал бы Творца. И не хотел, чтобы жилище Ицхака находилось среди них. Но чтобы жилище его было с ним. И Ицхак всегда учился бы у него путям Творца, чтобы не уклоняться ни вправо, ни влево, а идти только в средней линии. И поэтому не хотел Авраам, чтобы жилище Ицхака находилось среди них.

218) Заслуги Авраама сопутствовали рабу его, ибо в тот день, когда он отправился, в тот же день достиг источника воды, как сказано: «И пришел я сегодня к источнику»²⁰⁵.

219) «Открой глаза мои, чтобы увидеть чудесное в Торе Твоей»²⁰⁶. Насколько неразумны люди, не знающие Торы и не пытающиеся изучить ее. Ведь Тора – это вся жизнь, вся свобода и всё благо в этом мире и в мире будущем. Жизнь – она в этом мире, чтобы люди удостоились совершенных дней в этом мире, и удостоились долголетия в мире будущем, потому что это совершенная жизнь, жизнь в радости, жизнь без печали, настоящая жизнь, свобода в этом мире, свобода от всего. Потому что над тем, кто занимается Торой, не властны народы мира.

220) А что же тогда с теми, кто подвергся истреблению, кто уничтожен верховной властью из-за того, что занимался Торой, в то время, когда был вынесен запрет на занятия Торой? Это приговор свыше. Как в случае с рабби Акивой и его учениками, которые были истреблены вследствие своих занятий Торой. И это содержалось в высшем замысле во время создания мира. Но, как правило, Тора – это свобода от ангела смерти, когда тот не властен над человеком.

Конечно, если бы Адам связал себя с Древом жизни, то есть с Торой, не навлек бы смерть на себя и на весь мир. Но из-за того, что оставил Древо жизни, Тору, и отведал от Древа познания, он обрек на смерть и себя, и весь мир. И поэтому, когда

---

²⁰⁴ Тора, Берешит, 24:8. «Если же не захочет женщина идти за тобою, то ты будешь чист от этой клятвы моей. Только сына моего не возвращай туда».

²⁰⁵ Тора, Берешит, 24:42. «И пришел я сегодня к источнику, и сказал: "Творец Всесильный господина моего Авраама! Если Ты желаешь увенчать успехом путь мой, которым иду"».

²⁰⁶ Писания, Псалмы, 119:18.

Творец даровал Тору Исраэлю, сказано: «Начертано на скрижалях»[207]. И разъясняется, что следует читать не «начертано (харут חרות)», а «свобода (херут חירות)», ибо наступит тогда свобода от ангела смерти. И если бы Исраэль не совершили грех золотого тельца и не оставили Древо жизни, Тору, не привели бы к тому, что смерть снова вернулась в мир, как вначале.

Творец сказал: «Я сказал: "Ангелы вы и сыновья Всевышнего все вы"[208], – то есть при получении Торы, но поскольку вы сами же это испортили, т.е. прегрешили, то "как человек, умрете"[208]». Однако над каждым, кто занимается Торой, не властен этот змей зла, омрачивший землю.

221) Если безгрешный не умирает, почему умер Моше? Он умер, конечно, но только ангел смерти не властен над ним. И умер он не от руки его, и не осквернился им. И поэтому считается, что он не умер, а слился со Шхиной и отошел к вечной жизни.

222) И в таком случае, он называется живым. Как сказано: «И Бнайяу, сын Йеояды бен Иш Хай (сын человека живого)»[209]. И тот, кто приблизился к Творцу, называется живым. Поэтому у каждого занимающегося Торой есть свобода от всего: свобода в этом мире от порабощения народами мира, идолопоклонниками, и свобода в будущем мире, поскольку от него не потребуют никакого отчета в том мире.

223) Сколько неведомых высших тайн содержится в Торе, и сказано о ней: «Она дороже жемчуга»[210]. Сколько же в ней скрыто сокровищ, и поэтому Давид, когда изучал в духе мудрости Тору и знал, сколько удивительного находится в Торе, провозглашал: «Открой глаза мои, чтобы я увидел чудесное в Торе Твоей»[206].

---

[207] Тора, Шмот, 32:16. «А скрижали – деяние Всесильного они; и письмо – письмо Всесильного оно, начертано на скрижалях».

[208] Писания, Псалмы, 82:6-7. «Я сказал: "Ангелы вы и сыновья Всевышнего все вы. Однако, как человек, умрете и, как любой сановник, упадете"».

[209] Пророки, Шмуэль 2, 23:20. «И Бнайяу, сын Йеояды бен Иш Хай, величественный в деяниях, из Кавцеэля. И он сразил двух доблестных воинов Моава, и сошел он, и поразил льва во рву в снежный день».

[210] Писания, Притчи, 3:15. «Она дороже жемчуга, и ничто из желаемого тобою не сравнится с нею».

Вот Ривка выходит

224) «И случилось, что он еще не кончил говорить, как выходит Ривка»[211]. Сказано: «Выходит». Надо было бы сказать: «Подходит», как сказано: «А вот Рахель, дочь его, подходит»[212]. Но это указывает нам, что Творец вывел Ривку из среды жителей этого города, которые все до одного были нечестивцами. Ривка выходит и отделяется от всех его жителей, поскольку была она праведницей.

«И спустилась она к источнику (аáйна הָעַיְנָה)»[213] – написано с буквой «хэй ה», потому что явился там её взору колодец Мирьям, т.е. Нуква Зеир Анпина в то время, когда она светит свечением Хохмы. И потому сказано: «к источнику (аáйна העינה)» с буквой «хэй ה», намекающей на Нукву, на нижнюю «хэй ה» имени АВАЯ (הויה). А также «к источнику (аáйна העינה)» – от слова «глаза (эйнаим עיניים)», которым называется Хохма. И вода поднималась навстречу Ривке.

225) «Вот Ривка выходит», а также сказано: «И дочери жителей города выходят черпать воду»[214]. Почему сказано: «Выходят», а не «идут» или «подходят»? Потому что весь день они скрывались, а в тот вечерний час они вышли черпать воду. И раб принял это как знак.

Объяснение. Свечение Хохмы, относящееся к Нукве, раскрывается только ночью, как сказано: «Встает она еще ночью»[215]. И относительно этого свечения она определяется как скрывающаяся днем и раскрывающаяся ночью. Ибо день – это Зеир Анпин, который светит (светами) хасадим, укрытыми от Хохмы, подобно высшим Абе ве-Име. А свечение Хохмы раскрывается в

---

[211] Тора, Берешит, 24:15. «И случилось, что он еще не кончил говорить, как выходит Ривка, которая родилась у Бетуэля, сына Милки, жены брата Авраама Нахора, и кувшин на ее плече».

[212] Тора, Берешит, 29:6. «И сказал он им: "Все ли благополучно у него?" И сказали: "Благополучно. А вот Рахель, дочь его, подходит с овцами"».

[213] Тора, Берешит, 24:16. «И девица очень хороша видом, девственница, ни один муж не познал ее. И спустилась она к источнику, и наполнила свой кувшин и взошла».

[214] Тора, Берешит, 24:13. «Вот, я стою у источника воды, и дочери жителей города выходят черпать воду».

[215] Писания, Притчи, 31:15. «Встает она еще ночью, раздает пищу в доме своем и урок служанкам своим».

одной только Нукве, без Зеир Анпина. И когда Нуква одна, без Зеир Анпина, это тьма, а не свет, – т.е. ночь. И потому Нуква раскрывает свое свечение только ночью, а не днем.

И поэтому сказано: «Под вечер, ко времени выхода черпальщиц»[216]. Ведь «к источнику (айна העינה)»[213] написано с «хэй ה», и это имя Нуквы, когда она светит свечением Хохмы. И потому черпальщицы выходят черпать от нее во́ды Хохмы только «под вечер», когда закончился день. Ибо до тех пор она скрывается и не светит, как мы уже выяснили.

И сказано, что поскольку черпальщицы слиты со ступенью Нуквы, они тоже скрываются днем, подобно ей, и раскрываются, чтобы черпать от нее во́ды Хохмы, только ночью. И сказано, что раб принял это как знак, сказав: «Дочери жителей города выходят черпать воду» – т.е. они выходят и раскрываются только под вечер, подобно высшей Нукве. И тогда он будет знать, что они отвечают необходимым требованиям, и найдет среди них супругу Ицхака.

226) Когда раб прибыл в Харан и нашел Ривку под вечер, было время послеполуденной молитвы (минха). В то же время, когда Ицхак начал возносить молитву минха, в то же самое время прибыл раб к Ривке. И точно в это же время, когда Ицхак снова приступил к молитве минха, как прежде, – пришла Ривка к нему. Сказано: «Вышел Ицхак молиться в поле под вечер»[217] – чтобы найти всё в надлежащем месте, как и должно быть, ведь всё привлекается с помощью Хохмы. И потому пришел раб к колодцу с водой.

Объяснение. Ицхак – это левая линия Зеир Анпина, исправление которой начинается «под вечер», во время молитвы минха. Поэтому и появляется Ривка, и приходит к нему в то самое время, когда начинается его власть, – во время молитвы минха. И по той же причине раб пришел к колодцу с водой, т.е. к Нукве, когда она светит от левой линии Зеир Анпина.

---

[216] Тора, Берешит, 24:11. «И расположил он верблюдов вне города, возле колодца воды, под вечер, ко времени выхода черпальщиц».
[217] Тора, Берешит, 24:63.

ГЛАВА ХАЕЙ САРА

Молитва, вопль, плач

230)[218] «Услышь, Творец, молитву мою»[219]. Почему «услышь» написано с буквой «хэй ה» – «шимъа́ (שִׁמְעָה)», а не «шма (שמע)»? И почему в одном месте написано: «Услышь (шма שמע), Творец, и помилуй меня»[220], а в другом месте «услышь (шимъа שמעה)»? Каждый раз, когда написано «услышь (шма שמע)» – это обращение к мужскому свойству, к Зеир Анпину, а когда написано «услышь (шимъа שמעה)» – это обращение к Нукве Зеир Анпина. Сказано: «Услышь (шимъа שמעה), Творец, справедливость»[221]. «Справедливость» – это Нуква Зеир Анпина. А «услышь (шма שמע)», это как сказано: «Услышь (шма שמע), Творец (АВАЯ), и помилуй меня». «Творец (АВАЯ)» – это Зеир Анпин. Также сказано: «Слушай (шма שמע), сын мой»[222], «Внимай и слушай (шма שמע)»[223]. Всё это – обращения к мужскому свойству.

231) Здесь же говорится: «Услышь (шимъа שמעה), Творец, молитву мою» – т.е. говорится о Нукве, так как она – ступень, принимающая все молитвы мира. Нуква создает венец из молитв, возлагая его на голову праведника, оживляющего миры, т.е. Есода, как сказано: «Благословения на голове праведника»[224]. И об этом говорится в словах: «Услышь, Творец, молитву мою».

232) «Услышь, Творец, молитву мою и воплю моему внемли»[219] – это молитва, возносимая шепотом, т.е. молитва «Восемнадцать (благословений)», которую мы произносим шепотом. «Воплю моему внемли» – это молитва громким голосом, когда человек возносит голос и в беде своей кричит к Творцу.

---

[218] Пункты 227-229 в данной редакции текста не приводятся.
[219] Писания, Псалмы, 39:13. «Услышь, Творец, молитву мою и воплю моему внемли, к слезам моим не будь глух, ибо чужеземец я у Тебя, житель, как все праотцы мои».
[220] Писания, Псалмы, 30:11. «Услышь, Творец, и помилуй меня, Творец! Будь помощником мне!»
[221] Писания, Псалмы, 17:1. «Молитва Давида. Услышь, Творец, правду, внемли крику моему, выслушай молитву мою – не из лживых уст».
[222] Писания, Притчи, 1:8. «Слушай, сын мой, наставление отца твоего и не отказывайся от учения матери твоей».
[223] Тора, Дварим, 27:9. «И говорил Моше и коэны, левиты, всему Исраэлю так: "Внимай и слушай, Исраэль! Сегодня стал ты народом Творца Всесильного твоего».
[224] Писания, Притчи, 10:6. «Благословения – на голове праведника, а уста нечестивых скрывают насилие».

Сказано об этом: «И вознесся их вопль ко Всесильному»[225]. Что такое «их вопль»? Это значит, что человек возносит голос в молитве и поднимает глаза наверх, как сказано: «И возносят вопль к горе»[226]. Молитва эта разбивает врата, в которые стучит человек, чтобы ввести свою молитву пред Творцом. Сказано: «К слезам моим не будь глух» – это та (молитва), которая входит, представ пред Творцом. И нет врат, которые устоят перед ней и не откроются. И никогда не бывает так, чтобы молитва, возносимая в плаче, вернулась ни с чем.

Объяснение. От трех корней проистекают все суды и страдания в мире:

1. Суды, происходящие от власти левой линии, когда в нее не включена правая, и свечение ее – Хохма без хасадим. И называются они диним де-дхура (мужские суды).

2. Суды, происходящие от неподслащенной Малхут, относящейся к свойству суда.

3. Суды, происходящие от Малхут, подслащенной свойством милосердия, т.е. Биной, при подъеме Малхут в никвей эйнаим.[227]

Эти два вида судов представляют диним де-нуква (женские суды).[228] А молитвы, которые возносятся на эти три вида судов, называются: «молитва», «вопль» и «плач».

«Молитва» – на суды первого вида и потому называется «молитва шепотом». Ибо Зеир Анпин – это голос, уровень хасадим, выходящий на экран де-хирик, устанавливающий согласие между двумя линиями, правой и левой. Нуква относительно ГАР в ней называется речью. Когда же Хохма в ней лишена хасадим, она представляет собой беззвучную речь, т.е. молитву шепотом. Посредством этой молитвы мы объединяем их с Зеир Анпином, который представляет хасадим и называется голосом. Тогда происходит зивуг голоса и речи, и Хохма в ней облачается в хасадим, и светит в это время нижним.

---

[225] Тора, Шмот, 2:23. «И было, спустя много времени – умер царь Египта, и застонали сыны Исраэля от работы, и возопили, и вознесся их вопль ко Всесильному от этой работы».

[226] Пророки, Йешаю, 22:5. «Ибо это день бедствия, и попрания, и смятения от Владыки, Создателя воинств, в долине видения. Рушат стены и возносят вопль к горе!».

[227] См. Зоар, главу Берешит, часть 1, п. 320.

[228] См. Зоар, главу Ваера, п. 50.

«Вопль» – на суды второго вида. И что такое «их вопль»? Иными словами, откуда приходят эти суды, молитва на которые называется воплем? «Это значит, что человек возносит голос в молитве и поднимает глаза наверх» – т.е. потому и возвысил голос в молитве, что поднял глаза наверх. Ведь сказали (мудрецы): «Молится должен, опустив глаза долу и возвысив сердце»[229], как сказано: «Глаз видит, а сердце вожделеет»[230]. Глаза – это Хохма, а сердце – хасадим. И молящийся должен остерегаться, как бы не притянуть Хохму сверху вниз. Это и означает, что он поднимает глаза наверх. И в этом состоял грех Древа познания.

И Нуква называется Древом познания добра и зла потому, что в ее строении есть две точки, две Малхут:
1. Точка свойства суда.
2. Точка, подслащенная свойством милосердия.

«Если удостоился человек – стало добром» – т.е. точка свойства суда сокрылась в ней, и лишь точка, подслащенная свойством милосердия, властвует в ней. И тогда получает она мохин де-Бина для нижних, т.е. добро.

«А если не удостоился» – т.е. привлекает Хохму сверху вниз, «то злом» – поскольку тотчас раскрывается над ним точка свойства суда, что в ней, от которой происходят все тяжкие суды.

И потому «молится должен, опустив глаза долу»[229], чтобы не привлечь Хохму сверху вниз, дабы не раскрылась над ним точка свойства суда. И когда человек в молитве поднимает глаза наверх, нисходят на него суды второго вида, от Малхут свойства суда, называющиеся воплем. И поэтому сказано, что «молитва эта разбивает врата», так как с помощью молитвы он удостаивается притянуть экран на эту Малхут. И тогда он поднимает МАН к Зеир Анпину, называемому «голос», вследствие чего у Зеир Анпина устанавливается экран де-хирик, согласующий своей силой две линии, правую и левую.

---

[229] Вавилонский Талмуд, трактат Йевамот, лист 105:2.
[230] Тора, Бемидбар, 15:39. «И будет она у вас в цицит, и, глядя на нее, вы вспомните все заповеди Творца и исполните их, и не будете следовать сердцу вашему и очам вашим, которые влекут вас к блудодеянию». Комментарий Раши. «И не будете следовать сердцу вашему» – глаз видит, а сердце вожделеет, и тело совершает нарушение.

И тогда разбиваются закрытые врата, потому что заперты они были силой свечения левой линии, не желавшей включиться в правую. Теперь же, благодаря подъему экрана де-хирик, левая линия включилась в правую, и открылись врата. Иными словами, устранены преграды. Однако не достойны они еще того, чтобы их молитва была принята, т.е. наполнения мохин де-ГАР, в которых соединены голос и речь, так как раскрываются эти мохин только на экран Малхут, подслащенной свойством милосердия.

«Плач (димъа דמעה)» – на суды третьего вида, нисходящие от экрана, стоящего над Малхут, подслащенной в Бине, во время подъема нижней «хэй» в никвей эйнаим (букв. зрачки глаз), и она там порождает слезы. Сказано об этом: «Совершающий смешивание (амедамéа הְמְדַמֵּעַ) и возлияние»[231], – потому что Бина и Малхут смешались в результате этого подъема.

Поэтому сказано: «И эта (молитва) входит, представ пред Творцом» – потому что с помощью слез она поднимает МАН и привлекает экран на Малхут, подслащенную свойством милосердия. И тогда она становится пригодной к получению всех мохин Бины. Это означает сказанное: «Никогда не бывает так, чтобы молитва, возносимая в плаче, вернулась ни с чем».

И поэтому: «Услышь (шимъа שמעה), Творец, молитву мою» говорится о Нукве, так как это ступень, которая принимает все молитвы мира, входящие в эти три молитвы: «молитва», «вопль» и «плач». И она выстраивается с помощью них, чтобы стать достойной зивуга с Зеир Анпином, получить от него мохин и передать нижним.

И благодаря тому, что вопль принят, выстраивается экран де-хирик для соединения двух линий.

А благодаря тому, что принимается плач, (Нуква) становится достойна получить мохин. И после этого нижняя «хэй» опускается из глаз (эйнаим) в уста (пэ), и раскрывается ГАР. Сначала она получает мохин Хохмы без хасадим, и это молитва, произносимая шепотом. И благодаря этому она приходит

---

[231] Вавилонский Талмуд, трактат Гитин, 52:2. «Совершающий смешивание и возлияние по ошибке – освобождается от наказания, по умыслу – должен быть наказан».

к зивугу с Зеир Анпином, чтобы получить хасадим. И создается единство голоса и речи, и она отдает всё благо нижним, вызвавшим у нее всё это.

Поэтому сказано, что «Нуква создает венец из молитв, возлагая его на голову праведника, оживляющего миры» – т.е. благодаря этим молитвам она получает мохин Хохмы, называющиеся венцом. Говорится об этом: «Выйдите и поглядите, дочери Циона, на царя Шломо, в венце, которым украсила его мать (има)»[232]. Именно она венчает голову праведника, оживляющего миры, Есода Зеир Анпина, совершая с ним зивуг. Потому что у Зеир Анпина есть только хасадим, укрытые от Хохмы, и лишь во время зивуга с Нуквой он получает благодаря ей свечение Хохмы. Таким образом, Нуква является венцом для Зеир Анпина, своего мужа, как сказано: «Добродетельная жена – венец своему мужу»[233]. И потому она является венцом для своего мужа, но муж ее не является венцом для нее.

233) Здесь говорится о трех ступенях: «молитва», «вопль» и «плач», как сказано: «Услышь, Творец, молитву мою и воплю моему внемли, к слезам моим не будь глух»[219].

И соответственно им завершается отрывок другими тремя ступенями: «Ибо чужеземец я у Тебя»[219], а затем говорит: «Житель»[219], а затем: «Как все праотцы мои»[219], которые являются основой мира.
1. «Чужеземец» – соответствует «молитве».
2. «Житель» – соответствует «воплю».
3. «Как все праотцы мои» – соответствует «плачу».

«Молитва» приходит на суды первого вида, т.е. Хохму без хасадим. А поскольку основа строения нижних – из хасадим, то когда светит Хохма без хасадим, они подобны чужеземцу в чужой земле. И потому сказано: «чужеземец я у Тебя» – соответственно ступени «молитва».

«Вопль» приходит на суды второго вида, вследствие которых устанавливается экран де-хирик и нисходит ступень хасадим.

---

[232] Писания, Песнь песней, 3:11. «Выйдите и посмотрите, дочери Циона, на царя Шломо, в венце, которым украсила его мать в день свадьбы его и в день радости сердца его».

[233] Писания, Притчи, 12:4. «Добродетельная жена – венец мужу своему, а позорная – как гниль в костях его».

И тогда отчуждённость прекращается, и они чувствуют себя как живущие в своей стране, поскольку приобрели хасадим. И потому «житель» соответствует «воплю».

«Плач» приходит на суды третьего вида, и с помощью него (экран) устанавливается над Малхут, подслащенной милосердием. И Малхут становится способной получать мохин де-ХАБАД и передавать их нижним, благодаря тому, что ХАГАТ стали свойством ХАБАД и называются праотцами мира. И потому (ступень) «все праотцы мои» соответствует «плачу».

234) Человек молится стоя. Есть два вида молитв: одна – сидя, и одна – стоя. И они едины, так как соответствуют двум ступеням: тфилин руки и тфилин головы, или день и ночь. И они едины – т.е. соответствуют ступени Зеир Анпин, называемой головными тфилин, или днем, и также ступени Нуквы, называемой ручными тфилин, или ночью, и в зивуге они едины.

Также и здесь: молитва, произносимая сидя, т.е. молитва «Создающий светила» перед молитвой «Восемнадцать», (относится) к тфилин руки, к Нукве, дабы исправить ее, подобно тому как прихорашивают невесту и украшают ее, чтобы ввести под хупу. Так же украшают и Нукву посредством строений и станов, которые подразумеваются в словах: «Создающий служителей, и служители Его стоят...», «А колеса и святые создания...» Восхваления эти призваны украсить Нукву, привлечь к ней ГАР слева и привести ее к зивугу во время молитвы «Восемнадцать».

235) И потому молитва, произносимая сидя, – это Нуква в своих украшениях. Когда она входит к высшему Царю, Зеир Анпину, с молитвой «Восемнадцать» и он подходит, чтобы принять ее, тогда мы стоим перед высшим Царем, ибо тогда Зеир Анпин соединяется с Нуквой. И потому молящийся не должен допускать перерыва между избавлением и молитвой[234], так как молитва, произносимая сидя, и молитва, произносимая стоя, должны быть соединены. Потому что молитва, произносимая сидя, это Шхина, называемая стеною, когда она светит в ГАР левой линии, поскольку из-за недостатка хасадим, она

---

[234] Непосредственно перед молитвой «Восемнадцать» произносится благословение: «Благословен, Ты, Творец наш, избавляющий Исраэль!»

застывает и становится как стена. И потому нельзя прерываться, а надо соединить ее с хасадим Зеир Анпина.

236) И поскольку человек стоит пред высшим Царем, он берет четыре локтя для своей молитвы – в размере мерной веревки Создателя всего. Мерная веревка – подобно тому, как не переплетают шерстяную нить с льняной. Зеир Анпин называется Создателем всего, будучи свойством Ецира (досл. создание) мира Ацилут. И размер его веревки, т.е. мера его – четыре локтя, намекающие на четыре мохин ХУБ ТУМ. Человек, возносящий молитву «Восемнадцать», должен быть в это время строением для Создателя всего, приобрести четыре локтя, т.е. мохин ХУБ ТУМ, и передать Шхине.

«И поскольку человек стоит пред высшим Царем», – став строением для него, «он берет четыре локтя» – четыре мохин ХУБ ТУМ, «для своей молитвы» – для Нуквы, называемой «молитва».

Эти четыре мохин ХУБ ТУМ включены друг в друга, и в каждом из них есть ХУБ ТУМ. Но вместе с тем, всего этих мохин не шестнадцать, а только двенадцать: по три с каждой стороны, кроме лицевой, поскольку недостает Малхут де-Малхут, самой сущности Малхут. И потому отсутствуют четыре мохин с лицевой стороны. И не подумай, что в таком случае должно недоставать четырех мохин обратной стороны, представляющих свойство Малхут, потому что между светами и келим имеется обратное соотношение.

И в том случае, когда имеется в виду мужское свойство, человек должен стоять на своем месте в полный рост. В этой связи сказали (мудрецы): «Каждый преклоняющийся должен преклонить колени при слове "благословен"» – это женское свойство (нуква). «А каждый выпрямляющийся должен выпрямиться при произнесении имени» – это мужское свойство (захар). Это показывает, что мужское свойство возвышеннее женского.

Объяснение. Полный рост указывает на ГАР, которые светят сверху вниз, и это бывает только в свойстве захар, представляющем собой укрытые хасадим. Что же касается нуквы, т.е. открытых хасадим, ее Хохма светит снизу вверх, и это

ВАК де-ГАР. И потому она не находится в состоянии «в полный рост», а в «преклонении». И потому сказано, что нужно преклоняться при слове «благословен» и выпрямляться при произнесении имени, чтобы показать превосходство свойства захар над свойством некева, потому что мохин де-захар светят сверху вниз.

237) «Человек не должен молиться "за спиной" своего учителя». Сказано: «Бойся (эт) Творца Всесильного твоего»[235]. Предлог эт (את) в этом выражении означает, что оно является более широким и емким, и трепет перед учителем должен быть таким же, как трепет перед Шхиной. И ученик испытывает трепет перед своим учителем. И поэтому во время молитвы человек должен испытывать не этот трепет, а только трепет перед Творцом, но не трепет перед чем-то иным.

Объяснение. Малхут зовется страхом перед небесами. Это Малхут Творца, который зовется небесами, т.е. Малхут, подслащенная свойством Бины, милосердием. Если же человек испытывает страх перед чем-то иным, кроме Творца, Он пробуждает на него Малхут свойства суда, не подслащенную Биной. И потому нельзя молиться «за спиной» учителя. Ведь если трепет перед учителем такой же, как трепет перед небесами, человек не сможет оберечь себя и остаться только в страхе перед небесами. И тогда есть опасение, как бы не пробудилась над ним Малхут свойства суда, и тогда что-то будет отделять его от стены, и стена, т.е. Малхут, не будет достойна получать мохин.

238) Молитву минха установил Ицхак. Подобно тому, как Авраам установил молитву шахарит (утреннюю) относительно той ступени, с которой он был слит, т.е. Хесед и правая линия, так и Ицхак установил молитву минха относительно ступени, с которой слился, ступени Гвуры и левой линии. И потому время молитвы минха наступает, когда солнце склоняется и опускается по своим ступеням в сторону запада, сразу после полудня.

239) Ибо пока солнце не склоняется в сторону запада – это день, с утра до полудня. И сказано о нем: «Милость

---

[235] Тора, Дварим, 6:13. «Бойся Творца Всесильного твоего, и Ему служи, и Его именем клянись».

(Хесед) Творца весь день»²³⁶. Если же ты считаешь, что день длится до наступления темноты, то взгляни, что сказано: «О горе нам, ибо день уже клонится (к вечеру) и распростерлись вечерние тени»²³⁷. «День» соответствует молитве шахарит, о чем сказано: «Милость Творца весь день», потому что солнце в это время находится в восточной стороне. Когда же солнце склоняется и опускается в западную сторону, наступает время молитвы минха, так как «день уже клонится (к вечеру), уже распростерлись вечерние тени». И в мире пробуждается тяжкий суд.

240) «День уже клонится (к вечеру)»²³⁷ – это ступень Хесед. «Распростерлись вечерние тени» – это ступени тяжкого суда. Тогда был разрушен Храм и сгорело святилище. И потому человек должен строго соблюдать молитву минха, так как в это время тяжкий суд царит в мире.

241) Яаков установил молитву арвит (вечернюю), так как он исправляет Нукву и питает ее всем необходимым. Ибо «вав ו» имени АВАЯ (הויה), т.е. Тиферет, Яаков, исправляет «хэй ה» имени АВАЯ, Нукву. И «хэй ה» питается от «вав ו», так как нет у Нуквы ничего своего, и всё получает она от Тиферет, т.е. «вав ו» имени АВАЯ, называемой Яаков.

Объяснение. Яаков – это средняя линия, притягивающая ступень хасадим на экран де-хирик, и он согласует и соединяет друг с другом две линии, правую и левую, т.е. Авраама и Ицхака. После тяжкого суда, который приходит со свечением левой линии, относящейся к Ицхаку, приходит Яаков и устанавливает экран де-хирик, и это исправление называется молитвой арвит.

Первое исправление – это экран на Малхут, прежде чем она подслащается милосердием с помощью молитвы, которая называется «вопль».²³⁸ И это – исправление молитвы арвит.²³⁹

---

²³⁶ Писания, Псалмы, 52:3. «Что похваляешься злодейством, храбрец? Милость Творца весь день!»

²³⁷ Пророки, Йермияу, 6:4. «"Готовьтесь к бою с нею! Вставайте, и пойдем в полдень! О горе нам, ибо день уже клонится (к вечеру) и распростерлись вечерние тени!»

²³⁸ См. выше, п. 232, со слов: «И поэтому: "Услышь, Творец, молитву мою" говорится о Нукве...»

²³⁹ См. Зоар, главу Берешит, часть 1, п. 188.

А затем наступает второе исправление, с помощью молитвы, называемой «плач», благодаря которой устанавливается экран над Малхут, подслащенной свойством милосердия. И это происходит в полночь.

242) Поэтому молитва арвит совершается по собственному усмотрению, так как она включается в дневную молитву, чтобы могла светить. Иначе говоря, в это время совершается зивуг на экран, производящий ступень хасадим, которая называется «день». Но сейчас, ночью, не то время. И мы уже выяснили, что свет дня, хасадим, не раскрывается теперь для того, чтобы светить Нукве, и она властвует во тьме до наступления полуночи, и тогда Творец предается радости с праведниками в Эденском саду. И это подходящее время для человека, чтобы заняться Торой.

243) Давид назвал эти три времени молитвы, как сказано: «Вечером, утром и в полдень буду просить и кричать, и Он услышит голос мой»[240]. Есть три молитвы, а он совершал только две из них, как сказано: «буду говорить и кричать», и не более. Одно относится к утренней молитве, другое – к послеполуденной. И потому сказал он: «Буду просить и кричать», так как именно утром, когда проявляется милость (хесед), достаточно просить, потому что это Хесед. А в послеполуденной молитве (минха), во время тяжкого суда, нужен крик. И потому сказал (Давид): «Буду кричать». Однако вечернюю молитву он не возносил.

А потом, когда разделялась ночь, он поднимался и возносил песни и восхваления, как сказано: «Ночью – песнь Ему со мною»[241]. Ибо Давид – это Малхут, а полночь (наступает) после того, как Малхут подсластилась в Бине. Тогда это называется «плачем», т.е. Малхут становится сосудом для всех высших светов. И потому он поднимается в это время с песнями и восхвалениями.

Таким образом, молитва шахарит соответствует молитве об исправлении правой линии Нуквы. А молитва минха – это тоже молитва, но об исправлении ее левой линии,

---

[240] Писания, Псалмы, 55:18.
[241] Писания, Псалмы, 42:9. «Днем явит Творец милость Свою, и ночью – песнь Ему у меня, молитва к Создателю жизни моей».

называющейся валом или стеною. И тогда человек должен привлечь совершенство стены, чтобы не было меж ними разделения и изъяна.

Молитва арвит – это «вопль», и потому она совершается по собственному усмотрению. А полночь – это «плач», т.е. исправления подслащенной Малхут, чтобы она стала сосудом для высших светов. И ради этого исправления, чтобы оно было совершенным, не должен молиться человек «за спиной» своего учителя, чтобы не пробудить опять неподслащенную Малхут и не испортить полуночное исправление.

244) Молитвы, соответствующие постоянным жертвоприношениям (тмидим), установили мудрецы из членов Великого собрания. И ввели они две такие жертвы, как сказано: «Одного агнца...»[242]. Они приносятся в жертву в те же два дневных срока, что и сроки молитв. И потому установлены две основные молитвы: шахарит и минха, а молитва арвит оставляется на усмотрение человека.

245) Праотцы установили эти молитвы еще раньше членов Великого собрания, но не сопоставляли их с постоянными жертвоприношениями. И почему то, что установили Авраам и Ицхак, – это главное, а то, что установил Яаков, избранный из праотцев, является добровольным и не главным, в отличие от них?

246) Эти два времени для молитв, шахарит и арвит, нужны лишь для того, чтобы соединить Яакова, т.е. Зеир Анпин, с его судьбой, Нуквой. После того, как они соединились друг с другом, нам больше ничего не надо. Ведь поскольку Нуква расположена между двух окончаний, Авраамом и Ицхаком, правой и левой линиями, она уже соединилась с телом. Ибо тело представляет собой соединение этих двух окончаний, и нам больше нечего исправлять.

Поэтому мы должны пробуждать исправление двух этих окончаний с помощью двух молитв, шахарит и арвит, так как Нуква расположена между ними. Иначе говоря, мы должны притянуть их свечение в саму Нукву. И поскольку она уже

---

[242] Тора, Бемидбар, 28:4. «Одного агнца приноси утром, а другого агнца приноси в сумерки».

расположена между ними, то слова, относящиеся к телу, т.е. средней линии, называющейся Яаковом, и Нукве, произносятся шепотом, чтобы не упоминать имеющееся в ней свойство суда.

Объяснение. Хотя Яаков – избранный из праотцев, так как главное – это средняя линия, объединяющая друг с другом две линии, которые не могут светить без согласующего действия средней линии, все же в средней линии нет дополнительного света по сравнению с двумя линиями. Потому что корнем двух этих линий являются свойства МИ (מי) ЭЛЕ (אלה), имеющиеся в Бине и включающие все ее мохин. Но поскольку средняя линия поднимается и согласует две линии в Бине, и восполняет их, она тоже удостаивается их получения, как сказано: «Три вышли из одного, один удостаивается трех»[243].

Таким образом, все мохин Бины находятся в двух линиях, правой и левой, и это Авраам и Ицхак, которых Яаков восполняет, будучи средней линией. И поэтому он тоже удостаивается этих двух линий и передает их Нукве. Поэтому сказано, что «мы должны пробуждать исправление этих двух окончаний, так как Нуква находится между ними», – поскольку они являются совокупностью всех мохин. «И слова, относящиеся к телу и к Нукве, произносятся шепотом» – а дополнительные исправления, относящиеся к зивугу средней линии с Нуквой, нужно совершать шепотом, как сказано: «А голоса ее не было слышно»[244].

Обычно различают два вида голоса:
1. Голос Бины, т.е. исходящий от Малхут, подслащенной в Бине.
2. Голос самой Малхут, не подслащенной в Бине.

При зивуге ЗОН раздается только голос Бины, а голос самой Малхут не слышен – ведь если бы слышался ее голос, происходящий от неподслащенного свойства суда, она не была бы достойна зивуга с Зеир Анпином и получения высших мохин.

247) Поскольку слова их произносятся шепотом и не слышен ее голос, Яаков действует в возвышении, как сказано: «А

---

[243] См. Зоар, главу Берешит, часть 1, п. 363.
[244] Пророки, Шмуэль 1, 1:13. «А Хана, она говорила в сердце своем, лишь губы ее двигались, а голоса не было слышно».

Ты возвышен вовеки, Творец»²⁴⁵ – т.е. Бина. Малхут, подслащенная в Бине, тоже называется возвышением. И поскольку Яаков действует в возвышении, в подслащенной Малхут, голос ее не должен слышаться, так как иначе будет разделен их зивуг. И всё это – тайна для знающих суд и закон, т.е. для знающих тайны Торы.

---

[245] Писания, Псалмы, 92:9.

И ввел ее Ицхак в шатер

248) «И ввел ее Ицхак в шатер Сары, матери его»[246]. Сказано: «В шатер», так как вернулась туда Шхина, называющаяся шатром. Ибо всё то время, что Сара находилась в мире, Шхина не отходила от нее, и свеча горела с вечера субботы до вечера субботы, и светила все дни недели. Но когда умерла она, погасла свеча. А после того, как пришла Ривка, Шхина вернулась туда, и свеча снова зажглась. Сказано: «Сары, матери его», – потому что во всех своих действиях она походила на Сару.

249) «Сары, матери его». Образ Ицхака был подобен образу Авраама, и всякий, кто видел Ицхака, говорил, что это Авраам. И достоверно знали, что Авраам породил Ицхака. Так же и образ Ривки в точности повторял образ Сары. И потому сказано: «Сары, матери его», так как говорили, что Сара, конечно же, мать Ривки. И образ Ицхака с Ривкой был подобен образу Авраама и Сары. И было видно, что Авраам породил Ицхака, а Сара – Ривку.

250) Хотя Сара умерла, образ ее не отходил от дома, однако не показывался там со дня ее смерти до прихода Ривки. Когда же пришла Ривка, показался образ Сары, как сказано: «И ввел ее Ицхак в шатер Сыры, матери его». И тотчас показалась там Сара, мать его. Но увидел ее один лишь Ицхак, когда вошел туда. Поэтому сказано: «И утешился Ицхак после матери его», – потому что мать его показалась и встретилась ему в доме. И потому сказано не «после смерти матери его», а «после матери его», – так как она вовсе не умерла для Ицхака.

251) «И взял Ривку, и она стала ему женою, и он полюбил ее»[246]. Однако же все жители мира любят своих жен. Что же отличало их, почему именно об Ицхаке сказано: «И он полюбил ее»?

252) Пробуждение любви мужчины к женщине исходит только от левой линии, как сказано: «Левая рука его у меня

---

[246] Тора, Берешит, 24:67. «И ввел ее Ицхак в шатер Сары, матери его, и взял Ривку, и она стала ему женою, и он полюбил ее, и утешился Ицхак после матери его».

под головою»[247]. Тьма, левая линия, и ночь, Нуква, – как одно целое. Потому что левая линия всегда пробуждает любовь к Нукве и укрепляет ее. Поэтому, хотя Авраам любил Сару, о нем не сказано: «И он полюбил ее», а только об Ицхаке, являющемся левой линией Зеир Анпина.

Почему же тогда сказано: «И полюбил Яаков Рахель»[248], хотя он не является левой линией? Потому что сторона Ицхака, которая была включена в него, сделала это. Ведь Яаков – это средняя линия Зеир Анпина, включающая в себя две линии, правую и левую, Авраама и Ицхака. И благодаря имеющемуся в нем включению Ицхака можно сказать о нем: «И полюбил», как об Ицхаке.

253) Когда Авраам, правая линия Зеир Анпина, видел Сару, Нукву Зеир Анпина, он обнимал ее, и не более, как сказано: «А правая рука его обнимает меня»[247]. Но Ицхак, левая линия Зеир Анпина, муж ее (Нуквы), держал ее и клал руку под ее голову, как сказано: «Левая рука его у меня под головою»[247]. А затем пришел Яаков, средняя линия Зеир Анпина, и сошелся с ней, и породил двенадцать колен.

Объяснение. Авраам, Ицхак и Яаков – имеются в виду три линии Зеир Анпина. А Сара, Ривка, Лея и Рахель – имеется в виду Нуква Зеир Анпина, ее четыре свойства ХУБ ТУМ. Зеир Анпин в своем свойстве правой линии обнимает Нукву, как сказано: «Правая рука его обнимает меня», т.е. передает хасадим. А в своем свойстве левой линии он привлекает к ней ГАР, как сказано: «Левая рука его у меня под головою». Тем самым Нуква говорит, что от левой линии Зеир Анпина нисходит к ней свойство рош, т.е. ГАР. И потому левая линия Зеир Анпина является основным наполнением для нее.

Поэтому говорится, что Ицхак ее муж, так как от него она получает ГАР. И вместе с тем, порождение осуществляется только из средней линии, т.е. Яакова, и только от него происходит рождение душ колен.

---

[247] Писания, Песнь песней, 2:6. «Левая рука его у меня под головою, а правая рука его обнимает меня».
[248] Тора, Берешит, 29:18. «И полюбил Яаков Рахель, и сказал: "Буду служить тебе семь лет за Рахель, дочь твою младшую"».

254) Все праотцы исходят только от одного свойства, только от свойства Зеир Анпина. И потому все они жили с четырьмя женами, т.е. у каждого из них было четыре жены: Сара, Ривка, Лея и Рахель. И они тоже представляют собой одно целое, т.е. ХУБ ТУМ Нуквы Зеир Анпина. Авраам с четырьмя женами: Сара, Агарь и две наложницы, как сказано: «А сыновьям наложниц, что у Авраама»[249]. Сказано: «Наложниц», значит их было две, а вместе с Сарой и Агарь – четыре.

255) У Ицхака было четыре жены со стороны Ривки, т.е. они были включены в Ривку. Сказано: «И взял Ривку» – это одна. «И она стала ему женою» – две. «И он полюбил ее» – три. «И утешился Ицхак после матери его» – четыре. И у Яакова, соответственно, было четыре жены.

И все они, все двенадцать жен – это одно целое, т.е. одна лишь Нуква Зеир Анпина, в которой есть эти двенадцать свойств.

256) Авраам и Ицхак – каждый из них пребывал в святости с одной женой, так как Агарь и наложницы не относились к святости. Авраам – с Сарой, а Ицхак – с Ривкой. И, в соответствии с ними обоими, у Яакова было четыре жены в двух частях: в святости и буднях. Лея и Рахель пребывали в части святости, а Била и Зилпа находились в той части будней, которую он вернул к святости.

Но на самом деле, даже Агарь и наложницы, и рабыни, все они пребывают в святости, и все двенадцать жен – это лишь двенадцать свойств Нуквы. Ведь всё это происходит в святости, и всё является одним целым, и все они включены только в Нукву Зеир Анпина.

---

[249] Тора, Берешит, 25:6. «А сыновьям наложниц, которые у Авраама, дал Авраам дары и отослал их от Ицхака, сына своего, при жизни своей, на восток, в землю восточную».

И взял Авраам еще жену

257) «И взял Авраам еще жену по имени Ктура»[250]. Ктура – это Агарь. Ибо после того, как Агарь отделилась от Авраама, и предавалась распутству с кумирами отца своего, затем раскаялась и привязалась к добрым деяниям. И поэтому изменилось имя ее, и она стала зваться Ктурой. Это указывает на то, что она стала связанной с добрыми деяниями. Потому что Ктура означает «связанная», и тогда послал (за ней) Авраам, чтобы взять в жены. Отсюда понятно, что изменение имени искупает прегрешения, и поэтому изменилось ее имя на Ктура, чтобы искупить грехи ее.

258) «И взял Авраам еще жену». В дни Сары он сочетался с Агарь один раз, а затем прогнал ее, из-за сделанного Ишмаэлем, который насмехался над Ицхаком. А затем сказано: «И взял Авраам еще», что означает – взял ее еще раз, как и вначале. Потому что взял ее второй раз после того, как взял ее вначале. И согласно тому, как она изменила свои деяния, изменилось имя ее. И теперь уже зовется Ктурой.

259) «И ввел ее Ицхак в шатер Сары, матери своей»[246], – когда вместе с Ривкой открылся образ Сары. И утешился Ицхак после того, как открылся образ матери его, и видел образ ее каждый день. Авраам, хотя и взял себе жену, не входил в жилище Сары, и не вводил туда эту женщину. Потому что служанка не наследует госпоже. И в шатре Сары не появлялась другая женщина, кроме одной лишь Ривки.

260) Авраам, хотя и знал, что образ Сары открылся там, оставил Ицхаку шатер, чтобы видеть там образ матери каждый день. Ицхак видел образ ее, а не Авраам, как сказано: «И отдал Авраам всё, что у него, Ицхаку»[251]. «Всё, что у него» – именно «всё», потому что это указывает на образ Сары, являвшийся в том шатре, который он отдал Ицхаку, чтобы созерцать его.

261) «И отдал Авраам всё, что у него, Ицхаку». Передал ему высшую веру, Бину, для того, чтобы Ицхак связался со

---

[250] Тора, Берешит, 25:1.
[251] Тора, Берешит, 25:5.

ступенями удела своего как подобает. И если бы не передал ему Бины, он не мог бы связаться с левой линией.[252]

Здесь огонь, левая (линия), включен в воду, правую. Конечно же, огонь вобрал воду, так как левая включает в себя правую. Это следует из сказанного: «И отдал Авраам всё, что у него, Ицхаку» – это вода, которая включена в огонь. То есть Авраам, вода, передал всё своё свойство Ицхаку, огню. И вначале они содержались там вместе в воде, в час, когда Авраам связал Ицхака, чтобы совершить над ним суд, принеся его в жертву всесожжения. Тогда огонь включился в воду.

А теперь вода включилась в огонь, чтобы всё находилось в высшей вере, в Бине. Так как две линии имеющиеся в Бине, правая и левая, включились друг в друга, и тогда достигли своего совершенства. Поэтому Авраам и Ицхак, происходящие от этих двух линий в Бине, тоже должны включиться друг в друга. Поэтому вначале включается левая линия в правую – это происходит в час связывания (Ицхака). А теперь передает Авраам всё, что есть у него, Ицхаку, и тем самым правая линия включается в левую.

---

[252] См. Зоар, главу Лех леха, п. 455, со слов: «Внутренний смысл сказанного...»

А сыновьям наложниц дал Авраам дары

262) «А сыновьям наложниц дал Авраам дары»[253]. Что означает «дары»? Есть различные нижние ступени святости, которые неисправлены, и они являются именами различных духов нечистоты. И он вручил им их (подарки) для того, чтобы восполнить эти ступени, т.е. чтобы они очистили и восполнили эти ступени святости. И Ицхак над всеми ними возвысился в высшей вере, в Бине.

263) «Сыновьям наложниц» – сыновьям Ктуры. И наложницами она называется потому, что была наложницей, прежде чем выгнали ее, и сейчас она наложница, когда (Авраам) снова взял ее.

«И отослал их от Ицхака, сына своего»[253] – для того, чтобы не властвовали рядом с Ицхаком. «При жизни своей»[253] – когда Авраам еще жил и существовал в этом мире, для того чтобы не ссорились с ним затем. И для того, чтобы Ицхак, установившись со стороны высшего сурового суда, пересилил всех их, и все подчинились ему. «На восток, в страну восточную», – потому что там совершаются различные колдовства нечистой силы.

264) Сказано: «И мудрость Шломо была больше мудрости всех сынов Востока»[254] – тех, кто произошел от сынов наложниц Авраама. И в этих восточных горах находятся те, кто обучает людей колдовству. И из этой восточной страны вышли Лаван и Беор, и Билам, сын его, и все колдуны.

---

[253] Тора, Берешит, 25:6. «А сыновьям наложниц, которые у Авраама, дал Авраам дары и отослал их от Ицхака, сына своего, при жизни своей, на восток, в землю восточную».

[254] Пророки, Мелахим 1, 5:10.

Кто отдал на разорение Яакова[255]

265) Со времени разрушения Храма не находятся в мире благословения и прекратились они. Якобы, их лишились как наверху, высшие миры, так и внизу, от нижних. И все эти нижние ступени все время усиливаются и властвуют над Исраэлем, потому что Исраэль вызвали это своими прегрешениями. А отсутствие благословений в высших мирах – это лишь следствие того, что нижние недостойны получать от них. И всего изобилия, которым они должны наполнить нижних, они лишились, ведь им некому его передать.

266) «Кто отдал на разорение Яакова и Исраэль – грабителям? Разве не Творец, за то, что грешили мы пред Ним?»[255] Если сказано: «Кто отдал на разорение Яакова и Исраэль», почему же говорится: «Грешили **мы** пред Ним»? «Грешили **они** пред Ним» следовало сказать – от третьего лица, а не так, словно они говорят за себя (от первого лица). И если: «Грешили **мы** пред Ним» – т.е. говорят от первого лица, то почему снова сказано: «И не желали **они**»? То есть, снова от третьего лица – «не желали **они**». Следовало сказать: «И не желали **мы**» – от первого лица.

267) Но в час, когда был разрушен Храм и сгорело святилище, и народ ушел в изгнание, Шхина хотела оставить свое место и уйти в изгнание с ними. Сказала Шхина: «Пойду я сначала проведать Храм и святилище свои, и зайду в места коэнов и левитов, служивших в Храме моем».

268) В тот час посмотрела вверх Кнессет Исраэль, Шхина, и увидела мужа своего, Зеир Анпина, удаляющегося от нее и поднимающегося высоко-высоко. Спустилась вниз и вошла в Храм, и осмотрела все места, и заплакала. И этот голос был слышен высоко-высоко в небесах, и слышен был голос внизу, на земле. Как сказано: «Слышится голос в высях, вопль и горькое рыдание – Рахель оплакивает сыновей своих»[256].

---

[255] Пророки, Йешаю, 42:24. «Кто отдал на разорение Яакова и Исраэль – грабителям? Разве не Творец, за то, что грешили мы пред Ним? И не желали они ходить путями Его и не слушали Тору Его».

[256] Пророки, Йермияу, 31:14. «Так сказал Творец: "Слышится голос в высях, вопль и горькое рыдание – Рахель оплакивает сыновей своих. Не хочет она утешиться из-за детей своих, ибо не стало их"».

269) Когда вошла она в изгнание, посмотрела на народ, и увидела, как притесняют и попирают их в изгнании другие народы, то воскликнула: «Кто отдал на разорение Яакова?»[255] А Исраэль сказали: «Разве не Творец, за то, что грешили мы пред Ним?»[255] И теперь становится понятным, почему здесь говорится от первого лица. А Шхина сказала: «И не желали они ходить путями Его и не слушали Тору Его»[255].

270) В тот час, когда Творец будет исчислять народ Свой, чтобы вывести их из изгнания, сначала Кнессет Исраэль, Шхина, вернется из изгнания и направится к Храму, потому что Храм будет отстроен вначале как собрание изгнаний, в котором пребывает Шхина. Поэтому Шхина тоже спешит выйти из изгнания.

И скажет ей Творец: «Поднимись из праха». А Шхина спросит в ответ: «В какое место пойду я – ведь Храм мой разрушен, святилище сгорело в огне?!» Но лишь когда Творец сначала отстроит Храм и установит святилище и отстроит город Йерушалаим, после этого Он поднимет Шхину из праха.

И поэтому сказано: «Отстраивает Творец Йерушалаим, изгнанников Исраэля соберет»[257]. Сначала «отстраивает Йерушалаим», а затем «изгнанников Исраэля соберет». И скажет ей: «Отряхнись от праха, встань, воссядь, Йерушалаим»[258]. А затем соберет изгнания Исраэля.

Итак, выяснилось, что вначале: «Отстраивает Творец Йерушалаим», а затем: «Изгнанников Исраэля соберет». А затем: «Исцелит сокрушенных сердцем и перевяжет раны их»[259] – это оживление мертвых. И сказано: «И дух Мой Я вложу в вас, и сделаю, что законам Моим следовать будете»[260].

---

[257] Писания, Псалмы, 147:2.
[258] Пророки, Йешаяу, 52:2. «Отряхнись от праха, встань, воссядь, Йерушалаим, развяжи узы на шее твоей, пленная дочь Циона!»
[259] Писания, Псалмы, 147:3.
[260] Пророки, Йехезкель, 36:27. «И дух Мой Я вложу в вас; и сделаю, что законам Моим следовать будете и уставы Мои соблюдать будете, и поступать по ним».

Глава Толдот

ГЛАВА ТОЛДОТ

Вот родословная Ицхака[1]

1) «Кто возвестит могущество Творца, провозгласит всю славу Его?!»[2] Когда пожелал Творец создать мир и это проявилось в желании перед Ним, Он смотрел в Тору и создавал его. И при каждом действии, созидаемом Творцом в мире, Он смотрел в Тору и создавал. Сказано: «И была я у Него питомицей, и была радостью каждый день»[3]. Читай не питомица (амо́н אמון), а мастер (ома́н אומן), так как была она носителем Его мастерства.

2) Когда пожелал Он сотворить человека, обратилась к Нему Тора: «Если будет сотворен человек, а потом согрешит, и Ты осудишь его – зачем Тебе трудиться напрасно, ведь он не сможет вынести суд Твой?!» Сказал ей Творец: «Я сотворил раскаяние прежде, чем сотворил мир. Если согрешит он, то сможет раскаяться, и Я прощу ему».

Сказал Творец миру, когда сотворил его и сотворил человека: «Мир, ты и твоя природа основаны только на Торе, и потому сотворил Я в тебе человека, чтобы он занимался Торой. Если же он не будет заниматься Торой, то Я снова сделаю тебя "пустынным и хаотичным"[4]. И всё это – ради человека». И Тора все время призывает людей заниматься Торой и прилагать старания в изучении ее, но никто не внимает.

3) Каждый, кто занимается Торой, утверждает мир и утверждает каждое действие в мире в надлежащем исправленном виде. И нет органа в человеке, которому не соответствовало бы какое-либо создание в мире.

И так же, как человеческое тело делится на органы, созданные в постепенном возвышении друг над другом и расположенные один над другим и составляющие вместе одно тело, так же и мир: все создания в мире – это органы, находящиеся

---

[1] Тора, Берешит, 25:19. «Вот родословная Ицхака, сына Авраама. Авраам родил Ицхака».
[2] Писания, Псалмы, 106:2.
[3] Писания, Притчи, 8:30.
[4] Тора, Берешит, 1:2. «Земля же была пустынна и хаотична, и тьма над бездной, и дух Всесильного витал над поверхностью вод».

друг над другом. И когда все они исправятся, то на самом деле станут единым организмом. И всё подобно Торе, как человек, так и мир, потому что вся Тора – это элементы и части, установленные один на другом. И когда все они исправятся, то образуют единый организм.

4) В Торе содержатся все высшие запечатанные тайны, которые невозможно постичь. В Торе – все высшие явления, раскрытые и нераскрытые. Иными словами, из-за их огромной глубины, они раскрываются тому, кто их изучает, и тотчас исчезают. Снова раскрываются на мгновение – и опять исчезают. И это неизменно повторяется у того, кто изучает их. В Торе – всё происходящее наверху, в высших мирах, и внизу. Всё, происходящее в этом мире, и всё, происходящее в будущем мире, содержится в Торе. И нет того, кто бы изучил и познал их.

5) Когда явился Шломо, он хотел опираться на речения Торы и все требования Торы, но не смог. Сказал он: «Думал я: "Стану мудрым", но мудрость далека от меня»[5]. А Давид сказал: «Открой глаза мои, и я увижу чудесное в Торе Твоей»[6].

6) «Вот родословная Ишмаэля»[7] – и это «двенадцать глав племен»[8]. А затем сказано: «Вот родословная Ицхака». И можно подумать: поскольку сказано, что Ишмаэль породил двенадцать глав племен, а Ицхак породил двух – это потому, что один возвышен в своей праведности и оттого породил двенадцать, а другой не возвышен, и оттого породил всего двух. Именно поэтому сказано: «Кто возвестит могущество (гвурот) Творца?»[9] – это Ицхак, потому что Ицхак это гвура Зеир Анпина. Ведь Ицхак породил Яакова, который превосходил всех по важности – тем, что породил двенадцать колен, и был воплощением того, что наверху и внизу. Ицхак же был воплощением только того, что наверху, в высшей святости, а Ишмаэль – только того, что внизу. И потому сказано: «Кто возвестит могущество (гвурот) Творца?» – это Ицхак. Кто

---

[5] Писания, Коэлет, 7:23.
[6] Писания, Псалмы, 119:18.
[7] Тора, Берешит, 25:12. «А вот родословная Ишмаэля, сына Авраама, которого родила Аврааму Агарь-египтянка, рабыня Сары».
[8] Тора, Берешит, 25:16. «Это – сыны Ишмаэля и это их имена, по их селениям и замкам, двенадцать глав их племён».
[9] Писания, Псалмы, 106:2. «Кто возвестит могущество Творца, провозгласит всю славу Его?»

«провозгласит всю славу Его?» – это Яаков. Ибо Яаков – это вся Его слава, так как он является воплощением того, что наверху и внизу. Когда соединяются солнце, Зеир Анпин, с луной, Нуквой, – сколько звезд светит от них. И это – двенадцать колен Творца[10] («йуд-хэй»), которые представлены во сне Йосефа как звезды.

Здесь имеется три деления:
1. Яаков был воплощением того, что наверху и внизу.
2. Ицхак – только того, что наверху, в высшей святости.
3. А Ишмаэль – только того, что внизу.

Следует понять эти виды деления. Дело в том, что парцуф Зеир Анпин делится в месте хазе из-за находящейся там парсы: от хазе и выше – ГАР, а от хазе и ниже – ВАК. И нижние могут относится только к месту Зеир Анпина от хазе и ниже, и никогда не могут быть выше хазе, потому что являются порождениями Нуквы Зеир Анпина, которая берет свое начало только в месте ниже хазе Зеир Анпина. Однако праотцы представляли собой строение (меркава) для ХАГАТ Зеир Анпина: Авраам и Ицхак – для двух окончаний (зроот) Зеир Анпина, Хеседа и Гвуры, а Яаков – для тела (гуф) Зеир Анпина, т.е. Тиферет.

Таким образом, Авраам и Ицхак относятся к месту выше хазе Зеир Анпина, к его окончаниям (зроот), и никогда не могут быть ниже хазе. Но Яаков, будучи строением (меркава) для Тиферет, т.е. тела (гуф), в середине которого расположено хазе, – находится и над хазе, и под хазе. Относительно половины Тиферет над хазе он находится наверху – в ГАР. А относительно половины Тиферет под хазе он находится внизу – в ВАК, и оттуда (берут начало) все нижние.

И сказано, что «Ицхак родил Яакова, который превосходил всех по важности», так как был самым выдающимся из праотцев. Ведь он породил двенадцать колен, находящихся в Тиферет от хазе и ниже, и был воплощением и строением (меркава) Зеир Анпина, как выше хазе, так и ниже хазе, потому что он является строением (меркава) для Тиферет, а Тиферет включает два эти места. Но Ицхак был строением (меркава) для Гвуры Зеир Анпина, и он целиком находится выше хазе, и вообще не

---

[10] Писания, Псалмы, 122:4. «И туда восходили колена, колена Творца, – свидетельство Исраэлю, чтобы благодарить имя Творца».

относится к месту ниже хазе. А Ишмаэль был как все нижние, которые относятся только к месту ниже хазе и никогда не бывают выше хазе. И потому Яаков важнее всех, так как один лишь он включает все свойства.

7) «И благословил Творец Ицхака, сына его»[11] – теперь, когда умер Авраам, благословил и усилил ступень Ицхака, т.е. Гвуру, после смерти Авраама. И вместе с тем, образ Авраама был и остался в Ицхаке. То есть свойство Авраама, Хесед, также осталось включенным в Ицхака – настолько, что каждый, кто видел Ицхака, говорил: «Это, безусловно, Авраам», и в подтверждение этого говорил: «Авраам родил Ицхака». Потому что он был включен и облачен в образ Авраама, т.е. Хесед. И потому уточняется Писанием: «Вот родословная Ицхака, сына Авраама», а также: «Авраам родил Ицхака»[1].

8) «И было, после смерти Авраама, и благословил Творец Ицхака, сына его»[11]. В этом отрывке начало не соответствует концу, а конец – началу. Он начинается со смерти Авраама, а завершается благословением Ицхака, и нет между ними никакой связи. А кроме того, что здесь изменилось почему Творец должен был благословить Ицхака, а не Авраам благословил его? Дело в том, что Авраам не благословил Ицхака, и потому благословил его Творец после смерти Авраама. Такова взаимосвязь между словами отрывка: «И было, после смерти...».

Почему же не благословил его Авраам? Чтобы его сын Эсав не благословился вместе с ним. Иными словами, чтобы он не притянул свечение левой линии сверху вниз, согласно своему нечистому пути. И потому перешли эти благословения к Творцу, и Творец благословил Ицхака. Творец – это средняя линия, которая объединяет две линии друг с другом посредством того, что ограничивает левую линию, дабы она светила только снизу вверх. И теперь не благословится Эсав, так как не сможет притягивать (свечение) сверху вниз.

«И жил Ицхак у колодца Лахай-Рои»[11]. Что такое Лахай-Рои? Он соединился со Шхиной, т.е. с колодцем, над которым являлся ангел союза, т.е. Есод. И потому (Творец) благословил его. Отсюда понятна взаимосвязь между тремя этими частями

---

[11] Тора, Берешит, 25:11. «И было после смерти Авраама, и благословил Творец Ицхака, сына его. И жил Ицхак у колодца Лахай-рои».

Писания: «и было, после смерти Авраама», который не благословил Ицхака, «и благословил Творец Ицхака». Почему Он благословил его? Потому что «жил Ицхак у колодца Лахай-Рои», т.е. соединился со Шхиной.

9) «Источник садов, колодец живых вод, текущих из Леванона»[12]. Истолковали мудрецы, что «источник садов» – это Авраам, «колодец живых вод» – это Ицхак, «текущих из Леванона» – это Яаков. Таким образом, «колодец живых вод» – это Ицхак, как сказано: «И жил Ицхак у колодца Лахай-Рои». Колодец – это Шхина (обитель) для живущего (Ла-хай) – это живущий (хай) в мирах, праведник, то есть Есод, живущий в мирах. И нельзя разделять их. Он живет в двух мирах: живет наверху, в высшем мире, в Бине, и живет в нижнем мире, в Малхут. И нижний мир существует и светит благодаря силе его.

10) Луна, т.е. Нуква, светит только тогда, когда созерцает солнце, т.е. Зеир Анпина. И поскольку созерцает его, она светит, т.е. получает от Зеир Анпина мохин свечения Хохмы, называемые ви́дение (рэия). И потому называется колодцем Лахай-Рои (для видения живущего). И тогда она светит, наполненная живыми водами. Лахай-Рои – дабы наполняться и светить от «живущего», т.е. от Есода Зеир Анпина.

11) «Бнаяу, сын Йеояды бен Иш Хай (сын человека живого)»[13] – это означает, что он был праведником и светил своему поколению, подобно тому, как живущий наверху, т.е. Есод Зеир Анпина, светит миру, Нукве. И в любой час этот колодец, Нуква, смотрит на живущего, на Есод, и созерцает, дабы светить.

«И жил Ицхак у колодца Лахай-Рои», «когда он взял Ривку»[14], ибо колодец – это Ривка, Нуква Зеир Анпина. И он живет

---

[12] Писания, Песнь песней, 4:15. «Источник садов, колодец живых вод, текущих из Леванона».

[13] Пророки, Шмуэль 2, 23:20. «И Бнайяу, сын Йеояды бен Иш Хай, величественный в деяниях, из Кавцеэля. И он сразил двух доблестных воинов Моава, и сошел он, и поразил льва во рву в снежный день».

[14] Тора, Берешит, 25:20. «И было Ицхаку сорок лет, когда он взял Ривку, дочь Бетуэля-арамейца из Падан-Арама, сестру Лавана-арамейца, себе в жены».

с ней и соединяется с ней в свойстве «тьма в ночи», как сказано: «Левая рука его у меня под головою»[15].

Левая линия Зеир Анпина, Ицхак, называется «тьма», потому что постигается только во тьме. И во время ее правления меркнут светила, так как она – Хохма без хасадим.[16] А Нуква называется «ночь».[17] И потому свечение левой линии Нукве называется «тьма в ночи». Сказано, что он объединился с нею во тьме в ночи, так как зивуг Ицхака, т.е. левой линии, с колодцем, т.е. Нуквой, которая получает от него, считается тьмой в ночи.

Ицхак жил в Кирьят-Арба, после того как умер Авраам. Почему же сказано: «И жил Ицхак у колодца Лахай-Рои»? Это, безусловно, не место его проживания, а имя Нуквы, с которой он совершил зивуг и соединился с ней, с этим колодцем, дабы пробудить любовь.

12) «И восходит солнце, и заходит солнце»[18] – это Зеир Анпин, который светит луне, Нукве. Ибо когда солнце показывается с нею, тогда она светит. Солнце светит и сияет от высшего места, которое находится над ним, т.е. от Бины – оттуда оно получает свое свечение и сияет всегда.

«И заходит солнце», – чтобы совершить зивуг с луной, с Нуквой. «Оно движется к югу» – правой линии Зеир Анпина, «и вкладывает в него свою мощь» – большую часть своего свечения оно вкладывает в правую линию, в хасадим. И поскольку мощь его в правой линии, находится вся сила тела человека в правой части тела, и от нее зависит сила тела.

А затем обращается к северу, т.е. светит и одной стороне, южной, и другой, северной. «Обращается» означает, что свечение свое оно обращает то к одной стороне, то к другой. Это говорит о том, что основная его мощь не на севере, т.е. левой

---

[15] Писания, Песнь песней, 2:6.
[16] См. Зоар, главу Берешит, часть 1, п. 141, со слов: «Второй свет, левая линия, – это свет, который все больше меркнет при наступлении вечера...»
[17] См. Зоар, главу Берешит, часть 1, п. 41.
[18] Писания, Коэлет, 1:5. «И восходит солнце, и заходит солнце, и устремляется к месту своему, где оно восходит».

стороне Зеир Анпина, и оно не светит там постоянно, а обращается то к одной стороне, то к другой.

«Кружится, кружится, движется ветер (руах)»[19]. Зеир Анпин – это свет руах, и он называется солнцем. «Кружится, кружится, движется ветер (руах)» – чтобы светила от него луна, и оба они соединились. Объяснение. Основное свечение луны – это свечение Хохмы, которое она получает от левой линии. Однако она не может получить Хохму без хасадим. И потому Зеир Анпин обращается то к северной стороне, к свечению Хохмы, то к южной стороне, к свечению хасадим, – чтобы облачать Хохму в хасадим. Только таким образом луна получает его свечение и соединяется с ним в зивуге.

13) Когда Авраам явился в мир, он принял в свои объятия луну и приблизил ее. Когда явился Ицхак, он связал себя с ней, держась за нее надлежащим образом, притягивая ее с любовью, как сказано: «Левая рука его у меня под головою»[15]. Когда явился Яаков, соединилось солнце, Зеир Анпин, с луною, Нуквой, и Нуква стала светить. Свечение Хохмы она получила от Ицхака, но оно еще не светила в ней из-за того, что не было облачения в свет хасадим. А когда пришел Яаков, т.е. средняя линия, и дал ей Хохму, облаченную в хасадим, Нуква начала светить.

Тогда Яаков становится совершенным со всех сторон: благодаря хасадим, имеющимся в правой стороне, и благодаря Хохме, имеющейся в левой стороне. И луна начала светить – ведь теперь, благодаря Яакову, облачились Хохма и хасадим друг в друга, и она может светить. И установилась она в двенадцати коленах.

14) «Благословляйте Творца, все служители Творца, стоящие в доме Творца по ночам»[20]. Кто же они, достойные благословлять Творца? «Все служители Творца». Несмотря на то, что любой человек в мире из среды Исраэля достоин благословлять Творца, есть благословения, благодаря которым благословятся высшие и нижние. Кто же они, благословляющие Его? Поэтому уточняет Писание: «Служители Творца». А кто

---

[19] Писания, Коэлет, 1:6. «Идет к югу и поворачивает к северу; кружится, кружится, движется ветер, и на круги свои возвращается ветер».

[20] Писания, Псалмы, 134:1.

они – те, чье благословение истинно? «Стоящие в доме Творца по ночам» – те, кто встает в полночь и начинает читать Тору. Они – «стоящие в доме Творца по ночам». И те, и другие должны быть служителями Творца и вставать в полночь. Ибо в это время Творец является, чтобы порадоваться с праведниками в Эденском саду.

ГЛАВА ТОЛДОТ

И было Ицхаку сорок лет

15) «И было Ицхаку сорок лет, когда он взял Ривку себе в жены»[21]. Ицхак включен в север и юг – огонь и воду. И Ицхаку было сорок лет, «когда он взял Ривку». Объяснение. Разумеется, что Ицхак был включен в правую линию – в хасадим,[22] называемые водой и также югом. И в таком случае, есть в нем две сфиры, север и юг, т.е. Хесед и Гвура. Север – это его собственное свойство, левая линия, а юг – в силу того, что он сын Авраама. И у него также было включение севера и юга друг в друга, т.е. Тиферет, потому что Тиферет является не чем иным, как взаимным включением Хеседа и Гвуры, т.е. юга и севера.

Таким образом, у него было три сфиры: Хесед, Гвура, Тиферет. И «когда он взял Ривку», свойство Малхут, достиг также и Малхут, то стало у него четыре сфиры – ХУГ ТУМ. А в гадлуте они ХУБ ТУМ. И каждая из них состоит из десяти сфирот, всего сорок сфирот, что и означает «сорок лет».

И внутренний смысл сказанного заключается в том, что Нуква может получать мохин Ицхака, который является левой линией, только вследствие ее включения в ХАГАТ, и она становится четвертой опорой престола.[23] И это означает сказанное: «И было Ицхаку сорок лет, когда он взял Ривку»[21], – так как она становится четвертой по отношению к ХАГАТ, и тогда берет ее Ицхак и передает ей свои мохин. Но она при этом бездетна, поскольку ей не хватает хасадим.[24] Как сказано: «И молился Ицхак Творцу о жене своей, так как она была бездетна»[25], поскольку она не способна родить, пока не уменьшится и не станет седьмой сфирой, чтобы получать от ХАГАТ НЕХИ. И поэтому сказано: «Ицхак же был шестидесяти лет при рождении их»[26] – т.е. ХАГАТ НЕХИ.

---

[21] Тора, Берешит, 25:20. «И было Ицхаку сорок лет, когда он взял Ривку, дочь Бетуэля-арамейца из Падан-Арама, сестру Лавана-арамейца, себе в жены».
[22] См. выше, п. 7.
[23] См. Зоар, главу Ваера, п. 16, со слов: «Объяснение. Сначала Нуква...»
[24] См. Зоар, главу, Берешит, часть 1, п. 113.
[25] Тора, Берешит, 25:21. «И молился Ицхак Творцу о жене своей, так как она была бездетна, и Творец ответил ему, и зачала Ривка, жена его».
[26] Тора, Берешит, 25:26.

«Ривка была "как вид радуги"²⁷, в котором три цвета – зеленый, белый, красный», – ХАГАТ Нуквы. «Ей было три года, когда привязался он к ней, когда привязался к Ривке» – т.е. женился на ней. Дело в том, что Ицхак состоял из четырех сфирот, ХУБ ТУМ, «когда он взял Ривку». Но хотя Ривка и включилась в него, у нее все же было только три сфиры ХАГАТ, и это три цвета, «как вид радуги». И ей недостает цвета ее собственной сфиры, то есть Малхут.²⁸ И это три года, а не четыре. И сфирот Ицхака исчисляются в десятках, так как относятся они к Зеир Анпину, а сфирот Ривки – только единицы, поскольку относятся к Нукве. И поэтому четыре сфиры Ицхака – это сорок, а три сфиры Ривки – это только три года.

«А когда породил, ему было шестьдесят лет»²⁹, – т.е. он достиг шести сфирот ХАГАТ НЕХИ, чтобы породить как подобает. «И вышел Яаков совершенным» – Яаков присоединился затем ко всем шести сфирот и стал человеком совершенным.

16) «Дочь арамейца Бетуэля из Падан Арама, сестру арамейца Лавана»²¹. И хотя она находилась среди беспутных, не поступала по их примеру. И поэтому говорит, что была дочерью Бетуэля, и из Падан Арама, и сестра Лавана, – как все они были грешниками, а она совершала хорошие поступки.

17) Если бы Ривке было двадцать лет или больше, или по крайней мере тринадцать лет, это было бы похвалой для нее, – то, что не поступала по их примеру. Но до той поры ей было только три года, в чем же заключается похвала ей, что не поступала по их примеру?

Ей было три года, и вместе с тем, вела себя с рабом в точности, как полагалось. Отсюда можно сделать вывод, что разум у нее был под стать двадцатилетней, а потому относится к ней похвала, что не брала она примера с их поступков.

---

²⁷ Пророки, Йехезкель, 1:28. «Как вид радуги, появляющейся в облаках в день дождя, так и вид этого сияния вокруг – это вид образа величия Творца. И увидел я и упал на лицо свое, и услышал голос говорящий».

²⁸ См. Зоар, главу Ноах, п. 266.

²⁹ Тора, Берешит, 25:26. «А потом вышел брат его, держась рукою за пяту Эсава, и наречено ему имя Яаков. Ицхак же был шестидесяти лет при рождении их».

18) «Как роза среди шипов, так возлюбленная моя среди дев»[30]. «Роза» – Кнессет Исраэль, Нуква Зеир Анпина, и она среди воинств, «как роза среди шипов».

Ицхак исходит со стороны Авраама, высшего Хеседа (милости), и поступает милостиво со всеми творениями. И хотя он является строгим судом, всё же он происходит от Хеседа, Авраама. Ривка исходит со стороны строгого суда, от Бетуэля и от Лавана. И хотя сама она является умеренным судом – краснотой розы, и нить Хеседа простиралась над ней – белизна розы, всё же исходила она от строгого суда. И было, Ицхак – строгий суд, а она – умеренный суд.

И поэтому была «как роза среди шипов»[30]. «Шипы» – строгие суды. Ибо Ривка была окружена строгими судами со стороны своих родителей и людей ее местоположения. Но сама она была судом умеренным и смягченным, и нитью Хеседа, подобно розе. Таким образом, действия ее правильны, поскольку не поступала по их примеру, и не было в ней строгого суда. И поэтому она уподобляется розе, в которой есть краснота и белизна.

Если бы не была нуква умеренным судом, мир не смог бы вытерпеть строгого суда Ицхака. Поскольку свечение Ицхака – это свет захар, которому присуща отдача сверху вниз, и относительно свечения левой линии, происходит от этого очень строгий суд. Но свечение Ривки – это свет некевы, которой присуще светить снизу вверх, и нет при этом строгих судов, а только умеренный суд.

И поскольку свечение Ицхака приходит к нижним через нукву, являющуюся умеренным судом, нижние могут получить свечение от этих мохин. Однако, от одного только свойства Ицхака не смогли бы получить, потому что не смогли бы вытерпеть строгих судов, исходящих вместе с его свечением.

И подобно этому Творец производит зивуги в мире – когда один сильный, а другой умеренный. Как сказано, что Ицхак был строгим судом, а Ривка – умеренным судом. И это для того, чтобы все исправились, т.е. смогли получить также и свечение Хохмы. И мир получит подслащение, чтобы им не

---

[30] Писания, Песнь песней, 2:2.

причиняли вреда строгие суды, исходящие от этого свечения, потому что получают его через нукву, и благодаря этому суды смягчаются.

И молился Ицхак

19) «И молился Ицхак Творцу о жене своей»[25] – совершив жертвоприношение, молился о ней. Сказано: «И молился (йеатар) Ицхак». А также сказано: «И Творец ответил (йеатер) ему»[25]. И если «молился (йеатар)» означает жертвоприношение, то и «Творец ответил (йеатер) ему» тоже означает жертвоприношение – когда вышел огонь свыше в соответствии огню снизу. Поскольку нужны два огня для пожирания жертвы: огонь Всевышнего и огонь простого человека. Поэтому: «И молился Ицхак» – это о нижнем огне. «И Творец ответил ему» – это о высшем огне.

20) Другое истолкование сказанного: «И молился Ицхак» – возносил молитву и устремлялся наверх, к знаку удачи, дарующему сыновей. Потому что от этого места, от удачи, дикны Арих Анпина, зависит рождение сыновей. Как сказано: «Молилась Всевышнему (досл. над АВАЯ)»[31]. АВАЯ – это Зеир Анпин, «Всевышнему (над АВАЯ)» – это дикна Арих Анпина, которая окружает Зеир Анпин называется «удача (мазаль)». И тогда: «И Творец ответил ему»[25]. Читай не «ответил (йеатер יעתר) ему», а «внял (йахтор יחתור) ему», поскольку «айн ע» меняется на «хэт ח», так как они относятся к одной группе букв «алеф-хэт-хэй-айн אחהע»[32]. Потому что внял ему Творец и принял его. «И тогда забеременела Ривка, жена его» – согласно расположению звезд не могла забеременеть, поскольку была бесплодна с рождения. Но благодаря его молитве, поскольку Он внял его мольбе, то есть изменил порядок расположения звезд, тогда «и зачала Ривка, жена его»[25].

21) Двадцать лет ждал Ицхак с женой своей, но она не рожала, пока он не вознес молитву. Это потому, что Творец желает молитвы праведников, когда наступит час, и они обратятся к Нему с молитвой о том, в чем нуждаются. В чем смысл этого? В том, чтобы возрастал и прибавлялся удел святости посредством молитвы праведников для каждого, кто нуждается. Потому что праведники своими молитвами открывают высший источник, и тогда даже те, кто не заслужил ответа, получают ответ.

---

[31] Пророки, Шмуэль 1, 1:10. «Она же в скорби душевной молилась Всевышнему и горько плакала».
[32] Группа гортанных букв.

22) Авраам не молился перед Творцом, чтобы дал ему сыновей, хотя Сара была бездетной.

Но Ицхак молился за свою жену, потому что знал, что он не бесплоден, а только жена его. Ицхак знал, благодаря постижению мудрости (хохма), что в будущем от него произойдет Яаков с двенадцатью коленами. Но не знал, от этой жены или от какой-то другой. Поэтому сказано: «О жене своей», а не сказано: «О Ривке».

23) Почему Ицхак не любил Яакова так, как Эсава, если знал, что в будущем от него произойдут двенадцать колен? Но вместе с тем, он любил сильнее Эсава, потому что каждый вид любит ему подобных, и каждый вид тянется и следует за своим видом.

24) Эсав родился и вышел красным[33]. И он относится к стороне Ицхака, и это – высший строгий суд святости. И от него произошел Эсав, являющийся нижним строгим судом: голова его пребывала в святости, а тело не было в святости. Поэтому он похож на сторону Ицхака, и каждый вид следует своему виду, и потому любил Эсава больше, чем Яакова. Как сказано: «Ибо охота на устах его»[34] – т.е. голова его пребывала в святости.

Сказано здесь: «За то, что охота на устах его». А в другом месте сказано: «Поэтому говорится: как Нимрод был сильным охотником перед Творцом»[35]. Там «охота» означает «строгий суд», и здесь тоже «охота» означает «строгий суд». И сказанное учит нас тому, что любил его, поскольку тот представлял собой строгий суд, как и он.

---

[33] Тора, Берешит, 25:25. «И вышел первый: красный, весь как плащ волосатый. И нарекли ему имя Эсав».
[34] Тора, Берешит, 25:28. «И Ицхак любил Эсава, ибо охота на устах его, а Ривка любила Яакова».
[35] Тора, Берешит, 10:9. «Он был сильным охотником перед Творцом, поэтому говорится: как Нимрод, сильный охотник перед Творцом».

ГЛАВА ТОЛДОТ

И толкались сыновья

25) «И толкались сыновья в утробе ее... и пошла вопросить Творца»[36] – в школу Шема и Эвера. «И толкались сыновья в утробе ее», ибо там был тот злодей Эсав, который вел войну с Яаковом.

«Толкались» – значит бились и разделялись. Эсав принадлежал стороне восседающего на змее, т.е. Сáма. Яаков же принадлежал стороне восседающего на совершенном престоле святости, стороне солнца, Зеир Анпина, (желающего) соединиться с луной, Нуквой. Престол – это Нуква, называемая луной.

26) Поскольку Эсав тянулся за тем змеем, Яаков решил обмануть его, действуя подобно змею – хитростью и обманом. Как сказано: «А змей был самым хитрым»[37].

Это надо было сделать для того, чтобы Эсав последовал за тем змеем и отделился от Яакова, и тогда не получит он доли вместе с ним ни в этом мире, ни в мире будущем. Как сказано: «Пришедшего тебя убить, убей первым»[38].

«Во чреве обманул он брата своего»[39] – т.е. отправил его вниз, держась за пяту. Иначе говоря, отделил его от святости и низвел в сторону скверны, называющуюся пятой, в окончание святости. Сказано: «Держась рукой за пяту Эсава»[40] – т.е. он возложил руки свои на эту пяту, чтобы подчинить ее святости.

27) «Держась рукой за пяту Эсава» – Яаков может выйти и отстраниться от него полностью во всем, лишь продолжая держаться рукой за пяту Эсава. Его рука – это луна, т.е. Нуква, называющаяся рукою Тиферет, т.е. Яакова, и свет ее скрылся из-за пяты Эсава. Поэтому Яаков должен был действовать с

---

[36] Тора, Берешит, 25:22. «И толкались сыновья в утробе ее, и она сказала: "Если так, то зачем же я?" И пошла вопросить Творца».

[37] Тора, Берешит, 3:1. «А змей был самым хитрым из всех зверей полевых, которых создал Творец Всесильный; и сказал он жене: "Если даже сказал Всесильный: не ешьте ни от какого дерева этого сада..."».

[38] Мидраш Раба, Бемидбар, 21:4.

[39] Пророки, Ошеа, 12:4. «Во чреве обманул он брата своего; а силою своей боролся с ангелом».

[40] Тора, Берешит, 25:26. «А потом вышел брат его, держась рукой за пяту (акéв) Эсава; и нарек ему имя Яаков».

мудростью и отбросить его вниз, чтобы тот прилепился к своему месту, к нечистой стороне, и полностью отделился от святости.

28) «И нарек ему имя Яаков»[40]. Конечно же, Творец нарек ему имя Яаков. И сказано: «Потому ли нарек ему имя Яаков, что обошел меня дважды»[41]. Не сказано: «Наречено ему имя», а «нарек ему имя», и это, разумеется, указывает на то, что Творец «нарек ему имя Яаков». Увидел Творец, что первородный змей мудрен в причинении зла. Когда появился Яаков, сказал Творец: «Этот, безусловно, мудрее змея». И поэтому Творец дал ему имя Яаков – по той мудрости, с какой он сумеет обойти (лааков) змея и отделить его от святости.

30)[42] Яаков знал, что Эсав должен будет прилепиться к этому змею Акальтону (извивающемуся), и потому во всех своих действиях нисходил к нему словно еще один извивающийся змей, противостоящий ему, с хитростью и обманом.

«И сотворил Всесильный больших чудовищ»[43] – это Яаков и Эсав. «И всякое существо живое пресмыкающееся»[43] – это остальные ступени между ними. Таким образом, Яаков и Эсав называются чудовищами, т.е. змеями. Эсав был извивающимся змеем, а Яаков нисходил к нему словно еще один извивающийся змей, противостоящий ему. И Яаков должен был вести себя мудро, чтобы выстоять против того самого змея.

31) Поэтому каждый месяц приносят в жертву одного козла, чтобы отвести его на свое место, и тогда он отделится от луны, т.е. Нуквы Зеир Анпина, свет которой скрылся из-за пяты Эсава. А также в День искупления нужно принести в жертву такого козла. И делается это с мудростью, чтобы справиться с ним, и он не сможет причинить зло. И мы уже выясняли, что козел

---

[41] Тора, Берешит, 27:36. «И сказал он: "Потому ли нарек ему имя Яаков (יעקב), что обошел (ויעקבני) меня дважды: мое первородство взял и вот ныне взял мое благословение!" И сказал: "Неужели ты не оставил мне благословения?"».

[42] Пункт 29 в данной редакции текста не приводится.

[43] Тора, Берешит, 1:21. «И сотворил Всесильный больших чудовищ и всякое существо живое пресмыкающееся, которыми воскишела вода, по роду их, и всякую птицу крылатую по виду ее. И увидел Всесильный, что хорошо».

указывает на Эсава, а также внутренний смысл принесения в жертву козла на новомесячье, Начало года и День искупления.⁴⁴

И всё было сделано с мудростью и обманом по отношению к нему, поскольку это коварный змей, умудренный в причинении зла, обвиняющий наверху и искушающий внизу.

32) И зная об этом заранее, Исраэль действуют против него с мудростью и обманом, чтобы он не смог причинить зло и властвовать. Поэтому Яаков, несущий в себе свойство веры, все свои действия по отношению к Эсаву направлял на то, чтобы отвадить этого змея от осквернения святости, и не дать ему приблизиться к ней и обрести власть над миром.

И потому ни Авраам не должен был идти на обман, ни Ицхак, – поскольку Эсав, относящийся к стороне этого змея, еще не явился в мир. Однако Яаков, являющийся хозяином (досл. мужем) в доме, т.е. мужем Шхины, должен был противостоять этому змею и ни в коем случае не допустить его к власти, чтобы не осквернил он святыни Яакова, т.е. Нуквы. И поэтому Яаков, более всех жителей мира вынужден был вести с ним войну, пользуясь обманом. И благодаря тому, что Яаков вел с ним войну, пользуясь обманом, и купил у него первородство и благословения, Исраэль в праведности своей были избраны, чтобы стать уделом Творца.

---

⁴⁴ См. Зоар, главу Ноах, пп. 100–107, а также главу Ваера, статью «Начало года и День искупления», пп. 381– 387.

ГЛАВА ТОЛДОТ

Трапеза праведников в грядущем будущем

33) «Вот родословная Ицхака, сына Авраама. Авраам родил Ицхака»¹. В грядущем будущем Творец оживит мертвых, и отряхнет их от праха, чтобы не были они тем строением из праха, каким были вначале, когда были созданы действительно из праха, который не способен существовать. Как сказано: «И создал Творец Всесильный человека из праха земного»⁴⁵.

34) И в этот час они отряхнутся от праха, от этого строения, и пребудут в существующем строении, так как обретут существование, как сказано: «Отряхнись от праха, встань, воссядь, Йерушалаим»⁴⁶. Обретут свое существование и поднимутся из-под земли, и получат души свои в земле Исраэля. И в это время наполнит их Творец всевозможными ароматами Эденского сада, как сказано: «Мандрагоры издали запах»⁴⁷.

35) Читай не «мандрагоры (дудаим דודאים)», а «любящие (додим דודים)». И это тело и душа, которые являются любящими и близкими друг другу. И также как мандрагоры порождают любовь в мире, также и они порождают любовь в мире. А что означает «издали запах»? Особый дух в их действиях, позволяющий постичь и узнать Создавшего их.

36) «И у дверей наших всякие плоды изысканные, новые и старые, для тебя, друг мой, берегла я!»⁴⁷ «И у дверей наших» – это врата небесные, которые открыты для того, чтобы ниспослать души неживым телам. «Всякие плоды изысканные» – эти души. «Новые и старые» – у которых душа вышла много лет назад и у которых вышла совсем недавно, и они удостоились благодаря духу своих действий войти в мир будущий. Все они

---

⁴⁵ Тора, Берешит, 2:7. «И создал Творец Всесильный человека из праха земного, и вдохнул в ноздри его дыхание жизни, и стал человек существом живым».

⁴⁶ Пророки, Йешаяу, 52:2. «Отряхнись от праха, встань, воссядь, Йерушалаим, развяжи узы на шее твоей, пленная дочь Циона».

⁴⁷ Писания, Песнь песней, 7:14. «Мандрагоры издали запах, и у дверей наших всякие плоды изысканные, новые и старые, для тебя, друг мой, берегла я!»

должны будут сойти одновременно, чтобы войти в уготованные им тела.

37) Раздается голос, произносящий: «Новые и старые, для тебя, друг мой, берегла я!» «Берегла я!» – в этих мирах. «Для тебя» – ради тебя, потому что ты тело святое и чистое.

«Мандрагоры» – это ангелы мира. «Издали запах» – это души, являющиеся благоуханием мира. «Издали» – как сказано: «И не дал Сихон Исраэлю»[48].

38) Три вида ангелов-служителей сопровождают душу каждый месяц и каждую субботу до места ее возвышения. «У дверей наших всякие плоды изысканные» – это тела, стоящие у входа в могилы, чтобы принять свои души. И Дума достает учетную книгу и провозглашает: «Владыка мира, "новые и старые", погребенные давно и захороненные недавно, всех их я берег для Тебя, чтобы извлечь их по счету».

39) В будущем Творец возрадуется с праведниками в это же время, помещая вместе с ними его Шхину (обитель), и радость эта наполнит всех, как сказано: «Радоваться будет Творец деяниям своим»[49]. И праведники в это же время должны будут создать миры и оживить мертвых. Как сказано: «Еще сидеть будут старики и старухи на площадях Йерушалаима, каждый с посохом своим в руке его – от долгих лет»[50].

40) И обретут в то время праведники совершенное знание. В день, когда «радоваться будет Творец деяниям своим», праведники постигнут Творца в сердце своем. И умножится тогда мудрость в сердце их, как будто они видят Его воочию.

41) В грядущем будущем Творец устроит трапезу праведникам, как сказано: «И видели они Всесильного, и ели, и пили»[51].

---

[48] Тора, Бемидбар, 21:23. «И не дал Сихон Исраэлю пройти через свой предел, и собрал Сихон весь свой народ, и выступил он навстречу Исраэлю в пустыню, и пришел в Яац, и сразился с Исраэлем».

[49] Писания, Псалмы, 104:31. «Да будет слава Творца вовеки, радоваться будет Творец деяниям своим».

[50] Пророки, Захария, 8:4. «Так сказал Повелитель воинств: "Еще сидеть будут старики и старухи на площадях Йерушалаима, каждый с посохом своим в руке его – от долгих лет"».

[51] Тора, Шмот, 24:11. «И на избранников сынов Исраэля не простер Он руки своей. И видели они Всесильного, и ели, и пили».

Этим будут они насыщаться и этим будут наслаждаться. Праведники, чье постижение недостаточно, наслаждаются от сияния, которое постигнут недостаточно. Однако удостоившиеся праведники будут насыщаться, пока не придут к полному постижению. И нет других еды и питья, а только это. Оно называется трапезой и пищей.

Как сказано о Моше: «И провел там Моше сорок дней и сорок ночей, хлеба не ел и воды не пил»[52]. «Хлеба не ел и воды не пил» – потому что насыщался от другой трапезы, от этого высшего сияния. И такой же будет трапеза праведников в грядущем будущем.

42) Трапеза праведников в грядущем будущем заключается в том, чтобы наслаждаться его радостью, как сказано: «Услышат смиренные и возрадуются»[53]. Отсюда: «И возвеселятся все полагающиеся на Тебя, вечно ликовать будут»[54]. И то и другое есть в грядущем будущем.

Вино, хранившееся в винограде Его с шести дней начала творения. Это древние изречения, которые не раскрыты человеку со дня сотворения мира и раскроются праведникам в грядущем будущем, и это – еда и питье.

43) В таком случае, что означают левиатан и бык, если сказано: «Ибо горы приносят ему корм, и все звери полевые играют там»[55]? Сказано: «В тот день накажет Творец мечом своим тяжелым, и большим, и крепким левиатана, змея ускользающего, и левиатана, змея извивающегося, и убьет чудовище, которое в море»[56]. Здесь упоминаются трое. Однако подразумеваются правления.

44) Как же говорится, что трапеза праведников в грядущем будущем будет состоять из левиатана и буйвола – ведь мы уже

---

[52] Тора, Шмот, 34:28. «И провел там Моше сорок дней и сорок ночей, хлеба не ел и воды не пил, и написал Творец на скрижалях слова союза, десять заповедей».

[53] Писания, Псалмы, 34:3. «В Творце восславится душа моя, услышат смиренные и возрадуются».

[54] Писания, Псалмы, 5:12. «И возвеселятся все полагающиеся на Тебя, вечно ликовать будут, и покровительствовать будешь им, и радоваться будут Тебе любящие имя Твое».

[55] Писания, Иов, 40:20.

[56] Пророки, Йешаяу, 26:1.

объясняли, что о трапезе праведников в грядущем будущем сказано: «И видели они Всесильного, и ели, и пили»[51]?

45) Эта вера, о которой сообщили мудрецы многим в мире, что они приглашены на эту трапезу с левиатаном и тем самым буйволом, и пить доброе вино, хранимое с момента сотворения мира. Обнаружили они это высказывание и истолковали сказанное: «И будете есть хлеб свой досыта»[57] следующим образом. Творец убеждал Исраэль вернуться к добру всевозможными соблазнами, и самый сильный из всех них, когда Он сказал им: «И будете есть хлеб свой досыта»; а также проклятиями, как сказано: «И вы будете есть и не насытитесь»[58], и это было самым тяжелым для них.

Сказанное: «Лучше бы нам умереть от руки Творца в стране египетской, когда мы сидели у горшка с мясом и ели хлеб досыта»[59] учит нас тому, что из-за еды отдали они душу свою умереть от руки их. Когда увидел Творец их сладострастие, сказал им: «Если послушаетесь голоса заповедей, то будете есть досыта», чтобы оставили они свои убеждения.

И увидели также мудрецы, что изгнание затягивается, и сказали, основываясь на словах Торы, что им предстоит вкушать и радоваться на великой трапезе, которую устроит для них Творец. И потому многие в мире терпят изгнание ради этой трапезы.

46) Мы должны не отвергать веру, а соблюдать ее, то есть трапеза – это еда и питье, о которых свидетельствует Тора: «И будете есть хлеб свой досыта». Ведь мы уже знаем, в чем заключается вера и стремление праведников, как сказано: «Возликуем и возрадуемся Тебе»[60], а не еде. И также: «Поминать ласки Твои больше вина»[60] – имеется в виду вино Торы.

---

[57] Тора, Ваикра, 26:5. «И сходиться будет у вас молотьба со сбором винограда, а сбор винограда сходиться будет с посевом, и будете есть хлеб свой досыта, и будете жить спокойно на земле вашей».

[58] Тора, Ваикра, 26:26. «Когда сокрушу у вас опору хлебную, то десять женщин будут печь хлеб ваш в одной печи, и возвращать будут хлеб ваш весом; и вы будете есть и не насытитесь».

[59] Тора, Шмот, 16:3. «И сказали им сыны Исраэля: "Лучше бы нам умереть от руки Творца в стране египетской, когда мы сидели у горшка с мясом и ели хлеб досыта, ведь ты вывели нас в эту пустыню, чтобы уморить все собрание это голодом!"»

[60] Писания, Песнь песней, 1:4.

И трапеза, предстоящая многим в мире, т.е. «еда и питье», будет и нашей долей, которой мы насладимся, и это доля радости и веселья. «И вот – родословная Ицхака»[1], т.е. ей возрадуются праведники в грядущем будущем. «Авраам родил Ицхака»[1] – заслуга души порождает веселье и радость в мире.

ГЛАВА ТОЛДОТ

Сочетание свойства милосердия с судом

47) Всё, что сотворил Творец в мирах, было в сочетании Малхут, свойства суда, с Биной, свойством милосердия. И благодаря этому сочетанию раскрывается множество достоинств в мире. Но ведь сочетание в творениях добра и зла только умножит разлад в мире?

48) Это на самом деле умножает разлад в мире. Ведь истинное сочетание означает включение Малхут в Бину – а следовательно, все ступени в мирах разделились тем самым на Кетер и Хохму, и Бину-Тиферет-Малхут, а также на паним (лицевую сторону) и ахораим (обратную сторону), на внутреннюю часть и внешнюю. И получается, что из-за этого возник разлад в мире.

И всё, что сделал Творец, Он сделал в виде тела и души. Тело – от Малхут, а душа – от Бины. И всё, что сделал Творец, Он сделал в сочетании одного с другим, т.е. имеется в виду сочетание свойства милосердия с судом. Ты можешь сказать: «Но у ангелов нет тела?!» Это так, но они не могут произвести действия, пока не включится в него свет Бины, и это помощь, оказываемая свыше. Ангелы – это внешняя часть Малхут, и в них нет никакой силы, пока они не получат помощь и содействие Бины, поскольку до этого они недостойны мохин. Ведь Малхут, прежде чем получает подслащение в Бине, недостойна получить мохин.

49) В тот час, когда Творец оживит мертвых, наступит конец всем бедам, – на сороковой год после собрания изгнаний. И установлен закон: «Сорок ударов нанесет, не более»[61]. Прохождение Исраэлем пустыни завершилось в сороковой год. И сорок лет, прежде чем возродится тело, ожидает его душа в земле Исраэля. Таким образом, в сороковой год ожидания души в земле Исраэля восстанут тела из праха. Во время потопа дождь прекратился на сороковой день, как сказано: «И было,

---

[61] Тора, Дварим, 25:3. «Сорок ударов нанесет, не более; а если прибавит к этому лишний удар, то будет унижен твой брат у тебя на глазах».

по окончании сорока дней открыл Ноах окно ковчега»[62]. А также срок избавления Исраэля наступит в сороковой год.

А в пятидесятый год наступит исправление мира, т.е. юбилей. Возврат души в тело происходит по истечении сорока лет, которые она ждет его в земле Исраэля. «И было Ицхаку сорок лет»[63] – столько он дожидался тела, «когда он взял Ривку» – то есть ввел ее в тело, предназначенное для него.

Пояснение сказанного. Благодаря силе включения Малхут в Бину, исправилась Малхут при наступлении сорокового года. Но ведь каждая из пяти сфирот КАХАБ ТУМ состоит из десяти, всего пятьдесят сфирот, – и в таком случае, Малхут должна быть пятидесятым годом, поскольку она является последней стадией в них. Однако, вследствие включения Малхут в Бину, ее собственное свойство стало скрытым – и установилось для нее кли Тиферет вместо кли Малхут.

Ибо после того как была скрыта Малхут, там имеется лишь четыре келим: КАХАБ и Тиферет – и поднялся свет Хохмы и облачился в кли Кетера, а свет Бины – в кли Хохмы, а свет Тиферет – в кли Бины, а свет Малхут – в кли Тиферет. И тогда Малхут называется сороковым годом, и она получает в этом состоянии света́ Бины, подобно Зеир Анпину, поскольку облачена в его кли. И в это время тело (гуф), происходящее от Малхут, тоже поднимается и получает свет Бины, подобно Малхут, что и называется облачением души в тело, так как душою (нешама) называется свет Бины.

Вот почему все избавления и спасения приходят в сороковой год, когда Малхут включается в Бину и получает ее свет. И даже конец исправления наступает в сороковой год, и об этом состоянии сказано, что парцуф БОН, т.е. Малхут, становится парцуфом САГ, Биной. Но все же есть большое различие, потому что до конца исправления Малхут не может быть сороковым годом в ее собственном свойстве, а только благодаря сочетанию свойства милосердия с судом и скрытия ее собственного свойства. Однако в конце исправления Малхут первого

---

[62] Тора, Берешит, 8:6. «И было, по окончании сорока дней открыл Ноах окно ковчега, которое он сделал».

[63] Тора, Берешит, 25:20. «И было Ицхаку сорок лет, когда он взял Ривку, дочь Бетуэля-арамейца из Падан-Арама, сестру Лавана-арамейца, себе в жены».

сокращения будет сама исправлена настолько, что больше не будет нуждаться в участии свойства милосердия, и сама уже будет получать свет Бины.

Есть суды и страдания, исходящие от Малхут, находящейся в свойстве «сорок лет», пока Хохма в ней не облачилась в хасадим.[64] И есть суды и страдания, исходящие от неподслащенной Малхут, которая скрылась.[65] И о ней сказано: «Если не удостоился человек – то стало злом» – т.е., если он вызывает притяжение сверху вниз, как в грехе Древа познания, раскрывается над ним точка скрытой Малхут, и все света ее уходят, потому что властвует над ней первое сокращение, и она недостойна получать свет.

До окончательного исправления и возрождения из мертвых, суды и страдания, проистекающие от сорокового года, не являются концом всех страданий. Ведь есть также страдания, исходящие от Малхут в ее собственном свойстве, которая еще не подслащена, и которой сказано: «Если не удостоился человек – то стало злом». Но в конце исправления, когда исправится Малхут в ее собственном свойстве и ей больше не понадобится включение в Бину, не будет больше никаких страданий от этой Малхут, и суды и страдания, проистекающие от сорокового года, будут уже концом всех страданий.

Поэтому сказано: «И установлен закон: "Сорок ударов нанесет, не более"[61]» – т.е. более не будет наносить удары по ее свойству после сорока, так как в ее собственном свойстве она уже будет полностью исправленной.

А затем Зоар приводит большие исправления, уже раскрывшиеся и которые должны раскрыться в сороковом году: прохождение Исраэлем пустыни; душа, дожидающаяся тела в земле Исраэля; возрождение из мертвых; прекращение вод потопа; Ноах, открывающий ковчег; избавление Исраэля и облачение души в тело.

---

[64] См. Зоар, главу Ваера, п. 216, со слов: «Объяснение. Судебный приговор – это свечение точки шурук в Нукве до ее включения в хасадим, и оно раскрывается только с проявлением суда».
[65] См. Предисловие книги Зоар, п. 123, «Малхут – это Древо познания добра и зла, если удостоился человек – стало добром, а если не удостоился – то злом».

Этим разъясняются слова: «И было Ицхаку сорок лет»⁶³. Ицхак – это душа, и он ждал сорок лет в земле Исраэля, «когда он взял Ривку»⁶³, т.е. облачился в тело, называющееся Ривкой. Это говорит нам о том, что во время раскрытия Малхут, достигшей сорокового года, когда она получает свет Бины, также и тело, происходящее от Малхут и называющееся Ривкой, становится пригодным и достойным получить свет Бины, т.е. душу (нешама), называющуюся Ицхаком и облачающуюся в него. И поэтому ждал Ицхак до сорока лет.

50) «Дочь Бетуэля»⁶³ – дочь дочери Всевышнего. Имя Бетуэль (בתואל) состоит из слов бат Эль (בת אל) – дочь Всевышнего. Это – Малхут, называющаяся дочерью Всевышнего. А тело происходит от Малхут и называется дочерью Малхут – дочь дочери Всевышнего.

Но это не так. Бетуэль – это не имя Малхут. Ту кость позвоночника, которая остается от всего тела в могиле и не гниет, называют по имени коварного Бетуэля. Форма ее напоминает голову змея, и кость эта коварней всех остальных костей тела.

51) Почему эта кость сохраняется и существует дольше всех остальных костей? Потому что она коварна и не переносит вкуса человеческой пищи, подобно другим костям. И потому она сильнее всех остальных костей. И она будет тем началом, из которого будет отстроено тело при возрождении из мертвых. И об этом сказано: «дочь Бетуэля-арамейца»⁶³.

Необходимо понять:
1. Чем она отличается от других костей?
2. Почему похожа на голову змея?
3. Почему голова змея коварна?
4. Почему она не переносит вкуса пищи?
5. И почему вследствие этого не гниет в могиле?
6. В чем преимущество того, что она не ест?
7. Почему она становится основой при возрождении из мертвых?

Малхут, включенная в свойство милосердия, называется сороковым годом. И это – свет Малхут, которая облачается в кли Зеир Анпина, в его атэрет Есод, а кли самой Малхут, называемой «пятидесятый год», отсутствует, то есть она недостойна облачения света. Поэтому телу, происходящему от Малхут, тоже недостает своего свойства Малхут, и она остается в нем пустой, без облачения света. И знай, что она – та кость, которую называют костью позвоночника, и она зовется Бетуэлем-коварным.

А называется она коварной, как сказано: «Потому что она коварна и не переносит вкуса человеческой пищи, подобно другим костям», из-за того, что происходит от Малхут свойства суда, не подслащенной свойством милосердия, и не способна поэтому насладиться мохин, исходящими от Бины. Поэтому «не переносит вкуса пищи». Однако она скрывает свою сущность от свойства суда, говоря, что наслаждается наравне с остальными костями тела. Но она притворяется, поскольку на самом деле не наслаждается. И она скрывает свою сущность лишь затем, чтобы не нанести вреда остальному телу. Ведь если бы ощущалась ее сущность, был бы нанесен вред всему телу, и из-за нее ушли бы мохин из всего тела.[66]

И поэтому сказано: «Форма ее напоминает голову змея, и кость эта коварней всех остальных костей тела». Ведь змей, соблазнивший Хаву отведать от Древа познания, обманул, сказав: «Умереть не умрете»[67] – то есть скрыл Малхут свойства суда, приводящую к смерти. Таким образом, и змей, и кость позвоночника, оба они коварны в одном – они скрывают наличие Малхут свойства суда. И эта кость уподобляется голове змея, а не самому змею, поскольку это именно так: обманное действие и скрытие наличия Малхут свойства суда осуществляется только в голове змея. Ибо после того как он привел к искушению отведать от Древа познания, сказали о нем: это – Сатан, и это – злое начало, и это – ангел смерти. То есть змей, приводящий к искушению его самого (Адама), становится после греха ангелом смерти, который опускаясь, раскрывает над Адамом Малхут свойства суда, и света жизни уходят из него, и он мертв.[68] И это действие змея производится хвостом его, что и означает сказанное в Зоаре: «Пригибает голову и бьет хвостом». И выходит, что сила скрытия свойства суда находится в голове змея, а сила раскрытия свойства

---

[66] См. Зоар, главу Ваера, п. 112, со слов: «Известно, что в Нукве есть две точки...»
[67] Тора, Берешит, 3:4. «И сказал змей жене: умереть не умрете».
[68] См. Зоар, главу Ваера, п. 377.

суда – в хвосте его, и поэтому здесь говорится о голове змея. И мы выяснили, таким образом, что такое кость позвоночника, почему она не выносит вкуса пищи, почему она коварна и почему она подобна голове змея.

А относительного того, что она не выносит вкуса пищи, и поэтому не гниет в могиле, мы уже выяснили.[69] Получение мохин от средней линии приводит к разложению тела во прахе. Но эта кость не выносит мохин и не наслаждается ими, а наслаждается лишь мохин от ГАР де-ГАР, которые будут светить в конце исправления. И потому она не разлагается в могиле.

52) Кость позвоночника коварна, и берет свое начало в мире коварства, в Падан-Араме[70]. И тем более злое начало коварно, т.е. голова змея, представляющая собой злое начало и ангела смерти. «Дочь Бетуэля-арамейца»[63] – это коварная кость позвоночника, «из Падан-Арама»[63], т.е. пришедшего из коварного мира, от пары коварных обманщиков. Падна де-тура – это пара волов[71]. Так же и Падан-Арам означает пару коварных обманщиков. Сестра Лавана – это сестра коварного злого начала.

Объяснение. Падан-Арам – это место, от которого вскармливается и питается тело, и оно состоит из двух Малхут. Когда тело идет прямым путем, то для него там скрыта Малхут свойства суда, и раскрывается над ним только Малхут свойства милосердия. И это кажется обманом, потому что это место скрывает свойство суда и тело получает мохин, как будто совершенно не включает Малхут свойства суда.

Когда же тело не идет прямым путем, это место раскрывает над ним Малхут свойства суда, и все мохин уходят от него. И это тоже выглядит обманом, так как эти мохин, облаченные в кли Бины тела, должны были остаться в нем, – ведь было испорчено только кли Малхут, а не кли Бины.

Но из-за включения в суд свойства милосердия, которое произошло до этого и смешало Бину и Малхут вместе между

---

[69] См. Зоар, главу Хаей Сара, п. 155, со слов: «И необходимо выяснить должным образом, что представляет собой эта остающаяся в могиле и не сгнивающая кость...»

[70] Слова коварный (рамай – רמאי) и Арам (ארם) состоят из тех же букв.

[71] Пророки, Шмуэль 1, 11:7.

собой, мохин уходят также и из кли Бины. Таким образом, здесь есть пара обманщиков: первый обман – от подслащенной Малхут, а второй обман – от раскрытия Малхут свойства суда.

Мы уже изучали, что Лот получил свое имя вначале, когда был негодяем, грешащим в этом мире. В будущем, когда перестанет быть таким негодяем, как вначале, и будет похож на того, кто умылся и очистился от своей скверны, то будет зваться Лаваном. Так или иначе, не устраняется злое начало из мира.

53) Две дочери Лота – это две силы в теле, пробуждающие злое начало. Сейчас, когда он не такой отпетый негодяй, погрязший в мерзости, он называется Лаваном, и две его дочери не настолько легкомысленны, как сказано: «А у Лавана две дочери»[72]. Когда они дочери Лота, то называются «старшая» и «младшая», а здесь сказано «большая» и «меньшая».

54) Но нет у них силы причинить зло и пробудиться к злому началу, как прежде. Из сказанного: «Имя большой – Лея» следует, что Лея способна это сделать и причинить зло, «а имя меньшой – Рахель» – что нет в ней пробуждающейся силы, как сказано: «И как овца (рахель), безгласная пред стригущими ее»[73].

Это злое начало и две его дочери меняются по сравнению с тем, какими были прежде. Лот вначале предавался проклятиям и был негодяем. Теперь Лаван, просветленный (мелубан), не проклинаемый больше и не тот уже негодяй, каким был вначале. Вначале две его дочери сильны, каждая в расцвете сил. А сейчас «имя большой – Лея (досл. ослабевшая)», – ослабевшая (леа), лишенная сил, ослабевшая, не имеющая поддержки. Ослабевшая от своих первоначальных действий. «А имя меньшой – Рахель» – и это не те (имена), что были вначале.

---

[72] Тора, Берешит, 29: 16. «А у Лавана две дочери: имя большой – Лея, а имя меньшой – Рахель».
[73] Пророки, Йешаяу, 53:7, «Притеснен и измучен он был, и не открывал рта своего, как ягненок, ведомый на заклание, и как овца, безгласная пред стригущими ее, и не открывал рта своего».

55) Сказано: «И молился Ицхак Творцу о жене своей, так как она была бездетна»[74]. Из-за чего она бездетна? Из-за того, что злое начало потеряло свою силу в мире, поэтому плодиться и размножаться можно лишь с помощью молитвы. Что сказано? «И Творец ответил ему, и зачала Ривка, жена его»[74] – когда пробуждается злое начало, можно плодиться и размножаться.

56) Чем же этот мир отличается от того времени, если и тогда будет злое начало? Сказано: «И Творец ответил ему, и зачала Ривка, жена его»[74]. Выходит, Творец сам пробуждает в то время злое начало? Творец пробуждает злое начало лишь в мере того, насколько это требуется для зивуга, – но не в любое время, чтобы не было оно всегда с человеком, как сейчас, когда оно всегда находится с человеком, и люди грешат из-за него. Пробуждение злого начала лишь на время зивуга будет пробуждением Творца.

Сказано: «И удалю сердце каменное и дам вам сердце из плоти»[75]. «Сердце из плоти» – это сердце, производящее плоть, а не что-либо другое, т.е. только для рождения сыновей. «И дам вам» – то есть, Творец сам пробудит злое начало на время зивуга.

57) Мир нуждается в злом начале, подобно тому как нуждается в дожде. Ведь если бы не злое начало, не было бы радости учения в мире. Но тогда оно уже не будет тем прежним негодяем, чтобы грешить с его помощью. Как сказано: «Не будут делать зла и не будут губить на всей Моей святой горе»[76]. «Моя святая гора» – это сердце, в котором обитает злое начало.

---

[74] Тора, Берешит, 25:21. «И молился Ицхак Творцу о жене своей, так как она была бездетна, и Творец ответил ему, и зачала Ривка, жена его».

[75] Пророки, Йехезкель, 36:26. «И удалю из плоти вашей сердце каменное и дам вам сердце из плоти».

[76] Пророки, Йешаяу, 11:9. «Не будут делать зла и не будут губить на всей Моей святой горе, и наполнится земля знанием Творца, как полно море водами».

Доброе сердце – это дом тела и души. И потому сказано: «Возлюби Творца Всесильного твоего всем сердцем своим»[77], потому что сердце – это суть всего.

58) Две основы тела: печень и сердце. И они управляющие тела с его различными органами. Управляющий головой – мозг, но у тела их два: печень и сердце. «И толкались сыновья в утробе ее»[78] – это мозг и сердце, основы тела.

---

[77] Тора, Дварим, 6:5. «Возлюби Творца Всесильного твоего всем сердцем своим, всей душой своей и всем существом своим».

[78] Тора, Берешит, 25:22. «И толкались сыновья в утробе ее, и она сказала: "Если так, то зачем же я?" И пошла вопросить Творца».

ГЛАВА ТОЛДОТ

И толкались сыновья в утробе ее

59) Почему сердце и печень толкались? Потому что в сердце отменилось злое начало. «И толкались» – означает, что была сокрушена сила управляющих тела, поскольку было отменено злое начало. И тело (гуф) сказало тогда: «"Если так, то зачем же я"[78] и для чего создано?» Тотчас: «И пошла вопросить Творца»[78].

60) И сказал Творец: «Два народа во чреве твоем»[79]. Это два гордеца – печень и сердце. «И два народа из утробы твоей разойдутся, и больший будет служить младшему»[79] – это печень, большая и важная, и она будет прислуживать сердцу. Печень принимает кровь, и этим служит сердцу.

61) «И вышел первый: красный»[80]. Печень – первая, и она красного цвета. Почему она красного цвета? Потому что поглощает кровь вначале. Почему называется первой? Потому что она первая в том, чтобы вобрать в себя кровь от любой пищи. И она первая в том, что касается крови, но не в создании. «И больший будет служить младшему»[79] означает, что она важнее и по величине своей превосходит сердце, и она служит сердцу.

Эта глава призвана показать нам, жителям мира, что хотя и установится это совершенство на земле, обычаи и природа мира останутся неизменны. Печень охотится за добычей, как сказано: «Охота на устах его»[81]. А сердце является задумывающим и «живущим в шатрах»[82]. Как сказано: «И сварил Яаков похлебку»[83] – глубоко задумавшись, предается изучению Торы.

---

[79] Тора, Берешит, 25:23. «Два народа во чреве твоем, и два народа из утробы твоей разойдутся, и народ народа сильнее будет, и больший будет служить младшему».

[80] Тора, Берешит, 25:25. «И вышел первый: красный, весь как плащ волосатый. И нарекли ему имя Эсав».

[81] Тора, Берешит, 25:28. «И Ицхак любил Эсава, ибо охота на устах его, а Ривка любила Яакова».

[82] Тора, Берешит, 25:27. «И выросли отроки, и стал Эсав человеком, сведущим в охоте, человеком поля; а Яаков – человеком непорочным, живущим в шатрах».

[83] Тора, Берешит, 25:29. «И сварил Яаков похлебку, и пришел Эсав с поля усталый»

62) Никогда не меняется естество мира. Сказано: «И сварил Яаков похлебку»[83], и сказано: «Тем, что они злоумышляли против вас»[84] – то есть задумали. Иначе говоря, сердце задумывается и предается мыслям о Торе, о познании своего Создателя. И сказано: «И пришел Эсав с поля усталый»[83]. Печень, характерное свойство которой «выходить на охоту за добычей», «охота на устах его»[81], чтобы вобрать в себя, и она не находит этого, называется усталой.

И она говорит сердцу: «В то время, когда ты задумываешься над речениями Торы, задумайся о еде и питье, чтобы поддержать тело», как сказано: «Дай же мне глотнуть от этого красного, красного, ибо устал я»[85] – потому что ей свойственно поглощать кровь, и передавать ее остальным органам. «Ибо устал я» – без еды и питья.

А сердце говорит: «Дай мне первому самое лучшее из всего, что ты поглощаешь, – отдай мне свое первородство». Как сказано: «Продай в сей же день свое первородство мне»[86] – начало этого вожделения. Только когда сердце предается помыслам о пище, печень поглощает. И если бы не стремление и помыслы сердца о пище, не смогли бы ее поглощать печень и остальные органы. Так должны вести себя рабы – не есть, пока не поел их хозяин.

---

[84] Тора, Шмот, 18:10-11. «И сказал Итро: "Благословен Творец, который избавил вас от руки египтян и от руки фараона, и избавил этот народ от власти египта. Теперь узнал я, что Творец выше всех божеств: поразил он их тем, что они злоумышляли против вас».

[85] Тора, Берешит, 25:30. «И сказал Эсав Яакову: "Дай же мне глотнуть от этого красного, красного (адом), ибо устал я. Потому нарек ему имя Эдом"».

[86] Тора, Берешит, 25:31. «И сказал Яаков: "Продай в сей же день свое первородство мне"».

ГЛАВА ТОЛДОТ

Собрание изгнаний и возрождение мертвых

63) «И дал Яаков Эсаву хлеба и похлебку из чечевицы, и он поел и попил»[87]. Что такое чечевица? Круглая чечевица подобна сфере, которая окружает мир, не отклоняющийся от своего пути. И так же человек – даже когда будет у него всё благо и совершенство, все-таки не изменится естественное желание людей к еде и питью.

64) Веют четыре ветра мира, а в будущем Творец пробудит еще одно веяние, оживляющее тело и состоящее из четырех ветров, как сказано: «от четырех ветров приди, веяние (жизни)»[88]. Не сказано: «С четырьмя ветрами», а «от четырех ветров» мира, – то есть он будет состоять из всех четырех. И это веяние, порождающее (жизнь), это веяние, получающее пищу и питье, «и нет ничего между этим миром и днями Машиаха, кроме ига правлений»[89], а между этим миром и оживлением мертвых нет ничего, кроме чистоты и познания, и долгоденствия.

65) Но разве дни Машиаха и оживление мертвых – это не то же самое? Нет, так как приход Машиаха предшествует собранию изгнаний, собрание изгнаний предшествует возрождению мертвых, и возрождение из мертвых приходит после всего. Как сказано: «Отстраивает Творец Йерушалаим, изгнанников Исраэля соберет, исцелит сокрушенных сердцем и перевяжет раны их»[90]. Возрождение мертвых – это исцеление сокрушенных сердцем. Вначале «отстраивает Творец Йерушалаим», а затем «изгнанников Исраэля соберет», и «исцелит сокрушенных сердцем» – уже после всего.

---

[87] Тора, Берешит, 25:34. «И дал Яаков Эсаву хлеба и похлебку из чечевицы, и он поел и попил и встал и ушел, и пренебрег Эсав первородством».
[88] Пророки, Йехезкель, 37:9. «Но Он сказал мне: пророчествуй веянию (жизни), пророчествуй, сын человеческий, и скажешь веянию (жизни): так сказал Творец: от четырех ветров приди, веяние (жизни), и войди в этих мертвых, и оживут они».
[89] Вавилонский Талмуд, трактат Брахот, лист 34:2.
[90] Писания, Псалмы, 147:2-3.

Собрание изгнаний и возрождение мертвых   ГЛАВА ТОЛДОТ

66) Сорок лет собрания изгнаний предшествуют возрождению мертвых, как сказано: «И было Ицхаку сорок лет»[91]. От собрания изгнаний до возрождения мертвых будет множество бедствий, многочисленные войны будут разжигаться против Исраэля, и счастливы будут те, кто спасется от них, как сказано: «И спасется в то время народ твой, все те, которые найдены будут записанными в книгу»[92].

От этого выяснятся и проявятся, и очистятся многие. Как сказано: «И очищу их, как очищают серебро, и испытаю их, как испытывают золото»[93]. И в эти дни будут такие дни, о которых скажут: «Не желаю я их». И со времени наступления всех этих бедствий до возрождения мертвых пройдет сорок лет.

67) «Ибо сорок лет ходили сыны Исраэля по пустыне, пока не скончался весь народ, способный к войне, вышедший из Египта, которые не слушались голоса Творца»[94]. Также и здесь. Ведь все они говорили то же самое. А по окончании сорока лет, когда бедствия пройдут, и будут истреблены грешники, станут они мертвецами, лежащими во прахе, потому что сказано: «Не поднимется бедствие дважды»[95], – и достаточно им того, что прошли они. И со времени возрождения мертвых мир исправится, как должно. И сказано об этом: «В тот день будет Творец един, и имя Его едино»[96].

---

[91] Тора, Берешит, 25:20.
[92] Писания, Даниэль, 12:1. «И поднимется в то время Михаэль, великий правитель, стоящий за сынов народа твоего, и будет время бедствий, какого не бывало с тех пор как стали они народом и до этого времени. И спасется в то время народ твой, все те, которые найдены будут записанными в книгу».
[93] Пророки, Зехария, 13:9. «И введу треть эту в огонь, и очищу их, как очищают серебро, и испытаю их, как испытывают золото. Призовет он (остаток) имя Мое, и Я отвечу ему, сказав: "Народ Мой он!", и он скажет: "Творец Всесильный мой!"».
[94] Пророки, Йеошуа, 5:6. «Ибо сорок лет ходили сыны Исраэля по пустыне, пока не скончался весь народ, способный к войне, вышедший из Египта, которые не слушались голоса Творца; за что поклялся им Творец, что не покажет землю, которую обещал Творец отцам их, что даст (ее) нам, – землю, текущую молоком и медом».
[95] Пророки, Нахум, 1:9. «Что думаете вы о Творце? Истребление совершит Он; не поднимется бедствие дважды».
[96] Пророки, Зехария, 14:9. «И будет Творец царем на всей земле, в тот день будет Творец един, и имя Его едино».

ГЛАВА ТОЛДОТ

Соединение изгнаний и возрождение мертвых

68) В шестом тысячелетии придет избавление. Но это будет дополнительным временем ожидания для тех, кто пребывает во прахе: то есть четыреста восемь лет с начала шестого тысячелетия будут дожидаться возрождения из мертвых все пребывающие во прахе при жизни своей.

Пребывающими во прахе названы сыновья Хета, поскольку Хет (חת) косвенно указывает на то, что пробудятся к возрождению из мертвых в четыреста восьмом году[97]. И как сказано: «В этот юбилейный год возвратитесь вы каждый к своему владению»[98]. Когда закончится «этот (а-зот הזאת)», и это пять тысяч четыреста восемь, потому что «хэй ה» в слове «этот (а-зот הזאת)» указывает на пять тысяч, «зот (זאת)» в гематрии четыреста восемь. «Возвратитесь вы каждый к своему владению» – т.е. тело (гуф) вернется к душе своей, которая является его владением и его достоянием.

69) Существует деление на три группы: законченные праведники, законченные грешники и средние. Законченные праведники поднимутся при возрождении тех, кто умер в земле Исраэля, и они поднимутся намного раньше, чем наступит четыреста восьмой год, – на сороковом году после собрания изгнаний. А все остальные поднимутся, когда наступит четыреста восьмой год шестого тысячелетия. Кто заслужит этого ожидания? Кто будет соблюдать законы своей религии в это время?

70) «Да будет свет»[99]. Свет – это избавление. А слово «свет (ор אור)» в гематрии «намек (раз רז)»[100], что истолковывается как «тайна». И когда Писание говорит: «Да будет свет», то намекает этим, что время избавления останется тайной и не будет известно ни одному человеку.

---

[97] Числовое значение слова Хет (חת – 408).
[98] Тора, Ваикра, 25:13.
[99] Тора, Берешит, 1:3. «И сказал Всесильный: "Да будет свет!" И стал свет».
[100] В иврите слово «свет (אור)» и слово «намек (רז)» имеют одинаковое числовое значение – 207.

Благодаря раскаянию все приблизятся к тому, чтобы возродиться к жизни. Если бы так не было сказано, не было бы поддержки надеющимся на избавление каждый день. Ведь слова: «Сокровище спасения»[101] – произнесут те, кто ожидает спасения каждый день. А если избавление связано с назначенным сроком, как же можно надеяться каждый день? Но, конечно же, это зависит от раскаяния. И когда придут к раскаянию, будут избавлены. И сорок лет, после того, как наступит избавление, будет возрождение мертвых.

71) Это зависит от раскаяния. Сказано: «И пробудятся многие из спящих во прахе земном»[102]. «Из спящих» – восстанет только часть: праведники, которые раскаялись еще при жизни своей и будут возрождены первыми до наступления времени. Таким образом, благодаря раскаянию они приходят раньше.

На сколько лет праведники придут раньше остальных людей? Сказано: «И властвовать будет от Яакова»[103]. «Властвовать будет (ерд ירד)» – на двести четырнадцать (ירד) лет праведники придут раньше всех остальных людей. И насколько быстрее других зависит от степени поглощения во прахе. И тело (гуф), которое раньше поглощается прахом, раньше возрождается. Есть много видов возрождения, ведь у каждого тела особое возрождение, в зависимости от того, насколько быстро оно поглощается прахом. Но все возрождения произойдут в одно время.

---

[101] Пророки, Йешаяу, 33:6. «И упрочены будут времена твои сокровищем спасения, мудрости и знания; богобоязненность – клад Его».
[102] Писания, Даниэль, 12:2. «И пробудятся многие из спящих во прахе земном: одни – для вечной жизни, а другие – на поругание и вечный позор».
[103] Тора, Бемидбар, 24:19. «И властвовать будет от Яакова, и не оставит в живых никого из жителей города».

И выросли отроки[104] – ибо охота на устах его[105]

73)[106] «И выросли отроки»[104] – сторона Авраама, правая сторона, хасадим, заставляла их расти. И чистота его поддерживала их, поскольку он обучал их заповедям, как сказано: «Ибо Я избрал его для того, чтобы он заповедал сынам своим (эт банав)»[107]. «Эт» включает Яакова и Эсава, так как и они относятся к его сыновьям. И потому «выросли отроки»[104], и росли они в святости, но потом стал грешить Эсав.

«И выросли отроки, и стал Эсав человеком, сведущим в охоте, человеком поля; а Яаков – человеком кротким, живущим в шатрах»[104]. Каждый пошел своим путем: один – в сторону святости, другой – в сторону идолопоклонства.

74) Это было еще в утробе Ривки – каждый тянулся в свою сторону. Если она занималась добрыми делами или проходила близко к месту, благоприятному для выполнения заповедей Торы, Яаков радовался и толкался, стремясь выйти. А когда приближалась к месту идолопоклонства – то и грешник толкался, норовя выйти. Поэтому, когда они сформировались и вышли в мир, каждый из них все более отделялся от другого и тянулся к месту, которое подходит ему. И поэтому сказано: «Выросли отроки, и стал Эсав человеком, сведущим в охоте»[104]. «Сведущим в охоте» – это значит, что он вводил людей в заблуждение, чтобы восставать против Творца.

---

[104] Тора, Берешит, 25:27. «И выросли отроки, и стал Эсав человеком, сведущим в охоте, человеком поля; а Яаков – человеком кротким, живущим в шатрах».

[105] Тора, Берешит, 25:28. «И Ицхак любил Эсава, ибо охота на устах его, а Ривка любила Яакова».

[106] Пункт 72 в данной редакции текста не приводится.

[107] Тора, Берешит, 18:19.

ГЛАВА ТОЛДОТ

Ибо охота на устах его

75) «И Ицхак любил Эсава, ибо охота на устах его». Сказано: «Человек, сведущий в охоте, человек поля»[104], и сказано: «Он был сильным охотником»[108], в обоих случаях имеется в виду, что охотился на умы людей и опутывал их, чтобы они восставали против Творца. «Человек поля» – Эсав находился там, чтобы грабить людей и убивать их, но говорил, будто он находится в поле, чтобы молиться, как Ицхак, о котором сказано: «Вышел Ицхак молиться в поле»[109], однако охотился и обманывал Ицхака устами своими. Как сказано: «Ибо охота на устах его». «Человек поля» – потому что удел наследия его не в месте обитания, а в месте разрушения, в пустыне, в поле.

76) Как же не знал Ицхак обо всех дурных делах Эсава – ведь Шхина была с ним, и он должен был об этом знать благодаря духу святости? Ведь если бы не было с ним Шхины, как бы он мог благословить Яакова в час, когда благословил его? Шхина, конечно же, пребывала с ним всегда, но она не сообщила ему, чтобы Яаков благословился не с его ведома, а с ведома Творца. Ибо в тот час, когда предстал Яаков пред отцом, явилась с ним Шхина, и тогда увидел Ицхак разумом своим, что тот достоин благословения и благословится с ведома Шхины.

Объяснение. Яаков – это свойство укрытых хасадим, и он всегда тянется к правой линии. А Эсав полностью исходит от левой линии. Рош его исходит от левой линии святости, а гуф (тело) его исходит от ступеней скверны. И потому, если бы Ицхак знал о дурных делах Эсава, то совсем бы отстранил его и благословил бы Яакова вместо него. Таким образом, он поддерживал бы только свечение правой линии и устранил бы свечение левой линии. Однако Творец желал, чтобы он притянул к Яакову всё свечение левой линии, которое предназначалось Эсаву, и тогда Яаков станет совершенным со всех сторон.

Поэтому Шхина не сообщила ему о дурных делах Эсава, чтобы он благословил Яакова не по своему усмотрению, как

---

[108] Тора, Берешит, 10:9. «Он был сильным охотником перед Творцом, поэтому говорится: как Нимрод, сильный охотник перед Творцом».
[109] Тора, Берешит, 24:63.

сказано: «И не узнал он его»[110], так как думал, что благословляет Эсава, но в результате продолжил для Яакова благословение Эсава. И сказал затем: «Пришел брат твой с обманом и взял благословение твое»[111]. Но так пожелал Творец, чтобы был он совершенным также и в свечении левой линии. Ибо тогда, в силу соединения с ним Шхины, узнал Ицхак, что тот достоин благословения левой линии и получит эти благословения с ведома Шхины. Потому что свечение Шхины от левой линии (происходит), когда Зеир Анпин – правая линия, а Нуква – левая линия.

---

[110] Тора, Берешит, 27:23. «И не узнал он его, потому что руки его были, как руки Эсава, брата его, волосатые; и он благословил его».
[111] Тора, Берешит, 27:35.

И сварил Яаков похлебку[112]

77) Почему Яаков не хотел дать Эсаву чечевичную похлебку, пока тот не продал ему свое первородство? Как может быть, чтобы Яаков обманул Эсава?

78) Писание свидетельствует: «Яаков – человек кроткий»[104], то есть не умеющий обманывать. Сказано об этом: «Ты дашь истину Яакову»[113]. Однако еще до того Эсав ненавидел первородство и просил Яакова, чтобы тот взял его даже без денег. Как сказано: «Он ел и пил, и встал, и пошел. И пренебрег Эсав первородством»[112].

Объяснение. Первородство – это мохин света Хохмы, исходящие от свечения левой линии. А поскольку свет Хохмы лишен облачения хасадим, нижние не могут его получить, и несет он им суровые суды.

«И пришел Эсав с поля усталый… Ведь я хожу на смерть, на что же мне первородство?»[112] «Поле» – это место свечения левой линии, где он привлек мохин, относящиеся к первородству, и устал он из-за них до смерти потому, что они лишены хасадим.

«Чечевичная похлебка» – это мохин, исходящие от средней линии, называемой Яаков, т.е. свет Хохмы, облаченный в хасадим. И светят они во всем совершенстве, однако недостает им ГАР де-ГАР, т.е. первородства. Ибо вследствие нисхождения средней линии на экран хирик, чтобы облачить Хохму в хасадим, убавляются ГАР де-ГАР в мохин.

И поэтому говорится, что «еще до того Эсав ненавидел первородство», т.е. как сказано: «И пришел Эсав с поля усталый»[112] – так как привлек там мохин первородства, лишенные

---

[112] Тора, Берешит, 25:29-34. «И сварил Яаков похлебку, и пришел Эсав с поля усталый. И сказал Эсав Яакову: "Дай же мне глотнуть от этого красного, красного (адом), ибо устал я. Потому нарек ему имя Эдом". И сказал Яаков: "Продай в сей же день свое первородство мне". И Эсав сказал: "Ведь я хожу на смерть, на что же мне первородство?" И Яаков сказал: "Поклянись мне теперь же". И он поклялся ему, и продал первородство свое Яакову. И дал Яаков Эсаву хлеба и чечевичную похлебку, и он ел и пил, и встал, и пошел. И пренебрег Эсав первородством».

[113] Пророки, Миха, 7:20.

облачения хасадим, и устал при этом до смерти. И это было еще до того, как он пришел к Яакову, чтобы просить у него похлебку из чечевицы. «И просил Яакова, чтобы тот взял его (первородство) даже без денег» – из-за суровых судов, которые низошли к нему вместе с этими мохин. Таким образом, не из-за чечевичной похлебки передал он ему первородство, а из-за страха смерти. А после того как уже «пренебрег первородством», и желал, чтобы (Яаков) взял его даже без денег, тогда оживил его Яаков чечевичной похлебкой, желая, чтобы он поклялся ему о продаже первородства, с целью подчинить раз и навсегда левую линию правой.

79) «И сварил Яаков похлебку»[112] – в знак скорби по Аврааму, так как в тот день умер Авраам. И Яаков сварил зерна чечевицы, круглые и без выемки (пэ), что намекает на скорбящих, у которых сомкнуты уста (пэ). Но разве не Ицхак должен был сварить похлебку – ведь скорбел он, а не Яаков? Дело в том, что Яаков знал корень Эсава в той стороне, к которой прилепился, и поэтому делал кушанья красного цвета, так как это кушанье сокрушает силу и мощь красной крови. Их посредством он мог сокрушить мощь и силу Эсава, свойством которого является красная кровь, как сказано: «Вышел первый, красный»[114].

Объяснение. Пэ (уста) – это ГАР, как сказано: «Ибо охота на устах его»[105]. Однако у зерен чечевичной похлебки нет выемки (пэ), так как они лишены ГАР. И вместе с тем они были красны, так как красный цвет указывает на Бину, на левую линию, исходящую от нее. Оттуда впитывал Эсав мохин первородства.

И поэтому сказано, что Яаков «делал кушанья красного цвета, так как это кушанье сокрушает силу и мощь красной крови». Ведь если бы они не были красными, их не принял бы Эсав, так как он может получать только от свечения левой линии, т.е. красный цвет, и тогда (Яаков) не смог бы подчинить его. Но поскольку они были красными, т.е. от свойства Хохмы свечения левой линии, принял их Эсав несмотря на то, что они представляли собой только ВАК де-ГАР. И ради их получения он пренебрег первородством и подчинился Яакову.[115]

---

[114] Тора, Берешит, 25:25. «И вышел первый: красный, весь как плащ волосатый. И нарекли ему имя Эсав».
[115] См. Зоар, главу Хаей Сара, п. 154, со слов: «Уже выяснилось, что именно те мохин, которые тело получает при жизни...»

80) Из-за этой похлебки Эсав продал себя в рабство и продал свое первородство Яакову. И Яаков знал в тот час, что благодаря тому козлу, которого Исраэль в День искупления принесут в жертву ступени его, в пустыню Азазелю[116], т.е. Саму, покровителю Эсава, – он превратится в раба сыновей его, и станет им заступником, и не будет обвинять их. Ради этой ступени Хохмы Эсава, везде Яаков вел себя мудро с Эсавом, и потому Эсав не мог властвовать над ним и смирился. И Яаков не осквернился им, а тот становится его защитником.

82)[117] Так же должно было быть и с Лаваном, поскольку он занимался колдовством. Поэтому с ним Яаков тоже действовал обманом. И хотя Яаков был человеком кротким и совершенным, он проявлял милосердие к тому, с кем нужно было поступать милосердно, а с кем нужно – прибегал к суровому суду и обману. И это потому, что было в нем две части: милосердие и суд, так как Яаков – это срединный столп, включающий две линии, Хесед и Гвуру. И о нем сказано: «С милостивым ты милостив,.. а с упрямым – коварен»[118] – действуешь суровым судом.

---

[116] Тора, Ваикра, 16:10. «Козел же, на которого вышел жребий – к Азазелю, пусть поставлен будет живым пред Творцом, чтобы совершить через него искупление, для отправления его к Азазелю в пустыню».
[117] Пункт 81 в данной редакции текста не приводится.
[118] Писания, Псалмы, 18:26-27. «С милостивым Ты милостив, с мужем беспорочным – беспорочен. С чистым – чист, а с упрямым – коварен».

ГЛАВА ТОЛДОТ

И был голод в той земле

83) «Творец испытывает праведника, а нечестивого и любящего разбой ненавидит душа Его»[119]. Насколько исправлены и прямы деяния Творца, и всё, что Он делает, вершится по суду и по истине, как сказано: «Он твердыня, совершенно деяние Его»[120].

84) Творец не осудил Адама Ришона, пока не заповедал ему ради его же блага, чтобы не склонил он сердце свое и желание к другому пути и не отведал он от Древа познания, и не осквернился. Но тот не уберегся и преступил заповедь своего Владыки, отведав от Древа познания. И после этого судил его Творец своим судом.

85) Вместе с тем Творец не осудил его по всей строгости, как сказано: «В день, когда вкусишь от него, смертию умрешь»[121], но сдержал свой гнев, и он остался в живых на один день. А день Творца длится тысячу лет, как сказано: «Ибо тысяча лет в глазах Твоих, как день вчерашний, когда минул он»[122]. За вычетом тех семидесяти лет, которые он отдал царю Давиду, у которого не было собственной жизни вовсе. И потому прожил он девятьсот тридцать лет: тысячу лет минус семьдесят.

86) Творец не судит человека по дурным делам, которые тот совершает всегда. Ведь если бы Он это делал, мир не смог бы существовать. Но Творец сдерживает Свой гнев по отношению к праведникам и к грешникам. Причем по отношению к грешникам Он сдерживает гнев еще больше, чем к праведникам, чтобы вернулись они к полному раскаянию и существовали в этом мире и в мире будущем. Как сказано: «Лишь возвращения нечестивого с пути его (желаю Я). И будет жить»[123] – в этом мире и в мире будущем. Поэтому для них Творец всегда

---

[119] Писания, Псалмы, 11:5.
[120] Тора, Дварим, 32:4. «Он твердыня, совершенно деяние Его, ибо все пути Его - праведны; Всесильный верен, и нет несправедливости, праведен и справедлив Он».
[121] Тора, Берешит, 2:17.
[122] Писания, Псалмы, 90:4.
[123] Пророки, Йехезкель, 33:11. «Разве Я хочу смерти нечестивого? Только лишь возвращения нечестивого с пути его. И будет жить! Вернитесь, вернитесь с путей своих дурных, – и зачем умирать вам, дом Исраэля?!»

сдерживает свой гнев. Или же потому, что произойдет от них в мире доброе потомство, как произошел Авраам от Тераха, оставившего после себя побег и добрый корень в мире.

87) Однако Творец всегда требователен к праведникам во всех совершаемых ими деяниях, так как знает, что не отклонятся они ни вправо, ни влево, и потому испытывает их. Творец испытывает их не ради себя, Он ведь знает их побуждения и силу веры, и не должен испытывать их. Но Он им дает испытания, чтобы возвысить голову их благодаря этим испытаниям.

88) Таким же образом поступил Творец с Авраамом. Сказано: «Всесильный испытал Авраама»[124]. Испытал (нисá נסה) – значит превознес, как будто вознес знамя (нэс נס), Он вознес свое знамя во всем мире. Словно для испытания, при связывании (Ицхака) Творец вознес знамя Авраама пред всеми. Сказано: «Испытал Авраама». Только для того, чтобы превознести праведников, Он испытывает их, с целью возвысить их славу во всем мире.

89) ««Творец испытывает праведника»[119] – что это значит? Дело в том, что Творцу угодны праведники, как сказано: «Но Творцу угодно сокрушить его болезнью»[125]. Творцу угодна душа, а не тело, потому что душа подобна высшей душе, Шхине, а тело недостойно соединиться наверху со Шхиной. И хотя форма тела имеет высший корень и происходит от Шхины, т.е. Малхут, все же оно недостойно соединиться с нею.

90) В час, когда Творец желает душу человека, дабы осветить ее, – Он сокрушает тело, чтобы властвовала душа. Ибо пока душа с телом равны, душа не может властвовать, а когда тело разбито, властвует душа. «Творец испытывает праведника» означает, что Он укрепляет его.

91) «А нечестивого и любящего насилие ненавидит душа Его»[126]. Ступень, от которой зависят все души, т.е. Малхут, «ненавидит» душу этого нечестивца, так как не желает Он ее,

---

[124] Тора, Берешит, 22:1. «И было. После этих событий Всесильный испытал Авраама и сказал ему: "Авраам!" И он сказал: "Вот я!"»

[125] Пророки, Йешаю, 53:10. «Но Творцу угодно сокрушить его болезнью; если сделает душу свою жертвой повинности, увидит он потомство, продлит дни свои, и желание Творца в руке его осуществится».

[126] Писания, Псалмы, 11:15.

чтобы слиться с нею в этом мире, и не желает ее в мире будущем.

Душа Творца ненавидит «нечестивого и любящего насилие», и потому сказано: «Творец испытывает праведника», потому что Он любит его.

92) Когда сотворил Творец Адама, заповедал Он ему не есть от Древа познания, чтобы делать благо ему. Дал ему Творец мудрость, и взошел он по своим ступеням наверх, к Творцу. Когда же спустился вниз – увидел вожделение злого начала и прилепился к нему, и забыл всё, что созерцал в высшем величии Владыки своего.

93) Явился Ноах. Вначале сказано о нем: «Ноах, муж праведный, непорочный»[127]. А потом спустился он вниз и увидел крепкое однодневное вино, непрозрачное, полное дрожжей, выпил он его, «и опьянел, и обнажил себя»[128].

94) Явился Авраам, возвысился в мудрости и созерцал величие Владыки своего. А потом сказано: «И был голод в той земле, и сошел он в Египет»[129]. Затем сказано: «И поднялся Аврам из Египта»[130], и взошел на свою первую ступень, на которой был вначале. Вошел с миром и вышел с миром.

95) Явился Ицхак. И сказано: «И был голод в той земле... и пошел Ицхак в Грар»[131], и поднялся оттуда с миром. И так все праведники: всех их испытывает Творец, чтобы возвысить их славу в этом мире и в мире будущем.

---

[127] Тора, Берешит, 6:9.
[128] Тора, Берешит, 9:21. «И выпил он вина, и опьянел, и обнажил себя посреди шатра своего».
[129] Тора, Берешит, 12:10. «И был голод в той земле, и сошел Аврам в Египет пожить там, потому что тяжел был голод в земле той».
[130] Тора, Берешит, 13:1. «И поднялся Аврам из Египта, сам и жена его, и все, что у него, и Лот с ним, на юг».
[131] Тора, Берешит, 26:1. «И был голод в той стране, кроме первого голода, бывшего во дни Авраама. И пошел Ицхак к Авимелеху, царю плиштим, в Грар».

ГЛАВА ТОЛДОТ

Она сестра моя

96) «И спросили люди этого места о жене его, и сказал он: "Она сестра моя"»[132]. Так же и Авраам сказал: «Она сестра моя»[133] на Шхину, потому что Шхина была с Ицхаком и с его женой. Написано: «Скажи мудрости: "Ты сестра моя"»[134], и поэтому Ицхак укрепился в Шхине и сказал: «Она сестра моя»[132]. Авраам и Ицхак были достойны сказать Шхине: «Сестра моя, подруга моя, голубка моя, чистая моя»[135], так как Авраам и Ицхак были меркавой (строением) для Зеир Анпина. И потому эти праведники укрепились в Творце, т.е. стали меркавой (строением) для Него.

97) «И было, когда минуло ему там много дней, посмотрел Авимелех, царь плиштим, в окно и увидел, что Ицхак играет со своей женой Ривкой (эт Ривка)»[136]. «Эт» указывает на Шхину, которая была с Ривкой, потому что «эт» – это имя Шхины. Другое объяснение. Разве Ицхак мог предаваться развлечениям днем? Мы ведь знаем, что Исраэль святы и не предаются развлечениям днем – как же Ицхак, обладая святостью, мог предаваться развлечениям днем?

98) Но, конечно же, Авимелех был умен и наблюдал согласно своим астрологическим познаниям, что и называется здесь окном. И увидел он там, что Ицхак не был тем, кем назвался, а, конечно же, он развлекался с ней, и она – жена его. Тогда: «И призвал Авимелех Ицхака, и сказал: "Ведь она жена твоя, как же сказал ты: она моя сестра?"»[137].

---

[132] Тора, Берешит, 26:7. «И спросили люди этого места о жене его, и сказал он: "Она сестра моя", ибо боялся сказать: "Жена моя", подумав: "Могут убить меня люди этого места из-за Ривки, ибо она хороша видом"».
[133] Тора, Берешит, 20:2. «И сказал Авраам о Саре, жене своей: "Она сестра моя". И послал Авимелех, царь Грара, и взял Сару».
[134] Писания, Притчи, 7:4.
[135] Писания, Песнь песней, 5:2.
[136] Тора, Берешит, 26:8. «И было, когда минуло ему там много дней, посмотрел Авимелех, царь плиштим, в окно и увидел, что Ицхак играет со своей женой Ривкой».
[137] Тора, Берешит, 26:9.

ГЛАВА ТОЛДОТ Она сестра моя

Авимелех мог бы взять его жену, как он поступил с Авраамом, если бы Творец не вразумил его ранее в случае с Авраамом, сказав ему: «Вот ты умираешь за женщину»[138].

99) Сказано: «Ибо подумал я, что нет боязни Всесильного на этом месте, и убьют меня из-за моей жены»[139]. И потому сказал он: «Она сестра моя»[133] – чтобы связать себя со Шхиной, как написано: «Скажи мудрости (т.е. Шхине): "Ты сестра моя"»[134]. Из-за того, что не было в них веры, сказал он: «Она сестра моя», и поэтому сказал: «Ибо подумал я, что нет боязни Всесильного на этом месте, и убьют меня из-за моей жены»[139]. «Нет боязни Всесильного» – т.е. веры.

100) Из-за того, что Шхина не пребывает за пределами святой земли, «нет боязни Всесильного на этом месте»[139]. Потому что «боязни» означает – Шхины, т.е. это не ее место, и она не пребывает здесь. И Ицхак укрепился в вере, т.е. в Шхине, увидев, что Шхина пребывает с женой его.

---

[138] Тора, Берешит, 20:3 «И явился Всесильный Авимелеху во сне ночью и сказал ему: "Вот ты умираешь за женщину, которую взял, ибо она замужняя"».

[139] Тора, Берешит, 20:11. «И сказал Авраам: "Ибо подумал я, что нет боязни Всесильного на этом месте, и убьют меня из-за моей жены"».

И повелел Авимелех

101) «И повелел Авимелех всему народу, указав: "Кто прикоснется к этому человеку и к жене его, будет предан смерти"»[140]. Сколько же ждал Творец, чтобы взыскать с грешников? Ведь за то благо, которое оказал Авимелех первым праотцам, Исраэль не властвовали над филистимлянами (плиштим) долгое время до последних поколений. Правильно поступил Авимелех, оказав благоволение Ицхаку, так же как сказал Аврааму: «Вот, земля моя пред тобою. Селись, где тебе нравится»[141]. Ведь это обращение, разумеется, относится также и к потомству Авраама, а потому и с Ицхаком он выполнил свое обещание, и за это достоин похвалы.

102) Горе грешникам, благоволение которых не окончательно. Эфрон сначала сказал: «Господин мой, послушай меня: поле я отдал тебе»[142]. А затем сказал: «Земля в четыреста шекелей серебра, между мною и тобою»[143] Тогда: «И отвесил (Авраам серебро), принимаемое торговцами»[144]. А здесь, (Авимелех) сначала сказал Аврааму: «Вот, земля моя пред тобою»[141] – включая и Ицхака, а затем сказал Ицхаку: «Уходи от нас, ибо ты стал гораздо сильнее нас»[145]. Это и есть благоволение, которое он оказал Ицхаку, – ведь Авимелех не взял у него ничего и отправил со всеми его деньгами и имуществом, а затем пошел за ним, чтобы заключить с ним союз.

103) Правильно сделал Ицхак, поскольку, зная тайну мудрости, он приложил старания и выкопал колодец с водой, – т.е. он исправил Нукву, называемую «колодец с водой», чтобы надлежащим образом укрепиться в вере, в Нукве. Так и Авраам, приложив старания, выкопал колодец с водой. А Яаков нашел ее, Нукву, уже исправленной и укреплялся в ней. Все шли за

---

[140] Тора, Берешит, 26:11.
[141] Тора, Берешит, 20:15.
[142] Тора, Берешит, 23:11. «Нет, господин мой, послушай меня: поле я отдал тебе, и пещеру, что в нем, тебе я отдал ее, на глазах сынов народа моего я отдал ее тебе; похорони умершую твою».
[143] Тора, Берешит, 23:15. «Господин мой, послушай меня! Земля в четыреста шекелей серебра, между мною и тобою – что она?! Похорони твою умершую».
[144] Тора, Берешит, 23:16. «И понял Авраам Эфрона, и отвесил Авраам Эфрону серебро... четыреста шекелей серебра, принимаемых торговцами».
[145] Тора, Берешит, 26:16.

этим колодцем, за Нуквой, и прилагали старания ради нее, чтобы укрепиться в полной вере, как подобает.

104) А теперь Исраэль укрепляются в нем, в кладезе воды, т.е. Нукве, выполняя заповеди Торы. И каждый день укрепляется человек с цицит, так как это – заповедь, и человек облекается в нее (в цицит). А также с тфилин, которые накладывает на голову и на руку, как подобает, ибо они являют собой высшую тайну – ведь Творец пребывает над человеком, который украшен тфилин и облечен в цицит. И всё это – основа высшей веры, Нуквы, которая становится исправленной благодаря заповедям, выполняемым человеком.

105) И потому над тем, кто не облекается в цицит и не украшается тфилин, чтобы укрепляться с каждым днем, не пребывает вера, и лишается он боязни Владыки своего, и молитва его – не та молитва, какой она должна быть. Поэтому праотцы укреплялись в высшей вере, так как высший колодец, называемый полной верой, пребывает в ней. То есть, исправление Нуквы.

И нарек ему имя Реховот[146]

106) «И будет водить тебя Творец всегда»[147]. В этом высказывании были укреплены обладатели веры, которым обещан будущий мир.

Если сказано: «Будет водить тебя Творец», то зачем еще добавлять: «всегда» (тамид)? Однако здесь содержится намек на постоянную жертву «тамид», приносимую в сумерки, когда человек получает подкрепление, (находясь) под рукою Ицхака, так как это соответствует послеполуденной молитве (минха), установленную Ицхаком, который относится к свечению левой линии. И это удел будущего мира – т.е. Нуква, получающая удел Хохмы от ИШСУТ, называемых будущим миром.

Откуда мы знаем, что слова́ «будет водить тебя Творец всегда», сказанные о Давиде, означают свечение левой линии? Ибо сказал он: «Ведет меня путями справедливости ради имени Своего»[148]. И «ведет меня» – это свечение левой линии, поскольку он говорит о путях справедливости, а это – имя Нуквы, когда она светит слева.

107) «И насыщать чистотой душу твою»[147] – это горящий светильник, Зеир Анпин, свечение правой линии, свойство хасадим. Все души наслаждаются, глядя на него и испытывая блаженство в нем.

«И кости твои укрепит»[147]. Если душа праведника насытилась, как сказано: «И насыщать чистотой душу твою»[147], то что значит «кости твои укрепит» – неужели он говорит о костях тела? Но говорится о возрождении из мертвых, что в будущем Творец оживит мертвых и исправит кости человека, чтобы были такими, как прежде, и в совершенном теле. И добавится свет от зеркала, светящего душе, которая будет светить вместе с телом ради совершенного существования, как подобает. Так

---

[146] Тора, Берешит, 26:22. «И двинулся он оттуда, и выкопал другой колодец, и не спорили о нем; и нарек ему имя Реховот, и сказал он: "Теперь Творец дал нам простор, и мы размножимся на земле"».

[147] Пророки, Йешаяу, 58:11. «И будет водить тебя Творец всегда, и насыщать чистотой душу твою, и кости твои укрепит, и будешь ты, как сад орошенный и как источник, воды которого не иссякают».

[148] Писания, Псалмы, 23:3.

же и теперь, говорится о душе праведника, которой Творец придаст совершенное тело, дабы облачиться в него навечно.

108) «Сад орошенный»[147] – его высшие воды, наполнение Бины, не прекращаются в нем никогда, во веки веков. И этот орошенный сад, Малхут, питается и орошается ими всегда. «Как источник» – это та река, берущая свое начало и текущая из рая, и воды ее не иссякают никогда. «Колодец живой воды»[149]. Высший, т.е. Бина, облачается в веру, т.е. в Малхут. И тогда она – колодец, в котором есть источник, колодец, наполняющийся от того источника. И они представляют собой две ступени, захар и некева (мужскую и женскую), составляющие одно целое.

Объяснение. Когда Нуква питается только от левой стороны, – прежде чем протянулась к ней средняя линия, экран де-хирик, объединяющий правую и левую линии друг с другом, и тогда свечение Хохмы перекрывает ее, поскольку она лишена хасадим, – тогда она называется ямой, как сказано: «Яма пуста, и нет в ней воды»[150].

А после того как протянулась к ней средняя линия, т.е. ступень хасадим, выходящая на экран точки хирик, который объединяет правую и левую линии в ней друг с другом, – тогда Хохма, имеющаяся в ее левой стороне, облачается в хасадим в ее правой, и обе они светят в ней во всем совершенстве. И называется она тогда колодцем. Ибо экран де-хирик, на который выходит уровень хасадим, называется поэтому источником, и указывает на него буква «алеф א» в слове «беэр (колодец באר)».

Таким образом, сама Нуква, которая исходит лишь от левой линии, является пустой ямой (бор בור). Когда же пробуждается в ней экран де-хирик, обозначаемый буквой «алеф א», символизирующей источник воды в ней, – тогда она называется «колодец живой воды». Ибо «вода» – это хасадим, а «живая» – это Хохма, свет хая, облаченный в хасадим, которые называются водами.

---

[149] Тора, Берешит, 26:19. «И копали рабы Ицхака в долине, и нашли там колодец живой воды».
[150] Тора, Берешит, 37:24.

Сначала раскрывается экран хирик от неподслащенной Малхут, называющейся «замо́к (манула)». А затем поднимается экран, и подслащается в Бине, и экран устанавливается в свойстве Бины, и называется тогда «ключ (мифтеха)».

109) «Колодец живой воды». Высший, т.е. Бина, находится в Малхут, называющейся верой, а экран де-хирик, называющийся источником, нисходит к Малхут и устанавливается в ней в свойстве Бины, как ключ (мифтеха). И после того как экран подслащается от Бины, он становится в ней источником, т.е. производит в ней ступень хасадим, которые называются водами. И тогда наполняется колодец, т.е. Малхут, всеми своими светами от этого источника, как светом Хохмы, так и светом хасадим. Но пока экран еще не подсластился в Бине, он не может наполнить Малхут всеми светами, потому что над экраном свойства «замок (манула)» властвует первое сокращение, и он не способен принять свет Хохмы.[151]

И сказано, что «они представляют собой две ступени, захар и некева, составляющие одно целое», – ибо после того как экран де-хирик, называемый источником воды в яме (колодца), получил исправление от Бины, оба они являются одним целым – яма и источник в ней. И оба они происходят от свойства «ключ (мифтеха)», и они являются свойством захар и некева (мужское и женское начало), так как экран де-хирик – это захар, дающий, а яма – это некева, получающая и наполняющаяся от него.

Тем самым разъясняется различие и связь между орошаемым садом и источником, воды которого не иссякают. Орошаемый сад – суть Малхут, яма, наполняющаяся от источника. А источник – это река, вытекающая из рая, экран де-хирик, уже исправленный, чтобы стать основой (есодом) Бины. Он называется рекой, вытекающей из рая, – т.е. представляет свойство ключа (мифтеха), и поэтому сказано: «Воды которого не иссякают»[147].

Однако, пока он не исправился полностью в свойстве «ключ (мифтеха)», могут иссякнуть воды его, и когда раскрывается

---

[151] См. «Предисловие книги Зоар», п. 42, со слов: «И сказано, что «(эта печать) скрыта в ней...»

над ним свойство «замóк (манула)», сразу же уходят света, по принципу «а если не удостоился – становится злом»[152].

110) Источник и яма (колодца) – это одно целое. И вместе они называются колодцем, так как под источником подразумевается буква «алеф א», а под Малхут – «яма (бор בור)», и вместе они – «колодец (беэр באר)». Ведь этот источник вливается в Малхут и не прекращает (наполнять) ее никогда. И каждый, кто созерцает эту яму, Малхут, созерцает высшее свойство веры, Бину, потому что Малхут установилась в свойстве «ключ (мифтеха)».

Это – признак работы праотцев, которые старались выкопать колодец с водой в высшем свойстве, в Бине, в свойстве «ключ (мифтеха)». И не следует отделять источник, источающий воду, от самой ямы (колодца), так как всё это едино.

111) И тогда «нарек ему имя Реховот»[146]. И потому распространятся его источники во все стороны: в правую сторону и в левую сторону, т.е. Хохма и хасадим, Сказано об этом: «Разольются источники твои вширь (реховот) потоками вод»[153].

Объяснение. Почему Ицхак нарек колодцу имя Реховот – имя Бины? Ведь этот колодец – средняя линия, выходящая на экран хирик, т.е. масах де-ЗОН, уже отделившийся от Бины. Три колодца, выкопанных Ицхаком, – это привлечение трех линий от трех точек холам-шурук-хирик к Есоду Нуквы, называемой колодцем. И это – три посева, которые называются здесь тремя копаниями.

В холаме исчезают ГАР, а буквы ЭЛЕ (אלה) падают в ЗОН, а из ЗОН – в миры БЕА. Это – рытье первого колодца. И потому нарек он ему имя Эсек[154], так как спорили[155] с ним, ибо ситра ахра удерживается в месте недостатка. И отсюда распространяется правая линия – хасадим.

---

[152] См. «Предисловие книги Зоар», п. 123, «Так как Малхут – это Древо познания добра и зла, если удостоился человек – стало добром, а если не удостоился – то злом».
[153] Писания, Притчи, 5:16.
[154] Тора, Берешит, 26:20. «И спорили пастухи Грара с пастухами Ицхака, говоря: наша вода. И он нарек колодцу имя Эсек, так как спорили с ним».
[155] Ивр. התעשקו – тот же корень, что и у слова Эсек (עשק).

Рытье второго колодца – это второй посев, точка шурук. И хотя свет Хохма вернулся и восполнился, все равно он не светит, поскольку лишен хасадим. Сказано: «Спорили также и о нем»[156], так как в нем тоже удерживается ситра ахра. И потому нарек он ему имя Ситна (вражда). Отсюда распространяется левая линия – Хохма без хасадим.

А рытье третьего колодца – это третий посев, хирик, экран де-ЗОН, а не от Бины. Однако он способен согласовать две линии Бины, правую и левую. Тогда облачаются Хохма и хасадим друг в друга, и их свечение восполняется со всех сторон.

Сказано: «И двинулся он оттуда»[146] – т.е. отошел от свойства Бины и пришел на ступень ЗОН, где находится экран точки хирик. И тогда «выкопал другой колодец, и не спорили о нем»[146], так как на этот экран выходит средняя линия, объединяющая две линии друг с другом и восполняющая их обе. Поэтому отделилась ситра ахра, и его больше не могли обвинять. И потому нарек ему имя Реховот.

И если уже «двинулся он оттуда»[146], т.е. отошел от свойства двух линий Бины и пришел на ступень ЗОН, почему же назвал (колодец) именем Бины – Реховот?

Источник воды – это экран де-хирик, на который выходит средняя линия. И пока этот экран находится в свойстве манула (замок), он не является источником, так как властвует над ним первое сокращение, и он не может получить Хохму. И только после того как он устанавливается из букв ЭЛЕ (אלה), которые относятся к Бине, называемой «река, вытекающая из Эдена», он называется мифтеха (ключом), и тогда устанавливается в свойстве средней линии и нисходит в Нукву, чтобы объединить в ней две линии, правую и левую, и восполняет в ней света со всех сторон.

И поэтому «не следует отделять источник, источающий воду, от самой ямы (колодца), так как всё это едино». А если источник, который источает в ней воду, будет от свойства манула (замок), то произойдет разделение между ним и ямой. Ведь Нуква называется ямой, только когда питается Хохмой без

---

[156] Тора, Берешит, 26:21. «Когда выкопали другой колодец, то спорили также и о нем; и он нарек ему имя Ситна».

хасадим от левой линии.¹⁵⁷ И тогда она обязательно исправлена в келим Бины, свойстве мифтеха (ключ), без которых она не смогла бы получить свет левой линии Бины. Поэтому, если источник в ней происходит от манулы, т.е. недостоин Хохмы, то он повредит яму в ней и она уже не будет пригодна для получения ГАР. И поэтому «не следует отделять источник, источающий воду, от самой ямы (колодца)» Этот источник должен сначала установиться в свойстве мифтеха, так же как и яма, и тогда «они представляют собой две ступени, захар и некева, составляющие одно целое»¹⁵⁸, и источник восполняет ее, чтобы светили в ней Хохма и хасадим вместе.

И в этом ответ на вопрос, который задавался раньше: если уже «двинулся он оттуда»¹⁴⁶, т.е. отошел от Бины и пришел к экрану ЗОН, почему же назвал (колодец) именем Бины – Реховот? Ведь третий колодец – это свойство экрана хирик, средняя линия, источник воды в Нукве, и поэтому он нарек ему имя Реховот. Ибо он подсластил его и привлек к нему свойство мифтеха, которое исходит от Есода Бины, называемого Реховот. И нарек он ему имя Реховот, чтобы провести в него источник воды, подслащенный от «реки, вытекающей из Эдена» и называемый Реховот. Ибо тогда этот источник становится достойным объединить правую и левую линии друг с другом.

И ситра ахра больше не будет обвинять, как сказано: «И не спорили о нем»¹⁴⁶ больше. Но если бы он не назвал его Реховот, т.е. не привлек бы к нему свойство мифтеха, а он оставался бы по-прежнему свойством манула, то не был бы способен объединить две линии в нем. Более того, произошло бы разделение между источником и ямой (колодца). И тогда ситра ахра обвиняла бы его еще больше, чем за два первых колодца.

112) «Мудрости возглашает на улице, на площадях подает свой голос»¹⁵⁹. Почему сказано во множественном числе – мудрости, а не мудрость (хохма)? Это высшая Хохма, Хохма Арих Анпина, и малая Хохма, нижняя Хохма, Нуква, включенная в высшую и пребывающая в ней. И для того, чтобы указать на эти две Хохмы, сказано во множественном числе – «мудрости».

---

¹⁵⁷ См. выше, п. 108, со слов: «Объяснение. Когда Нуква питается только от левой стороны...»
¹⁵⁸ См. выше, п. 108.
¹⁵⁹ Писания, Притчи, 1:20.

113) Высшая Хохма, Хохма Арих Анпина, скрыта более всего скрытого и непознаваема, и не проявлена. Когда она распространилась, чтобы светить, она светила в будущем мире, и это ИШСУТ, не включая высших Абу ве-Иму, называемых «грядущее будущее», в которых Хохма Арих Анпина не распространяется, чтобы светить, поскольку они являются свойством «чистый воздух».[160]

И выясняется, как распространилась Хохма Арих Анпина, чтобы светить в ИШСУТ. Будущий мир был создан от Арих Анпина буквой «йуд י», и скрылась там эта Хохма. Мы уже выяснили раньше[161], что в то время, когда Атика Кадиша, Арих Анпин, пожелал раскрыться мирам, он поднял Малхут под скрытую Хохму де-рош Арих Анпина, а Бина и ТУМ вышли из рош Арих Анпина и стали ВАК без рош. И будущий мир, свойство Бины, т.е. ИШСУТ, был создан от Арих Анпина и вышел из рош Арих Анпина, и стал ВАК без рош, т.е. вышел из «йуд י» имени АВАЯ (הויה), указывающей на Арих Анпин и Абу ве-Иму. И ИШСУТ вышли наружу из Арих Анпина и Абы ве-Имы, из свойства рош и «йуд י», и стали ВАК без рош. А Хохма, т.е. рош, укрылась и стала скрытой от ИШСУТ.

И они становятся одним целым с рош Арих Анпина в то время, когда все украшается в состоянии «будущий мир», то есть когда возвращается Хохма Арих Анпина и украшает «будущий мир», ИШСУТ, украшением ГАР. Тогда она светит в радости, и всё – безгласно, чтобы не было услышано миром снаружи.

Объяснение. Высшая Хохма Арих Анпина распространилась, чтобы светить в ИШСУТ, в «будущем мире», посредством уменьшения и распространения. И сначала «будущий мир был создан от нее» – т.е. вследствие подъема Малхут в рош Арих Анпина, Бина вышла из рош Арих Анпина, уменьшившись в свойстве ГАР. Ведь при этом у нее остались лишь две буквы МИ (מי) от Элоким (אלהים), а ее буквы ЭЛЕ (אלה) вышли из нее и упали в ЗОН.

А затем она опять распространилась, т.е. достигла ГАР с помощью нового света от зивуга АБ-САГ, который снова

---

[160] См. Зоар, главу Берешит, часть 1, п. 6.
[161] См. «Предисловие книги Зоар», п. 13, со слов: «В час, когда скрытый более всех скрытых...»

опускает Малхут из рош Арих Анпина и поднимает буквы ЭЛЕ в Бину. И также Бина вернулась в рош Арих Анпина, и снова распространилась в ней Хохма Арих Анпина.[162]

И в то время, когда украшается все в «будущем мире», когда достигают ГАР, называемых украшение, Бина опять становится одним целым с рош Арих Анпина. И буквы ЭЛЕ Бины возвращаются к Бине, а Бина возвращается в рош Арих Анпина. И тогда светит в радости, именно ГАР в ней, а не ЗАТ. Ведь когда Бина возвращается в рош Арих Анпина, она получает там Хохму без хасадим, потому рош Арих Анпина – полностью Хохма, и поэтому только ГАР де-ИШСУТ, которые не нуждаются в хасадим, могут светить.

Тогда как ЗАТ, основой строения которых является свет хасадим, не могут получать Хохму без хасадим, и они остаются пока что закрытыми. Поэтому сказано: «И всё – безгласно, чтобы не было снаружи услышано миром» – то, что называется «речь без голоса». Потому что «голос» – свет хасадим, а «речь» – свет Хохма, а когда Хохма без хасадим, она называется «речью без голоса».

114) И хотел распространиться еще, чтобы светить также свойствам ЗАТ, которые нуждаются в облачении Хохмы в хасадим. И вышли из ИШСУТ огонь (эш), вода (маим), и ветер (руах), и стали одним голосом, который выходит наружу и становится слышимым. И тогда, оттуда и далее, становится внешним свойством, т.е. вне ИШСУТ, являющимися свойством ГАР, так как становится свойством гуф (тело) – ВАК. Ибо внутри он в скрытии, без голоса, чтобы не быть слышимым миру. А теперь, когда услышана тайна, называется внешним. Отсюда и далее человек должен исправиться в деяниях своих, и просить, молиться и поднимать МАН, для того чтобы притянуть Хохму, и это, как в сказанном: «Просить дождей»[163].

Объяснение. Для того, чтобы и в ЗАТ Бины было свечение Хохмы, Зеир Анпин поднимается в МАН к Бине в качестве экрана де-хирик, который слит с ним, являясь экраном первой стадии, убавляющим от левой линии ГАР де-ГАР. И тогда он

---

[162] См. «Предисловие книги Зоар», п. 14.
[163] Вавилонский Талмуд, трактат Таанит, лист 3:2.

подчиняется правой линии, и они включаются друг в друга.[164] И эта Хохма облачается в хасадим, и тогда она светит также и в ЗАТ Бины, и выходят там три линии: Хохма-Бина-Даат (ХАБАД). И поскольку Зеир Анпин вызывает в Бине выход трех линий ХАБАД, он тоже удостаивается этих трех линий, называемых у него вода, огонь, ветер (маим, эш, руах).[165]

И это означает, что «хотел распространиться еще» – т.е. хотел распространиться и светить Хохмой также и в свойствах ЗАТ. И вышли огонь, вода ветер» – т.е. Зеир Анпин поднялся в МАН к свойстве экрана де-хирик в нем и вызвал выход трех линий ХАБАД в Бине. И Хохма в ней стала светить также и в свойствах ЗАТ, и благодаря этому вышли три линии маим-эш-руах в Зеир Анпине. «И стали одним голосом, который выходит наружу и становится слышимым» – и три эти линии сделались одним парцуфом, и это Зеир Анпин, называемый «коль» (голос), который вышел наружу и стал слышен. То есть вышел из ГАР, внутренних свойств, в ВАК, внешние свойства, потому что экран де-хирик, делает его ВАК, а это – внешние свойства.[164] И считается, что вышел наружу.

И тогда он слышен, т.е. передает свечение Хохмы. Но когда он находится во внутренних свойствах прежде, чем Зеир Анпин производит согласование с помощью экрана де-хирик в нем, внешнего свойства, он пребывает в скрытии, называемом «речь без голоса», Хохма без хасадим, и поэтому не был слышен, поскольку не раскрывалась никакая отдача с его стороны.

И тем самым выясняется сказанное: «Мудрости возглашает снаружи». Это две Хохмы (мудрости), высшая Хохма и нижняя Хохма, которые светят вместе. «Возглашает снаружи» благодаря подъему Зеир Анпина в МАН, который является внешним, и тогда они передаются и слышимы.

И сказано, что «в то время, когда все украшается в состоянии "будущий мир", она светит в радости, и всё – безгласно, чтобы не было услышано миром снаружи». Несмотря на то, что Зеир Анпин поднялся и вызвал три линии ХАБАД, в Зеир Анпине это является внешним ничего свойством. Поскольку никакой

---

[164] См. Зоар, главу Лех леха, п. 22, со слов: «Экран де-хирик, на который выходит средняя линия...»
[165] См. Зоар, главу Берешит, часть 1, п. 383.

экран не может уменьшить то, что выше его местонахождения, и поэтому считается Зеир Анпин, который стал средней линией в Бине, свойством «внутренний голос» (коль), который не слышен, так как его экран ничего там не уменьшает. И не слышен, поскольку место раскрытия Хохмы находится только в зивуге ЗОН в качестве «голоса и речи», но не выше их.

115) «На площадях»[159] – это небосвод, на котором светят все звезды, Есод Бины. От него зависят все мохин де-ЗОН и ду́ши, называющиеся звездами. Он – источник, во́ды которого не иссякают, подобно сказанному: «Река вытекает из Эдена, чтобы орошать сад»[166]. Там «подает свой голос»[159] высшая (мудрость), т.е. Бина, и нижняя, т.е. Малхут. И всё едино.

Объяснение. После того, как говорится: «Мудрости возглашает снаружи»[159], и это значит, что нижняя Хохма, Нуква, может раскрыться только снаружи, т.е. после раскрытия экрана де-хирик в Зеир Анпине, называемого «голос», Писание завершает сказанное: «На площадях (реховот) подает свой голос»[159]. То есть Нуква Зеир Анпина «подает свой голос», – экран, «на площадях», – в Есоде Бины. А ее собственный голос не слышен, так как Нуква «подает свой голос» в Есоде Бины, когда Бина с Нуквой становятся единым целым. Это объясняет, почему назвал (Ицхак) третий колодец Реховот, хотя и вышел за пределы Бины. Ибо Ицхак исправил экран де-хирик, чтобы он подсластился в свойстве Реховот.

Таким образом, сказанное: «И двинулся он оттуда»[146] означает то же, что и сказанное: «Мудрости возглашает снаружи»[159], то есть, что они вышли изнутри наружу. «И нарек ему имя Реховот» означает то же, что и «на площадях (реховот) подает свой голос»[159], то есть голос Нуквы становится одним целым с голосом Бины, которая называется Реховот.

116) И поэтому сказал Шломо: «Соверши снаружи работу свою и приготовь всё в поле, а затем уже строй дом свой»[167]. «Соверши снаружи» означает то же, что и «возглашает снаружи»[159]. То есть Хохма раскрывается только после того, как выходит изнутри наружу с помощью экрана де-хирик в Зеир

---

[166] Тора, Берешит, 2:10. «Река вытекает из Эдена, чтобы орошать сад, и оттуда разделяется и образует четыре главных реки».

[167] Писания, Притчи, 24:27. «Соверши снаружи работу свою и приготовь всё в поле, а затем уже строй дом свой».

Анпине, ибо отсюда, от Зеир Анпина, который называется «снаружи», должна исправиться работа, Нуква. И это то, что предстоит спросить, т.е. поднять МАН, чтобы раскрыть свечение Хохмы,[168] как сказано: «Ибо спроси о временах прежних, что были до тебя, с того дня, когда сотворил Всесильный человека на земле, и от края неба до края неба»[169], – потому что этот вопрос есть только в Зеир Анпине, называющемся небом, как сказано: «От края неба до края неба».

117) «И приготовь всё в поле, а затем уже строй дом свой»[167]. Нуква называется «полем, которое благословил Творец»[170]. То есть, чтобы привлек свечение Хохмы к Нукве. А когда познáет тайну Хохмы и исправит себя с помощью нее, что сказано – «а затем уже строй дом свой». «Дом» – это душа человека, которая установится тогда уже в теле его, и он станет человеком совершенным.

Поэтому когда Ицхак вырыл колодец, сделав его в мире, т.е. подсластил его в Бине, к которой не могут прилепиться клипот, – тогда «не спорили о нем»[146]. И этот мир, т.е. подслащение Биной, назвал он Реховот. И всё исправилось как подобает. Счастливы праведники, деяния которых пред Творцом направлены на существование мира, т.е. на то, чтобы отстроить и возвести Нукву, называемую «мир».

---

[168] См. выше, п. 114.
[169] Тора, Дварим, 4:32. «Ибо спроси о временах прежних, что были до тебя, с того дня, когда сотворил Всесильный человека на земле, и от края неба до края неба: было ли что-либо, подобное этому великому делу, или слыхано ли подобное сему?»
[170] Тора, Берешит, 27:27. «И обонял (Ицхак) запах одежд его, и благословил его, и сказал: "Гляди, запах от сына моего, как запах поля, которое благословил Творец"».

ГЛАВА ТОЛДОТ

И ослабли глаза его, и перестал видеть[171]

118) «И назвал Всесильный свет днем, а тьму назвал Он ночью»[172]. Все деяния Творца вершатся истинно, и все происходит по законам высшего мира, то есть все это – мохин, нисходящие из Бины. И все речения Торы – это речения веры, Нуквы, и высшие тайны, которые светят в ней.

119) Ицхак не удостоился того же, что Авраам, который не потерял зрения и не ослабли глаза его. Но здесь содержится высшая тайна, тайна веры. Как мы уже изучали: «И назвал Всесильный свет днем»[172] – это Авраам, являющийся светом дня, правой линией, и свет его все время светит и усиливается в исправлении дня, и это – свет хасадим. Поэтому сказано: «И Авраам стар, достиг преклонных дней»[173] – то есть светов хасадим, которые светят. И он «стар», как сказано: «Светит все более, до полного дня»[174]. Поэтому, о нем сказано: «И назвал Всесильный свет днем».

120) «А тьму назвал Он ночью»[172]. Это Ицхак, свойство тьмы, и он становится все темнее, чтобы принять эту «ночь» в себя. Поэтому, когда он состарился, – что сказано? «И было, когда Ицхак состарился, и ослабли глаза его»[171], потому что стал полностью темным. И это безусловно так: он должен полностью стать тьмой и слиться со своей ступенью как подобает.

Объяснение. «День» – это Зеир Анпин, а «ночь» – это Нуква. И в корне своем Зеир Анпин считается полностью свойством правой линии, а Нуква – полностью свойством левой линии. И известно, что левая линия – это Хохма без хасадим, и она не может светить без включения в себя хасадим. И тогда она

---

[171] Тора, Берешит, 27:1. «И было, когда Ицхак состарился и ослабли глаза его, и перестал видеть, призвал он Эсава, старшего сына своего, и сказал ему: "Сын мой!" И тот ответил: "Вот я". И сказал он: Вот я состарился, не знаю дня смерти моей».

[172] Тора, Берешит, 1:5. «И назвал Всесильный свет днем, а тьму назвал Он ночью. И был вечер, и было утро: день один».

[173] Тора, Берешит, 24:1.

[174] Писания, Притчи, 4:18. «Но стезя праведных – как светило лучезарное, которое светит все более, до полного дня».

определяется как «тьма».[175] И к тому же, левая линия находится в разладе с правой линией и ни в коем случае не желает включать в себя хасадим, пока не приходит средняя линия, и это – ступень хасадим, выходящая на экран де-хирик, уменьшающий левую линию. И тогда она (средняя линия) устанавливает согласие между ними, и Хохма облачается в хасадим, и тогда она светит в совершенстве. При этом считается, что Зеир Анпин состоит из правой линии, включившей в себя левую, а Нуква – из левой линии, включившей в себя правую, и они соединяются между собой. Об этом сказано: «И был вечер и было утро: день один»[172].

«А тьму назвал Он ночью»[172] – это Ицхак. Ведь поскольку он представляет собой левую линию, свойство Хохмы без хасадим, то считается «тьмой», так как Хохма не может светить без включения в нее хасадим. И он становится все темнее, пока не включит в себя Нукву. И исправляет ее на ступени «ночь», пока она не станет пригодной к зивугу с Зеир Анпином, называемым «день». «И это безусловно так: он должен полностью стать тьмой, и слиться со своей ступенью как подобает» – потому что прежде, чем станет полностью тьмой, левая линия не желает соединяться с правой, свойством хасадим. И поэтому он становится все темнее, пока не станет полностью темным в преклонные годы, ибо тогда он соединяется с хасадим, получая свое совершенство, и может светить.[175]

121) Авраам светит в свойстве своей ступени, Ицхак становится все темнее в свойстве своей ступени. Но почему становится темным Яаков, как сказано: «А глаза Исраэля утомились от старости»[176]? Однако сказано: «Утомились», а не «ослабли», как у Ицхака. «От старости», но не от его старости. «От старости» означает – от старости Ицхака, поскольку он (Яаков) включал в себя как Авраама, так и Ицхака. И поэтому, именно от свойства Ицхака «утомились» глаза его. И сказано: «Не мог он смотреть», однако глаза его не ослабли окончательно. А у Ицхака глаза ослабли полностью, и наступила тьма, поскольку тогда включается в него ночь, Нуква, и наступает состояние: «А тьму назвал Он ночью»[172].

---

[175] См. Зоар, главу Берешит, часть 1, п. 372.
[176] Тора, Берешит, 48:10. «А глаза Исраэля утомились от старости, не мог он смотреть. И дал он им подступить к нему, и он поцеловал их и обнял их».

ГЛАВА ТОЛДОТ

Призвал он Эсава – не знаю дня смерти моей

122) «Призвал он Эсава»[171] – т.е. включил в себя суровый суд, свойство Эсава. «И сказал он: "Вот я состарился, не знаю дня смерти моей"». «Счастлив человек, сила которого в Тебе»[177]. Счастлив человек, черпающий силы в Творце и возлагающий на Него свою уверенность.

123) Можно истолковать эту уверенность так же, как в случае с Хананией, Мишаэлем и Азарией, которые были уверены в том, что Творец вызволит их из горнила огненного. Но получается, что если Творец не избавит их и не проявится особо для них, то тогда не благословится имя Его на глазах у всех? Однако после того, как они узнали, что говорили не так, как подобает, поправились: «Будет ли Ему угодно спасти нас или же нет, пусть станет известно Тебе, что не поклонимся мы идолу»[178].

Сообщил им Йехезкель, и они услышали и поверили ему, что Творец не проявится особо для них и не спасет их. И сказал им это, чтобы они пожертвовали собой и получили награду.

124) Человек не должен надеяться, говоря: «Творец спасет меня или Творец сделает мне так-то и так-то». Но пусть возложит надежду свою на то, что Творец поможет ему как должно, если он будет старательно выполнять заповеди Торы и пытаться идти путем истины. И если человек приходит очиститься, конечно же, помогают ему. В этом он должен уповать на Творца, что Он поможет ему, и не полагаться ни на кого, кроме Него.

Пусть как следует подготовит сердце свое, чтобы не возникла в нем посторонняя мысль. Как проторенный путь, по которому можно пройти в любое нужное место, как направо, так и налево, – таким пусть будет сердце его. То есть, окажет ли ему Творец благо или наоборот, сердце его должно быть подготовлено и исправлено, чтобы не думать плохо о Творце никогда, ни при каких обстоятельствах.

---

[177] Писания, Псалмы, 84:6. «Счастлив человек, сила которого в Тебе, пути (к Тебе) – в сердце их».
[178] Писания, Даниэль, 3:18.

125) Сказано: «Счастлив человек, сила которого в Тебе, пути (к Тебе) – в сердце их»[177]. И сказано: «Творец даст силу народу Своему»[179] – то есть Тору. «Сила которого в Тебе» – означает, что человек должен заниматься Торой во имя Творца. Шхина называется «имя». И каждый, кто занимается Торой, и не старается во имя нее, – лучше бы ему не родиться.

Что означает: «Пути (к Тебе) – в сердце их»[177]? Это подобно сказанному: «Славьте Восседающего на небесах, Того, чье имя Творец»[180], что означает – превозносите «Восседающего на небесах». То есть, его намерением в занятиях Торой должно быть: превознести Творца и сделать Его самым важным и великим в мире.

Иначе говоря, Писание дает нам понять, что Тора «лишма», т.е. «пути в сердце их», означает – направить свое сердце во время занятий Торой Его, чтобы привлечь это знание в изобилии, как на себя, так и на весь мир, и возвеличить этим имя Творца в мире, как сказано: «И наполнится земля знанием Творца, как полно море водами»[181]. И тогда сбудется: «И будет Творец царем на всей земле. В тот день будет Творец един, и имя Его едино»[182].

126) Все действия Яакова были во имя Творца. Поэтому Творец был с ним всегда, и Шхина не отстранялась от него. Ведь в час, когда Ицхак призвал Эсава, сына своего, не было там Яакова, и тогда Шхина сообщила Ривке, а Ривка сообщила Яакову.

127) Если бы Эсав был благословлен в это время, Яаков никогда бы больше не властвовал и остался бы в изгнании навсегда. Но от Творца исходило (желание), чтобы благословился Яаков. И все встало на свои места, как подобает. Сказано: «А Ривка любила Яакова»[183]. И потому послала за Яаковом

---

[179] Писания, Псалмы, 29:11. «Творец даст силу народу Своему, Творец благословит народ Свой миром».
[180] Писания, Псалмы, 68:5.
[181] Пророки, Йешаяу, 11:9. «Не будут делать зла и не будут губить на всей Моей святой горе, и наполнится земля знанием Творца, как полно море водами».
[182] Пророки, Зехария, 14:9.
[183] Тора, Берешит, 25:28. «И Ицхак любил Эсава, ибо охота на устах его, а Ривка любила Яакова».

и сказала ему: «Вот, я слышала, как отец твой говорил Эсаву, брату твоему...»[184].

128) «Теперь же, сын мой, послушайся голоса моего»[185]. Это было накануне Песаха, и злое начало должно было исчезнуть из мира, а луна, свойство веры, т.е. Нуква, должна была править миром. И потому она приготовила два кушанья.

129) Это намек на то, что сыновья Яакова должны будут в День искупления приносить в жертву двух козлов: одного – Творцу, а другого – Азазелю. И потому зарезала Ривка двух козлят: одного – для более высокой ступени, а другого – для покорения ступени Эсава, чтобы тот не властвовал над Яаковом. И оба их вкушал Ицхак и ел.

Объяснение. Совершенство мохин – это взаимное включение правой и левой линий с помощью средней линии. И тогда хасадим правой линии включены в свечение Хохмы левой, а свечение Хохмы левой содержит хасадим правой. И это – два кушанья, Хохма и хасадим. И есть большая разница между теми двумя, что находятся в правой, и двумя, находящимися в левой. Потому что в правой оба они находятся в святости, т.е. пасхальная жертва и праздничная жертва, приносимые в Песах, и это – правая линия. Когда даже свечение левой, пасхальной жертвы, тоже находится в святости. Но в левой линии только хасадим от правой находятся в святости.

Однако свечение левой отдается ситре ахра, и тем самым смиряют ситру ахра, и это – два козла, в искупительную жертву и для Азазеля, приносимые в День искупления, когда находятся в святости только хасадим, имеющиеся в правой, т.е. козел, приносимый в искупительную жертву. Но свечение левой не находится в святости, и это – козел для Азазеля.

---

[184] Тора, Берешит, 27:6-7. «А Ривка сказала Яакову, сыну своему, так: "Вот, я слышала, как отец твой говорил Эсаву, брату твоему: "Принеси мне дичи и приготовь мне кушанье; и я поем, и благословлю тебя пред Творцом перед смертью моей"».

[185] Тора, Берешит, 27:8-9. «Теперь же, сын мой, послушайся голоса моего в том, что я прикажу тебе: пойди в стадо и возьми мне оттуда двух козлят хороших; и я приготовлю из них отцу твоему кушанье, какое он любит».

Два козленка, которых приготовила Ривка, – это два кушанья, правая и левая (стороны), находящиеся в правой линии, и тогда исправляются эти два кушанья, правая и левая (стороны), оба – святостью. Одно – чтобы злое начало исчезло из мира с помощью свечения Хохмы в левой, что соответствует пасхальной жертве, потому что свечение Хохмы сокрушает ситру ахра и искореняет ее из мира. Другое – чтобы смогла править луна, свойство веры, с помощью свечения хасадим правой, что соответствует праздничной жертве. И после того, как Шхина, называемая «луна» и «вера», достигает хасадим из правой, у нее есть сила править в мире.

Но говорится также, что два козленка, которых приготовила Ривка, были свойствами правой и левой (сторон), находящихся в левой линии. И поэтому сказано: «Это намек на то, что сыновья Яакова должны будут в День искупления приносить в жертву двух козлов: одного – Творцу, а другого – Азазелю» – т.е. правая и левая (стороны), находящиеся в левой линии, когда левая посылается ситре ахра, Азазелю, чтобы этим смирить ее.

Поэтому сказано: «Одного – для более высокой ступени» – для того, чтобы притянуть высшие хасадим, находящиеся в Бине, соответственно искупительной жертве, «а другого – для покорения ступени Эсава, чтобы тот не властвовал над Яаковом» – т.е. соответственно жертве «козел для Азазеля», смирить ситру ахра.

Вместе с тем, свечение левой линии, которое здесь, не было отдано ситре ахра, в виде жертвы Азазелю, но «оба их вкушал Ицхак» – т.е. даже козленка свечения левой линии, и это по той причине, что святость Ицхака очень возвышенна. И даже левую от левой вернул он на ступень святости.

130) «И принес ему вина, и он пил»[186]. Сказано: «И принес ему вина», а не «поднес ему вино». Здесь содержится намек на то, что принес ему вина из далекого места. Свечение левой линии называется вином, и до согласования средней линии, когда свечение ее притягивается сверху вниз, оно называется пьянящим вином, от которого исходят все суды (диним), но

---

[186] Тора, Берешит, 27:25. «И сказал он: "Поднеси мне, и я поем добычи сына моего, дабы благословила тебя душа моя". И тот поднес ему, и он ел; и принес ему вина, и он пил».

после выхода средней линии, объединяющей правую и левую друг с другом, оно называется вином, радующим Творца и людей.[187]

Средняя линия называется далекой, так как содержит экран де-хирик, выводящий ступень ВАК, далекую от ГАР.[188] И это означает сказанное: «Здесь содержится намек на то, что принес ему вина из далекого места» – т.е. принес это вино после выхода средней линии на экран де-хирик, который считается далеким местом, и тогда вино исправляется с его помощью, становясь радующим Творца и людей. И нет боязни включения судов (диним). И оно (свечение) названо местом потому, что три точки холам-шурук-хирик называются «три места».[189]

Это намек на то, что принес от того самого вина, в котором содержится совершенная радость, т.е. вино, радующее Творца и людей, чтобы порадовать Ицхака, которому нужна радость, подобно тому, как нужно приносить радость стороне левитов, левой стороне. Ведь из-за того, что в левой стороне находятся суды, в ней царит печаль. И необходимо радовать всех, кто исходит от нее, а это левиты, и также Ицхак. И потому: «И принес ему вина, и он пил».

---

[187] См Зоар, главу Ноах, п. 239, со слов: «Объяснение. Свечение левой линии называется вином…»
[188] См. Зоар, главу Ваера, п. 48, со слов: «Шхина, являющаяся желанием Царя, раскрывается…»
[189] См. Зоар, главу Берешит, часть 1, п. 12.

Любимая одежда Эсава

131) «И взяла Ривка одежду Эсава»[190] – это одеяния, которые Эсав добыл у Нимрода. То были дорогие одеяния от Адама Ришона, попавшие в руки Нимроду. В них Нимрод охотился за добычей, как сказано: «он был сильным охотником перед Творцом»[191]. Ибо когда он надевал их, собирались к нему все животные, звери и птицы – и падали перед ним. А Эсав вышел в поле, повел войну с Нимродом, убил его и взял у него эти одеяния. Сказано об этом: «И пришел Эсав с поля усталый»[192].

132) Эсав скрывал эти одеяния у Ривки. И в них он выходил и охотился за добычей. А в тот день, когда отправил его Ицхак, чтобы он получил благословения, он не взял одеяния и вышел в поле и потому задержался там. И из-за того, что он не облачился в эти одеяния, звери не собрались к нему, он должен был ловить их. И потому опоздал, и было время у Яакова взять благословения.

Когда надевал их Эсав, от них не исходил никакой запах. Когда же надел их Яаков, утерянное вернулось на свое место, т.е. они (одеяния) вернулись к свойству Адама Ришона, ибо красота Яакова была красотою Адама, и потому они тотчас вернулись на свое место и стали издавать запахи[193].

133) Как такое может быть, что красота Яакова была подобна красоте Адама? Пятка Адама затмевала солнечный свет. Неужели и Яаков был таким?

Разумеется, так было вначале, пока Адам Ришон не согрешил: ни одно творение не могло тогда взирать на красоту его. Но после того как он согрешил, изменилась его красота, и уменьшилась ступень его, и оказался он на ступени в сто

---

[190] Тора, Берешит, 27:15. «И взяла Ривка любимую одежду Эсава, старшего сына своего, которая у нее в доме, и одела Яакова, младшего сына своего».
[191] Тора, Берешит, 10:9. «Он был сильным охотником перед Творцом, поэтому говорится: как Нимрод, сильный охотник перед Творцом».
[192] Тора, Берешит, 25:29.
[193] Тора, Берешит, 27:27. «И обонял (Ицхак) запах одежд его и благословил его, и сказал: "Гляди, запах от сына моего, как запах поля, которое благословил Творец"».

локтей. Однако до прегрешения ступень его была от земли до небосвода. И красота Яакова была как красота Адама после прегрешения.

Красота Адама особенна тем, что высшая вера, Бина, связана с этой красотой. Иначе говоря, он удостоился света Бины и оттуда обрел красоту. Поэтому сказано: «Да пребудет милость Владыки Всесильного нашего на нас»[194], так как свет Бины называется милостью. И сказано: «Созерцать милость Творца»[195] – и это есть красота Яакова, т.е. он тоже удостоился света Бины, как и Адам.

134) «И обонял запах одежд его и благословил его»[193]. Не сказано: «И обонял запах этих одежд», а именно «одежд его». И это подобно сказанному: «Окутан светом, как плащом, простирает небеса, как завесу»[196]. Объяснение. Здесь говорится о Зеир Анпине,[197] который является средней линией, ограничивающей свечение Хохмы, чтобы она светила подобно тому, как понимается запах – снизу вверх[198]. И потому говорит Писание: «Запах одежд его» – то есть, после того как их надел Яаков, средняя линия. А до того, как он надел их, они не издавали запах.

Когда надел их Яаков, они тотчас же стали издавать запахи. И пока Ицхак не почувствовал запах этих одеяний, не благословил его, ибо когда они издали запах, узнал он, что тот достоин благословения. Ведь если бы он не был достоин благословения, не поднялись бы с ним все эти святые запахи. Именно об этом сказано: «И обонял запах одежд его, и благословил его».

135) «И сказал: "Гляди, запах от сына моего, как запах поля, которое благословил Творец"»[193]. «И сказал» – непонятно, кто сказал. Некоторые считают, что этим говорящим была Шхина, а некоторые – что говорящим был Ицхак. «Как запах поля,

---

[194] Писания, Псалмы, 90:17. «И да будет милость Владыки Всесильного нашего на нас, и дело рук наших утверди для нас, и дело рук наших утверди».
[195] Писания, Псалмы, 27:4. «Об одном я спрашиваю у Творца и лишь того прошу, чтобы пребывать мне в доме Творца все дни жизни моей, созерцать милость Творца и посещать храм Его».
[196] Писания, Псалмы, 104:2.
[197] См. Зоар, главу Лех леха, п. 311, со слов: «Пожелал (Творец) сотворить небеса, т.е. Зеир Анпина...»
[198] См. Зоар, главу Ноах, п. 236.

которое благословил Творец». Что это за поле? Яблочное поле, т.е. Нуква, называемая полем святых яблок, которое высшие праотцы, ХАГАТ Зеир Анпина, поддерживают и исправляют.

Объяснение. Когда Нуква получает от ХАГАТ Зеир Анпина, называемых цветами яблока, белый-красный-зеленый, она называется яблочным полем, ибо тогда она пребывает в свечении Хохмы. А поскольку свечение Хохмы в ней происходит только снизу вверх, она называется запахом, так как запах воспринимается снизу вверх – через нос (хотем) к мозгу (мохин), и не передается сверху вниз. И об этом сказано: «Как запах поля, которое благословил Творец» – т.е. как свечение Хохмы в Нукве, которая светит подобно тому, как распространяется запах.

ГЛАВА ТОЛДОТ

В несчастье своем воззвал я, и Он ответил мне

136) «И даст тебе Всесильный от росы небес и от туков земли, и обилие хлеба и вина»[199]. Сколько песен и восхвалений возносил царь Давид пред Творцом. И всё это для того, чтобы исправить свою ступень, т.е. Нукву, и обрести имя, т.е. привлечь к ней мохин. Увидев, что Яаков получил ответ и благословения, вознес Давид песнь: «В несчастье своем воззвал я, и Он ответил мне»[200]. А если бы Яаков не получил благословений, т.е. совершенных мохин для построения Нуквы, то не смог бы Давид прославить ее.

137) Яаков вознес эту песнь, когда сказал ему отец: «Подойди же, и я дотронусь до тебя, сын мой»[201]. Яаков был тогда в большой беде, так как боялся, что отец узнает его и ему все раскроется. Что сказано? «И не узнал он его»[202]. Тогда сказал он Творцу: «В несчастье своем воззвал я, и Он ответил мне»[200].

138) «Творец, спаси душу мою от уст лживых»[203]. Это – ступень, на которой Эсав находился, то есть змей, и это «уста лживые». Что значит «уста лживые» на его ступени? Дело в том, что когда змей навлек проклятия на мир, т.е. привел к греху Древа познания, он ложью и хитростью навлек эти проклятия на мир.[204]

---

[199] Тора, Берешит, 27: 28-29. «И даст тебе Всесильный от росы небес и от туков земли, и обилие хлеба и вина. И будут служить народы тебе и поклоняться тебе племена. Будь владыкой братьям твоим и да поклонятся тебе сыны матери твоей. Проклинающий тебя проклят, а благословляющий тебя благословен!"»

[200] Писания, Псалмы, 120:1. «Песнь ступеней. К Творцу в несчастии своем воззвал я, и Он ответил мне».

[201] Тора, Берешит, 27:21. «И сказал Ицхак Яакову: "Подойди же, и я дотронусь до тебя, сын мой, ты ли сын мой – Эсав, или нет"».

[202] Тора, Берешит, 27:23. «И не узнал он его, так как руки его были, как руки Эсава, брата его, волосатые. И он благословил его».

[203] Писания, Псалмы, 120:2. «Творец, спаси душу мою от уст лживых, от языка коварного».

[204] См. Зоар, главу Берешит, часть 1, пп. 442-443.

Благословения

139) Когда Ицхак сказал Эсаву: «Выйди в поле и налови мне добычу (цаид צֵידָה)»[205], с «хэй ה» – он должен был сказать слово «добычу (цаид צַיִד)» без «хэй ה». «И пошел Эсав... чтобы наловить добычи»[206] – чтобы получить благословение от Ицхака, сказавшего ему: «И благословлю тебя перед Творцом»[207]. И если бы сказал: «И благословлю тебя» и не более того, было бы хорошо. Но поскольку сказал ему: «Перед Творцом» – тотчас же содрогнулся престол величия Творца. Сказала: «Что же это такое – ведь змей вышел от этих проклятий, и останется в них Яаков?!»

Для того, чтобы понять сказанное, необходимо выяснить внутреннюю суть всей этой статьи. И выясним ее путем краткого обзора. Нужно понять, что это за облачения, которые Эсав добыл у Нимрода. И что означает ловля зверей, которой занимались Нимрод и Эсав в этих облачениях.[208] И почему он не взял эти облачения в тот день.[209] И что означает добыча, за которой охотились Нимрод и Эсав, и почему Ицхак связывал с ней благословения. И что представляют собой эти благословения, о которых так беспокоились Яаков и Эсав.

Итак, рассмотрим понятие «облачения». Во время второго сокращения, когда нижняя «хэй ה» поднялась в Бину, и Бина приняла это сокращение в себя, от каждого парцуфа отделились ЗОН, и из них образовались два окружающих кли, называемые «левуш (облачение)» и «эйхаль (чертог)», позволяющие принять в парцуф окружающие света – «хая» и «йехида». Зеир Анпин, отделившийся от каждой ступени после второго сокращения, стал свойством «облачения», которые притягивают свечение света «хая». И Зоар называет их облачениями Малхут, т.е. они исходят из сути самой Малхут, прежде чем она подсластилась в Бине, от десяти сфирот первого сокращения,

---

[205] Тора, Берешит, 27:3. «И ныне, приготовь же свои орудия, свою перевязь и свой лук, и выйди в поле, и налови мне добычи».
[206] Тора, Берешит, 27:5. «А Ривка слышала, как говорил Ицхак Эсаву, сыну своему. И пошел Эсав в поле ловить добычу, чтобы принести».
[207] Тора, Берешит, 27:7.
[208] См. выше, пп. 131-132.
[209] См. выше, п. 132.

и это – Зеир Анпин, который до второго сокращения находился на ступени.

А теперь рассмотрим внутреннее значение слова «добыча». Материальные уровни ДАЦХАМ (неживой-растительный-животный-говорящий)[210] происходят от ДАЦХАМ духовных, находящихся в высших мирах. Это четыре ступени в мохин, находящиеся одна над другой. Мохин де-ВАК называются «неживой (домем)» и «растительный (цомеах)» уровни, и это света нефеш-руах. Мохин де-ГАР называется «животный (хай)» уровень, включающий свойства «животное (беэма)», «зверь (хая)» и «птица (оф)», и это – три отличающихся друг от друга свойства мохин де-ГАР, которые притягивает «человек». И притяжение этих мохин, относящихся к духовному понятию «животные» и представляющих собой ГАР, называется добычей (цаид ציד). И есть добыча святости, о которой сказано: «Добычу его благословением благословлю»[211], а есть добыча ситры ахра, о которой сказано: «Он был сильным охотником перед Творцом»[212].

И это те облачения, о которых сказано: «И в них он выходил и охотился за добычей»[213]. Ведь для того, чтобы притянуть ГАР, необходимо опустить нижнюю «хэй» из никвей-эйнаим в пэ, и тогда АХАП де-келим возвращаются на эту ступень, и притягиваются ГАР светов. И это опускание совершается путем того, что надевает на себя эти облачения, притягивающие окружающий свет «хая» от первого сокращения, и там нижняя «хэй» находится на своем месте, в пэ. И поэтому, с помощью свечения этих левушим он опускает нижнюю «хэй» из никвей-эйнаим в пэ и притягивает ГАР, которые и являются той самой добычей. И такая добыча происходит при помощи этих облачений. Сказано о Нимроде, что «в них он охотился за добычей»[214], и также (об Эсаве): «И в них он выходил и охотился за добычей»[213], потому что с помощью свечения «хая» первого сокращения, имеющегося в левушим, он притягивает ГАР.

---

[210] ДАЦХАМ – аббревиатура слов домем-цомеах-хай-медабер (неживой-растительный-животный-говорящий).
[211] Писания, Псалмы, 132:15. «Добычу его благословением благословлю, бедных его насыщу хлебом».
[212] Тора, Берешит, 10:9. «Он был сильным охотником перед Творцом, поэтому говорится: как Нимрод, сильный охотник перед Творцом».
[213] См. выше, п. 132.
[214] См. выше, п. 131.

И в тот момент, когда притягивает ГАР, тотчас возвращает ГАР де-ГАР к своим корням. И это называется закланием животного, из которого уходит свет жизни, и наслаждается он только мясом, оставшимся после заклания, и это ВАК де-ГАР, который принимается и остается в нижнем. И это добыча святости, о которой сказано: «Добычу его благословением благословлю»[211].

Тогда как нечистые силы (ситра ахра) едят органы тех, в ком есть жизнь, то есть хотят притянуть и получить также свет жизни животных, и это ГАР де-ГАР, о котором сказано: «Он был сильным охотником перед Творцом»[212]. «Перед» – свет «паним», ГАР де-ГАР, который они хотят добыть и притянуть к себе. И этим занимались Нимрод и Эсав.

А теперь выясним, что представляют собой благословения. И знай, что это предоставление силы и власти в конце исправления, т.е. исправление Малхут первого сокращения, либо путем Яакова, называемого добычей святости, либо путем Эсава, добычей ситры ахра, чтобы установить этот путь навсегда. И мы должны знать, что большой зивуг, несущий конец исправления, включает в себя все зивуги и ступени, вышедшие одна за другой в течение всех шести тысяч лет. И важность их, по сравнению с важностью этого зивуга, это как важность составных частей по сравнению со всей их суммой. Также и виды МАН, поднимающиеся к этому общему зивугу, представляют собой совокупность всех действий и страданий в мире, следовавших друг за другом, у каждого отдельного человека и во всех поколениях, на протяжении шести тысяч лет.[215]

И об этом сказано: «И даст тебе Всесильный от росы небес»[199] – это Зеир Анпин, «и от туков земли»[199] – Нуква. И благословил он его (Яакова), чтобы удостоился всех ступеней зивугов ЗОН за шесть тысяч лет. Иначе говоря: чтобы они включились в тебя посредством общего зивуга, которого ты удостоишься в конце исправления.

«И обилие хлеба и вина»[199] – что все мохин, называемые хлебом и вином, стекутся к тебе.

---

[215] См. «Предисловие книги Зоар», п. 91, со слов: «И поэтому сказано: "Бен Иш Хай..."»

«Будут служить народы тебе»[199] – все виды работ, проделанные всеми народами, все они будут для тебя, чтобы ты получил их, и восполнят они тебя в состоянии общего зивуга, которого ты удостоишься с помощью них в конце исправления.

«И поклонятся тебе племена»[199] – все страдания в мире приобретут тогда форму поклонения тебе и будут включены в тебя в виде МАН этого общего зивуга.

«Будь владыкой братьям своим»[199] – то есть путь твой останется навечно, а путь братьев твоих будет служить тебе поддержкой, как служит раб своему господину. И всем, что обретает раб, обладает господин его.

«И да поклонятся тебе сыны матери твоей»[199] – страдания, которые будут включены в МАН братьев твоих, примут формы поклонения тебе.

«Проклинающий тебя проклят»[199] – всякий, препятствующий твоему пути, проклят будет.

«А благословляющий тебя благословен»[199] – каждый, признающий и принимающий твой путь, будет благословен.

И Ицхак намеревался благословить ими Эсава. Отсюда можно понять сказанное: «Если бы Эсав был благословлен в это время, Яаков никогда бы больше не властвовал и остался бы в изгнании навсегда»[216], так как все хорошие действия Яакова и те страдания, которые перенес, шли тогда только на пользу Эсаву, то есть, чтобы Эсав удостоился большого зивуга конца исправления, и чтобы его путь остался навсегда – путь охоты за добычей ситры ахра.

И поэтому здесь сказано: «Когда Ицхак сказал Эсаву: "Выйди в поле и налови мне добычу (цаид צָיִד)"[217], с "хэй ה"». Потому что «хэй ה» – это сущность Малхут, т.е. Малхут первого сокращения. И именно ее он просил добыть – т.е. чтобы он притянул к ней ГАР, называемый добычей. Но это происходит только в конце исправления, во время общего зивуга.

---

[216] См. выше, п.127.
[217] Тора, Берешит, 27:3. «И ныне, приготовь же свои орудия, свою перевязь и свой лук, и выйди в поле, и налови мне добычи».

И это означает сказанное: «А в тот день он не взял одеяния и вышел в поле»²¹⁸. Ведь после того, как сказал слово «добычу (цаид צַיִד)» с «хэй ה», т.е. чтобы притянул ГАР первого сокращения что дают ему, в таком случае, эти облачения, которые могут дать только ГАР второго сокращения.

И это смысл слов: «И если бы сказал: "И благословлю тебя" и не более того, было бы хорошо. Но поскольку сказал ему: "Перед Творцом" – тотчас же содрогнулся престол величия Творца». Потому что «перед Творцом» указывает на ГАР де-ГАР, свет паним, и это – добыча ситры ахра, и добыча Нимрода, о котором сказано: «Он был сильным охотником перед Творцом»²¹². И поэтому содрогнулся престол величия. «Сказала: "Что же это такое – ведь змей вышел от этих проклятий, и останется в них Яаков?!"» – потому что с помощью этой добычи змей соблазнил Хаву отведать от Древа познания, и навлек этим проклятья на мир. Но мало того, еще «и останется в них Яаков?!» – потому что эти благословения навсегда устанавливают путь Эсава. А Яаков будет подвластен ему, и будет как раб перед своим господином. И проклятья Эсава будут висеть над ним, и никакой совет ему не поможет. И тем самым становится понятным ответ Ицхака Эсаву: «Ведь я поставил его господином над тобою»²¹⁹ – ибо после того, как поставил Яакова господином, нет у него более никакого благословения для Эсава.

Как же не знал Ицхак обо всех дурных делах Эсава – ведь Шхина была с ним, и он должен был об этом знать благодаря духу святости? Ведь если бы не было с ним Шхины, как бы он мог благословить Яакова в час, когда благословил его? Шхина, конечно же, пребывала с ним всегда, но она не сообщила ему, чтобы Яаков благословился не с его ведома, а с ведома Творца.

И нечему тут удивляться: как же могло быть желанием Ицхака благословить Эсава и установить путь добычи ситры ахра навеки? Этот вопрос уже задавался раньше²²⁰: «Как же не знал Ицхак обо всех дурных делах Эсава?» И объяснялось, что Шхина желала, «чтобы Яаков благословился не с его ведома» – то есть, чтобы Ицхак притянул благословение, относящееся к

---

²¹⁸ См. выше, п.132.
²¹⁹ Тора, Берешит, 27:37. «И отвечал Ицхак, и сказал Эсаву: "Ведь я поставил его господином над тобою и всех братьев его отдал ему в рабы, хлебом и вином укрепил я его. И что же теперь я сделаю тебе, сын мой?»
²²⁰ См. выше, п.76.

Эсаву, ГАР де-ГАР, включив его в путь Яакова, как сказано: «Голос – голос Яакова, а руки – руки Эсава»[221].

140) В этот час Михаэль явился перед Яаковом вместе со Шхиной. И Ицхак знал об этом и видел Эденский сад вместе с Яаковом, и благословил его. А когда вошел Эсав, он вошел вместе с ним ад. Потому: «И вострепетал Ицхак трепетом чрезвычайно великим»[222], ведь раньше он думал, что Эсав не от той стороны, и поэтому, раскрыв (это), сказал: «И благословил я его – пусть тоже благословен будет!»[222]

141) Поэтому Яаков действовал хитростью и обманом, и (Ицхак) перенес благословения на Яакова, который был подобен Адаму Ришону. И забрал у змея, т.е. языка коварного, наговорившего много лжи и применившего много обмана с целью вызвать соблазн вкусить от Древа познания и навлечь проклятья на мир. Поэтому Яаков пошел на обман и ввел в заблуждение отца своего, чтобы принести миру благословения, забрав у змея эти благословения, которых он лишил мир. И это было мерой за меру. О нем (о змее) сказано: «Проклят ты более всякого скота»[223].

142) Со времен Адама Ришона было предопределено Яакову забрать у змея все эти благословения. И остался змей с проклятиями и не избавится от них никогда. И произнес Давид, благодаря духу святости: «Что даст тебе и что прибавит тебе язык коварный?»[224]

143) «Язык коварный» – потому что змей коварно обманул Адама и жену его, и принес зло ему и всему миру. А затем явился Яаков и забрал свое – все эти благословения. Ведь он являлся свойством Адама Ришона, которого змей лишил этих

---

[221] Тора, Берешит, 27:22. «И подошел Яаков к Ицхаку, отцу своему, и он дотронулся до него, и сказал: "Голос – голос Яакова, а руки – руки Эсава"».

[222] Тора, Берешит, 27:33. «И вострепетал Ицхак трепетом безмерно великим, и сказал: "Кто же он и где тот, который наловил добычи и принес мне?! И я ел от всего, прежде чем ты пришел; и благословил я его – пусть тоже благословен будет!"»

[223] Тора, Берешит, 3:14. «И сказал Творец Всесильный змею: "За то, что ты сделал это, проклят ты более всякого скота и всякого зверя полевого! На чреве твоем ползать будешь и прах будешь есть все дни жизни твоей!"»

[224] Писания, Псалмы, 120:3.

благословений, и сейчас Яаков пришел и вернул их, как и до греха Древа познания. И получается, что забрал свое.

«Остры стрелы сильного»²²⁵ – это Эсав, который затаил ненависть на Яакова за эти благословения, как сказано: «И возненавидел Эсав Яакова за благословение, которым благословил его отец»²²⁶.

144) «И даст тебе Всесильный от росы небес, и от туков земли»¹⁹⁹ – сверху и снизу. И это ЗОН в одном соединении, потому что «небеса» – это Зеир Анпин, а земля – Нуква. «И обилие хлеба и вина»¹⁹⁹. Как сказано: «Но не видел я праведника оставленного и детей его, просящих хлеба»²²⁷. «Юношей я был и состарился»²²⁷ – это управляющий миром, ангел Матат. И об этом сказано: «И обилие хлеба и вина»¹⁹⁹. Объяснение. Высшие мохин называются хлебом. И «обилие хлеба и вина» тоже означает высшие мохин – «хлеб и вино».

145) «И будут служить тебе народы»¹⁹⁹ – это осуществилось в то время, когда у власти был царь Шломо в Йерушалаиме. И сказано о нем: «И все цари земли хотели увидеть Шломо, чтобы услышать мудрость его, которую Всесильный вложил в сердце его. И приносили они, каждый свой дар»²²⁸.

«И поклонятся тебе племена»¹⁹⁹ – осуществится в то время, когда придет царь Машиах. Всё будет в то время, когда придет царь Машиах, как сказано: «И поклонятся ему все цари, и все народы будут служить ему»²²⁹.

146) «Будь (хевэй הֱוֵה) владыкой братьям твоим»¹⁹⁹. «Будь (хевэй הֱוֵה)» – не сказано «будь (хейэ היה)» или «будь (тихйэ

---

²²⁵ Писания, Псалмы, 120:4. «Остры стрелы сильного с (горящими) углями дроковыми».

²²⁶ Тора, Берешит, 27:41. «И возненавидел Эсав Яакова за благословение, которым благословил его отец. И сказал Эсав в сердце своем: "Приблизятся дни плача по отцу моему, и я убью Яакова, брата моего"».

²²⁷ Писания, Псалмы, 37:25. «Юношей я был и состарился, но не видел я праведника оставленного и детей его, просящих хлеба».

²²⁸ Писания, Диврей а-ямим 2, 9:23-24. «И все цари земли хотели увидеть Шломо, чтобы услышать мудрость его, которую Всесильный вложил в сердце его. И приносили они, каждый свой дар: сосуды серебряные, и сосуды золотые, и одежды, и оружие, и благовония, коней и мулов из года в год».

²²⁹ Писания, Псалмы, 72:11.

תהיה)». Однако, это высшая тайна веры. Буквы «хэй-вав-хэй הוה» являются свойствами веры. «Хэй ה» наверху – это Бина, «вав ו» посередине – Тиферет, «хэй ה» в конце – Малхут. И поэтому сказал: «Будь (хевэй הֱוֵה) владыкой братьям твоим»[199] – т.е. будешь властвовать над ними и теснить их, благодаря силе этих букв, в то время, когда явится царь Давид.

Объяснение. Мы знаем, что Малхут со своей стороны непригодна для получать мохин, так как над ней властвует сокращение, чтобы не получать в себя прямой свет. Но благодаря ее подъему и подслащению в Бине она выигрывает две сфиры: Бину и Тиферет, способные получить в себя большие мохин.[230]

Поэтому сказано: «Однако, это высшая тайна веры» – т.е. Малхут. Иначе говоря, буквы «хэй-вав-хэй הוה» указывают на подъем Малхут к высшему, т.е. в Бину. «И буквы "хэй-вав-хэй הוה" являются свойствами веры» – Малхут. Другими словами, это те келим, которых вера, Малхут, удостаивается благодаря ее подъему в Бину. «Хэй ה» наверху – это Бина, «вав ו» посередине – Тиферет, «хэй ה» в конце – Малхут. То есть, эти буквы «хэй-вав-хэй הוה» указывают на три сфиры: Бина, Тиферет и Малхут, включенные в веру, в Малхут, которая тогда достигает двух сфирот, Тиферет и Бины, т.е. «хэй ה» и «вав ו», чтобы получить в них большие мохин.

«И поэтому сказал: "Будь (хевэй הֱוֵה) владыкой братьям твоим"» – поскольку благодаря тому, что получает большие мохин в буквы «хэй-вав-хэй הוה», она властвует над семьюдесятью правителями, и оттесняет их, то есть отдаляет их от того, чтобы питаться от нее, и это осуществится в то время, когда придет царь Давид, поскольку царь Давид удостоился подслащения в Бине.[231] И достиг этих букв «хэй-вав-хэй הוה» и с помощью них подавил всех врагов своих.

Все эти благословения сказаны о конце исправления, после того, как придет царь Машиах, но не перед исправлением. Поскольку все то время, пока Исраэль нарушают речения Торы, не могут осуществиться эти благословения, – но только после

---

[230] См. Зоар, Берешит, часть 1, п. 3, со слов: «В свойстве суда, т.е. в свойстве Малхут...»
[231] См. Зоар, главу Берешит, часть

прихода Машиаха, когда придут к раскаянию, и более не будут грешить.

147) «И даст тебе Всесильный»[199] – все эти благословения относились к доле Яакова, и он взял свое. И благословения, которые на самом деле были долей Яакова, Ицхак хотел отдать Эсаву, и потому Творец сделал и устроил для Яакова так, чтобы он взял свое.

Объяснение. Суть благословений – это передача силы для окончательного исправления. Как сказано: «И налови мне добычу (цаид צֵידָה)»[205], с буквой «хэй ה», указывающей на исправление Малхут первого сокращения, либо путем Эсава, либо путем Яакова, чтобы установить этот путь навсегда.[232]

И мы уже знаем, что по причине разбиения келим, триста двадцать искр упали из святости в клипот, а затем Создатель исправил часть из них. Но из-за греха Древа познания они снова упали в клипот. И вся наша работа в Торе и заповедях заключается в том, чтобы извлечь эти триста двадцать искр из клипот и вернуть их к святости. И это поднимаемые нами МАН, которые притягивают все мохин на протяжении шести тысяч лет существования мира, и когда выявятся все триста двадцать искр с помощью притягиваемых ими мохин, наступит окончательное исправление.

Выяснение этих трехсот двадцати искр. Из десяти сфирот Некудим разбились восемь сфирот, в каждой из которых было четыре свойства ХУБ ТУМ, и называются они Даат, ХАГАТ, НЕХИМ. Таким образом, это тридцать два свойства, которые упали в клипот, т.е. четырежды восемь. Но поскольку десять сфирот Некудим содержали в себе друг друга, так что в каждой из них было десять сфирот, разбились тридцать два свойства от этих десяти сфирот, включенных в каждую сфиру, а десять, помноженное на тридцать два свойства, составляет в гематрии триста двадцать (ШАХ שך). Итак, мы видим, что вследствие разбиения келим и прегрешения Древа познания, упало в общем счете триста двадцать свойств в клипот.

---

[232] См. выше, п. 139, со слов: «А теперь выясним, что представляют собой благословения...»

И знай, что не все триста двадцать (ШАХ) свойств даются для работы и выяснений, а только двести восемьдесят восемь (РАПАХ רפח) из них, то есть девять раз по тридцать два свойства от девяти первых сфирот. Но тридцать два свойства Малхут, содержащиеся в них, не поддаются выяснению. И нет необходимости выяснять ее, а лишь по завершении выяснений двухсот восьмидесяти восьми (РАПАХ) искр, эти тридцать два искры от них выявляются сами собой. И совокупность всех зивугов шести тысяч лет – это общий зивуг, который состоится в конце исправления.

И после того, как завершились выяснения всех двухсот восьмидесяти восьми искр, вследствие того, что они стали МАН для зивуга в ЗОН, и с помощью них выходят друг за другом все мохин в течение шести тысяч лет, наступает время большого зивуга, собирающего все части в единую общность. И благодаря величине этого свечения выясняется и исправляется тридцать две искры Малхут. И эти тридцать две искры Малхут называются «лев[233] а-эвен (каменное сердце)».

И сказано тогда: «И удалю Я из плоти вашей сердце каменное»[234]. И благодаря этому поймешь, что в сказанном Ицхаком Эсаву: «И налови мне добычу (цаид צָיִד)»[205], с буквой «хэй ה», имелись в виду эти тридцать две искры Малхут, которые выясняются только благодаря двумстам восьмидесяти восьми искрам, собирающимся вместе в общем зивуге. И это соединение выясняется в отрывках: «И даст тебе Всесильный...»[232]

И поэтому сказано: «Все эти благословения относились к доле Яакова, и он взял свое», – так как все благословения относятся к окончательному исправлению, и они представляют собой совокупность всех частей двухсот восьмидесяти восьми искр, которые выяснились с помощью зивугов, вышедших один за другим в течение шести тысяч лет, и их соединением завершается исправление. И эти зивуги и мохин вышли только в части Яакова, так как он является средней линией, объединяющей две линии, правую и левую, друг с другом, во время своего подъема в Бину. И тогда, поскольку «три вышли благодаря

---

[233] Слово «лев (לב сердце)» имеет числовое значение 32.
[234] Пророки, Йехезкель, 36:26. «И дам вам сердце новое и дух новый вложу в вас. И удалю Я из плоти вашей сердце каменное, и дам вам сердце из плоти».

одному, один удостаивается трех».[235] И в таком порядке раскрываются все мохин де-ЗОН и души праведников.

А у Эсава вообще нет никакой доли в этих мохин, и не желает он их. Как сказано: «Ведь приближающий добро должен быть учтен в них, но они не желают перемещения и переворачивания»[236]. Ведь все эти благословения были уделом Яакова.

Поэтому сказано здесь: «И благословения, которые на самом деле были долей Яакова, Ицхак хотел отдать Эсаву» – Ицхак хотел благословить ими Эсава. То есть после того, как исправится «лев а-эвен (каменное сердце)» благодаря Яакову, уже больше не будет того страха, который выражен в словах: «А если не удостоился – то стало злом»[237], ибо исправляется все, и с того момента и далее сможет Эсав притягивать сверху вниз сколько захочет, без всякого страха.

И тогда получается, что готовит праведник, а облачается грешник, потому что благодаря двумстам восьмидесяти восьми искрам, которые выявил Яаков, выявляется с ними и «лев а-эвен» из клипот, и зло устраняется из мира. Выходит, что он подготовил тем самым возможность Эсаву притягивать своим путем в нечистоту, сверху вниз.

И получается, что Эсав наследует все усилия Яакова, по принципу: «Будь (хевэй הֱוֵה) владыкой братьям твоим»[199] – т.е. брат твой пусть работает, а ты получишь прибыль, потому что всем, что обретает раб, обладает господин его. И Ицхак хотел сказать это Эсаву. «И потому Творец сделал и устроил для Яакова так, чтобы он взял свое» – т.е. Яаков получил эти благословения, так как его они. И он стал властелином над братом своим Эсавом, как сказано: «Подготовит грешник, а облачится праведник». И всем, что обрел Эсав, обладает Яаков.

---

[235] См. Зоар, главу Берешит, часть 1, п. 363.
[236] См. Зоар, главу Хаей Сара, п. 11, со слов: «И лежащие во прахе...»
[237] См. «Предисловие книги Зоар», п. 123, со слов: «Почему Малхут называется страхом Творца? Так как Малхут – это Древо познания добра и зла, если удостоился человек – стало добром, а если не удостоился – то злом...»

148) В час, когда этот змей навлек проклятия на мир, и земля была проклята, сказано: «Проклята земля за тебя»[238] – т.е. она не будет производить плоды как подобает. И согласно этому, благословляется Яаков после прихода Машиаха, после того как будет исправлен грех Древа познания, «от туков земли» – т.е. она вернется к своему совершенству. А за проклятие «в муках питаться будешь»[238] – благословился он соответственно «от росы небесной». А за проклятие «терние и волчец произрастит она тебе»[239] – благословился он согласно этому «множеством хлеба и вина»[240]. А за проклятие «в поте лица своего будешь есть хлеб»[241] – благословился он соответственно этому: «Послужат тебе народы, и поклонятся тебе племена»[242], т.е. они будут обрабатывать землю и заниматься полевыми работами. Как сказано: «И чужеземцы (будут) земледельцами вашими и виноградарями вашими»[243]. И всё это взял Яаков, одно в соответствии другому, – каждое благословение соответствовало одному проклятию за Древо познания. И взял он свое.

Творец устроил Яакову так, чтобы он взял эти благословения и прилепился к своему месту и к своему уделу, а Эсаву – чтобы прилепился к своему месту и к своему уделу. И эти благословения относятся к концу исправления, ведь грех Древа познания будет уже исправлен, и в соответствии проклятию можно будет удостоиться благословения, – но это не так прежде, чем будет исправлен грех Древа познания.

150)[244] Благословение Эсава не похоже на благословение Яакова. О Яакове сказано: «И даст тебе Всесильный»[199]. А об Эсаве сказано: «Будет проживание твое»[245] – и Всесильный не упоминается в благословении, потому что оно не несет в себе

---

[238] Тора, Берешит, 3:17. «Проклята земля за тебя, в муках будешь питаться от нее все дни жизни своей».

[239] Тора, Берешит, 3:18. «Терние и волчец произрастит она тебе, и будешь питаться полевою травою».

[240] Тора, Берешит, 27:28.

[241] Тора, Берешит, 3:19.

[242] Тора, Берешит, 27:29.

[243] Пророки, Йешаяу, 61:5. «И встанут иноземцы и пасти будут овец ваших, и чужеземцы (будут) земледельцами вашими и виноградарями вашими».

[244] Пункт 149 в данной редакции текста не приводится.

[245] Тора, Берешит, 27:39-40. «И отвечал Ицхак отец его, и сказал ему: "Вот, от туков земли будет проживание твое и от росы небесной сверху. И мечом твоим ты будешь жить, и брату своему будешь служить; но когда вознегодуешь, то свергнешь иго его со своей шеи"».

святости. О Яакове сказано: «От росы небесной и от туков земли»[199], а об Эсаве сказано: «От туков земли и от росы небесной»[245] – т.е. земля предшествует небесам.

151) Эти ступени сильно отличаются. О ступени Яакова сказано: «И даст тебе Всесильный от росы небесной»[199] – высшей росы, т.е. изобилия, нисходящего от Атика Йомина и называемого росою небесной, росою высших небес.

Роса нисходит на ступень, которая называется «небеса», т.е. к Зеир Анпину, и оттуда передается полю святых яблок, т.е. Малхут.[246] А затем сказано о ней: «И от туков земли»[199] – это высшая земля жизни, т.е. Малхут в то время, когда она облачает Бину, называемую Владыкой жизни, и потому называется тогда Малхут землею жизни. И Яаков унаследовал благословение в высшей земле, Малхут, и в высших небесах, Зеир Анпине.

А благословение Эсава было в нижней земле и в нижних небесах, т.е. находящихся в этом мире. Яаков благословился высоко-высоко, в небесах и земле мира Ацилут; а Эсав – внизу, в небесах и земле этого мира.

152) Яаков благословился наверху и внизу, в высших небесах и высшей земле, а также в этом мире – т.е. с приходом Машиаха. А Эсав – только внизу, в небесах и земле этого мира. И хотя сказано: «Но когда вознегодуешь, то свергнешь иго его со своей шеи»[245], – т.е. если согрешат Исраэль, благословения отменятся, – сказано это о небесах и земле здесь, в этом мире. Однако наверху ничего не отменяется, как сказано: «Ибо доля Творца – народ Его, Яаков – наследственный удел Его»[247]. Ведь когда Яаков и Эсав начали получать благословения, Яаков взял свою часть наверху, а Эсав взял свою часть внизу.

Внутренний смысл сказанного. Зеир Анпин и Нуква вместе называются миром: Зеир Анпин называется небесами, а Нуква – землей. И они разделяются в месте хазе:

1. От их хазе и выше они называются большими ЗОН и называются высшим миром, а также скрытым миром, потому

---

[246] См. выше, п. 139, со слов: «А теперь выясним, что представляют собой благословения...»
[247] Тора, Дварим, 32:9.

что получают от высших Абы ве-Имы хасадим, укрытые от Хохмы, в свойстве «чистый воздух». И называются они высшими небесами и землей.

2. От их хазе и ниже называются они малыми ЗОН и называются нижним миром или этим миром, а также раскрытым миром, поскольку получают от ИШСУТ хасадим, которые раскрыты в свечении Хохмы. И называются они нижними небесами и землею.

И поэтому сказано, что «Яаков благословился наверху и внизу». То есть благословения Яакова находятся в высших небесах и земле, называемых высшим миром, укрытым миром, который весь – хасадим, укрытые от Хохмы. И находятся они также в нижних небесах и земле, называемых раскрытым миром, (где хасадим) раскрыты в свечении Хохмы.

«А Эсав – только внизу» – однако благословения Эсава находятся лишь в нижних небесах и земле, называемых этим миром. Ибо благословения Эсава происходят от левой линии, от Хохмы без хасадим, имеющейся только в нижних небесах и земле, которые раскрыты в Хохме. Однако в высших небесах и земле нет ничего от свечения Хохмы – это одна лишь правая линия, только хасадим. И нет у Эсава оттуда ничего.

И хотя сказано: «"Но когда вознегодуешь, то свергнешь иго его со своей шеи"[245], – т.е. если согрешат Исраэль, благословения отменятся», из чего следует, что у Эсава есть доля во всех благословениях, включая благословения в высших небесах и земле, – однако сказано это только о части благословений, относящейся к нижним небесам и земле, от которых Эсав получает питание. Но в высших небесах и земле ничего не отменяется из благословений, поскольку нет там доли у Эсава.

И разделение, которое отмечает Зоар, вытекает из самого Писания, где сказано: «Свергнешь иго его со своей шеи»[245]. Это можно сказать о нижних небесах и земле, где Эсав содействовал Яакову тем, что работал и привлекал там левую линию для

Яакова, как сказано: «Больший будет служить младшему»[248], а также: «Наготовит он (грешник), а оденется праведник»[249].

Иначе говоря, если согрешат Исраэль, то Эсав свергнет с себя это иго Яакова, и не будет больше работать и готовить для него. Тогда как в высших небесах и земле, где Эсав никак не может способствовать и не было на нем ига, чтобы работать там для Яакова, – не имеют силу слова́: «Свергнешь иго его со своей шеи»[245]. Таким образом, тут сказано только о нижних небесах и земле.

И знай, что совершенная ступень получает от двух свечений – т.е. получает укрытые хасадим от высших небес и земли и свечение Хохмы от нижних небес и земли. Сначала она получает свечение укрытых хасадим наверху и считается тогда свойством ВАК без рош до тех пор, пока ей недостает внизу свечения Хохмы. А когда она получает также и свечение Хохмы внизу, восполняется свойством ГАР.[250] И сказанное, что Яаков (благословился) наверху и внизу, не означает, что он получил два этих свечения одновременно, а одно за другим. Сначала он взял наверху – свойство ВАК этих благословений; а затем взял также и внизу, т.е. взял также и свойство ГАР этих благословений.

И поэтому сказано: «Ведь когда Яаков и Эсав начали получать благословения, Яаков взял свою часть наверху» – так как вначале он достиг малого состояния (катнут) благословений, т.е. ВАК без рош, и это получено от высших небес и земли. А затем, когда наступило время большого состояния (гадлут), он взял также и внизу.

«А Эсав взял свою часть внизу» – но Эсав же даже вначале не получил ничего от свечения хасадим высших небес и земли, так как он происходит от левой линии, и нет у него никакой доли в укрытых хасадим, которые целиком относятся к правой

---

[248] Тора, Берешит, 25:23. «Два народа во чреве твоем, и два народа из утробы твоей разойдутся, и народ народа сильнее будет, и больший будет служить младшему».

[249] Писания, Йов, 27:17. «Наготовит он (грешник), а оденется праведник; и непорочному достанется серебро».

[250] См. Зоар, главу Берешит, часть 1, п. 308, со слов: «Сказано: «Дающий в море путь» – это ИШСУТ…»

линии. И потому он вынужден был взять от нижних небес и земли даже вначале.

153) Почему не исполнились благословения, которыми благословил Ицхак Яакова, а все благословения, которыми благословил Ицхак Эсава, исполнились?

154) Все эти благословения исполнились, а также другие благословения, которыми Творец благословил Яакова, исполнились. Однако сначала Яаков взял все благословения только сверху, от высших небес и высшей земли, и потому им недостаёт у него совершенства до тех пор, пока он не возьмет (благословения) снизу. А Эсав взял внизу. Когда же встанет царь Машиах, Яаков возьмет (благословения) сверху и снизу, т.е. также и от нижних небес и земли, а Эсав потеряет всё, и не будет ему ни доли, ни удела, ни памяти в мире.

Сказано: «Будет дом Яакова огнем, дом Йосефа – пламенем, а дом Эсава – соломой»[251], потому что Эсав потеряет всё, а Яаков унаследует два мира – этот мир, нижние небеса и землю, и будущий мир, высшие небеса и землю.

И не следует спрашивать: разве и до прихода Машиаха не получает Яаков от нижних небес и земли в период Храма, по субботам и праздникам и посредством молитв? Дело в том, что, поскольку они непостоянны, то не считаются получением, однако в будущем они станут постоянными.

155) И об этом времени сказано: «И взойдут спасители на гору Цион, чтобы судить гору Эсава; и будет Творцу – царство»[252]. То царство, которое взял Эсав в этом мире, будет одному лишь Творцу. Но разве сейчас царство не принадлежит Творцу? Но хотя Творец и властвует наверху и внизу, ведь дал Он власть другим народам – каждому дал Он долю и удел в этом мире, чтобы пользоваться им. А в то время Он возьмет у всех царство, и всё оно будет принадлежать Ему, как сказано: «Будет Творцу – царство», Ему одному. Сказано об этом:

---

[251] Пророки, Овадья, 1:18. «И будет дом Яакова огнем, дом Йосефа – пламенем, а дом Эсава – соломой, и загорятся в них и поглотят их, и не будет остатка в доме Эсава, ибо так сказал Творец».
[252] Пророки, Овадья, 1:21.

«И будет Творец царем на всей земле, в тот день будет Творец един, и имя Его едино»[253].

156) «И было,.. как только, уходя, вышел Яаков»[254]. «Как только, уходя, вышел» – почему о выходе сказано дважды? Но это два выхода: один – Шхины, другой – Яакова. Ведь, когда Яаков вошел, вместе с ним вошла Шхина, и он был благословлен пред Шхиной, потому что Ицхак произносил благословения, а Шхина соглашалась с ними. И потому, когда выходил Яаков, вышла вместе с ним Шхина, как сказано: «Как только, уходя, вышел Яаков» – два выхода, как одно целое.

157) «Эсав, брат его, пришел с охоты своей»[254]. Сказано не «с охоты», а «с охоты своей», с тем, чтобы показать, что это охота Эсава, в которой нет благословения. А дух святости кричал, предупреждая: «Не вкушай хлеба недоброжелателя!»[255]

158) «И приготовил также и он яства и принес отцу своему, и сказал он отцу своему: "Пусть поднимется мой отец и ест от добычи сына своего"»[256]. Речь его была дерзкой, отличалась грубостью. «Пусть поднимется мой отец» – это слова, в которых нет чувства. Яаков стыдился, обращаясь к отцу своему, был скромен. Сказано: «И пришел он к отцу своему и сказал: "Отец мой"»[257]. В чем отличие между языком Эсава и языком Яакова? Яаков, не желая испугать его, обратился на языке нижестоящих: «Поднимись же, сядь и поешь от добычи моей»[257]. Эсав же сказал: «Пусть поднимется мой отец»[256], словно говорил не с ним, а с самим собой.

159) Когда вошел Эсав, вошла вместе с ним преисподняя. Содрогнулся Ицхак и испугался, как сказано: «И вострепетал

---

[253] Пророки, Зехария, 14:9.
[254] Тора, Берешит, 27:30. «И было, когда окончил Ицхак благословлять Яакова, – как только, уходя, вышел Яаков от лица Ицхака, отца своего, Эсав, брат его, пришел с охоты своей».
[255] Писания, Притчи, 23:6-7. «Не вкушай хлеба недоброжелателя. "Ешь и пей!" – скажет он тебе, а сердце его не с тобою».
[256] Тора, Берешит, 27:31. «И приготовил также и он яства и принес отцу своему, и сказал он отцу своему: "Пусть поднимется мой отец и ест от добычи сына своего, чтобы благословила меня твоя душа!"»
[257] Тора, Берешит, 27:18-19. «И пришел он к отцу своему и сказал: "Отец мой!" И сказал он: "Вот я. Кто ты сын мой?" И сказал Яаков отцу своему: "Я – Эсав, твой первенец. Я делал так, как ты говорил мне. Поднимись же, сядь и поешь от добычи моей, чтобы благословила меня твоя душа"».

Ицхак трепетом чрезвычайно великим»[258]. Почему сказано «чрезвычайно»? Потому что со дня сотворения Ицхака не было больше столь сильного страха и ужаса, как тот, что напал на него. Даже в тот час, когда был связан на жертвеннике и увидел нож над собой, не содрогнулся он так, как в час, когда вошел к нему Эсав, и увидел он преисподнюю, пришедшую с ним. Тогда сказал он: «Прежде, чем ты пришел; и благословил я его – пусть тоже благословен будет!»[258] – ибо видел я Шхину, признававшую эти благословения.

160) Ицхак сказал: «И благословил я его». Раздался голос и сказал: «Пусть тоже благословен будет!» Ицхак собрался проклясть Яакова – сказал ему Творец: «Ицхак, себя ты проклинаешь, ведь ты уже сказал ему: "Проклинающие тебя – прокляты, а благословляющие тебя – благословенны"[199]».

161) Все признали эти благословения: высшие и нижние, и даже Сам, повелитель Эсава, участь судьбы Эсава, признал их. Он благословил его и признал благословения, и возвысил его над собой, т.е. преклонился перед ним.

162) Сказано: «И сказал: "Отпусти меня, ибо взошла заря", но он сказал: "Не отпущу тебя, если не благословил ты меня"»[259]. «И сказал: "Отпусти меня"» – потому что держал его Яаков. Но как человек из плоти и крови может держать ангела, который является духом по сути своей?

163) Однако отсюда следует, что ангелы, посланники Творца, спускаясь в этот мир, они облечены (в тело), – и облекаются и облачаются они в тело, соответствующее этому миру; это нужно для того, чтобы не нарушать обычай того места, куда отправляешься.

164) Так же было и с Моше, когда он поднялся наверх, как сказано: «И пробыл он там с Творцом сорок дней и сорок ночей,

---

[258] Тора, Берешит, 27:33. «И вострепетал Ицхак трепетом чрезвычайно великим, и сказал: "Кто же он и где тот, который наловил добычи и принес мне?! И я ел от всего, прежде чем ты пришел; и благословил его – пусть тоже благословен будет!"»
[259] Тора, Берешит, 32:27.

хлеба не ел и воды не пил»²⁶⁰ – чтобы не нарушить обычай того места, куда отправился. Так же было и с ангелами у Авраама, когда они спустились вниз, сказано: «А сам стоял подле них под деревом, и они ели»²⁶¹. Так же и здесь: этот ангел, спустившись вниз, боролся с Яаковом лишь потому, что был облачен в тело, соответствующее этому миру, и потому боролся с ним Яаков всю ту ночь. Но если бы он не облачился (в тело), не мог бы Яаков бороться с ним.

165) И поскольку власть нечистой стороны действует только ночью, то и власть Эсава действует только в изгнании, т.е. ночью. Иными словами, тогда нам посылается мрак, как ночью. И потому ночью сражался ангел с Яаковом и боролся с ним. Когда же настало утро, ослабла сила ангела, и не одолел он его (Яакова). Тогда возобладал Яаков, так как власть Яакова действует днем.

166) Сказано об этом: «Пророчество о Думе. Ко мне взывает из Сеира: "Страж, что же с ночью? Страж, что же с ночью?"»²⁶². Ибо власть Эсава, называющаяся Сеир, действует ночью. И потому ослаб ангел, когда настало утро, и тогда «сказал: "Отпусти меня, ибо взошла заря"».

167) «Но он сказал: "Не отпущу тебя, если не благословил ты меня"»²⁵⁹. Следовало сказать: «благословишь меня» в будущем времени, ведь «благословил меня» – это прошедшее время. Иначе говоря, если ты признаешь за мной те благословения, которыми благословил меня отец мой, и не будешь обвинять меня за них, тогда я отпущу тебя. И потому сказано: «Если не благословил ты меня», в прошедшем времени, так как речь идет о благословениях Ицхака.

«И сказал: "Не Яаков отныне наречено имя твое, а Исраэль"»²⁶³. Почему он назвал его Исраэль? Ответ: он сказал ему:

---

[260] Тора, Шмот, 34:28. «И пробыл он там с Творцом сорок дней и сорок ночей, хлеба не ел и воды не пил, и написал на скрижалях слова союза, десять речений».

[261] Тора, Берешит, 18:8. «И взял масла, и молока, и теленка, которого приготовил, и поставил пред ними, а сам стоял подле них под деревом, и они ели».

[262] Пророки, Йешаяу, 21:11.

[263] Тора, Берешит, 32:29. ««И сказал: "Не Яаков отныне наречено имя твое, а Исраэль, ибо ты боролся со Всесильным и людьми, и одолел"».

«Поневоле должны мы служить тебе, ибо большой силой увенчался ты наверху, на высшей ступени. И потому Исраэль будет имя твое. Парцуф Зеир Анпин делится по хазе: от хазе и ниже зовется он Яаков, а от хазе и выше зовется Исраэль. И когда ангел увидел, что Яаков стал строением (меркава) для высшей ступени, от хазе Зеир Анпина и выше, то подчинился, чтобы служить ему, как подчинен он Творцу, и нарек ему имя Исраэль.

168) «Ибо ты боролся со Всесильным» – чтобы соединиться и совершить зивуг со Всесильным, т.е. Шхиной, единением и зивугом солнца и луны, т.е. Зеир Анпина и Нуквы. Ибо, будучи строением (меркава) для Зеир Анпина от хазе и выше, что называется Исраэль, он включается вместе с Зеир Анпином в его зивуг со Шхиной и соединяется также со Шхиной вместе с Зеир Анпином.

169) «И сказал: "Если ты будешь слушаться голоса Творца Всесильного твоего"»[264]. «И сказал» – сказал для пробуждения, чтобы старался слушаться голоса Творца. Так же и здесь, «и сказал»[263] означает, что пробудил его и сказал: «Не Яаков отныне наречено имя твое, а Исраэль"»[263]. «Не Яаков наречено» – это значит: пускай старается и поднимается со ступени, носящей имя Яаков, от хазе Зеир Анпина и ниже, на ступень, носящую имя Исраэль, которая выше хазе Зеир Анпина, т.е. мохин де-ГАР. Ведь Исраэль (ישראל) состоит из тех же букв, что и слова «ли рош (לי ראש мне начало)», ибо желает быть общностью праотцев, т.е. быть свойством средней линии, включающей две линии, правую и левую, – праотцев Авраама и Ицхака.

«И благословил его там»[265] – т.е. признал за ним все благословения, которыми благословил его отец. И причина нежелания разъяснять слова «не Яаков отныне наречено имя твое» в простом их толковании, т.е. что изменил его имя с Яаков на Исраэль, заключается в том, что перемена имени относится к

---

[264] Тора, Шмот, 15:26. «И сказал: "Если будешь ты слушаться голоса Творца Всесильного твоего и угодное Ему делать будешь, и внимать будешь заповедям Его, и соблюдать все законы Его, то ни одной из болезней, которые Я навел на Египет, не наведу на тебя, ибо Я, Творец, – твой целитель"».

[265] Тора, Берешит, 32:30. «И обратился Яаков и сказал: "Поведай же имя твое". И сказал тот: "Зачем же ты спрашиваешь о моем имени?" И благословил его там».

Творцу, а ангел не может изменить имя. И поэтому объясняется, что «и сказал» было сказано для пробуждения его к этому.

170) «Если Творец благоволит к путям человека, то и врагов его примирит с ним»[266]. Два ангела посылаются свыше человеку, чтобы соединиться с ним – один справа, другой слева. Они свидетельствуют о человеке и присутствуют во всем, что он делает. И зовутся они «доброе начало» и «злое начало».

171) Когда человек желает очиститься и прилагать старания в соблюдении заповедей Торы, то соединившееся с ним доброе начало сразу поднимается над злым началом и достигает согласия с ним, и злое начало становится рабом доброго начала. Когда же человек желает осквернить себя, то злое начало усиливается и одолевает доброе начало.

И когда этот человек желает очиститься, сколько трудностей ему нужно преодолеть. А когда берет верх доброе начало, «то и врагов его примирит с ним»[266] – потому что злое начало, т.е. враги его, смиряется перед добрым началом. Когда человек следует заповедям Торы, тогда «врагов его примирит с ним». То есть злое начало и все, кто исходят с его стороны, примирятся с ним.

172) И так как Яаков полагался на Творца и все пути его были ради Него, потому и «врагов его примирит с ним». И Сам, сила и мощь Эсава, примирился с Яаковом. И поскольку он примирился с Яаковом и признал за ним благословения, то и Эсав примирился с ним. Но до тех пор, пока не примирился Яаков с управляющим, который был назначен над ним, т.е. с Самом, не примирялся с ним также и Эсав. Ведь в любом месте сила внизу зависит от силы наверху, и пока не ослабляется сила наверху, – т.е. правители, назначенные над ними наверху, – невозможно ослабить силу внизу в этом мире.

173) «И вострепетал Ицхак трепетом чрезвычайно великим, и сказал: "Кто же он и где тот?!"»[258] Когда благословил Ицхак Яакова, Шхина стояла там, и потому сказал: «Кто же он и где тот?!», что означает: где тот, кто стоял здесь, признавая благословения, которыми я благословил его; разумеется, «пусть

---

[266] Писания, Притчи, 16:7.

тоже благословен будет»²⁵⁸ – ведь Творец согласился с этими благословениями.

174) За тот трепет, которым растревожил Яаков Ицхака, отца своего, был наказан Яаков продажей Йосефа. И он тоже испытал подобный трепет, когда сказали ему: «Это мы нашли. Узнай же, сына ли твоего эта одежда, или нет»²⁶⁷.

Ицхак сказал: «Кто же он и где (эйфо אֵפוֹא) тот?!» И этим «где» был наказан Яаков, как сказано: «Где (эйфо אֵיפֹה) они пасут?»²⁶⁸. И там пропал Йосеф и был наказан Яаков. И хотя Творец согласился с ним в этих благословениях, все равно он был наказан этим «где», как сказано: «Где они пасут?», потому что там он потерял Йосефа и понес все это наказание.

175) «И вострепетал Ицхак трепетом чрезвычайно великим»²⁵⁸. Сказано здесь «великим», и в другом месте сказано: «Огня великого этого да не увижу более»²⁶⁹. И так же как там истолковывается «великий огонь», также и здесь имеется в виду «великий огонь», – то есть, что он вошел с ним в преисподнюю. А что значит «чрезвычайно»? «Хорошо очень (чрезвычайно)»²⁷⁰ – это сказано об ангеле смерти. Также и здесь подразумевается ангел смерти, который вошел с Эсавом. Тогда сказал (Ицхак): «Кто же он и где тот?!...пусть тоже благословен будет»²⁵⁸ – так как понял, что эти благословения принадлежат Яакову, а не Эсаву.

176) «Когда услышал Эсав слова отца своего, возопил он воплем великим»²⁷¹. Сколько бед принесли Исраэлю эти слезы Эсава, пролитые перед отцом его, с тем чтобы благословиться от него, потому что отцовские слова были для него важнее

---

²⁶⁷ Тора, Берешит, 37:32. «И послали разноцветную рубашку, и доставили к отцу своему, и сказали: "Это мы нашли. Узнай же, сына ли твоего эта одежда, или нет"».

²⁶⁸ Тора, Берешит, 37:16. «И сказал он: "Братьев моих ищу я, скажи мне, где они пасут?"»

²⁶⁹ Тора, Дварим, 18:16. «Обо всем, что ты просил у Творца Всесильного твоего возле Хорева, в день собрания, говоря: "Да не услышу я более голоса Творца Всесильного моего и огня великого этого да не увижу более, чтобы не умереть мне"».

²⁷⁰ Тора, Берешит, 1:31. «И увидел Всесильный все, что Он создал, и вот – хорошо очень. И был вечер, и было утро, – день первый».

²⁷¹ Тора, Берешит, 27:34. «Когда услышал Эсав слова отца своего, возопил он воплем великим и горьким чрезвычайно, и сказал отцу своему: "Благослови и меня, отец мой"».

всего. И из-за этого Исраэль были обвинены в том, что они не хранят уважение к отцу, как он.

«Потому ли нарек ему имя Яаков»[272] «Потому ли нарек ему имя» – тот, кто нарек ему имя, т.е. Творец.[273] (Эсав) произнес это сквозь сжатые губы, желая оскорбить того, кто нарек ему имя Яаков. Не сказано: «наречено ему имя», а сказано: «нарек ему имя» – (Эсав) тем самым намеревался оскорбить не Яакова, а того, кто назвал его Яаков.

177) «Что он обошел меня уже дважды: мое первородство взял и вот ныне взял мое благословение!» В словах «Мое первородство (бехорати́ (בכרתי)» и «мое благословение (бирхати́ (בכרתי)»[272] те же буквы. Благословение принадлежит первенцу. А поскольку взял (Яаков) у него первородство, то уже обрел и благословение. И получается, что два этих обмана – одно целое.

Внутренний смысл сказанного. Ведь (Эсав) сам уже пренебрег своим первородством, сказав: «Я хожу на смерть, на что же мне первородство?»[274]. Он презрел свой путь, т.е. свечение левой линии без включения в правую, и отдал первенство пути Яакова, средней линии, и определил его путь навсегда, потому что признал, что благословения принадлежат Яакову, а благословения определяют путь навсегда.[275] Так что, он уже определил путь Яакова навсегда, когда, презрев первородство, признал за ним благословения, и это является одним целым. Вот почему в словах «мое первородство (бехорати́ (בכרתי)» и «мое благословение (бирхати́ (בכרתי)» те же буквы.

---

[272] Тора, Берешит, 27:36. «И сказал он: "Потому ли нарек ему имя Яаков (יעקב), что он обошел (יעקבני) меня дважды: мое первородство взял и вот ныне взял мое благословение!" И сказал: "Неужели ты не оставил мне благословения?"».

[273] См. выше, п. 28.

[274] Тора, Берешит, 25:32. «И сказал Эсав: "Ведь я хожу на смерть, на что же мне первородство?"».

[275] См. выше, п. 139, со слов: «А теперь выясним, что представляют собой благословения...»

179)²⁷⁶ «Ведь я поставил его господином над тобою... И что же теперь я сделаю тебе, сын мой?»²⁷⁷ «И что же теперь» – это значит, что среди тех, кто здесь находится, никто не согласится, чтобы ты взял благословения. Поэтому сказал: «Что же теперь я сделаю тебе, сын мой?» И тогда благословил он его в этом мире. И взглянул на его ступень и сказал ему: «"И мечом твоим ты будешь жить"²⁴⁵, ибо это подобает тебе – проливать кровь и вести войны». Ведь (Эсав) прилеплен к левой линии, представляющей суды. И об этом сказал (Ицхак): «Что же я сделаю, сын мой, если твоя ступень не достойна благословения?»

180) Сказал он ему: «"И что же теперь я сделаю тебе?"²⁷⁷ Ведь в судах, с мечом и в крови видел я тебя. А брата твоего я видел идущим по пути совершенства. Но я причинил тебе это, потому что ты – сын мой».

Объяснение. Ицхак тоже относился к левой линии, но был включен в правую, как сказано: «Авраам породил Ицхака»²⁷⁸. И поэтому сказал: «Но я причинил тебе это, потому что ты – сын мой». Иначе говоря: «Я причина тому, что ты будешь в левой линии, от которой происходят суды, и меч, и кровь, потому что ты – сын мой, а я происхожу от левой линии».

И потому «мечом своим будешь жить и брату своему будешь служить»²⁴⁵. Но это пока еще не исполнилось – ведь Эсав еще не служил Яакову. Это потому, что Яаков не нуждается в нем сейчас. И он опять назвал Эсава «господин мой», и так много раз,²⁷⁹ – ибо Яаков смотрел далеко вперед и оставил его до окончания дней.

181) «Уста свои открывает она с мудростью, и учение о милосердии на языке ее»²⁸⁰. «Уста свои открывает она с мудростью» – это указывает на кнессет Исраэль, т.е. Шхину. «Учение о милосердии на языке ее» – это Исраэль, т.е. язык Торы, так как они говорят на нем днем и ночью.

---

²⁷⁶ Пункт 178 в данной редакции текста не приводится.
²⁷⁷ Тора, Берешит, 27:37. «И отвечал Ицхак, и сказал Эсаву: "Ведь я поставил его господином над тобою и всех братьев его отдал ему в рабы, хлебом и вином укрепил я его. И что же теперь я сделаю тебе, сын мой?"»
²⁷⁸ Тора, Берешит, 25:19.
²⁷⁹ Тора, Берешит, 33.
²⁸⁰ Писания, Притчи, 31:26.

182) «Уста свои открывает она с мудростью» – это буква «бэт ב» слова «вначале (берешит בראשית)»²⁸¹, т.е. Нуква, называемая «дом (байт בית)».²⁸² «Учение о милосердии на языке ее» – это Авраам, линия милосердия (хесед), с которой (Творец) сотворил мир²⁸³ и в которой говорит всегда. Всегда говорит Он в Торе, и вся она – нисхождение милосердия.

Форма буквы «бэт ב» замкнута с одной стороны и открыта – с другой. Замкнута с одной стороны, как сказано: «Ты увидишь Меня сзади»²⁸⁴. Ви́дение – это Хохма, а когда Нуква получает Хохму, она закрывается из-за недостатка хасадим, и потому называется обратной стороной (ахораим). И тогда Писание говорит о ней: «Ты увидишь Меня сзади».

А с другой стороны буква «бэт ב» открыта, чтобы обращать свечение лица своего наверх, к Зеир Анпину. Она открыта также для того, чтобы происходило получение свыше, от Зеир Анпина. И открыта она, подобно веранде, чтобы получать много света, так как веранда получает больше солнечного света, чем дом. И потому стоит она во главе Торы – буква «бэт ב» в слове «берешит (בראשית вначале)», как сказано: «Уста свои открывает она с мудростью»²⁸⁰. А затем наполняется светом во всех словах Торы, и об этом сказано: «Учение о милосердии на языке ее».

Объяснение. В этом отрывке говорится о двух видах открытия Нуквы:
1. «Уста свои открывает она с мудростью».
2. «Учение о милосердии на языке ее».

Когда буква «бэт», т.е. Нуква, открывается во время зивуга с Зеир Анпином, в ней есть отдача и получение. Ибо Зеир Анпин всегда пребывает в укрытых хасадим, представляя ГАР Бины, по принципу: «ибо желает милосердия (хафец хесед) Он»²⁸⁵. За исключением времени его зивуга с Нуквой, когда она включается в него своим светом Хохма.

---

[281] Первое слово Торы.
[282] См. Зоар, главу Берешит, часть 1, п. 327.
[283] См. Зоар, главу Лех леха, п. 383.
[284] Тора, Шмот, 33:23. «Ты увидишь Меня сзади, а лик Мой не будет виден».
[285] Пророки, Миха, 7:18.

И поэтому сказано: «А с другой стороны буква "бэт ב" открыта, чтобы обращать свечение лица своего наверх» – т.е. Нуква светит свечением Хохмы вверх, Зеир Анпину, мужу своему, как сказано: «Жена доблестная – венец мужу своему»[286]. Ибо она венчает его свечением Хохмы. Таким образом, Нуква открывается в отдаче, как сказано: «Уста свои открывает она с мудростью», – чтобы отдавать Хохму Зеир Анпину; а также открывается в получении, получая тогда изобилие хасадим от Зеир Анпина, который называется Торой, учением – как сказано: «Учение о милосердии на языке ее».

183) «Уста свои открывает она с мудростью» – это указывает на Тору, которая, конечно же, открывается с мудростью. Сказано: «Вначале создал Всесильный...»[287] «Вначале» означает – в мудрости. «Учение о милосердии на языке ее» – ибо далее повествует Тора и говорит: «И сказал Всесильный: "Да будет свет", и стал свет»[288] – это свет милосердия (хесед).

«Уста свои открывает она с мудростью» – это первая «хэй ה» святого имени АВАЯ (הויה), Бина, в которой заключено всё, т.е. все мохин, относящиеся к ЗОН и нижним, проистекают из нее. Он закрыта и раскрыта, так как действуют в ней катнут и гадлут. Во время катнута она представляет общность того, что наверху и внизу, так как Малхут, что внизу, включается в Бину, которая наверху, и тогда Бина становится закрытой.

А во время гадлута она представляет собой мохин наверху, относящиеся к самой Бине, и внизу, относящиеся к Малхут. Тогда сама она становится раскрытой в ГАР и отдает свои силы Малхут.

Таким образом, «уста свои открывает она с мудростью», потому что в свойстве ГАР Бины она закрыта и совершенно непознаваема, как сказано: «Скрыта она от глаз всего живого, и от птицы небесной утаена»[289].

Когда же Бина начала распространяться вместе с Хохмой, которая слилась с ней и облачилась в нее в качестве семи ее

---

[286] Писания, Притчи, 12:4.
[287] Тора, Берешит, 1:1.
[288] Тора, Берешит, 1:3.
[289] Писания, Йов, 28:21.

нижних сфирот, как сказано: «Уста свои открывает она с мудростью», – тогда не смогла распространиться, пока не появился у нее голос, Зеир Анпин, средняя линия, и это «учение о милосердии». И о нем сказано: «Учение о милосердии на языке ее». Ибо Зеир Анпин называется Торой и светит светом милосердия, и потому называется учением о милосердии. А причина, по которой Бина не могла распространиться в Хохме, пока не вышел свет милосердия, т.е. Зеир Анпин, – в том, что Хохма не может светить, пока не облачится в свет милосердия.

184) «Уста свои открывает она с мудростью». Другое объяснение. Это последняя «хэй «פ»имени АВАЯ (הויה), т.е. Нуква, называющаяся речью, которая зависит от Хохмы, мудрости, так как нет речи без мудрости и разума. И потому сказано о Нукве: «Уста свои открывает она с мудростью». «Учение о милосердии на языке ее» – это голос, Зеир Анпин, стоящий над речью, т.е. Нуквой, чтобы управлять ею.

«Учение о милосердии» – это Яаков, Зеир Анпин, называющийся Торой, учением, и это милосердие (хесед), которое над языком ее, т.е. над речью ее, дабы управлять словом и объединяться с ней, ибо нет речи без голоса. Иными словами, у Нуквы, называющейся речью, нет ничего своего, а есть лишь то, что Зеир Анпин, зовущийся голосом, дает ей. И потому речь не слышна без голоса, что указывает на единство ЗОН.

«Уста свои открывает она с мудростью». Когда Нуква открывает уста свои, чтобы говорить и передавать мудрость нижним, тогда «учение о милосердии на языке ее». Тогда обязана она объединиться с Зеир Анпином, называемым «голос» и «учение о милосердии», и он слышен посредством речи, которая «на языке ее». И все по той же причине, что Хохма в Нукве не может светить без хасадим Зеир Анпина.

185) «Я, мудрость, обитаю с хитростью и нахожу знание замыслов»[290]. «Я, мудрость» – это кнессет Исраэль, Нуква, называющаяся нижней мудростью. «Обитаю с хитростью» – это Яаков, который хитроумен, так как взял благословения хитростью. «Нахожу знание замыслов» – это Ицхак, у которого было знание замыслов, чтобы благословить Эсава.

---

[290] Писания, Притчи, 8:12.

И поскольку мудрость, т.е. Шхина, присоединилась к Яакову, который прибег к хитрости, сказано: «Нахожу знание замыслов», так как благословился Яаков от отца, у которого было знание замыслов, чтобы благословить Эсава. И установились над ним все эти благословения, и исполнились в нем и в сыновьях его навсегда и на веки вечные.

186) Они исполнились в этом мире, и все они сбудутся во время царя Машиаха, и тогда будут Исраэль единым народом на земле, и единым народом Творцу. Как сказано: «И сделаю Я их народом единым на земле»[291], и будут примером наверху и внизу. Как сказано: «Вот вместе с облаками небесными будто человек пришел»[292] – то есть царь Машиах. И поэтому хотел Яаков, чтобы его благословения остались на грядущее будущее, и не воспользовался ими немедленно.

187) Сказано: «А ты не бойся, раб Мой Яаков, – сказал Творец, – и не страшись, Исраэль, ибо вот, спасу Я тебя издалека и потомство твое – из страны пленения их. И возвратится Яаков спокойно и мирно, и никто не будет страшить его»[293].

Когда Яаков вышел с благословениями от отца своего, глубоко задумался и сказал: «Благословения эти я хочу отложить на потом, и пребудут они надолго». Он тревожился и опасался, что не установятся над ним эти благословения сразу, и чтобы не прервались они, если согрешат Исраэль. Раздался голос и сказал: «"А ты не бойся, раб Мой Яаков", – слово Творца»[293]. «Ибо Я с тобой»[294], и не оставлю тебя в этом мире. «Ибо спасу Я тебя издалека» – в то время, на которое ты откладываешь исполнение благословений.

---

[291] Пророки, Йехезкель, 37:22. «И сделаю их народом единым на этой земле, на горах Исраэля. И царь один будет для всех них царем, и не будут впредь двумя народами. И никогда больше не разделятся на два царства».

[292] Писания, Даниэль, 7:13-14. «Видел я в ночных видениях: вот, вместе с облаками небесными будто человек пришел, и дошел он до старца, и подвели его к нему. И дана была ему власть, и почести, и царство; и все народы, племена и языки служили ему. Власть его – власть вечная, что не будет отнята, и царство его не будет разрушено».

[293] Пророки, Йермияу, 30:10.

[294] Пророки, Йермияу, 30:11. «Ибо Я с тобой, – сказал Творец, – чтобы спасать тебя; вот Я полностью истреблю все народы, среди которых рассеял тебя, а тебя Я не уничтожу, накажу Я тебя по справедливости, но окончательно не уничтожу Я тебя».

188) «И потомство твое – из страны пленения их»²⁹³ – хотя Эсав сейчас и забрал благословения, и его сыновья поработят твоих сыновей, Я выведу их из рук его, и тогда твои сыновья поработят их. «И возвратится Яаков» – т.е. вернется к этим благословениям. «И возвратится Яаков» к Шхине, которая снова будет с Яаковом. «И возвратится Яаков», конечно же, «спокойно и мирно» – т.е. не будет испытывать беспокойство от этих царств, Вавилона, Мидии, Греции и Эдома, которые порабощали Исраэль. «И исчезнет страх» навсегда и на веки вечные.

189) Всё, что Творец вершит на земле, все – с мудростью. И всё для того, чтобы преподнести высшую мудрость людям, дабы учились они на этих деяниях тайнам мудрости. И всё так, как должно быть. Все деяния Его – это пути Торы, потому что пути Торы – это пути Творца. И нет ничего малого, в чем не содержалось бы множество путей, троп и тайн высшей мудрости.

190) Триста законов установлены в постижении высшей мудрости в строфе: «А имя жены его – Мэйтавэль, дочь Матрэды, дочери Мэй-Заава»²⁹⁵. Сколько скрытой мудрости Торы кроется в каждом деянии, описанном в Торе. В каждом слове заложена мудрость и истинное учение. И потому слова Торы – это святые слова, дабы являть в них чудеса, как сказано: «Открой глаза мои, чтобы увидеть мне чудесное в Торе Твоей»²⁹⁶.

191) В час, когда змей коварно обманул Адама и его жену, приблизившись к его жене и привнеся в нее нечистоту, – поддался ее соблазну Адам, и тогда осквернился мир, и была поругана земля из-за него. И навлек он смерть на весь мир, и мир уже собирался избавиться от него, но тогда явилось Древо жизни, которое искупило Адама и подчинило змея, чтобы он больше не властвовал над потомством Яакова никогда.

192) Когда Исраэль принесли в жертву козла, этот змей покорился и превратился в раба Исраэля. И потому Яаков поднес отцу двух козлят²⁹⁷: одного – чтобы покорить Эсава,

---

²⁹⁵ Тора, Берешит, 36:39.
²⁹⁶ Писания, Псалмы, 119:18.
²⁹⁷ Тора, Берешит, 27:9. «Пойди же в стадо и возьми мне оттуда двух козлят хороших; и я приготовлю из них отцу твоему кушанье».

«волосатого»²⁹⁸, а другого – для ступени, от которой Эсав зависел и к которой прилеплялся, т.е. для Сама, повелителя Эсава.

193) И потому пребывает мир в проклятии, пока не придет женщина, подобная Хаве, и мужчина, подобный Адаму, которые обманут и перехитрят змея и того, кто правит им, т.е. Сама.

Яаков был похож на Адама, Ривка была похожа на Хаву, а Эсав был свойством того змея, на котором восседал Сам, повелитель Эсава. И потому Ривка с Яаковом прибегли к обману и перехитрили Эсава и Сама. И с помощью двух козлят, которых поднесли Ривка и Яаков, они одолели их.

194) «И стал Эсав человеком, сведущим в охоте, человеком поля; а Яаков – человеком кротким, живущим в шатрах»²⁹⁹. «Человеком кротким» означает – человеком совершенный. Почему он был «кротким»? Потому что был «живущим в шатрах», т.е. был включен в обе стороны: правую и левую, Авраама и Ицхака. Таким образом, у него есть совершенство как справа, т.е. свет хасадим, так и слева – свечение Хохмы.

Шатер означает свечение. И так как (Яаков) включает два свечения: правое и левое, говорит о нем Писание: «живущий в шатрах» – во множественном числе.

И поскольку Яаков включал две стороны, он подошел к Эсаву со стороны Ицхака, включенного в него. И это – два козленка, которых он поднес Ицхаку, исходившие от свечения левой линии, от свойства Ицхака. И перехитрил его, как сказано: «С милостивым ты милостив,.. а с упрямым – коварен»³⁰⁰. И когда пришел получать благословения, он заручился поддержкой свыше, поддержкой Авраама и Ицхака, т.е. двух сторон вместе: правой и левой.

195) Когда Яаков встал навстречу Саму, представляющему ступень Эсава, и Сам состязался и боролся с Яаковом, и Яаков

---

²⁹⁸ Тора, Берешит 27:11. «Ведь Эсав, брат мой, человек волосатый». Слова́ волосатый и козел пишутся одинаково: שעיר.

²⁹⁹ Тора, Берешит, 25:27. «И выросли отроки, и стал Эсав человеком, сведущим в охоте, человеком поля; а Яаков – человеком кротким, живущим в шатрах».

³⁰⁰ Писания, Псалмы, 18:26-27. «С милостивым Ты милостив, с мужем беспорочным – беспорочен. С чистым – чист, а с упрямым – коварен».

победил его во многих отношениях, змей был побежден хитростью и обманом. И побежден он был лишь с помощью козленка, то есть двух козлят, которых Яаков принес Ицхаку, отцу своему. С помощью них победил он Эсава, то есть ступень змея. И хотя все это – одно и тоже, змей и Сам, тем не менее, он одержал над Самом еще одну победу, как сказано: «И боролся человек с ним до восхода зари, и увидел, что не одолевает его»[301].

196) Сам явился с тем, чтобы устранить Яакова из мира. Эта ночь была ночью сотворения луны, четвертой ночью, во время которой были сотворены светила[302], и это опасное время. А Яаков остался один – т.е. не было с ним никого другого. Мы изучали, что человеку нельзя отправляться в путь ночью одному, и уж тем более в ночь, когда были созданы светила, т.е. в ночь четвертого дня, ибо луна в это время в ущербе. Сказано в эту ночь: «Да будут светила (מְאֹרֹת)» – без буквы «вав ו», что означает проклятие. В ту ночь остался Яаков один, и потому был в большой опасности, потому что во время ущерба луны, усиливается и правит змей зла. И тогда пришел Сам и обвинил Яакова, желая истребить его из мира.

197) А Яаков был силен со всех сторон: со стороны Ицхака и со стороны Авраама, которые были опорой Яакова. Обратился Сам к правой стороне и увидел Авраама, стойкого в разгар дня, т.е. в правой стороне, милосердия (хесед). Обратился к левой стороне и увидел Ицхака, стойкого в суровом суде. Обратился к телу, к средней линии, и увидел Яакова, стойкого с двух сторон: Авраама и Ицхака, которые окружали его. Тогда «увидел, что не одолевает его, и коснулся сустава бедра его»[301], т.е. места вне тела. Это – одна опора тела, на которую опирается всё тело, т.е. сфира Нецах, являющаяся опорой Тиферет, называющейся телом. И тогда «вывихнулся сустав бедра Яакова, когда он боролся с ним».

198) Когда же показался утренний свет и прошла ночь, Яаков укрепился, а сила Сама ослабла. Тогда сказал он:

---

[301] Тора, Берешит, 32:25-26. «И остался Яаков один. И боролся человек с ним до восхода зари, и увидел, что не одолевает его, и коснулся сустава бедра его, и вывихнулся сустав бедра Яакова, когда он боролся с ним».

[302] Тора, Берешит, 1:14. «И сказал Всесильный: "Да будут светила на небосводе, чтобы отделять день от ночи"».

«"Отпусти меня"³⁰³, так как настало время возгласить утреннюю песнь, и мне нужно уйти. И признал он за ним благословения и добавил ему одно благословение от себя, как сказано: «И благословил его там»³⁰⁴.

199) Сколько благословений получил Яаков? Одно – от своего отца. И он пошел на обман, приобретая все эти благословения. Другое – от Шхины, когда благословил его Творец, по возвращении от Лавана, и сказано, что благословил Всесильный Яакова³⁰⁵. Еще одно – когда благословил его ангел-хранитель Эсава. И еще одно – которым благословил его отец, когда он отправился в Падан-Арам, как сказано: «И Творец Всемогущий благословит тебя»³⁰⁶.

200) В тот момент, когда Яаков внимательно углубился во все эти благословения, подумал: «Каким из них я воспользуюсь сейчас». И решил: «Самым слабым благословением из всех». Какое это благословение? Это последнее, которым благословил его отец. И хотя оно тоже было сильным благословением, сказал себе: «Оно не настолько зависит от влияния этого мира, как первые».

201) Решил Яаков: «Возьму я сейчас это благословение и воспользуюсь им, а остальные сохраню на то время, когда это будет необходимо мне и сыновьям моим после меня. Когда это произойдет? Это произойдет в то время, когда сойдутся все народы, чтобы уничтожить моих сыновей во всем мире».

Как сказано: «Все народы окружили меня, но именем Творца я уничтожу их»³⁰⁷. «Окружили, обступили меня! Но именем Творца я уничтожу их»³⁰⁸ «Облепили меня, словно пчелы, охватили, словно пламя терновники! Но именем Творца я уничтожу

---

³⁰³ Тора, Берешит, 32:27. «И сказал: "Отпусти меня, ибо взошла заря", но он сказал: "Не отпущу тебя, если не благословил ты меня"».

³⁰⁴ Тора, Берешит, 32:30. «И обратился Яаков и сказал: "Поведай же имя твое". И сказал тот: "Зачем же ты спрашиваешь о моем имени?" И благословил его там».

³⁰⁵ Тора, Берешит, 35:9. «И явился Всесильный Яакову еще раз по возвращении его из Падан-Арама, и благословил его».

³⁰⁶ Тора, Берешит, 28:3. «И Творец Всемогущий благословит тебя, расплодит тебя и размножит тебя, и станешь ты собранием народов».

³⁰⁷ Писания, Псалмы, 118:10.

³⁰⁸ Писания, Псалмы, 118:11.

их»³⁰⁹. Здесь приводятся три изречения, соответствующие трем оставшимся благословениям, которыми он еще не воспользовался: одно – это первое благословение, данное ему отцом, второе – это благословения, которыми благословил его Творец, третье – благословения, которыми благословил его ангел.

202) Подумал Яаков: «Зачем мне сейчас все благословения? Чтобы навлечь позор на себя перед всеми правителями и народами на земле, которые окружили меня. Поэтому я не воспользуюсь ими там. Теперь же, для Эсава мне достаточно будет этого благословения» – второго благословения, которым благословил его отец.

Это подобно царю, у которого было многочисленные отряды воинов, много военачальников, искусных в ведении войн, готовых к сражению против могущественных правителей, чтобы вести с ними войну. Тем временем, прослышал царь об одном очень опасном разбойнике. Приказал: «Все стражи ворот пусть выйдут воевать с ним!» Удивились слуги его: «Из всех своих отрядов ты посылаешь туда именно этих?!» Сказал царь: «Против этого разбойника достаточно и этих. Ибо берегу я все войска и военачальников для сражения с могущественными правителями на день войны. И когда понадобятся мне – пусть будут готовы!»

203) Так же и Яаков решил: «Против Эсава достаточно мне пока еще тех благословений» – которыми напутствовал его отец, когда он отправился в Падан-Арам, «но все остальные благословения, я сохраню на тот момент, когда они понадобятся сыновьям моим, – против всех царей и правителей в мире, что поднимутся на них!»

204) Когда наступит это время, распространятся эти благословения со всех сторон на Исраэль, и мир придет к такому существованию, каким оно должно быть. И с того дня поднимется высшая Малхут, Нуква Зеир Анпина, над всеми остальными Малхут. А тот самый камень, который был отколот от горы, и не находился в руках человека, сказано: «Оттого пастырем

---

³⁰⁹ Писания, Псалмы, 118:12.

стал, твердыней Исраэля»³¹⁰. «Твердыня (досл. камень)» – это кнессет Исраэль, Нуква Зеир Анпина.

205) Отсюда понятно, что остальные благословения остались для Исраэля на грядущее будущее, как сказано: «Вернется остаток, остаток Яакова»³¹¹ – это те благословения, которые остались. И о них сказано: «Вернется остаток» – т.е. они вернутся к Исраэлю. И сказано: «И будет остаток Яакова в народах, среди племен многих»³¹² – во всех народах, а не только в Эсаве. И тогда распространятся на них остальные благословения, как сказано: «И будет остаток Яакова... как роса от Творца»³¹³.

206) «Сын почитает отца, а раб – господина своего»³¹⁴. «Сын» – это Эсав. Не было человека в мире, почитающего отца своего, как почитал Эсав своего отца. И та честь, которую он оказывал ему, давала ему власть в этом мире.

207) «А раб – господина своего»³¹⁴ – это Элиэзер, слуга Авраама. Ведь этот человек пришел в Харан с многочисленным богатством, и множеством подарков, и щедрым изобилием, и навьюченными верблюдами. И он не сказал Бетуэлю и Лавану, что является любимцем Авраама или же другим человеком, пришедшим по просьбе Авраама. Но прежде, чем он начал свою речь, что сказано? «И сказал он: "Раб Авраама я"»³¹⁵. И также после этого он несколько раз называл его «господин мой».

За то, что он проявил уважение к Аврааму этими почестями и благом, медлили с ним некоторое время. Объяснение. Мудрецы указывали, что Элиэзер, раб Авраама – это Ог, царь

---

³¹⁰ Тора, Берешит, 49:24. «Но тверд остался лук его, и сильны были мышцы рук его, поддержанные Владыкою Яакова, - оттого пастырем стал, твердыней Исраэля».
³¹¹ Пророки, Йешаю, 10:21. «Обратится остаток, остаток Яакова, к Владыке сильному».
³¹² Пророки, Миха, 5:7. «И будет остаток Яакова между народами, среди племен многих, как лев меж животных лесных, как молодой лев меж стад мелкого скота, который, если пройдет, топчет и терзает, и некому спасти от него».
³¹³ Пророки, Миха, 5:6. «И будет остаток Яакова среди народов многих, как роса от Творца, как капли дождя на траве, которым не (нужно) ждать человека и надеяться на сынов человеческих».
³¹⁴ Пророки, Малахи, 1:6.
³¹⁵ Тора, Берешит, 24:34.

Башана. И поэтому сказал Творец Моше: «Не бойся его» – то есть, не будет защитой ему заслуга Авраама. А то, что прожил до того времени – удостоился этого благодаря тому, что почитал господина своего.

208) Так и с Эсавом. Благодаря тем почестям, которые он оказывал своему отцу, медлил с ним Творец все то время, пока он царствовал в этом мире. И сколько же слез пролили Исраэль под его игом, пока не обратились к Творцу с плачем и со слезами, как сказано: «С плачем придут они»[316]. И тогда сказано: «И взойдут спасители на гору Цион судить гору Эсава»[317].

---

[316] Пророки, Йермияу, 31:8. «С плачем придут они, и с милосердием поведу Я их, поведу их к потокам вод путем прямым, не споткнутся они на нем, ибо стал Я отцом Исраэлю, и Эфраим – первенец Мой».

[317] Пророки, Овадья, 1:31. «И взойдут спасители на гору Цион судить гору Эсава; и будет Творцу царство».

Глава Ваеце

И вышел Яаков из Беэр-Шевы

1) «И вышел Яаков из Беэр-Шевы и пошел в Харан»[1]. Рабби Хия сказал: «"И вышел Яаков" означает восход, подобно тому, как выходит солнце. "Беэр-Шева" – Бина, от которой получает свой свет Зеир Анпин. "Харан" – Нуква, получающая свет солнца, Зеир Анпина. И говорится: "И восходит солнце, и заходит солнце, и устремляется к месту своему, где восходит оно"[2]. "И восходит солнце" – это Яаков, Зеир Анпин, когда он был в Беэр-Шеве, т.е. в Бине. "И заходит солнце" – когда он пошел в Харан, а это – Нуква Зеир Анпина. Как сказано: "И достиг того места, и ночевал он там, ибо зашло солнце"[3]. "И устремляется к месту своему, где восходит оно"[2]. Как сказано: "И лег на том месте"[3]. Нуква называется "местом", и туда он устремляется и светит».

2) Хотя солнце и светит всему миру, его движения направлены только в две стороны: идет на юг и поворачивает на север. Ибо юг – это правая линия, а север – это левая линия. И восходит и выходит солнце каждый день со стороны востока, и это свойство его самого, Тиферет. И идет к южной стороне, к правой линии, Хесед. А затем поворачивает к северной стороне, к левой линии, Гвуре. То есть включает в себя свечение этих двух линий. А с северной стороны идет к западной стороне, Нукве. Как сказано: «И пошел в Харан». Свечение, на которое указывают слова: «И вышел Яаков» – это совершенное свечение, состоящее из двух линий, правой и левой, Хохмы и хасадим вместе.

3) Сказал рабби Шимон: «Он вообще вышел из земли Исраэля, как сказано: "И вышел Яаков из Беэр-Шевы"[1] – и это Нуква, которая в своем совершенстве называется землей Исраэля. И пошел в другое владение, как сказано: "И пошел в Харан"[1] – это вне земли Исраэля, и там власть иной стороны (ситры ахра)». Вышел с востока, средней линии, включающей две линии – правую и левую. Как сказано: «И вышел Яаков из

---

[1] Тора, Берешит, 28:10.
[2] Писания, Коэлет, 1:5. «И восходит солнце, и заходит солнце, и устремляется к месту своему, где восходит оно».
[3] Тора, Берешит, 28:11. «И достиг того места, и ночевал он там, ибо зашло солнце. И взял он из камней этого места и положил себе в изголовье, и лег на том месте».

Беэр-Шевы» – шмита, Нуква. То есть взял от высшей глубины, Бины, свет, который светит и идет на запад. Иными словами, взял тот свет, который идет к своему заходу на западе, и это левая линия без правой. Как сказано: «И пошел в Харан» – то место, в котором пребывает суд и гнев (харон), владение ситры ахра, потому что свечение левой (линии) без правой – это свойство ситры ахра. И идет к заходу своему, пока не прекращается полностью из-за недостатка света хасадим правой линии, поскольку Хохма не может светить без хасадим.

Итак, рабби Шимон не согласен с рабби Хия в четырех вещах:

1. «И вышел Яаков» – это не восход, а выход из одного владения в другое.
2. Во время выхода он не включал в себя юг и север, но находился только в свечении левой линии без правой.
3. Беэр-Шева – это не Бина, а Нуква в совершенстве своем, когда она соединена с востоком.
4. Харан – это не Нуква Зеир Анпина, а владение ситры ахра.

4) Рабби Йоси объясняет так этот отрывок об изгнании. Сначала свет опускался из высшей глубины Бины, а Яаков, Зеир Анпин, взял его и пошел, и передал в Беэр-Шеву, о которой сказано: «Колодец (беэр), выкопанный старейшинами»[4], т.е. передал Нукве, которая строится от Абы ве-Имы, называемых «старейшины». И свечение Яакова было от Абы ве-Имы. И он наполнил этот колодец (беэр) всем совершенством, а в дни изгнания он уходит из Беэр-Шевы, направляясь к Харану – гневу (харон) Творца, и это ступень зла, земля иного владения, т.е. Малхут клипот. Таким образом, и это объяснение тоже противоречит рабби Хия в тех же четырех вещах.

5) Сказал рабби Хия: «Когда солнце» – Зеир Анпин, «идет к западу» – Нукве, «называется запад местом солнца, его троном, – местом, над которым пребывает солнце. Как сказано: "И устремляется к месту своему, где восходит оно"[2]. То есть идет к этому месту, чтобы светить ему, и оно берет все эти света» – от правой линии и от левой линии, «и они собираются в нем» – т.е. передает их Нукве.

---

[4] Тора, Бемидбар, 21:18. «Колодец, выкопанный старейшинами, вырытый вождями народа жезлом, посохами своими».

6) «И мы уже изучали, что Творец» – Зеир Анпин, «возлагает тфилин, т.е. берет все высшие кетеры». «И кто они? Это высший Аба и высшая Има» – мохин Хохмы и Бины, т.е. два отрывка: «Освяти Мне всякого первенца»[5], «И будет, когда приведет тебя»[6]. «Освяти» – это мохин высшего Абы, Хохмы. «И будет, когда приведет тебя» – это мохин высшей Имы, Бины. И это головные тфилин, ГАР де-тфилин, «йуд-хэй יה», называемые «рош», ГАР. А после того, как берет эти мохин де-Аба ве-Има, «йуд-хэй יה», берет правую и левую (стороны) моах а-Даат, и это – два отрывка: «Слушай, Исраэль»[7], «И будет, если будешь ты слушать»[8], и это – «вав-хэй וה». Таким образом, Зеир Анпин взял тем самым все мохин, ХУБ ХУГ, представляющие собой четыре отрывка, называемые «тфилин Творца».[9]

Рабби Хия доказывал этим рабби Шимону, что «И вышел Яаков из Беэр-Шевы»[1] не означает взять только левую (линию) без правой, как сказал рабби Шимон, ибо Шхина называется местом в то время, когда дает ей от всех этих светов. А здесь сказано: «И достиг того места»[3] – т.е. Яаков светил ей всеми светами, а не только свечением левой линии. И противоречит этим всему сказанному рабби Шимоном, ведь согласно этому получается, что «И вышел Яаков» не означает, что вышел из владения святости во владение ситры ахра, как говорит рабби Шимон, но был полный восход, ведь он светил всеми светами вместе, а это святость. А также Беэр-Шева, Бина, источник восточной стороны, включает все эти света вместе. И Харан, Нуква святости, получает это совершенство, а не ситра ахра, как говорит рабби Шимон. И тем самым, опровергал всё сказанное рабби Шимоном.

Однако рабби Шимон отвечает ему далее,[10] что Харан – это на самом деле крайняя плоть, однако Яаков потом вернулся к Нукве святости, о которой сказано: «И достиг того места»[3]. И всё становится на свои места.

7) Рабби Эльазар, в подтверждение слов рабби Хии, сказал: «Тиферет Исраэль» – Зеир Анпин, «берет все» – все четыре

---

[5] Тора, Шмот, 13:1-10.
[6] Тора, Шмот, 13:11-16.
[7] Тора, Дварим, 6:4-9.
[8] Тора, Дварим, 11:13-21.
[9] См. «Предисловие книги Зоар», пп. 237-243.
[10] См. выше, п. 8.

мохин ХУБ ТУМ. «И когда Кнессет Исраэль восходит наверх» – к Бине, она тоже берет все их» – так же, как и Зеир Анпин, и включает «мир захар Творца» – Бину, «и также мир некева Творца» – своё собственное свойство. «И точно так же, как все света выходят из одного мира» – Бины, «так берет все их и другой мир» – Нуквы. «Ведь они подобны друг другу» – т.е. Бина теперь подобна Нукве, поскольку та поднялась к ней и облачила ее; а нижний, поднимающийся к высшему, становится, как и он. «И поэтому Беэр-Шева – это йовель[11]» – Бина, «(и) Беэр-Шева – это шмита[12]» – Нуква. Иными словами, поскольку равны света их, Бины и Нуквы, обе они называются Беэр-Шева. «И это солнце светит только лишь от йовеля. И поэтому сказано: "И вышел Яаков из Беэр-Шевы"» – Бины, «"и пошел в Харан" – и это запад, т.е. шмита» – Нуква. Таким образом, рабби Эльазар подтвердил слова рабби Хии, что Беэр-Шева – это Бина, а Харан – это Нуква.

8) Ответил рабби Шимон: «"И вышел Яаков из Беэр-Шевы" – это запад, год шмиты» – т.е. Нуква, и «пошел в Харан» – это «год арла»[13], поскольку вышел из владения святости в иное владение, ибо сбежал от брата своего, и когда пришел он в Бейт-Эль, владение святости, сказано: «И достиг он того места»[3].

Объяснение. Своим ответом рабби Шимон опровергает доказательство рабби Хии, в котором он утверждает, что Яаков взял только свечение левой стороны, потому что сказано: «И достиг он того места»[3] – ведь Нуква называется местом только в то время, когда Зеир Анпин передает ей все свечения и т.д.[14] И

---

[11] Йовель (юбилей) – пятидесятый год, который наступает после семи периодов шмиты и назначается годом покоя и свободы для рабов и земли, как сказано: «И освятите пятидесятый год, и объявите свободу на земле всем жителям ее; юбилеем будет это у вас» (Тора, Ваикра, 25:10).

[12] Шмита (оставление) – так в Торе называется закон о прекращении пользования землей и любой работы в поле. Сказано: «Шесть лет засевай землю твою и собирай плоды ее, а в седьмой – оставляй ее в покое» (Тора, Шмот, 23:10-11).

[13] Арла – необрезанная крайняя плоть. Год арла (необрезания) – период, когда запрещается собирать плоды с молодого дерева; до трех лет со дня его посадки, как сказано: «И когда придете вы в страну и посадите какое-либо дерево плодоносное, то считайте плоды его необрезанными; три года да будут они для вас необрезанными, нельзя есть их» (Тора, Ваикра, 19:23).

[14] См. выше, п. 6.

рабби Шимон отвечает ему, что вначале Яаков вышел из владения святости, так как взял свечение левой без правой, а в конце вернулся к святости, включив в себя все света, и тогда сказано: «И достиг он того места»³. И поскольку посередине приводятся в Зоаре слова рабби Эльазара, то повторно приводится также и сказанное рабби Шимоном, чтобы подвести итог, что затем он вернулся к святости, когда пришел в Бейт-Эль.

9) И спросил: «О каком месте говорит писание?» Сказал рабби Хия: «Это место Его» – Зеир Анпина, то есть Нуква.

10) «И взял он из камней того места»³. Выбрал драгоценные камни, прекрасные жемчужины, – т.е. двенадцать высших камней, а под ними – двенадцать «тысяч» и «десятков тысяч» (реравот) отделанных камней, и все они называются «камнями». Поэтому сказано: «Из камней того места»³, а не «камней того места». И место, как мы уже сказали, это Нуква.

Объяснение. Нуква называется «камень». А ступени в ней называются «драгоценные камни», и поскольку получает от НЕХИ Зеир Анпина, называемые «раглаим», она называется также «жемчужины (маргалиот)» от слов «изножье его (маргелотав)». И число «двенадцать» указывает на Хохму, а «десять» – на хасадим.¹⁵ «Двенадцать» указывает на свечение Хохмы и на то, что вся она (Нуква) получила подслащение в Бине и достойна получения Хохмы. И поэтому есть в ее четырех сфирот ХУБ ТУМ, после их включения друг в друга, только двенадцать сфирот, – т.е. Хохма-Бина-Тиферет в каждой из них, а собственного свойства ей недостает, так как она получила подслащение в Бине. И поэтому их – четырежды три, всего двенадцать, а не четырежды четыре, т.е. шестнадцать. И это море Шломо, стоящее «на двенадцати быках»¹⁶, потому что Нуква, получающая свечение Хохмы, называется «море»,

---

[15] См. «Предисловие книги Зоар», статью «Роза», Обозрение Сулам, п. 2.
[16] Пророки, Мелахим 1, 7:25. «И сделал он море литое, – от края его до края его десять локтей, – совершенно круглое, высотою в пять локтей, так что линия (длиною) в тридцать локтей шла вокруг него по кругу. И бутоны под краем его охватывают его кругом, – по десяти на локоть, – со всех сторон, окружают море в два ряда; бутоны были вылиты с ним одним литьем. Оно стояло на двенадцати быках: три глядели на север, три глядели на запад, три глядели на юг и три глядели на восток. И море располагалось на них сверху, а задней частью они были обращены внутрь».

и тогда она стоит только на двенадцати сфирот, называемых «быки», т.е. три в каждой стороне, а не четыре.

И света ее, проходящие в миры от Ацилута и ниже, тоже определяются числом двенадцать. Когда они в свойстве Хохмы и исчисляются тысячами, то их – двенадцать тысяч камней. А со стороны свечения хасадим, облачающего Хохму, исчисляются «десятками тысяч» (ревавот). Ибо «десять тысяч» – это «рибо», что указывает на свечение хасадим, внутри которых содержится Хохма. И когда они проходят через экран, находящийся под Ацилутом, они раскалываются и отделяются от Ацилута, из-за экрана, оканчивающего мир Ацилут. А под ними, под двенадцатью камнями, находящимися в Нукве Ацилута, двенадцать тысяч и десятков тысяч (ревавот) отделанных камней. То есть двенадцать тысяч свечений Хохмы, а свечения хасадим исчисляются в «десятках тысяч». И они расколоты из-за того, что прошли через экран Ацилута, который раскалывает их и отделяет от Ацилута. «И все они называются камнями» – как двенадцать ступеней в ней самой, так и свечение, исходящее от нее: двенадцать «тысяч» и «десятков тысяч», все они называются «камнями». Поэтому сказано: «Из камней того места» – указание на то, что взял он только те двенадцать камней, которые относятся к ней самой.

11) «И положил в изголовье его»[3] – того места, Нуквы. «В изголовье его» – в четырех направлениях мира, в четыре стороны юг-север-восток-запад, ХУБ ТУМ,[17] и сказано: «И оттуда разделяется и образует четыре русла»[18], три камня положил в северной стороне, три – в западной стороне, три – в южной стороне и три – в восточной стороне. И это «место» стоит на них, устанавливаясь в них. Как сказано: «И сделал он море литое… оно стояло на двенадцати быках»[16].

12) «И лег на том месте»[3]. «И лег он (ве-ишкав וישכב)» – от букв «ве-еш וש каф-бэт כב (букв. и есть 22)». «И это двенадцать жемчужин, находящихся внизу» – на которых стоит Нуква, что указывает на Хохму в ней, «и все ступени, находящиеся на этом месте», т.е. десять сфирот – число, указывающее на свечение хасадим в ней. И всего получается двадцать два (каф-бэт), что указывает на ее наполненность как Хохмой,

---

[17] См. Зоар, главу Берешит, часть 1, п. 249.
[18] Тора, Берешит, 2:10.

так и хасадим. И после того, как «ложе» установилось в этих двадцати двух свойствах, лёг на него. Кто лёг на него? Солнце, Зеир Анпин, и поэтому сказано о Яакове, Зеир Анпине: «И сел на постели»[19], так как она предназначена ему, а не другому, ведь это Нуква Зеир Анпина. Потому он «и лег в том месте», и об этом сказано: «И восходит солнце, и заходит солнце»[2].

---

[19] Тора, Берешит, 48:2. «И сообщили Яакову, и сказали: "Вот сын твой, Йосеф, идет к тебе". И собрался с силами Исраэль, и сел на постели».

Семь сует

13) «И восходит солнце, и заходит солнце»[20]. Почему царь Шломо начал книгу своей мудрости с восхода и захода солнца? Царь Шломо основал свою книгу на семи видах суеты (эвель), на которых держится мир, и это – столбы и основания, определяющие существование мира. Поэтому они называются «суеты». Ведь как тело не существует без дыхания (эвель), так и мир основывается лишь на этих суетах. И их семь, как сказано: «Суета сует, – сказал Коэлет, – суета сует, всё суета»[21] – итого семь сует.

Объяснение. Речь, т.е. Нуква, включает в себя голос и дыхание (эвель). Дыхание (эвель) – это источник голоса. А голос – это источник речи. И поэтому они определяются как НАРАН. Дыхание – нешама, источник руаха. Голос – руах, источник нефеш, называемой «речь». Семь сует (авали́м) – ЗАТ Бины, называемые «нешама», – облачены в семь сфирот Зеир Анпина, называемые «руах», и в семь сфирот Нуквы, которая называется «нефеш», а также «мир». Семь сует (авалим) – это семь нешамот внутри семи сфирот ХАГАТ НЕХИМ мира, Нуквы. ХАГАТ называются столбами, а НЕХИМ называются основаниями.

14) Как же они являются прекрасными жемчужинами, на которых стоит мир – ведь в другом месте упоминаются они как место разрушения мира? Как сказано: «Это суета и тяжкий недуг»[22], «и сокрушение духа»[23]. И хотя эти семь сует святости определяют существование мира, в противоположность им есть семь сует, от которых проистекают и распространяются все суды в мире для наказания людей и исправления их, чтобы шли прямым путем. И называются они «суета, в которой властвует тяжкий недуг», «суета, являющаяся сокрушением духа».

---

[20] Писания, Коэлет, 1:5. «И восходит солнце, и заходит солнце, и устремляется к месту своему, где восходит оно».

[21] Писания, Коэлет, 1:2. «Суета сует, – сказал Коэлет, – суета сует, всё суета».

[22] Писания, Коэлет, 6:2. «Всесильный наделил человека богатством, имуществом и почетом, и нет недостатка душе его ни в чем, чего бы не пожелала; но Всесильный не дал ему власти пользоваться этим, ибо чужеземец всё поглотит; это – суета и тяжкий недуг».

[23] Писания, Коэлет, 2:11. «Но оглянулся я на все дела, которые созидал руками своими, и на труды, которые совершил, и вот всё это – суета и сокрушение духа, и нет в этом пользы под солнцем».

И они – поддержка мира, потому что благодаря им идут люди прямым путем и пребывают в страхе перед Творцом. И поэтому много плохой суеты распространяется от семи сует святости, ведь и она – поддержка мира.

15) И начинает он книгу со слов: «И восходит солнце, и заходит солнце» – потому что это суета, которая поддерживает мир с целью ввести человека в высшую веру Творца, т.е. чтобы он удостоился высших мохин Бины, называемой «высшая вера Творца». И поэтому всё, что находится под этой ступенью, «под солнцем», не является верой, т.е. не исходит от святости. Поэтому сказано: «Какая выгода у человека от всех трудов его, совершаемых под солнцем?»[24] – ведь под этим нет необходимости в слиянии.

Для того чтобы понять сказанное, надо выяснить, что представляют в корне своем семь сует святости и семь сует скверны. И корень их – это левая линия ИШСУТ, находящаяся в противоречии с правой линией в нем, и тогда перекрываются света в нем и становятся, как сказано: «Суета и сокрушение духа». И поскольку ИШСУТ – это семь нижних сфирот (ЗАТ) Бины, ХАГАТ НЕХИМ, тут есть семь светов, которые были низвергнуты и превратились в семь сует. И исправление их осуществляется с помощью вознесения голоса, Зеир Анпина, в ИШСУТ, который согласовал там две линии и разделил их так, что левая начала светить снизу вверх, а правая – сверху вниз. И он тем самым поддержал их обе, и семь сует снова стали семью светами.[25]

И поэтому сказано[26]: «Всё – суета»[21]. «Все видел я в дни суеты своей»[27]. Потому что с выходом левой линии, чтобы светить без правой, всё стало суетой, а затем, при вознесении голоса, т.е. средней линии, давшей жизнь им обеим, снова стали семь сует семью светами. И эти семь светов представляют собой все мохин Хохмы, называемые ви́дением, которые раскрываются нижним. И поэтому сказал о них Шломо: «Всё я видел в дни суеты своей» – т.е. в этой суете раскрылись ему все мохин ви́дения. Ибо эти семь сует облачаются в семь сфирот голоса, и

---

[24] Писания, Коэлет, 1:3.
[25] См. Зоар, главу Берешит, часть 1, п. 50.
[26] См. Зоар, главу Бо, п. 145.
[27] Писания, Коэлет, 7:15. «Всё я видел в дни суеты своей: бывает, праведник погибает в праведности своей, а бывает, нечестивый долго живет во зле своем».

оба они облачаются в семь сфирот речи, т.е. Нуквы, называемой «мир», и в ней – место раскрытия всех этих сует, которые стали семью светами видения. И благодаря им существует мир.

И поэтому сказано, что «Царь Шломо основал свою книгу на семи видах суеты»[28], ибо три книги написал Шломо, соответственно трем линиям:
1. «Песнь песней» – выяснение правой линии, Хеседа.
2. «Коэлет» – выяснение левой линии, Гвуры.
3. «Притчи» – выяснение средней линии, Тиферет.[29]

И все света левой линии включены в семь сует, как сказано: «Всё я видел в дни суеты своей»[27]. Таким образом, вся книга «Коэлет» выясняет эти семь сует, хорошие и плохие, поскольку является выяснением левой линии.

И выяснилось, что все исправления семи сует происходят с помощью средней линии, Зеир Анпина, называемого «голос», или «солнце», когда благодаря тому, что он разделяет свечения правой и левой линии так, чтобы свечение Хохмы в левой не светило сверху вниз, а только снизу вверх, поддерживается свечение двух линий. И тогда семь сует снова становятся светами и нешамот для Нуквы, и мир наполняется жизнью, т.е. она (Нуква) получает большие мохин, называемые «жизнь».

Все, что содеяно «под солнцем». Всякий, кто притягивает свечение Хохмы в место «под солнцем», сверху вниз, – это не является работой Творца, и вследствие этого притягивания свет обращается суетой, сокрушением духа, как сказано: «Суета и сокрушение духа»[23]. Но служение Творцу поднимает свет выше солнца, когда он притягивает свет снизу вверх, от солнца и выше, а не от солнца и ниже. И тогда это становится суетой святости – то есть она превращается в свет, становясь нешамой для Нуквы, и мир наполняется жизнью.

«Солнце» – это суета, поддерживающая мир, ставшая нешамой для Нуквы, называемой мир, и это – исправление всех семи сует. Ибо после того, как Зеир Анпин, называемый солнцем, согласовал между собой правую и левую линии в ИШСУТ в виде

---

[28] См. выше, п.13.
[29] См. Зоар, главу Бо, пп. 140-147.

«три выходят благодаря одному»³⁰, и он тоже получил их в виде «один удостаивается трех»³⁰. И тогда «солнце» притягивает три линии, содержащиеся в Бине, одну за другой.

Вначале: «И восходит солнце»²⁰ – от Бины, т.е. ИШСУТ, и это правая линия, свет хасадим. А затем притягивает оттуда левую линию, «и заходит солнце»²⁰ – т.е. наступает тьма, о которой сказано: «Ведь всё это – суета»³¹. А затем раскрывает свое свойство, среднюю линию, соединяя правую и левую друг с другом и разделяя между ними: чтобы правая светила сверху вниз, а левая – только снизу вверх. Как сказано: «И устремляется к месту своему»²⁰ – устремляется и светит месту восхода своего, снизу вверх, когда суета снова становится светом и нешамой для Нуквы, мира; так как «солнце» – это суета, поддерживающая мир. И это пояснение сказанного: «Где восходит оно»²⁰ – т.е. таким путем оно снова восходит, ибо суета снова стала светом.

Поэтому все, что притягивается ниже этой ступени, т.е. от солнца и ниже, не пребывает в вере и святости. Как сказано: «Какая выгода у человека от всех трудов его, совершаемых под солнцем?» – так как ниже этой ступени не должны быть притяжение и слияние. Ведь высший свет при этом снова становится «суетой и сокрушением духа»²³ до такой степени, что лишает всех преимуществ притягивающего под солнцем, и оборачивается злом всё, что было сделано, т.е. всё притянутое под солнцем, ибо все это разрушится и обратится суетой.

16) «Солнце с луной» – т.е. Зеир Анпин в зивуге с Нуквой, «едины и неразрывны». «И хотя луна находится под солнцем» – поскольку Нуква находится ниже ступени Зеир Анпина, «вместе с тем» – во время зивуга, «всё это солнце, без разделения» – т.е. и луна считается тогда частью солнца, потому что духовное слияние означает уподобление по форме. И поэтому она может получать Хохму от солнца, Зеир Анпина, и не считается, что она ниже солнца. Но если притягивается Хохма ниже солнца, Зеир Анпина и его Нуквы, то становится все «суетой и сокрушением духа»²³, т.е. клипой и вредом, и запрещено слияние с ним.

---

30 См. Зоар, главу Берешит, часть 1, п. 363.
31 Писания, Коэлет, 2:17. «И возненавидел я жизнь, ибо дурные дела, по-моему, вершатся под солнцем, ведь всё это – суета и томление духа».

ГЛАВА ВАЕЦЕ

Сияние светящего зеркала

17) «И вышел Яаков»[1] – в неразрешимой сложности и из неразрешимого скрытия выходит сияние светящего зеркала, состоящее из двух цветов, соединяющихся вместе. Когда они включаются друг в друга, проявляются в нем все цвета, и оно называется пурпурным, ибо все святящие зеркала включены в него. Иными словами, так же как пурпурный цвет представляет собой совокупность различных цветов, так же и сияние светящего зеркала включает в себя все света.

Объяснение. Все мохин выходят согласно порядку трех точек: холам, шурук, хирик. Вначале оканчивающая Малхут поднимается в Бину, и падают три нижних кли, т.е. три буквы ЭЛЕ (אלה) де-Элоким (אלהים), и уходят из нее три высших света нешама-хая-ехида, и остается она на ступени руах с двумя келим – МИ (מי) де-Элоким (אלהים).[32]

А ступень руах, которая осталась, образуется вследствие того, что «йуд י» входит в свет (ор אור), и он становится воздухом (авир אויר), свойством руах.[33] И тот свет, который остался, называется свечением холам, а сама «йуд י», вошедшая в свет (ор אור) Бины и сделавшая его свойством «воздух (авир אויר)», считается сложностью, т.е. указывает на то, что свет Бины стал сложным из-за связей, которые нужно раскрыть. Словом, необходимо снова опустить «йуд י» из воздуха (авир אויר)», сделав его светом (ор אור), как и раньше. То есть Малхут опускают из Бины на свое место, и три буквы ЭЛЕ (אלה), которые упали из нее, снова поднимаются, соединяясь со ступенью Бины, и снова восполняются десять келим и ГАР светов.

И возвращение трех букв ЭЛЕ (אלה) в Бину и опускание «йуд י» из воздуха (авир אויר)» называется свечением шурук.[34] И с выходом этого свечения шурук происходит скрытие светов, поскольку Хохма не может светить без хасадим, пока не выходит средняя линия, Зеир Анпин, согласовывая и объединяя между собой эти две линии МИ (מי) ЭЛЕ (אלה), и тогда

---

[32] См. Зоар, главу Берешит, часть 1, п. 7, со слов: «Когда посеяно семя исправления...»
[33] См. Зоар, главу Берешит, часть 1, п. 4, со слов: «И создает...»
[34] См. Зоар, главу Берешит, часть 1, п. 9, со слов: «Эти три посева называются холам-шурук-хирик...»

свет Хохмы включает в себя хасадим, а свет хасадим – Хохму, и восполняется их свечение.

Но до выхода средней линии, чтобы объединить их друг с другом, обе эти линии считаются скрытыми. Ибо правая линия, МИ (מי), содержит в себе «йуд י», которая вошла в свет (ор אור), и он еще остается свойством «воздух (авир אויר)», и поэтому называется неразрешимой сложностью, так как сложность его еще не раскрыта. А в левой линии, т.е. ЭЛЕ (אלה) в них, «йуд י» уже опустилась из воздуха (авир אויר), и сложность раскрылась, однако она находится в скрытии от света, поскольку он является тьмой, и не светит из-за отсутствия хасадим, и называется неразрешимым скрытием.

Таким образом, с приходом средней линии, объединяющей их между собой и восполняющей их, эта средняя линия устраняет неразрешимую сложность из правой линии, потому что она включена сейчас в свечение левой, и «йуд י» опускается из воздуха (авир אויר) также и в правой линии, и она становится светом (ор אור), как и левая. И она (средняя линия) также устраняет неразрешимое скрытие из левой линии, ибо сейчас левая линия содержит хасадим, имеющиеся в свечении правой, – а когда Хохма облачена в хасадим, она светит во всем совершенстве.

Однако это происходит не сразу, но вначале она восполняет правую линию своим свойством, без включения левой, опускающей «йуд» из ее света, т.е. отталкивает свечение левой и во главу всего ставит хасадим, имеющиеся в свечении правой. И благодаря тому, что предпочитает хасадим правой свечению Хохмы левой, эти хасадим включают в себя всё величие, находящееся в свечении левой.

Таким образом, с одной стороны, она вообще не опускает «йуд י» из воздуха (авир אויר) правой линии, и она пока еще свойство «воздух», т.е. хасадим без Хохмы. А с другой стороны, считаются теперь хасадим свойством рош и ГАР, поскольку они предпочтительнее и важнее для нее, чем свечение ГАР левой линии.

Но этот рош не является настоящим рош, поскольку «йуд י» еще не опустилась из его воздуха, и поэтому он называется «рош веры», ибо свет хасадим называется верой. И поскольку он является свойством «рош» только относительно хасадим, то называется «рош веры».

Но затем, когда произошло второе взаимовключение правой и левой линий, и правая по-настоящему включила в себя левую, и «йуд ׳» опустилась из воздуха правой линии, а левая включила в себя правую и сейчас тоже светит, как и правая, но только снизу вверх,[35] –теперь это взаимовключение считается настоящим рош, поскольку уже раскрылась эта сложность его. И это две ступени: первая – Яаков, а вторая – Исраэль (ישראל), сочетание букв «ли-рош (לי ראש мне рош)». И есть три вида взаимовключения правой и левой линий[36]: первое – Яаков, а второе и третье – Исраэль.

И это означает сказанное: «В неразрешимой сложности и из неразрешимого скрытия» – т.е. когда перекрылась правая линия и перекрылась левая, «выходит сияние светящего зеркала» – по их причине выходит средняя линия, чтобы объединить и восполнить их. И она называется «сияние светящего зеркала», являющееся свечением только правой линии, т.е. укрытых хасадим. «Состоящее из двух цветов, соединяющихся вместе» – т.е. состоящее из правой и левой линии. И благодаря тому, что предпочел правую линию левой, он включает в себя ее свечение и становится свойством ГАР, хотя сложность ее еще не раскрылась.

«Когда они включаются друг в друга, проявляются в нем все цвета» – когда правая включила в себя левую, она благодаря ей становится полной в десять сфирот, как и та, и это четыре цвета, ХУБ ТУМ, «и оно называется пурпурным, ибо все святящие зеркала включены в него» – т.е. все оттенки этих светов включены в правую линию так же, как все эти цвета включены в пурпурный цвет. Иначе говоря, цвета еще не разделяются в нем на четыре отдельных цвета, потому что находятся только в свечении хасадим, но все они включены в один цвет хасадим, и поэтому он уподобляется пурпуру.

---

[35] См. выше, статью «Семь сует», пп. 13-16.
[36] См. Зоар, главу Берешит, часть 2, п. 123, со слов «Пояснение сказаного...»

«"Двигаются вперед и назад"³⁷ эти света» – т.е. свечение правой направляется в место свечения левой, чтобы включиться в него, но тут же возвращаются на свое место свечения правой, «не задерживаясь там» – не останавливаются там, чтобы видеть, то есть притягивать Хохму, но тут же возвращаются на свое место.

«Соединяются в полном единстве в этом свечении» – свечение правой линии и левой соединяются в полном единстве в этом свечении. То есть их включение друг в друга приводит к тому, что они находятся в правой линии в свечении хасадим, и свечение левой линии незаметно вовсе, ибо отменяется и включается в правую.

18) «В этом сиянии пребывает тот, кто пребывает» – имя АВАЯ пребывает в нем, и это ГАР, как мы еще выясним. И вместе с тем, «это имя того скрытого, который совсем неизвестен» – т.е. это имя пребывает только над свечением правой линии, сложность которой еще не раскрылась и вовсе неизвестна, и не пребывает над левой, хотя уже и раскрылась сложность ее, т.е. «йуд י» вышла из ее воздуха (авир אויר), и она (сложность) известна. «Голосом Яакова называется» – это сияние называется «голос Яакова», и не называется «большой голос». «В нем становится зримой вера всего» – в этом сиянии виден свет ГАР Бины, называемый верой всего, поскольку эти хасадим являются свойством ГАР, как и хасадим ГАР Бины.

«И в том скрытом, который неизвестен вовсе, пребывает АВАЯ» – т.е. в неразрешимой сложности, возникающей в свечении правой линии, пребывает имя АВАЯ. «Оно совершенно со всех сторон», ибо «высшая и нижняя» – Бина и Нуква, «находятся здесь» – и включаются в это сияние. И поэтому «Яаков самый совершенный из праотцев, ибо состоит из всех сторон» – Яаков считается избранным среди праотцев, так как содержит в себе все стороны.

Объяснение. Хотя и стало известно свечение левой линии, потому что «йуд י» была опущена из воздуха (авир אויר) Бины, то есть Малхут была опущена из Бины, и Бина снова стала

---

37   Пророки, Йехезкель, 1:14. «И живые существа эти двигались вперед и назад, как вспышки молний».

светом ГАР, оно исправляет этим только высшую, Бину, а нижняя, Малхут, не получает вследствие этого никакого исправления.

Однако когда сияние (исходит от) свечения правой линии, и ее хасадим становятся свойством ГАР, и имя АВАЯ пребывает в ней, хотя оно вовсе неизвестно, т.е. хотя Малхут еще находится в Бине, исправляется в этом случае и нижняя, Малхут, находящаяся в Бине, точно так же как и сама высшая, и над ними обеими пребывает АВАЯ в равной мере. И это означает сказанное: «Оно совершенно со всех сторон, высшая и нижняя находятся здесь».

И выясняется, что эта ступень является свойством «мохин Яакова», и поэтому считается, что «Яаков самый совершенный из праотцев», так как Авраам и Ицхак не достигают Малхут, чтобы исправить ее, поскольку это две линии, правая и левая, и обе доминирующие, и обе являются известными, где «йуд י» вышла из воздуха (авир אויר) Бины, и остался свет (ор אור), но это исправление не достигает сути Малхут. Тогда как на ступени Яакова, ГАР которого являются свойством ГАР де-хасадим, и они представляют собой свойство «вовсе неизвестный», это исправление приходит в Малхут так же, как и в Бину, и поэтому считается Яаков избранным среди праотцев.

И поэтому сказано: «Это сияние согласно выяснению этого имени называется, как сказано: "Яаков, которого избрал Я"[38]». «Это сияние» – ступени Яакова, «согласно выяснению этого имени» – исправление которого приходит также и в Малхут, «называется» оно избранным среди праотцев, как сказано: «Яаков, которого избрал Я».

«Двумя именами называется, Яаков и Исраэль вначале – Яаков, а затем Исраэль». Оно (сияние) называется двумя именами: Яаков и Исраэль. Вначале зовется именем Яаков, в то время, когда дает властвовать только правой линии, а затем, когда осуществляет свечение обеих, когда и Хохма светит, после включения в нее хасадим, тогда называется именем Исраэль.

---

[38] Пророки, Йешаяу, 41:8. «А ты, Исраэль, раб Мой, Яаков, которого избрал Я, семя Авраама, возлюбившего Меня».

19) «И вначале, прежде чем вышел в Харан, он был уже в этом конечном замысле, т.е. истолковании письменной Торы, называемом "устная Тора"» – Нуква. «Замысел» означает Бина. «Конец замысла» – Нуква, в то время, когда она подслащена в Бине, и поэтому называется «колодец (беэр)», то есть выяснение (биур) так называемых «семи (шева)» – Бины, которая выясняет и раскрывает Хохму в ней, как сказано: «И строил он его семь лет»[39]. И первый Храм – это Бина. Когда Нуква получает Хохму от Бины, она находится в свойстве «большой голос», а не «голос Яакова», т.е. хасадим.

20) «Конец этого замысла – это Беэр-Шева. «И Яаков» – который был в этой Беэр-Шеве, достиг этим рош веры» – ГАР де-хасадим. «Поскольку Яаков соединился с этой верой» – с ГАР де-хасадим, «он должен был пройти испытание в том месте, где были испытаны праотцы, войдя в него с миром и выйдя с миром».

Объяснение. Мы уже выяснили[40], что первая ступень мохин де-хая может быть получена только путем испытания; как Авраам, которому не наказывал Творец спускаться в Египет, но голод подтолкнул его. И «поскольку Яаков соединился с этой верой», с ГАР де-хасадим, ступенью нешама, теперь он вынужден достичь еще и ступени хая, «он должен был пройти испытания в том же месте, где были испытаны праотцы, войдя с миром и выйдя с миром» – потому что ступень хая может быть получена только посредством испытания.

21) Адам Ришон проходил испытание, когда змей искушал его, и не остерегся, и соблазнился и грешил с женой-блудницей, и это первородный змей. Ноах проходил испытание и не остерегся, и последовал за женой-блудницей и согрешил. Авраам вошел туда и вышел, как сказано: «И сошел Авраам в Египет»[41], и сказано: «И поднялся Авраам из Египта»[42]. Ицхак вошел туда

---

[39] Пророки, Мелахим 1, 6:38. «А в одиннадцатый год, в месяц Бул, – это месяц восьмой, – он окончил дом со всеми принадлежностями его и со всем, что для него следует; и строил он его семь лет».
[40] См. Зоар, главу Лех леха, п. 117, со слов: «Эти мохин, представляющие ступень света хая...»
[41] Тора, Берешит, 12:10.
[42] Тора, Берешит, 13:1.

и вышел, как сказано: «И пошел Ицхак к Авимелеху»[43], и сказано: «И взошел он оттуда в Беэр-Шеву»[44].

22) «Когда Яаков взошел на ступень веры» – свет нешама, утверждением свечения правой, «он должен был принести подарок другой стороне» – также дать силу свечению левой, ступени хая, и это осуществляется только с помощью испытания, ибо всякий, кто спасся оттуда, т.е. выдержал испытание, является любимцем и избранником Творца. Как сказано: «"И вышел Яаков из Беэр-Шевы"[1] – стороны постижения веры», правой линии, «"и пошел в Харан"[1] – в сторону» левую, место удерживания «жены-блудницы, жены прелюбодейной».

И хотя есть много делений в этих пяти испытаниях, – Древо познания, пьянящее вино, Египет, плиштим (филистимляне), Харан, – в которых были испытаны Адам Ришон, Ноах, Авраам, Ицхак, Яаков, всё же корень у них один: притяжение Хохмы сверху вниз, называемое «жена-блудница».

---

[43] Тора, Берешит, 26:1.
[44] Тора, Берешит, 26:23.

ГЛАВА ВАЕЦЕ

Сам и жена-блудница

23) «От силы света Ицхака» – святости, «и осадков вина» – клипот, из них обоих «выходит одна сложная форма», состоящая из добра и зла, «включающая захар и некева (мужскую и женскую часть) как одно целое». «Она красна, как роза, и расходится во многие стороны и по многим путям» – т.е. в ней имеется множество свойств.

Пояснение сказанного. Свечение Ицхака называется «вино, радующее Творца и людей», т.е. свечение Хохмы, светящее только снизу вверх. А если (человек) неумерен в питье вина, т.е. притягивает сверху вниз, об этом сказано: «Если не удостоился человек – то стало злом»[45], потому что раскрывается Малхут первого сокращения, и уходят все света[46].

И эта Малхут называется «осадки вина», как сказано: «И выпил он вина и опьянел»[47], ибо выпил сверх меры, и тогда «обнажил себя посреди шатра своего»[47], так как обнаружились осадки вина. И сказано, что от света Ицхака, называемого «вино радующее»[48], и от осадков вина, т.е. раскрытия Малхут первого сокращения, по причине которой уходят все света, – от их соединения вместе, как от вина, в котором полно осадка, исходят захар и нуква нечистоты.

Захар (мужская часть) называется Сам, и некева (женская часть) включена в него всегда. Так же как у стороны святости, в состоянии катнут, ЗОН включены друг в друга, так же и у ситры ахра захар и некева включены друг в друга. Некева

---

[45] См. «Предисловие книги Зоар», п. 123, «Малхут – это Древо познания добра и зла, если удостоился человек – стало добром, а если не удостоился – то злом».

[46] См. Зоар, главу Берешит, часть 1, п. 3, со слов: «В свойстве суда, т.е. в свойстве Малхут мира АК, прежде чем она подсластилась в Бине...»

[47] Тора, Берешит, 9:21. «И выпил он вина, и опьянел, и обнажил себя посреди шатра своего».

[48] Писания, Псалмы, 104:14-15. «Взращивает Он траву для скота и зелень для труда человеческого, извлекает хлеб из земли, и вино, радующее сердце человека, и елей, придающий блеск лицу, и хлеб, укрепляющий сердце человека».

Сама называется змеем, женой-блудницей[49], концом всякой плоти[50], концом дней[51].

24) «Два злых духа сливаются вместе. Свечение духа захар – тонкое» – т.е. ВАК без рош. «Дух некевы выявляется на многих путях и тропинках» – так как является полным парцуфом, рош и гуф, потому что в клипе некева больше, чем захар. И она соединяется с духом захара, и она наряжается во множество украшений, подобно презренной блуднице, стоящей на перекрестье путей и тропинок, чтобы соблазнять людей. И это учит нас тому, что ей нужны только начинающие идти путем Творца, которые могут попасться в ее западню. И это определяется как «стоящая на перекрестье путей» работы Творца. Однако те, кто привык идти путями Творца, от них уже эта блудница отделяется, и нет у нее власти над ними.

25) Приблизившегося к ней глупца она держит и целует его, и наливает ему вина, полного осадков от «желчи аспидов»[52]. И после того как выпил, он уже поддается ее соблазну. И когда видит, что он поддался ее соблазну и сбился с пути истины, она избавляется от всех исправлений, в которых предстала этому глупцу.

26) Исправления ее – для соблазнения людей. Вот они: волосы ее поправлены, красны, как роза; лицо ее – белое с красным; на ушах ее висят шесть исправлений «ткани египетской»[53]; с затылка у нее удерживаются все силы страны востока; уста ее, чуть приоткрытые, красивы в своих исправлениях; язык ее, словно острый клинок; речь ее льется, словно елей; губы ее красивы, алы как роза; она слаще всех сладостей в

---

[49] Пророки, Ошеа, 1:2. «Начало речи Творца к Ошее. И сказал Творец Ошее: "Иди, возьми себе жену-блудницу и детей блуда, ибо весьма блудодействует эта земля, отступая от Творца"».

[50] Тора, Берешит, 6:13. «И сказал Всесильный Ноаху: "Конец всякой плоти пришел предо Мною, ибо вся земля наполнилась насилием от них, и вот Я истреблю их с землею"».

[51] Писания, Даниэль, 12:13. «Ты же иди к концу и упокойся, и встанешь по жребию своему к концу дней».

[52] Писания, Иов, 20:13-14. «Жалует его и не бросает его, и держит его у неба своего. Претворяется пища его в утробе – желчь аспидов внутри него».

[53] Писания, Притчи, 7:16. «Коврами устлала я постель мою, прекрасной тканью египетской».

мире. Облачена она в пурпур, и предстает в сорока исправлениях без одного.

27) Глупец идет за ней и, отпив из чаши ее вина, прелюбодействует с ней, поддавшись ее соблазну. Что же она делает? Оставляет его спящим в постели и, поднявшись высоко-высоко, обвиняет его и, получив там право убить его, спускается к нему. И она уже сбросила с себя все свои исправления, превратившись в стоящего перед ним могучего исполина, облаченного в одеяния полыхающего огня, и внушающего невероятный страх, ужасающий душу и тело. Полны гнева глаза его, острый меч в руках его, капли горькие стекают с меча его, – убивает он этого простака, ввергая его в ад.

Пояснение сказанного. Древо познания, пьянящее вино и жена-блудница[49] – это одно понятие: притягивание свечения левой (линии) сверху вниз. И выяснилось[45], что Нуква – это Древо познания добра и зла, поскольку есть в ней две точки, мифтеха и манула. «Если удостоился человек – стало добром» – т.е. идет путем средней линии, притягивая свечение Хохмы, содержащееся в левой линии, только снизу вверх. При этом скрыта точка манулы, имеющаяся в Нукве Зеир Анпина, свойство суда, а точка свойства милосердия раскрыта, и тогда она передает всё благо нижнему. И это называется, что человек соединен с ЗОН святости, и вино, которое пьет, мохин левой линии, он пьет в меру: «(Вино,) радующее Творца и людей».

Ну, «а если не удостоился, то – злом» – если усиливает левую линию, привлекая ее свечение сверху вниз, тогда раскрывается в Нукве Зеир Анпина точка манулы, свойство суда, и все света жизни уходят из него. Как сказано: «Из праха ты и в прах возвратишься»[54]. И это называется, что человек связался с блудной женщиной и испил пьянящего вина, выпив сверх меры, поскольку привлек свечение левой (линии) сверху вниз. И тогда в вине обнаружились осадки, и это точка свойства суда, и вино становится для него «горькой чашей»[55], так как эти осадки лишают его жизни.

---

[54] Тора, Берешит, 3:19.
[55] Пророки, Йешаяу, 51:17. «Пробудись, пробудись, встань, Йерушалаим, ты, который испил из руки Творца чашу гнева Его, остаток горькой чаши испил ты до дна».

И захотел Творец провести праведников через испытание, для того чтобы удостоились больших мохин.[56] Поэтому сказано: «Одно против другого создал Творец»[57] – то есть дал строению нечистоты почти всё, что находится в святости, чтобы была у них сила увлекать за собой людей. И посредством этого сделал одиннадцать исправлений для блудной женщины, чтобы была у нее сила соблазнять людей. Как сказано о Древе познания: «И увидела женщина, что дерево хорошо для еды, и что вожделенно оно для глаз, и желанно дерево для постижения, и взяла она от плодов его, и отведала»[58] – ведь если бы не было этих привлекающих сердце исправлений в Древе познания, она бы не отведала.

Это одиннадцать исправлений, как сказано: «Одиннадцать полотнищ из козьей шерсти»[59]. И это: волосы, лицо, уши, затылок, уста, язык, речь, губы, сладость, одеяние и сорок исправлений без одного. И все они перешли к ней от Нуквы святости, как сказано: «"Я наполнюсь, ибо опустошен он" – т.е. Цор отстраивается не иначе, как на разрушении Йерушалаима»[60].

Первое исправление. «Волосы ее поправлены, красны, как роза». Окраска волос в красный цвет указывает на свечение Хохмы от левой линии, называемое красным. Потому что Хохма называется ви́дением, и краски постигаются с помощью зрения, т.е. свойства Хохмы. А красный цвет считается самым важным из цветов, и поэтому он виден издали.

Второе исправление. «Лицо ее – белое с красным». Белый цвет указывает на свечение хасадим, а красный цвет – на свечение Хохмы. И известно, что всё совершенство, имеющееся в Хохме, заключается в ее соединении со свечением хасадим.

---

[56] См. Зоар, главу Лех леха, п. 117, со слов: «В этих словах заключен необычайно глубокий смысл...»
[57] Писания, Коэлет, 7:14.
[58] Тора, Берешит, 3:6.
[59] Тора, Шмот, 36:14. «И сделал полотнища из козьей шерсти для покрытия Скинии: одиннадцать полотнищ сделал таких».
[60] Тора, Берешит, 25:23. «И сказал ей Творец: "Два племени в чреве твоем, и два народа из утробы твоей расходятся; а народ от народа крепнуть будет, и старшему служить младшему"». Комментарий Раши: «Не будут они равно великими одновременно: когда один возвысится, другой падет. Об этом сказано так: "Я наполнюсь, ибо опустошен он" (Пророки, Йехезкель, 26:2) – Цор наполняется не иначе, как от разорения Йерушалаима».

Поэтому происходит в ее лице (паним) исправление «смешение Хохмы с хасадим». И в этом заключается вся красота, имеющаяся в Нукве, которая привлекает сердце.

Третье исправление. «На ушах ее висят шесть исправлений "ткани египетской"». «Уши» – Бина, а «египетская ткань» – Хохма, как сказано: «И лишу Я мудрости египтян». Но корень этой мудрости (хохма) – от Бины, которая вернулась к Хохме, а не от самой Хохмы прямого света. Ибо корень ее – это река Пишон, берущая начало от реки, выходящей из Эдена, и это – Бина, вернувшаяся к Хохме, но не сама Хохма. И поэтому они висят на ее ушах, означающих Бину. «Шесть исправлений» были произведены в ней этой «египетской тканью», соответствующие шести сфирот ХАГАТ НЕХИ, и недостает седьмого исправления, соответствующего Малхут, из-за скрытия Малхут первого сокращения в Нукве святости, называемой «манула». И об этом сказано: «Если удостоился человек – стало добром»[45].

Четвертое исправление. «С затылка у нее удерживаются все силы страны востока». «Силы страны востока» – это древняя мудрость (хохма), и поэтому называется «древней», так как это Хохма прямого света. Поэтому сказано: «И мудрость Шломо была больше мудрости всех сынов Востока и всей мудрости египтян»[61]. «Мудрость египтян» исходит от Бины, которая превратилась в Хохму, а мудрость сыновей востока исходит от древней мудрости. «Затылок» – место тьмы в парцуфе, противоположное лицу (паним) – самому светлому месту в парцуфе, поскольку древняя мудрость исходит от Хохма стимаа (досл. скрытой мудрости) Арих Анпина. И эта Хохма скрыта и не светит вообще. А всё свечение Хохмы, светящее в мирах – только от Бины, возвращающейся в Хохму. И поэтому место это находится во тьме. И поэтому исправление сил страны востока происходит в месте ее «затылка».

Пятое исправление. «Уста ее, чуть приоткрытые, красивы в своих исправлениях». «Уста (пэ)» – это Малхут де-рош. И есть широкое раскрытие, когда Малхут не подслащена, при котором нет раскрытия Хохмы. А если раскрытие слабое, от Малхут, подслащенной в Бине, то это раскрытие в Хохме. И поэтому происходит в ней исправление «слабого раскрытия», т.е. раскрытие в Хохме, для того чтобы она была со свечением Хохмы.

---

[61] Пророки, Мелахим 1, 5:10.

Шестое исправление. «Язык ее, словно острый клинок» – чтобы соблазнять людей.

Седьмое исправление. «Речь ее льется, словно елей». Речь ее льется плавно, и поэтому она обладает большой силой увлекать за собой людей.

Восьмое исправление. «Губы ее красивы, алы как роза». Алый цвет указывает на силу свечения левой.

Девятое исправление. «Слаще она всех сладостей в мире». Свет видения, т.е. свечение Хохмы. Он сладок, как сказано: «Как сладок этот свет очам моим».

Десятое исправление. «Облачена она в пурпур». Пурпурный цвет состоит из всех четырех оттенков: белый, красный, зеленый и черный.[62]

Одиннадцатое исправление. «И предстает в сорока исправлениях без одного» – в четырех цветах ХУБ ТУМ, в каждом из которых десять сфирот, но в десяти сфирот де-Малхут недостает Малхут де-Малхут, поскольку она недостойна получать свет, как Малхут святости.[63] Поэтому – «сорок без одного».

Все эти одиннадцать исправлений жены-блудницы абсолютно похожи на исправления Нуквы святости, потому что берутся они у нее. Как сказано: «Наполнюсь я, ибо разрушен он»[64] – ибо Цор, Малхут клипы, называемая «жена-блудница», отстраивается не иначе, как на разрушении Йерушалаима, Малхут святости, и наоборот. И ничего нет между ними, но только в конце их. Ибо тот, кто слит с Нуквой святости, непрерывно поднимается, ступень за ступенью, вплоть до состояния:

---

[62] См. выше, п. 17.
[63] См. «Предисловие книги Зоар», п. 43, со слов: «И они были отмечены печатью в четырех сторонах...»
[64] Пророки, Йехезкель, 26:2-4. «Сын человеческий! За то, что сказал Цор о Йерушалаиме: "Ага! Сокрушен он, врата народов, (торговля) обращена ко мне; наполнюсь я, ибо разрушен он!" Посему так сказал Всесильный Творец: "Вот Я против тебя, Цор, и подниму Я на тебя народы многие, как поднимает море волны свои. И разрушат они стены Цора, и уничтожат башни его; и вымету прах его из него, и обращу его в сухую скалу"».

«Впоследствии возвысится очень»[65]. А попавший в западню жены-блудницы находит, что «последствия от нее горьки, как полынь»[66] и также «конец ее – пути смерти»[67].

И это означает сказанное: «Глупец идет за ней». Объяснение. Мы уже выяснили, что «Цор не отстраивается иначе, как на разрушении Йерушалаима»[60]. И это происходит как в общем, так и в частном, т.е. в каждом человеке. И в то время, когда он оставляет святость, прилепляясь к ситре ахра, всё наполнение и ступени, которые были у него в его корне в строении святости, переходят к строению ступеней ситры ахра, и она наполняется разрушением святости. И также знай, что человек соединен или со святостью, или с ситра ахра, и они не соприкасаются, даже если между ними расстояние с толщину волоса. И когда человек обращает свое желание на пути ситры ахра, еще до совершения им действия, тут же уходит от него святость, и ситра ахра занимает ее место, овладевая всем изобилием и ступенями, которые были у него в святости, как сказано: «Кто такой глупец – тот, кто теряет то, что дали ему»[68].

Таким образом: «Не совершит человек прегрешения, если не вселится в него дух глупости»[69]. Но как может быть, чтобы в него вселился дух глупости еще до того, как он прегрешил, если он слит со святостью? Ведь они не соприкасаются, даже если между ними расстояние с толщину волоса? Но, поскольку обратил свое сердце к греху, то еще до прегрешения святость уходит от него, и теряет он все ступени, которые были у него в святости, и дух глупости ситры ахра облачается в него, и после этого он уже действительно грешит. Но прежде, чем дух глупости облачится в него, он не может совершить грех.

И того, кто связался с блудной женщиной, Зоар называет глупцом и говорит, что «этот глупец идет за ней». Ведь в тот же миг, когда он идет, и даже еще не прегрешил, святость тотчас

---

[65] Писания, Иов, 8:7. «И то, что малым было в начале твоем, впоследствии возвысится очень».
[66] Писания, Притчи, 5:3-4. «Ибо сотовый мед источают уста чужой (женщины), и глаже елея небо (речь) ее. Но последствия от нее горьки, как полынь, остры, как меч обоюдоострый».
[67] Писания, Притчи, 12:14. «Иногда кажется человеку, что он идет прямой дорогой, но конец ее – пути смерти».
[68] Вавилонский Талмуд, трактат Хагига, лист 4:1.
[69] Вавилонский Талмуд, трактат Сота, лист 3:1.

уходит от него. И все ступени, которых он удостоился в святости, переходят к блудной женщине, и от них произошли все одиннадцать исправлений. И дух глупости облачается в него, и становится глупцом, а уж после того ему и на самом деле можно грешить. И поэтому Зоар называет его глупцом.

И все эти действия, описываемые в Зоаре, неизбежно вытекают одно из другого в качестве «предыдущее и последующее», «причина и следствие». Ибо после того, как загорелся желанием к ситре ахра, и это первый шаг, который был только вожделением и желанием, а не реальным действием, ведь всего лишь идет за ней, он приходит ко второму действию, когда уже способен грешить в силу облачения в него духа глупости, но сначала он испивает из ее чаши вина, и он пока еще пьет это вино в меру, подобно святости.

Но отсюда вытекает третье действие: «и прелюбодействует с ней, поддавшись ее соблазну» – т.е. притягивает от левой линии без правой, и это пьянящее вино, притягиваемое больше меры, что определяется как прелюбодеяние с блудной женщиной.

А отсюда – к четвертому действию. «Оставляет его спящим в постели» – поскольку из-за свечения левой линии без правой у него перекрываются все света, и он впадает в сон.

А отсюда – к пятому действию. «И, поднявшись высоко-высоко, обвиняет его и, получив там право убить его, спускается к нему» – поднявшись наверх, раскрывает грех его и, благодаря этому, получает право убить его, то есть раскрывает над ним Малхут свойства суда, и по этой причине уходят от него все света жизни.

Отсюда – к шестому действию. «Просыпается этот глупец и стремится развлечься с ней, как и раньше» – потому что раскрытие свойства суда пробуждает его ото сна, и еще не поняв, что случилось, он собирается, как и раньше, развлечься с ней.

Отсюда – к седьмому действию. «И она уже сбросила с себя все свои исправления». Ибо после того, как раскрылась Малхут свойства суда, тотчас ушли от нее все света и исправления – те, которые были у нее от Малхут свойства милосердия.

Отсюда – к восьмому действию. «И превратилась в стоящего перед ним могучего исполина» – пока еще были исправления над ней, она относилась к клипот правой линии, так как прелюбодеяние исходит от клипы правой линии, но теперь, когда она освободилась от всех исправлений, вследствие того, что раскрылась в ней Малхут свойства суда, она превратилась из клипы правой линии в клипу левой, в свойство умерщвления.

И мы должны знать, что у Малхут свойства суда нет достаточной силы, чтобы умерщвлять людей в начале своего раскрытия, и она должна много раз раскрываться над человеком, пока их соединение вместе не соберется в меру достаточную, чтобы умертвить человека. И это суд, которым судят больного во время смерти, – т.е. собрание всех обстоятельств, приводящих Малхут свойства суда к такой ее величине, когда она может умерщвлять. И в основе своей это две причины:

1. Первый шаг – глупец идет за ней, ибо он возжелал путей ситры ахра, и это определяется как «дурной глаз», поскольку вожделение зависит от «глаза», ведь «глаз видит, а сердце вожделеет»[70]. И поэтому сказано: «Полны гнева глаза его» – т.е. это собрание всех вожделений ситры ахра во все дни жизни его. Как сказано: «Ангел смерти смотрит во все глаза»[71], и также: «Девяносто девять умирают от дурного глаза»[72].

2. Все остальные действия раскрывают пятое действие, и включаются в понятие «острый меч», ибо меч (херев חרב) – от слова «разрушение» (хурбан חורבן). То есть он разрушает здание святости и возвеличивает здание клипот. Поэтому о второй причине сказано: «Острый меч в руках его» – вследствие накопления остальных действий, а о соединении в меру свойства суда, достаточную, чтобы убить, сказано: «Капли горькие стекают с меча его – убивает он этого глупца, ввергая его в ад». И этот меч приводит к накоплению свойства суда до такой меры, которая называется горькими каплями, и эти капли умерщвляют «этого глупца, ввергая его в ад».

---

[70] «Сердце и глаза являются "соглядатаями" тела и служат посредниками в совершении грехов: глаз видит, а сердце вожделеет, и тело совершает грех». Комментарий Раши, Бемидбар, 15:39, недельная глава «Шлах».
[71] Вавилонский Талмуд, трактат Авода зара, лист 20:2.
[72] Вавилонский Талмуд, трактат Бава меция, лист 107:2.

28) Яаков сошел к ней, к блудной женщине, и пошел в место ее, как сказано: «И вошел в Харан», т.е. она – гнев (харон) и суды. И увидел там все исправления ее местопребывания, и был избавлен от нее и вернулся на землю Исраэля. А ее захару, Саму, не понравилось это, и он спустился, чтобы сразиться с ним, и не смог одолеть его, как сказано: «И боролся с ним человек»[73]. Тогда он избавился от всех и наполнился совершенством, и поднялся на совершенную ступень, ступень «хая»,[74] называемую Исраэль (ישראל), сочетание букв: «ли-рош» (мне рош לי ראש). Тогда он поднялся на высшую ступень и, наполнившись всем совершенством, стал срединным столпом. И о нем сказано: «А средний засов посреди брусьев проходит из конца в конец»[75].

Объяснение. До этого, пока еще находился на ступени Яаков, он склонялся, в основном, к правой линии, и не было у него настоящего рош, а только свойство рош веры. Но теперь, когда прошел испытание гневом и Самом, избавившись от них, удостоился ступени хая. То есть средняя линия поддерживает свечение двух линий, не склоняясь ни вправо, ни влево. И тогда у него есть настоящий рош, и он зовется Исраэль и считается срединным столпом, поддерживающим свечение двух линий.

---

[73] Тора, Берешит, 32:25. «И остался Яаков один. И боролся с ним человек до восхода зари».
[74] См. выше, п. 20, со слов: «Объяснение. Мы уже выяснили, что первая ступень мохин де-хая...»
[75] Тора, Шмот, 26:25.

ГЛАВА ВАЕЦЕ

И вышел Яаков из Беэр-Шевы

30)[76] «Жители мира, любящие Высшего, избранники правления!» –Зоар призывает тех, кто удостоился свечения трех линий. Со стороны свечения средней линии они называются жителями мира, ибо Зеир Анпин, средняя линия, называется «мир». Со стороны свечения правой линии они называются любящими Высшего. Со стороны свечения левой линии они называются избранниками правления, ибо избраны управлять миром, так как сила власти исходит от левой линии.

«Приблизьтесь и слушайте, тот, кто мудр (хахам) среди вас, обладающие глазами разума (твуна)» – то есть обладающие Хохмой, имеющейся в Твуне, потому что эта Хохма называется «глаза», а не Хохма прямого света, «пусть придет и познает: в час, когда белый рош, Атик, взял три буквы, и запечатлел в печатях: "алеф א", "йуд י", "нун ן", то отпечаталось "эйн אי"»:
– «алеф א» – рош, который выше всех, самый скрытый из всего скрытого, рош Арих Анпина;
– «йуд י» – подъем желания, которое получило совершенство от рош Арих Анпина наверху, и опустилось вместе со своим совершенством вниз, к ЗОН – то есть вышло из рош Арих Анпина. «И создало тридцать две тропинки» – в то время, когда опять вошло в рош Арих Анпина, «пока не отпечатались они между драгоценных пылающих камней» – это экран де-хирик, поскольку экраны называются камнями;
– «и связываются в букве "нун"» – взаимовключение захар и некева, двух любящих, сильная связь стала совершенной в них, и святое имя «йуд-хэй יה» «вав-хэй וה» соединилось благодаря им. От них исходит пропитание всего, и получили совершенство эти миры, т.е. ЗОН.

Объяснение. Мы уже знаем, что все мохин нисходят в трех посевах, называемых холам-шурук-хирик.[77] И сказано: «Когда белый рош, Атик, взял три буквы, и запечатлел в печатях: "алеф א", "йуд י", "нун ן"» – т.е. три эти посева, называемые печатями. «"Алеф א" – рош, который выше всех» – т.е. Арих Анпин, который называется высшим рош над всеми ступенями АБЕА. Однако Атик считается рош только для Арих Анпина,

---
[76] Пункт 29 в данной редакции текста не приводится.
[77] См. Зоар, Берешит, часть 1, п. 9.

а не для ступеней, которые ниже Арих Анпина, поскольку он относится к первому сокращению.[78] И только Арих Анпин является первым, кто принял в себя второе сокращение – подъем Малхут в его Бину. И вместе с тем, он «самый скрытый из всего скрытого», поскольку от него самого миры не могут получать, ведь он является той исходной Хохмой, которая была скрыта. А нижние получают только от его Бины, благодаря выходу ее из рош Арих Анпина и возвращения к ним. Эта Бина обозначается буквой «йуд י» и включает в себя четыре парцуфа: Аба ве-Има и Исраэль Саба ве-Твуна.

И сказано: «Йуд – это подъем желания» – т.е. подъем Малхут в Бину, произошел в «йуд י». И она получила свое совершенство от рош, находящегося наверху, рош Арих Анпина, и опустилась с тем совершенством, которое она получила, и передала его ЗОН внизу. Как происходит получение Бины наверху и передача вниз? Бина вышла из рош Арих Анпина и образовала тридцать две тропинки, т.е. из-за подъема Малхут в рош Арих Анпина вышли Бина и ТУМ из рош Арих Анпина в гуф, ВАК без рош, и остались в рош Арих Анпина только Кетер и Хохма. А также Бина и ТУМ десяти сфирот Бины опустились в ЗОН, и Бина осталась с келим Кетер-Хохма и ВАК светов.

А после этого, во время гадлута, Арих Анпин вернул Бину в свой рош, и также Бина вернула на свою ступень ее Бину и ТУМ, которые упали в ЗОН. И ЗОН тоже взошли тогда вместе с Биной и ТУМ на ступень Бины, поскольку были слиты с ними. И тогда Бина находится в свойстве «тридцать две тропинки»: десять сфирот ее самой и двадцать две буквы, представляющие собой келим де-ЗОН, поднявшиеся к ней. Таким образом, посредством выхода наружу из рош Арих Анпина, она опустила Бину и ТУМ из своих десяти сфирот, и они слились с ЗОН. И поэтому затем, во время гадлута, поднялись ЗОН вместе с этими Биной и ТУМ на ступень Бины, и она стала тридцатью двумя тропинками. И поэтому сказано, что она «вышла и образовала тридцать две тропинки» – т.е. при выходе ее из рош Арих Анпина, она создала в себе тридцать два свойства, тридцать две тропинки: десять – от себя, и двадцать две – от ЗОН.

---

[78] См. Зоар, Берешит, часть 1, п. 2, со слов: «Слово "вначале (берешит)" указывает на парцуф Арих Анпин...»

Кетер и Хохма, которые остались в Бине во время ее выхода наружу, это буквы МИ (מי) имени Элоким (אלהים), точка холам, правая линия. А Бина и ТУМ Бины, которые она вернула во время гадлута вместе с ЗОН, это буквы ЭЛЕ (אלה), которые снова восполнили имя Элоким (אלהים), т.е. точка шурук, левая линия.

И из-за недостатка дорогого облачения для Хохмы стало имя Элоким (אלהים) скрытым, и Хохма не может светить, пока не оденется в дорогое облачение, которое светит, т.е. облачение хасадим, и тогда она светит.[79] «Пока не отпечатались они между драгоценных пылающих камней». «Камни» – это экран, который находится в ЗОН, поднявшихся в Бину. И после того как Бина выводит ступень хасадим на экран, находящийся в ЗОН, соединяются ее две линии, правая и левая, и Хохма облачается в хасадим, которые исходят от экрана ЗОН, и они становятся для нее дорогим облачением, которое светит. И потому этот экран называется «драгоценные камни». И они называются пылающими, поскольку относительно Бины в этом экране содержатся суды, так как он является экраном первой стадии.

«И связываются в букве "нун"» – взаимовключение захар и некева, двух любящих, то есть ЗОН. Поскольку две линии Бины были перекрыты, прежде чем она произвела зивуг на экран де-ЗОН, а с помощью экрана де-ЗОН они раскрылись, чтобы светить, тем самым соединившись в ЗОН. Сильная связь стала совершенной в ЗОН, включенных в букву «нун», потому Хохма, находящаяся в Бине, не может светить без них, без дорогого облачения, которое она получает от зивуга на их экран.

«И святое имя "йуд-хэй יה" "вав-хэй וה" соединилось благодаря им». Ибо «йуд-хэй יה» – это Бина, где «йуд י» – ГАР Бины, облаченные в высшие Аба ве-Иму, а «хэй ה» – ЗАТ Бины, облаченные в ИШСУТ. И они соединились благодаря буквам «вав-хэй וה», т.е. ЗОН, так как «йуд-хэй יה» не могут светить без них. И от них исходит пропитание всем, т.е. вследствие соединения «йуд-хэй יה» с помощью «вав-хэй וה» есть изобилие пропитания всем – как Хохма, так и хасадим. И с помощью этого получают совершенство ЗОН, называемые мирами, потому что нижний, вызывающий дополнительный свет у высшего, сам тоже удостаивается всей той меры, которую вызвал

---

[79] См. «Предисловие книги Зоар», п. 14, со слов: «Сказано, что "оно стоит и не стоит". С одной стороны, строение уже стоит во всем совершенстве...»

у высшего. И поэтому получают совершенство ЗОН, т.е. «нун ן», в мохин Бины.

31) И поэтому отпечаталась прямая буква «нун ן», совокупность захар и некева, ЗОН, так как согнутая «нун נ» – это одна Нуква, без захара. «Йуд י», то есть желание, Бина, образовавшая тридцать две тропинки, производит соударения между двадцатью двумя буквами, представляющими собой ЗОН, пока они не отпечатываются между «драгоценными пылающими камнями», образуя «небосвод», и это Яаков, средняя линия между двумя сторонами, югом и севером, правой линией и левой линией, приводящая к соединению между собой разъединенных МИ (מי) и ЭЛЕ (אלה), которые были разделены посередине, став правой и левой линиями, противоречащими друг другу. А теперь, посредством зивуга де-акаа на экран де-хирик, который образует среднюю линию, они снова соединяются вместе.

И образуются, таким образом, три линии в самой средней линии. До тех пор, пока не опускается Яаков к согнутой букве «нун נ», Нукве, и две его линии соединяются в ней, как одно целое. И тем самым выстраивается Нуква, становясь достойной зивуга. После этого соединяются Яаков и Нуква, как одно целое, и становятся прямой буквой «нун ן», включающей Яакова и Нукву.

Согнутая «нун נ», Нуква, содержащаяся в прямой букве «нун ן», называется Беэр-Шева. И она наполняется от Яакова, для того чтобы поить все стада, т.е. давать нижним. Сказано: «И вышел Яаков из Беэр-Шевы и пошел в Харан»[1] – т.е. Яаков был слит с согнутой «нун נ» воедино в прямой «нун ן», и в этом соединении согнутая «нун נ» называется Беэр-Шевой. Сказано, что вышел из этого своего соединения с Беэр-Шевой и пошел в Харан, и это – левая линия и гнев (харон).

«Из Беэр-Шевы» – сверху, из Бины, потому что от нее он исходит и получает свое наполнение, а затем отправляется напоить Харан, нижний колодец (беэр), Нукву, в которой содержатся суды, называемые «гнев (харон) Творца», а также «меч (херев) Творца», в которой содержится суд верховного правления, называемого Элоким. И поэтому сказано об имени Элоким:

«Всесильный (Элоким), пришли народы в удел Твой»[80] – так как от этого имени исходят суды. «И вышел Яаков» – т.е. вышел с наполнением, «из Беэр-Шевы» – Бины, «и пошел в Харан» – чтобы передать наполнение Нукве, называемой Харан в то время, когда ей недостает наполнения.

32) «Сила солнца» – Зеир Анпина, «исходит от южной стороны» – т.е. правой, хасадим, «а мир» – Нуква, «держится только на духе (руах)» – средней линии, «потому что дух (руах) – это поддержка и совершенство со всех сторон» – поскольку средняя линия, руах, включает две стороны, «южной и северной» – правой и левой, Хохмы и хасадим, «и если бы он не находился в совершенстве, то мир» – Нуква, «не смог бы существовать».

33) «И если бы не Яаков, не существовал бы мир. В час, когда его сыновья вызвали высшее соединение и сказали: «Слушай, Исраэль, Творец – Всесильный наш, Творец – один!»[81], и это – высшее совершенство» – от Абы ве-Имы, «чтобы соединиться в полном единстве, соединился тогда отец их Яаков» – средняя линия, Тиферет, «и взял дом свой» – Нукву, нижнее единство, «и сидел в нем в полном единстве с праотцами» – двумя линиями, правой и левой, «чтобы соединились захар и нуква, как одно целое. Ибо нет зивуга захара и нуквы прежде, чем средняя линия» – Яаков, согласовывает и соединяется с двумя линиями, правой и левой, Авраамом и Ицхаком».

---

[80] Писания, Псалмы, 79:1. «Псалом Асафа. Всесильный, пришли народы в удел Твой, осквернили храм святой Твой, превратили Йерушалаим в руины».

[81] См. «Предисловие книги Зоар», статью «Третья заповедь», пп. 204-207.

ГЛАВА ВАЕЦЕ

Встань, Творец

34) «Встань, Творец, ради покоя Своего, – Ты и ковчег могущества Твоего»[82]. «Встань, Творец, ради покоя Своего» – это все равно, что сказать: «Пусть встанет Царь в доме покоя, в Скинии Своей».

35) Двое сказали: «Встань, Творец» – Моше и Давид. Моше сказал: «Встань, Творец, и рассеются враги Твои»[83]. А Давид сказал: «Встань, Творец, ради покоя Своего»[82]. Что же их отличает? Но только Моше, т.е. муж Госпожи (Матрониты), сказал подобно тому, кто дает указание в своем доме – Моше повелел ей вести войну с врагами Его. Давид же пригласил Его ради покоя, подобно тому, кто приглашает к себе в дом своего господина – пригласил Царя и Госпожу с Ним, как сказано: «Встань, Творец, ради покоя Своего, – Ты»[82], Царь, «и ковчег могущества Твоего»[82], Нуква, чтобы не разделять их.

Пояснение сказанного. «Встань» – это означает привлечение Хохмы и ГАР. Есть два вида подъема:

1. Когда человек привлекает свечение шурук – свечение Хохмы без хасадим, чтобы покорить врагов, т.е. нечистую сторону (ситру ахра), которая покоряется только с помощью свечения Хохмы. И в это время нет зивуга у ЗОН, так как власть принадлежит левой линии, а не правой, Зеир Анпину.

2. Когда человек привлекает свечение Хохмы в левой линии, в точке шурук, чтобы восполнить ею хасадим в ГАР путем включения двух линий, правой и левой, друг в друга. И тогда хасадим приходят в виде покоя, т.е. окончательного совершенства, к которому уже нечего добавить. Таким образом, это привлечение – суть призыв к зивугу ЗОН, когда Зеир Анпин, правая линия, восполнившись во время зивуга от свечения Хохмы в Нукве, дает ей совершенный свет хасадим в свойстве ГАР, называемым покоем.

---

[82] Писания, Псалмы, 132:8.
[83] Тора, Бемидбар, 10:35. «И было, когда в путь выступал ковчег, говорил Моше: "Встань, Творец, и рассеются враги Твои, и обратятся в бегство ненавистники Твои от лица Твоего"».

И в этом различие между Моше и Давидом. Моше, будучи строением для Зеир Анпина, мужа Госпожи, был в силах вызывать у Нуквы также подъем первого вида – свечение левой линии без правой. И хотя он отделяет ее при этом от мужа, это ничего не значит, ведь после того как он раскрывает ее свечение и враги покоряются, он тотчас возвращает ее к себе и дает ей хасадим – и она восполняется одновременно, как от (свечения) Хохмы, так и от (свечения) хасадим. Поэтому вначале он говорил: «Встань, Творец, и рассеются враги Твои» – т.е. привлекал к ней свечение Хохмы от левой линии без правой, чтобы рассеять врагов. И тотчас после этого говорил: «Возвратись, Творец»[84] – т.е. возвращал ее к зивугу, «десятков тысяч и тысяч Исраэля»[84] – тогда она обретала хасадим и Хохму, поскольку десятки тысяч – это хасадим, а тысячи – это Хохма.[85]

И это означает сказанное: «Но только Моше, т.е. муж Госпожи (Матрониты), сказал подобно тому, кто дает указание в своем доме» – так как, будучи строением для Зеир Анпина, ее мужа, он может повелевать ей по своему желанию и даже отделять его от нее на данный момент. «Моше повелел ей вести войну с врагами Его» – поэтому он повелел ей привести в повиновение врагов, что является подъемом первого типа, хотя она и отделяется от него. Ибо он тотчас возвращал ее к зивугу, говоря: «Возвратись, Творец десятков тысяч и тысяч Исраэля»[84].

«Давид же пригласил Его ради покоя» – потому что вызвал и привлек к Нукве подъем второго вида, «ради покоя», т.е. чтобы увеличить хасадим в ГАР, и это окончательное совершенство, называемое «покой». И получается, что он вызвал у Нуквы подъем только для того, чтобы увеличить хасадим в Зеир Анпине. Поэтому сказано: «Подобно тому, кто приглашает к себе в дом своего господина» – т.е., хотя он и вызвал подъем у Нуквы, это предназначалось только для его господина, Зеир Анпина.

«Пригласил Царя и Госпожу с ним» – иными словами, чтобы Госпожа, т.е. Нуква, получившая подъем, включилась в зивуг с Царем, свойством хасадим, и чтобы посредством этого включения достигли хасадим Зеир Анпина своих ГАР, называемых

---

[84] Тора, Бемидбар, 10:36. «А когда останавливался, он говорил: "Возвратись, Творец десятков тысяч и тысяч Исраэля"».

[85] См. выше, п.10, со слов: «И света ее...»

«покой». Как сказано: «Встань, Творец, ради покоя Своего»[82] – то есть он вызвал этот подъем ради покоя, чтобы увеличить хасадим в ГАР. «"Ты и ковчег могущества Твоего", чтобы не разделять их» – чтобы зивуг, подразумеваемый под словами «Ты» – Зеир Анпин, «и ковчег могущества Твоего» – Нуква, не прекратился. А если бы он вызвал подъем первого вида, это привело бы к разделению ЗОН, как делал Моше. Давид же, будучи лишь строением для Нуквы, не хотел этого допускать даже на мгновение.

36) «Священники Твои облекутся справедливостью, и приверженцы Твои возликуют»[86]. Тот, кто приглашает царя, отложит все свои дела, чтобы доставить ему радость. Если заведено у царя, что его веселят шуты из простонародья, он устроит так, чтобы пред царем были признанные шуты и знатные вельможи. И не сделав этого, не доставит совершенной радости царю.

37) Давид пригласил Царя и Госпожу ради покоя, сказав: «Встань, Творец, ради покоя Своего»[82]. Что он сделал: заменил увеселителей Царя на знатных вельмож. И кто же они? Как сказано: «Священники Твои облекутся справедливостью, и приверженцы Твои возликуют»[86].

Сказано: «Приверженцы Твои возликуют», но следовало сказать: «Левиты Твои возликуют», потому что левиты веселят Царя. Но теперь, пригласив Царя ради покоя, Давид сделал так, чтобы священники (коэны) и приверженцы (хасидим) стали радующими Царя, а не левиты.

Дело в том, что радость Царя, т.е. Зеир Анпина, приходит с привлечением мохин свечения Хохмы в левой линии. И это – вино, веселящее Творца и людей. Поэтому левиты, происходящие от левой линии, привлекают это свечение и несут радость Царю. Значит, следовало бы сказать: «Левиты Твои возликуют», так как именно они привлекают мохин ликования и радости, являясь свойством левой линии. Почему же сказано: «Приверженцы Твои возликуют» – ведь они представляют правую линию и привлекают только хасадим?

---

[86] Писания, Псалмы, 132:9.

И это означает, что «Давид пригласил Царя и Госпожу ради покоя, сказав: "Встань, Творец, ради покоя Своего"». Иначе говоря, он вызвал подъем первого вида, т.е. привлек свечение Хохмы левой линии, призванное увеличить ГАР де-хасадим и ведущее их к покою, т.е. к полному их совершенству. И благодаря тому, что он сменил веселящих Царя на носителей правой линии, которые всегда привлекают хасадим, – коэнов и приверженцев, – они стали теперь носителями свечения Хохмы левой линии, называемого «вино, веселящее Творца и людей». И они стали радовать Царя, а не левиты. И это смысл того, что он «сделал так, чтобы коэны и приверженцы стали радующими Царя», и потому сказал: «Приверженцы Твои возликуют», а не «левиты Твои возликуют».

38) Сказал Творец Давиду: «Не хочу Я утруждать коэнов и приверженцев», чтобы они привлекали свечение левой линии, поскольку они относятся к свойству: «Ибо любит миловать Он»[87]. Сказал ему Давид: «Владыка мой, когда Ты в чертоге Своем, Ты поступаешь по Своему желанию» – т.е. как Моше, обладающий свойствами Зеир Анпина, который сказал: «Встань, Творец, и рассеются враги Твои». То есть, это свечение левой линии самой по себе, и в это время только левиты веселят Царя, а не коэны и приверженцы. «Теперь же, когда я пригласил Тебя, это зависит от моего желания приблизить к Тебе тех, кто наиболее важен, – коэнов и приверженцев, чтобы они ликовали пред Тобой, хотя они и относятся к свойству: "Ибо любит миловать Он"».

39) Отсюда следует, что находящийся в своем доме может выстраивать свои пути и дела по своему желанию. Если же его приглашают, он должен следовать желанию хозяина, согласно тому, что тот преподносит ему. Царь Давид сменил левитов и поставил на их место коэнов – и Творец все сделал по его желанию.

40) Сказал Давид: «"Ради Давида, раба Твоего, не отвергай лица помазанника Своего"[88]. Порядок, который я выстроил, уже не вернется к прежнему», т.е. не отменится. Сказал ему Творец: «Клянусь, что даже Своими принадлежностями (келим) не

---

[87] Пророки, Миха, 7:18. «Кто Творец, как Ты, прощает грех и не вменяет в вину остатку наследия Своего, не держит вечно гнева Своего, ибо любит миловать Он».

[88] Писания, Псалмы, 132:10.

буду пользоваться, а только твоими». И не сошел оттуда Творец, пока не дал ему щедро́ты и подарки, как сказано: «Клялся Творец Давиду истиной и не отступит от нее: "От плода чрева твоего посажу на престоле твоем"»[89].

---

[89] Писания, Псалмы, 132:11.

ГЛАВА ВАЕЦЕ

И вышел Яаков из Беэр-Шевы

41) «И вышел Яаков из Беэр-Шевы и пошел в Харан»[90]. Как сказано: «Поэтому да оставит человек отца своего и мать свою и прилепится к жене своей»[91]. Ведь «вышел Яаков из Беэр-Шевы», оставив отца и мать, «и пошел в Харан», чтобы взять себе жену, – это намек на то, что Исраэль вышли из Храма и ушли в изгнание среди народов, как сказано: «И ушло от дочери Циона все ее великолепие»[92]. И сказано: «Ушла в изгнание Иудея от бедности»[93].

42) «И достиг того места, и ночевал он там»[94]. «И достиг того места» – это можно сравнить с царем, идущим в дом госпожи, и ему нужно умиротворить и порадовать ее чем-то, чтобы не чувствовала себя брошенной. И даже будь у него приготовлены золотая кровать и перины, украшенные искусной вышивкой, чтобы спать на них, а она готовит ему кровать из камней на земле, в сарае, – он оставит свое и проведет ночь на них, чтобы доставить ей удовольствие и чтобы соединиться в одном желании, без всякого принуждения. Когда пошел к ней Яаков, «взял он из камней этого места и положил себе в изголовье, и лег на том месте»[94] – т.е. у Нуквы[95], чтобы доставить ей удовольствие. Ибо даже камни дома милы ему, чтобы ночевать на них.

---

[90] Тора, Берешит, 28:10.

[91] Тора, Берешит, 2:24.

[92] Писания, Эйха, 1:6. «И ушло от дочери Циона все ее великолепие; стали вельможи ее как олени, не нашедшие пастбища, и пошли без сил впереди преследователя».

[93] Писания, Эйха, 1:3. «Ушла в изгнание Иудея от бедности и тяжкого рабства; сидит она среди народов, не нашла покоя; в теснинах настигли ее преследователи».

[94] Тора, Берешит, 28:11. «И достиг того места, и ночевал он там, ибо зашло солнце. И взял он из камней этого места и положил себе в изголовье, и лег на том месте».

[95] См. выше, п. 9.

ГЛАВА ВАЕЦЕ

Пророчество, ви́дение и сновидение

45)[96] Чем отличается пророчество от сновидения?

1. Пророчество – в мире захар, в Зеир Анпине, а сновидение – в мире некева, в Нукве Зеир Анпина. От одного к другому нисходят шесть ступеней, потому пророчество – в сфирот Нецах и Ход Зеир Анпина, а сновидение – в сфире Ход Нуквы, и между ними находятся Есод Зеир Анпина и ХАГАТ Нецах-Ход Нуквы, составляющие шесть ступеней.
2. Пророчество – в правой и левой линиях, т.е. Нецах и Ход. Сновидение – в левой линии, Ход.
3. Сновидение распространяется на многие ступени вниз, т.е. до ангела Гавриэля, через которого мы получаем озарение во сне, и потому сновидения есть во всем мире, даже вне пределов земли (святости). Однако человек видит согласно своей ступени; а каков человек, такова и его ступень. Иначе говоря, в этом отношении не все равны.

Но пророчество не распространяется ниже Малхут мира Ацилут, а светит в Нукве – в месте Зеир Анпина, в земле Исраэля. И пророки получают от него следующим образом: корень пророчества находится в сфирот Нецах и Ход Зеир Анпина, и оно распространяется до Нуквы, посредством которой получают пророки. А корень сновидения находится в сфире Ход Нуквы, и оно распространяется до ангела Гавриэля, через которого получают люди.

46) «И снилось ему: вот лестница поставлена на землю, а вершина ее достигает небес»[97]. Сказано: «Было тогда слово Творца к Йехезкелю... в земле Касдим, на реке Квар»[98].

Слова «было тогда» указывают, что пророчество было только на это время, так как оно требовалось для укрепления изгнанников: сообщить им о том, что Шхина сошла с ними в изгнание.

---

[96] Пункты 43 и 44 в данной редакции текста не приводятся.
[97] Тора, Берешит, 28:12. «И снилось ему: вот лестница поставлена на землю, а вершина ее достигает небес; и вот ангелы Всесильного восходят и нисходят по ней».
[98] Пророки, Йехезкель, 1:3. «Было тогда слово Творца к Йехезкелю, сыну Бузи, священника, в земле Касдим, на реке Квар, и была там на нем рука Творца».

Поэтому Йехезкель видел лишь то, что соответствовало его времени, хотя место и не соответствовало этому, так как место вне земли Исраэля непригодно для пророчества. И потому говорит Писание: «Было тогда», т.е. тут произошло новое явление – пророчество низошло за пределами этой земли.

«Было тогда (досл. было было)»[98] – «было» сказано дважды. Ибо «было (айо (הָיֹה))» наверху, в Зеир Анпине, и «было (айя (הָיָה))» внизу, в Нукве. Сказано об этом: «Лестница поставлена на землю, а вершина ее достигает небес»[97] – т.е. берет свет хасадим наверху в небесах, в Зеир Анпине, а также берет внизу, в Нукве, на земле, свет Хохмы. Первое «было» означает пребывание хасадим сверху, а второе «было» – пребывание Хохмы снизу. И мы уже выяснили[99], что хасадим получают от Зеир Анпина, а Хохму – от Нуквы. Поэтому Нуква зовется нижней мудростью (хохма). И нет совершенства Хохмы без хасадим, а потому совершенный свет привлекается только посредством зивуга Зеир Анпина и Нуквы.

47) Лестница эта была укреплена наверху, в Зеир Анпине, и была укреплена внизу, в Нукве, как сказано: «В земле Касдим, на реке Квар»[98]. «В земле Касдим» – в месте изгнания, т.е. за пределами земли Исраэля. И вместе с тем – «на реке Квар». Что такое «река Квар»? Это означает, что она была уже (квар), то есть Шхина пребывала над ней еще до того. Сказано об этом: «И река выходит из Эдена, чтобы орошать сад»[100]. Река – это Бина.[101] А река Квар – это одна из четырех рек, которые образуются от реки, выходящей из Эдена, т.е. реки Евфрат в Вавилоне. И поскольку пребывала над ней ранее и была уже (квар) над ней, то пребывает над ней и сейчас и раскрывается Йехезкелю. Иными словами, хотя пророчество должно было укрепить Исраэль в Вавилонском изгнании, чтобы они не пришли в отчаянье, вместе с тем если бы эта река не брала своего начала от реки, выходящей из Эдена, над которой уже пребывала Шхина, то не раскрылось бы ему пророчество в Вавилоне.

48) Может ли быть, чтобы Яакову-праведнику, избранному из праотцев, Творец раскрылся в сновидении, и в этом святом

---

[99] См. Зоар, главу Берешит, часть 2, п. 214.
[100] Тора, Берешит, 2:10. «И река выходит из Эдена, чтобы орошать сад, и оттуда разделяется и образует четыре русла».
[101] См. Зоар, Берешит, часть 1, п. 367.

месте, т.е. в Бейт-Эль (дом Творца)¹⁰², находящемся на земле Исраэля и достойном пребывания Шхины, он видел Творца лишь во сне? Но дело в том, что Яаков тогда еще не был женат и был телом без второй половины, и Ицхак был жив, – поэтому еще не настало время его власти. И потому здесь говорится о видении во сне, а не наяву.

Тогда почему после того, как Яаков взял жену, сказано: «Увидел во сне»¹⁰³? Там причиной было место, которое находилось за пределами этой земли, в Падан-Араме, и Ицхак был жив, – поэтому сказано: «Во сне».

49) А после того как он пришел в землю Исраэля с коленами, и «хозяйка дома»¹⁰⁴ наполнилась ими, и «мать радуется сыновьям»¹⁰⁴ – т.е. когда он пребывал в совершенстве со своей половиной и находился в земле Исраэля, тогда «И явился Всесильный Яакову»¹⁰⁵. И сказано: «И сказал Всесильный Исраэлю в ночных видениях»¹⁰⁶. Здесь не говорится о сне, так как он уже находился на высшей ступени и был достоин видения наяву.

50) Сновидение (передается) через Гавриэля. Сновидение находится на шесть ступеней ниже пророчества, так как Гавриэль получает сновидение от сфиры Ход Нуквы, и через Гавриэля его получают люди. Видение же получают посредством ступени того создания, которое властвует ночью, потому что видение – это Нуква Зеир Анпина на своем собственном месте. О ней сказано: «Встает она еще ночью»¹⁰⁷. И потому она представляет собой видение наяву, а не во сне.

Но ведь сказано: «Гавриэль, дай ему понять это видение»¹⁰⁸ – значит, видение тоже получают через Гавриэля? В видении вещи неясны, а во сне более понятны. Сновидение

---

¹⁰² См. Тора, Берешит, 28:19. «И нарек имя тому месту Бейт-Эль».
¹⁰³ Тора, Берешит, 31:10.
¹⁰⁴ Писания, Псалмы, 113:9. «Превращает хозяйку дома в мать, радующуюся сыновьям. Алелуйа».
¹⁰⁵ Тора, Берешит, 35:9. «И явился Всесильный Яакову еще раз по возвращении его из Падан-Арама, и благословил его».
¹⁰⁶ Тора, Берешит, 46:2. «И сказал Всесильный Исраэлю в ночных видениях, говоря: "Яаков, Яаков!", и тот сказал: "Вот я!"»
¹⁰⁷ Писания, Притчи, 31:15. «Встает она еще ночью, раздает пищу в доме своем и урок служанкам своим».
¹⁰⁸ Писания, Даниэль, 8:16. «И услышал я голос человеческий изнутри Улая, и воззвал он, и сказал: "Гавриэль, дай ему понять это видение"».

проясняет непонятные вещи, которые были в видении. Поэтому Гавриэль, ответственный за сновидение, назначается для разъяснения самых непонятных вещей, которые были в видении.

51) Поэтому о видении говорится: «увидел», «явился». Ибо видение можно сравнить с зеркалом из полированного стекла, в котором видны все образы, находящиеся перед ним. И потому сказано о нем: «Являлся Я Аврааму... Владыкой Всемогущим»[109]. Тем самым видение, т.е. Нуква, сказала: «Я показала образ Творца в виде Владыки Всемогущего», поскольку она – зеркало, в котором виден образ другого, и все образы высших ступеней видны в ней.

Пояснение сказанного. Образ Нуквы – это свойство Хохмы, а образ Зеир Анпина – хасадим. Поэтому совершенный свет возникает только посредством зивуга их обоих. И хасадим получают Хохму от Нуквы, а Хохма Нуквы облачается в хасадим, и оба они получают совершенство. Но вместе с тем, свечение Хохмы в Нукве не передается от нее вниз, а от нее вверх – свойству хасадим Зеир Анпине, которые восполняются ГАР и передаются сверху вниз. Сказано об этом: «Доблестная жена – венец мужу своему»[110]. И муж украшается ею, т.е. ее посредством хасадим Зеир Анпина украшаются тремя первыми сфирот и даются вниз. Однако Нуква не украшается своим мужем, поскольку ее образ, т.е. свечение Хохмы, не передается вниз от нее.

И это смысл сказанного: «Поскольку она – зеркало, в котором виден образ другого» – т.е. образ Зеир Анпина, хасадим, виден нижним через нее, т.е. они передаются от нее вниз. Однако ее собственный образ нижним не виден, потому что она не передает Хохму от себя вниз. Получается, что похожа на отполированное зеркало, предназначенное для того, чтобы показывать не собственный образ, а только образы других – тех, кто в него смотрит или стоит перед ним. И она еще похожа на зеркало потому, что весь эффект зеркального стекла возникает благодаря замутненному слою с другой его стороны, который отражает световые лучи. А если бы зеркало было прозрачным, то никакой образ не отразился бы в нем. Так и вся сила Нуквы кроется в ее экране, который препятствует

---

[109] Тора, Шмот, 6:3. «Являлся Я Аврааму, Ицхаку и Яакову Владыкой Всемогущим».
[110] Писания, Притчи, 12:4.

свету светить от нее вниз, и без этого экрана не было бы в ней никакого света.

52) Поэтому, прежде чем Яаков взял жену, сказано: «И снилось ему: вот, лестница поставлена на землю»⁹⁷. Лестница – это Нуква, от которой зависят все остальные ступени. «Вершина (досл. глава) ее достигает небес»⁹⁷ – для связи с небесами. «Глава ее» – это вершина лестницы, Есод, рош Нуквы, называемой «ложе». Есод зовется изголовьем ложа, так как представляет собой рош Нуквы, и она светит от него. Таким образом, он является ее главою, которая «достигает небес», поскольку это окончание гуф (тела), т.е. Тиферет, называемой «небеса», так как Есод слит с нижней частью Тиферет и находится между высшим, Зеир Анпином, и нижним, Нуквой, подобно союзу (обрезания), являющемуся окончанием тела и находящемуся между бедрами и телом.

53) «И вот, ангелы Всесильного восходят и нисходят по ней»⁹⁷ – это правители всех народов, восходящие и нисходящие по этой лестнице. Когда Исраэль грешат, лестница опускается, и эти правители восходят. Когда же Исраэль вершат добрые дела, лестница возвышается, и все правители нисходят вниз, и власть их отменяется. Всё зависит от этой лестницы. Здесь увидел Яаков в своем сне власть Эсава и власть всех остальных народов.

54) «И вот, ангелы Всесильного восходят и нисходят по ней»⁹⁷. В зависимости от чего они восходят и нисходят? В зависимости от вершины лестницы. Ибо когда оставляет ее глава, т.е. Есод, лестница принижается, и все правители поднимаются в своей власти. Когда же глава соединяется с лестницей, она возвышается, и все правители нисходят в своей власти.

И всё это – одно целое, т.е. два этих толкования являются одним целым и отличаются только способом истолкования.

Первое толкование: «Когда Исраэль грешат, лестница опускается, и эти правители восходят». Власть народов происходит от левой линии без правой, и когда Исраэль грешат, они своими дурными делами добавляют силы левой линии, и тогда принижается лестница, т.е. Нуква, из-за недостатка хасадим, а правители народов поднимаются и угнетают Исраэль. «Когда же Исраэль вершат добрые дела, лестница возвышается, и все правители нисходят вниз, и власть их отменяется» – а своими добрыми делами они усиливают среднюю линию, дающую Хохму и хасадим вместе, и ослабевает сила левой линии. Поэтому лестница возвышается, достигая большого совершенства, и отменяется сила власти правителей, назначенных над народами.

И второе толкование такое же, но оно обуславливает это не грехами Исраэля, а присутствием «главы лестницы», Есода Зеир Анпина, который дает хасадим, как сказано: «Вершина ее достигает небес». Когда же «глава оставляет» лестницу, и она остается в свойстве Хохмы без хасадим, «лестница принижается, и все правители поднимаются в своей власти» – тогда лестница падает, поскольку вся их власть зависит от свечения левой линии без правой, Хохмы без хасадим. Когда же хасадим соединяются с Хохмой – возвышается лестница, и все правители нисходят.

Таким образом, оба этих толкования являются одним целым.

55) Сказано: «Явился Творец Шломо во сне ночью, и сказал Всесильный: "Проси, что Мне дать тебе"»[111]. Если это было в сновидении, которое передается через Гавриэля, то разве может ступень сна позволить себе такое, т.е. сказать ему: «Проси, что Мне дать тебе» – ведь Гавриэль всего лишь ангел? Но дело в том, что одна ступень здесь включилась в другую: высшая ступень, Нуква Зеир Анпина, являющаяся корнем сновидений, включилась и облачилась в нижнюю ступень, Гавриэля. И это Нуква сказала ему: «Проси, что Мне дать тебе», ибо так и сказано: «И сказал Всесильный: "Проси"», – а это имя Нуквы. И потому Он раскрылся ему только во сне, поскольку к этому времени Шломо еще не был совершенен. Когда же он обрел совершенство, сказано: «И Творец дал мудрость Шломо»[112]. И сказано: «Преумножилась мудрость Шломо»[113]. Иными словами, луна, т.е. Нуква, находилась в полноте своей, и отстроился Храм. Тогда увидел Шломо мудрость воочию и больше не нуждался в сновидении.

---

[111] Пророки, Мелахим 1, 3:5.

[112] Пророки, Мелахим 1, 5:26. «Творец же дал мудрость Шломо, как говорил ему».

[113] Пророки, Мелахим 1, 5:10. «И преумножилась мудрость Шломо больше мудрости всех сынов Востока, и всей мудрости Египта».

56) А после того как согрешил, он снова нуждался в сновидении, как и в начале. И потому сказано: «Который являлся ему дважды»[114]. Разве Творец являлся ему только два раза, а не больше? Однако, со стороны ступени сна Он являлся ему только дважды.

57) И вместе с тем ступень сновидения Шломо была выше, чем ступень сновидения остальных людей, так как включилась у него одна ступень в другую: видение наяву, т.е. Нуква, включилась у него в сновидение, т.е. в ступень Гавриэля. Теперь же, на исходе его дней, ступень сна почти померкла у него, и потому Писание напоминает ему о двух снах, которые светили ему, говоря о Творце, «который являлся ему дважды»[114].

Это случилось с ним из-за прегрешения, и луна, т.е. Нуква, должна была стать ущербной. Что значит: должна была стать ущербной? Из-за того, что он не соблюдал союз святости и ухаживал за чужеземными женщинами. Таково условие, которое поставил Творец Давиду: «Если сыновья твои будут соблюдать союз Мой.., то и сыновья их во веки веков будут сидеть на престоле твоем»[115].

58) Сказано об этом: «Как дни неба над землею»[116]. Но поскольку Шломо не соблюдал союз, луна начала вступать в ущерб. Поэтому ему на склоне дней понадобилось сновидение. Также и Яаков, не будучи совершенным, нуждался в сновидении.

---

[114] Пророки, Мелахим 1, 11:9. «И разгневался Творец на Шломо за то, что отклонилось сердце его от Творца, Всесильного Исраэля, который являлся ему дважды».

[115] Писания, Псалмы, 132:12. «Если соблюдать будут сыновья твои союз Мой и Тору Мою, которой Я научу их, то и сыновья их во веки веков сидеть будут на престоле твоем».

[116] Тора, Дварим, 11:21.

ГЛАВА ВАЕЦЕ

И вот Творец стоит над ним

59) «И вот Творец стоит над ним»[117]. «Здесь» – в этой лестнице, «Яаков увидел связь веры» – Нукву, связывающую все сфирот, «как одно целое». «Стоит над ним» – все равно, что сказать: «Соляным столбом»[118], возвышением. Ибо все ступени, как одна, находились на этой лестнице, Нукве, чтобы соединиться всем в единой связи, потому что лестница эта расположена между двумя сторонами, как сказано: «Я Творец, Всесильный Авраама, отца твоего, и Всесильный Ицхака»[118]. Это две стороны, правая и левая: Авраам – правая, Ицхак – левая.

Объяснение. Слово «стоит» кажется здесь лишним, и было бы достаточно сказать: «И вот Творец над ним». И поэтому объясняется, что «стоит (ницáв נִצָּב)» означает – возвышением, как в сказанном: «Соляным столбом (нацив נְצִיב)»[118]. Писание дает нам понять, что все ступени раскрылись ему на этой лестнице в единой связи, подобно возвышению. Поэтому сказано: «И вот Творец (АВАЯ) стоит над ним».

Все ступени подразумеваются в этих словах. Творец (АВАЯ) – это Тиферет, включающий шесть ступеней ХАГАТ НЕХИ, Авраам – Хохма, Ицхак – Бина, земля – Малхут. И четыре эти сфиры ХУБ ТУМ включают все десять сфирот. И поэтому сказано: «Потому что лестница эта расположена между двумя сторонами» – потому что лестница, т.е. Нуква, происходит в основном от левой линии. Однако левая не существует без правой. Поэтому Нуква включается в среднюю линию, которая содержит как правую, так и левую. И она получает хасадим от правой линии, и Хохму от левой. И потому уже здесь, в этой связи, есть все сфирот: правая и левая линии, т.е. Авраам и Ицхак, средняя линия, имя АВАЯ, и сама лестница, Малхут.

60) Другое объяснение: «И вот Творец стоит над ним»[117] – означает, что стоит не над лестницей, а над Яаковом, для того чтобы все они стали святым строением: правая и левая линии, и Яаков между ними, т.е. ХАГАТ, и Кнессет Исраэль, т.е. Нуква,

---

[117] Тора, Берешит, 28:13. «И вот Творец стоит над ним и говорит: "Я Творец, Всесильный Авраама, отца твоего, и Всесильный Ицхака. Землю, на которой ты лежишь, – тебе отдам ее и потомству твоему"».

[118] Тора, Берешит, 19:26. «И оглянулась жена его позади его и стала соляным столбом».

для соединения между ними. Сказано: «Я Творец, Всесильный Авраама, отца твоего, и Всесильный Ицхака»[117]. Откуда же мы знаем, что Яаков находится посередине? Это следует из того, что сказано: «Творец, Всесильный Авраама, отца твоего, и Всесильный Ицхака», и не сказано: «Всесильный Ицхака, отца твоего» – и тогда (Яаков) считался бы третьим из праотцев, т.е. сыном Ицхака. Смысл в том, что поскольку (Яаков) установил связь с Авраамом, став по отношению к нему сыном, он находится перед Ицхаком, и он посередине между Авраамом и Ицхаком.

И таков порядок в этом строении: Авраам и Ицхак – это правая и левая линии, а Яаков – посередине. И сказано: «Землю, на которой ты лежишь»[117], – и это Нуква. Таким образом, все вместе они представляют собой единое строение святости: три линии с Нуквой. Здесь понял Яаков, что он будет избранным из праотцев, как это выясняется[119] в сказанном: «Не будет теперь пристыжен Яаков»[120].

61) «Всесильный Авраама, отца твоего». Поскольку сказано: «Авраама, отца твоего» – разумеется, он посередине между Авраамом и Ицхаком. «И Всесильный Ицхака» – в этом содержится намек, что Яаков связан с двумя сторонами, правой и левой, и включает их. С правой стороной он связан, поскольку сказано: «Авраама, отца твоего», а с левой стороной связан, поскольку сказано: «И Всесильный Ицхака (ואלקי יצחק)» – т.е. имеется у Ицхака дополнительная буква, «вав ו», в словах «И Всесильный (ואלקי)». Эта «вав ו» указывает на Тиферет, т.е. Яакова, который соединен с Всесильным Ицхака, с левой линией. Таким образом, Писание связывает его с Авраамом, говоря о нем: «Отца твоего», и связывает его этой «вав ו» с Всесильным Ицхака (ואלקי יצחק).

62) Пока Яаков не был женат, не говорилось о нем более открыто, чем сказано здесь. О нем не сказано со всей ясностью: «Всесильный Яакова», как сказано об Аврааме и Ицхаке. Открыто говорится только о том, кто знает пути Торы, т.е. является строением на двух путях: в правой и левой линии.

---

[119] См. Зоар, главу Пинхас, п. 35/3.
[120] Пророки, Йешаяу, 29:22. «Посему так сказал о доме Яакова Творец, который избавил Авраама: "Не будет теперь пристыжен Яаков, и не побледнеет теперь лицо его"».

Но пока (Яаков) не взял жену, он может быть строением лишь для Зеир Анпина, правой линии, а не для Нуквы, левой линии.

А после того как он женился и породил сыновей, о нем сказано открыто: «И поставил там жертвенник, и назвал его: Творец (Эль), Всесильный Исраэля»[121]. Открыто – потому что объединилось имя Его над ним. Отсюда следует, что каждый, кто несовершенен внизу в мужском и женском свойствах, т.е. неженат, – несовершенен и наверху. Не таков Яаков, ибо он обрел совершенство наверху и внизу еще до того, как взял жену, – но не открыто, так как не объединил имя Его над собой.

63) Обрел ли он полное совершенство, хотя и не женился? Нет, он лишь видел, что обретет совершенство по прошествии времени. Но ведь сказано: «И вот, Я с тобою, и сохраню тебя везде, куда ты ни пойдешь»[122]. Следовательно, он обрел полное совершенство? Однако же это означает, что управление Творца и защита Его не оставит Яакова никогда, во всем, что ему нужно в этом мире. Но в высшем мире он не сможет постигать до тех пор, пока не станет совершенным, т.е. женится.

---

[121] Тора, Берешит, 33:20.
[122] Тора, Берешит, 28:15.

ГЛАВА ВАЕЦЕ

И пробудился Яаков и сказал: «Как страшно это место»

64) «И пробудился Яаков и сказал: "Истинно Творец присутствует в этом месте, а я не знал"»[123]. Что удивительного в том, что он не дошел до такого большого постижения? Однако надо понять в чем смысл слов: «Я (Анохи́) не знал». Это как сказано: «А я еще не молился пред Творцом»[124]. Иначе говоря, «не знал» означает – единство и слияние, так же как и «не молился». Сказал Яаков: «Неужели всё это раскрылось мне, а я не взглянул, дабы познать святое имя Анохи и, вступив под крылья Шхины, стать совершенным человеком?»

65) Сказано: «И сказала она: "Если так, то зачем же я (Анохи)?"»[125]. Каждый день видела Ривка свет Шхины, которая зовется Анохи, ибо Шхина была в ее шатре, и она молилась там. Увидела беду в утробе своей, «и пошла вопросить Творца (АВАЯ)»[125] – т.е. вышла с этой ступени Анохи на ступень АВАЯ. Ведь Анохи – это имя Шхины. Поэтому сказал Яаков: «Неужели я столько видел, а Анохи не познал?» – потому что был один и не вступил под крылья Шхины.

66) Сразу же «и убоялся, и сказал: "Как страшно это место"»[126]. Эти слова относятся к двум сторонам, потому что «как страшно это место» было сказано, во-первых, о том месте, о котором он сказал вначале, т.е. о Шхине, а во-вторых, о знаке союза святости, который не должен отменяться.

67) Хотя они и представляют собой два свойства, Есод и Малхут, они едины. Он сказал: «Это не что иное, как дом Творца»[126]. «Это не» – Есод называется «это», «не» может бездействовать. «Это не» – он может находиться один. И существование его «это не что иное, как дом Творца» – т.е. Нуква,

---

[123] Тора, Берешит, 28:16.
[124] Пророки, Шмуэль 1, 13:12. «И я подумал: теперь нападут на меня плиштим в Гилгале, а я еще не молился пред Творцом; и осмелился я, и вознес всесожжение».
[125] Тора, Берешит, 25:22. «И толкались сыновья в утробе ее, и сказала она: "Если так, то зачем же я?" И пошла вопросить Творца».
[126] Тора, Берешит, 28:17. «И убоялся, и сказал: "Как страшно это место. Это не что иное, как дом Творца, и это – врата небес"».

предназначенная для того, чтобы пользоваться ею, выращивать на ней плоды и давать ей благословения от всех органов тела. Ведь «это», Есод, является вратами для всего тела (гуф), т.е. Тиферет.

Сказано: «Это – врата небес», т.е. свойства Тиферет, называемого телом и небесами. «Это» – конечно же, врата тела, врата, призванные изливать благословения вниз, Нукве, они крепятся наверху, в небесах, т.е. в Тиферет, и крепятся внизу, в Нукве, называемой местом, а также домом Творца.

Они крепятся наверху, потому что сказано: «И это – врата небес», т.е. Есод – это врата Тиферет, называемого «небеса». И крепятся внизу, как сказано: «Это не что иное, как дом Творца». Иными словами, «Это» т.е. Есод, находится ни с чем иным, как с домом Творца, Нуквой. Потому «и убоялся, и сказал: "Как страшно это место"»[126]. «Место» – значит Нуква, а «это» – Есод. Люди же не всматриваются в величие его, Есода, чтобы быть совершенными в нем.

Вот лестница поставлена на землю

70)[127] «И снилось ему: вот лестница поставлена на землю, а вершина ее достигает небес»[128]. Сон – это шестая ступень после двух ступеней пророчества, т.е. Нецаха и Хода Зеир Анпина. Ибо отсюда до ступени сна, Хода Нуквы, пролегают шесть ступеней: Есод Зеир Анпина, а также Хесед, Гвура, Тиферет, Нецах и Ход Нуквы. Таким образом, сон составляет одну шестидесятую часть пророчества. Ведь каждая из этих шести сфирот состоит из десяти сфирот, и десять раз по шесть – это шестьдесят, и получается, что сон, самый нижний из них, представляет собой одну шестидесятую.

Лестница – это намек на то, что (Яаков) видел своих сыновей, которым предстоит получить Тору на горе Синай. Ведь лестница – это Синай, поскольку сказано, что гора Синай установлена на земле, а вершина ее, т.е. величие ее, достигает небес. Все колесницы и станы высших ангелов нисходили там вместе с Творцом, когда Он дал им Тору. Сказано об этом: «Ангелы Всесильного восходят и нисходят по ней»[128].

71) И всё это увидел Яаков в своем сне. Увидел ангела Матата, «старшего в доме Его»[129] – т.е. Творца, «управлявшего всем, что у Него»[129], который властвует над миром именем Шадай и поднимается наверх во время подъема имени Владыки его, АВАЯ. В этом месте Яаков обрел совершенство. Потом «и вершина (рош)» имени Шадай (שדי), т.е. буква «йуд י», «достигает небес». И когда эта буква поднимается и достигает этого места, т.е. небес, ангел Матат восполняется и называется по имени Владыки его – АВАЯ.

Пояснение сказанного. Сначала нужно понять, что представляет собой свойство Матат? Сказано: «Живые существа

---

[127] Пункты 68 и 69 в данной редакции текста не приводятся.
[128] Тора, Берешит, 28:12. «И снилось ему: вот лестница поставлена на землю, а вершина ее достигает небес; и вот ангелы Всесильного восходят и нисходят по ней».
[129] Тора, Берешит, 24:2. «И сказал Авраам рабу своему, старшему в доме его, управлявшему всем, что у него: "Положи руку твою под бедро мое"».

двигались вперед и назад»¹³⁰. Вперед – Нуриэль, а назад – Матат. Говорится о том, что когда эти живые существа получают от свечения зивуга ЗОН мира Ацилут, тогда их соединение происходит посредством перемещений вперед и назад. Правая линия, свойство ВАК без рош, хасадим без Хохмы,¹³¹ движется вперед к левой линии, чтобы получить от нее свойство рош и Хохму. А получив от нее Хохму, она движется назад, т.е.возвращается назад на свое место, в правую сторону, к свойству хасадим.

И поэтому в движении назад рассматриваются два состояния:
1. Включение в левую линию и свойство ГАР, которое она там получает.
2. Она возвращается на свое место в правой стороне и возвращается к хасадим. И тогда она пребывает в полном совершенстве.

И движение вперед у живых существ – это ангел Нуриэль, когда она (правая линия) еще в свойстве ВАК без рош, и она устремляется вперед к левой, чтобы получить рош. А движение назад у живых существ – это ангел Матат, и в его возвращении есть два состояния. И поэтому он называется ангелом свойства «паним», так как является носителем ГАР, называемых «паним (досл. лицо)». И потому он властитель мира, поскольку в нем есть совершенство для восполнения нижних, находящихся в трех мирах Брия-Ецира-Асия.

И поэтому сказано: «Увидел ангела Матата, "старшего в доме Его, управлявшего всем, что у Него"¹²⁹». То есть у Матата есть два состояния:
1. В первом он называется «старшим в доме Его»¹²⁹, так как включился в левую линию и приобрел у нее Хохму. Ведь «старшим может быть лишь тот, кто приобрел мудрость (хохма)»¹³².
2. А во втором он возвращается на свое место к хасадим, и тогда уже есть у него Хохма и хасадим. И тогда он называется «управляющим всем, что у Него»¹²⁹, так как слово «всё (коль כל)» указывает на совершенство со всех сторон, как Хохмы, так и хасадим; а «много (рав רב)» указывает на совершенство

---

¹³⁰ Пророки, Йехезкель, 1:14. «И живые существа эти двигались вперед и назад, как вспышки молний».
¹³¹ См. выше, п. 17, со слов: «Но до выхода средней линии...»
¹³² Вавилонский Талмуд, трактат Кидушин, лист 32:2. «Рабби Йоси Галилейский говорит: "Старшим может быть лишь тот, кто приобрел мудрость"».

только со стороны Хохмы. Поэтому сказал Эсав Яакову: «Есть у меня много»[133], а Яаков ответил ему: «Есть у меня всё»[134].

И сказано, что (Матат) «властвует над миром именем Шадай» – т.е. сила власти Матата над миром, как повелителя мира, кроется во власти имени Шадай, потому что сила власти – это первое состояние при движении назад, поскольку власть может быть только в свете Хохмы. И тогда он включен в левую линию, и это власть имени Шадай. «И поднимается наверх во время подъема имени Владыки его, АВАЯ» – и поднимается наверх, т.е. во втором состоянии при движении назад, что означает возвращение к правой линии, к хасадим, путем подъема к имени АВАЯ, т.е. к Зеир Анпину, свойству хасадим. «В этом месте Яаков обрел совершенство» – это место, где Яаков стал строением для Зеир Анпина.

«Потом "и вершина (рош)" имени Шадай (שדי), т.е. буква "йуд י" "достигает небес"». Буква «йуд» имени Шадай – это окончание Нуквы, называемой миром, и это предел моря. В час, когда морские волны, т.е. свечение Хохмы в левой линии, устремляются вперед, желая уничтожить мир, возвратить его в бездну и хаос, т.е. хотят светить сверху вниз, – они смотрят на Шхину, являющуюся пределом моря, и возвращаются тогда на свое место, к хасадим.

Предел моря – это «йуд י» имени Шадай (שדי). Имя Шадай разъясняется словами: «Сказал Своему миру: "Довольно (дай די)"», чтобы он не распространялся более. Этим пределом и является «йуд י», так как «йуд י» – это рош без гуф, что указывает на оканчивающую силу в нем, не позволяющую распространяться сверху вниз. Когда «морские волны», что в имени Шадай (שדי), доходят до «йуд י», они прекращают светить и возвращаются к хасадим.

И это означает сказанное: «"И вершина (рош)" имени Шадай (שדי), т.е. буква "йуд י" "достигает небес"» – потому что, когда приходит к «йуд י», являющейся границей, она возвращается в рош, т.е. возвращается на свое место, что и означает: «Достигает небес». Иначе говоря, сила, заключенная в этой

---

[133] Тора, Берешит, 33:9. «И сказал Эсав: "Есть у меня много, брат мой, пусть твое останется у тебя"».
[134] Тора, Берешит, 33:11. «Прими же мой дар, который поднесен тебе, потому что Всесильный даровал мне, и есть у меня все».

букве йуд, ограничивающая свечение Хохмы, чтобы оно больше не распространялось, возвращает света на небеса, к Зеир Анпину, т.е. к хасадим.

«И когда эта буква поднимается и достигает этого места, т.е. небес, ангел Матат восполняется и называется по имени Владыки его – АВАЯ» – когда буква йуд возвращает света на небеса, назад к свойству хасадим, к Зеир Анпину, восполняется ангел Матат, «управляющий всем, что есть у него»[129], «и называется по именем Владыки его» – Зеир Анпина, «АВАЯ» – так как становится строением для него, подобно Яакову.

72) «И вот ангелы Всесильного восходят и нисходят по ней»[128]. Те святые ангелы, которые близки к Малхут, поднимаются с помощью Матата. А другие, которые не близки к Малхут, а происходят от нечистой стороны (ситры ахра), опускаются и больше уже не поднимутся.

73) Когда Матат восходит или нисходит, восходят или нисходят с ним ангелы Всесильного. И это двенадцать драгоценных жемчужин: Михаэль, Кадмиэль и другие. И это – «тысячи ШНАН (שנאן)»[135], что является аббревиатурой слов «бык (шор שור)», «орел (нешер נשר)» и «лев (אריה)». А буква «нун ן» – это человек, включающий мужское и женское свойства. Они восходят, когда восходит Матат, и нисходят, когда он нисходит.[136]

74) Все те, кто обладает властью в этом мире, восходят к власти с помощью Матата. А все те, кто нисходит с его помощью, нисходят, оставив власть. Все они зависят от лестницы, т.е. Матата. АВАЯ властвует над всеми, как сказано: «И вот Творец стоит над ним»[117].

Пробудившись, сказал Яаков: «Это не что иное, как дом Творца, и это – врата небес»[126]. Матат – это дом Творца, а также врата, чтобы вступить в него. Сказано об этом: «Откройте мне врата справедливости, я войду в них, возблагодарю Творца»[137]. Это врата к АВАЯ, это врата небес. Врата справедливости, врата к АВАЯ и врата небес являются одним целым, и это – Матат.

---

[135] Писания, Псалмы, 68:18.
[136] См. Зоар, главу Берешит, часть 1, п. 83, п. 133.
[137] Писания, Псалмы, 118:19.

Два свойства в Матате:

1. Когда он включается в Хохму в первом состоянии при движении назад – называется домом Творца.

2. Когда он включается в хасадим во втором состоянии при движении назад – называется вратами.[138]

---

[138] См. выше, п. 71, со слов: «Пояснение сказанного...»

И дал Яаков обет

75) Творец обещал ему: «Вот, Я с тобою, и сохраню тебя»[139]. Почему же он не поверил и сказал: «Если Творец Всесильный будет со мною»?[140] Однако же Яаков рассудил так: «Мне снился сон, а сны могут быть вещими, а могут быть обманчивыми. Если он сбудется, то я буду знать, что это вещий сон». И поэтому сказал: «"Если Всесильный будет со мною"[140], как мне снилось, "будет Творец мне Всесильным"[140]. Я буду привлекать благословения от источника, наполняющего всё, т.е. Бины, в это место, зовущееся Всесильным».

76) Исраэль, находящийся в середине всего, т.е. средняя линия, первым получает наполнение от источника всего, Бины, а после того как наполнение приходит к нему, передает его и проводит в это место, в Нукву. Поэтому вначале сказал: «Будет Творец мне»[140] – т.е. он получит первым, а затем сказано: «Всесильным»[140] – это Нуква, т.е. наполнит затем Нукву.

«Так же как Всесильный сохранит меня и совершит для меня все эти благодеяния, так и я проведу к Нему со своего места, из Зеир Анпина, все эти благословения и соединюсь с Ним всеобщей связью, Есодом». Когда это будет? «И возвращусь с миром в дом отца моего»[140], что означает: «Когда буду совершенным на своей ступени» – это Тиферет, «и буду совершенным на ступени мира» – Есод, «чтобы исправить "дом отца моего"[140]» – Нуква, называемая домом. «И возвращусь с миром»[140] – именно так, поскольку это указывает на Есод, тогда «будет Творец мне Всесильным»[140].

77) «Возвращусь с миром» – потому что там, «в доме отца моего» – в святой земле, я обрету совершенство, и «будет Творец мне Всесильным». В этом месте я поднимусь с этой ступени на другую ступень, как подобает, и там буду служить Ему».

---

[139] Тора, Берешит, 28:15. «И вот, Я с тобою, и сохраню тебя везде, куда ни пойдешь, и возвращу тебя в эту страну, ибо Я не оставлю тебя, пока не сделаю того, что говорил тебе».

[140] Тора, Берешит, 28:20-21. «И дал Яаков обет, сказав: "Если Творец Всесильный будет со мною и сохранит меня на том пути, которым я иду, и даст мне хлеб в пищу и облачиться в одежду, и возвращусь с миром в дом отца моего, будет Творец мне Всесильным"».

78) Сказано: «Прегрешения овладели мной, Ты прости преступления наши»[141]. Начало здесь не соответствует концу, а конец – началу. Начинается в единственном числе, а заканчивается во множественном. Но дело в том, что Давид попросил сначала за себя, а потом – за всех. «Прегрешения овладели мной», Давид подумал так: «Я сам знаю, что согрешил. Но сколько есть в мире нечестивцев, которыми грехи овладели еще больше, чем мной. А раз так, я боюсь и прошу для себя и для них: "Ты прости преступления наши"» – т.е. он боялся за многочисленные грехи нечестивцев мира.

79) Когда в мире много грешников, они поднимаются до того самого места, где открываются книги грешников. Это Нуква Зеир Анпина, называющаяся книгой. Суд стоит над ней, и ей причиняется ущерб из-за судов. Поэтому, боясь, как бы наши прегрешения не нанесли ущерб Нукве, Давид попросил искупления за них, сказав: «Мне и им "Ты прости"[141] их».

80) Яаков тоже боялся, что может согрешить, и из-за множества грешников в мире ущерб может коснуться и Нуквы. Поэтому он не полагался на обещание Творца, которое было дано ему. И не подумай, что он не верил в Творца, – напротив, он не верил в себя, боясь, что может согрешить, и в сочетании с грехами мира этот грех приведет к тому, что он не возвратится в свой дом с миром, и он не будет больше оберегаем. И потому он не верил в себя.

«Будет Творец (АВАЯ) мне Всесильным (Элоким)». «Даже милосердие, когда я вернусь с миром, сделаю судом для себя, чтобы работать пред Ним всегда». Объяснение. АВАЯ – это милосердие, т.е. Зеир Анпин, пребывающий в свете хасадим и склоняющийся вправо, а имя Элоким – это суд, т.е. Нуква, пребывающая в свете Хохмы и склоняющаяся влево. Вначале он находился на ступени Яаков, т.е. больше склонялся к правой линии, чем к левой.[142] А потом, вернувшись в землю Исраэля, он достиг ступени Исраэль, и правая линия включила в себя левую, и достигла рош.

И поэтому сказано здесь: «Даже милосердие» – и это АВАЯ и склонение к правой линии, «когда я вернусь с миром, сделаю

---
[141] Писания, Псалмы, 65:4.
[142] См. выше, п. 28.

судом для себя» – т.е. правая линия, АВАЯ, включится в левую, Элоким, и достигнет рош. «И тогда я покорю все клипот, и смогу служить ему всегда, беспрерывно». И потому сказал: «Будет Творец (АВАЯ) мне Всесильным (Элоким)»[140].

81) Яаков сказал: «Сейчас мне не нужен суд», – а только милость (хесед), подобно ступени Яакова. «Когда же я вернусь в дом отца моего, тогда включусь в суд» – т.е. правая линия включится в левую, «и я свяжусь с левой линией так же, как и с правой» – это ступень Исраэль, срединный столп.

Другое объяснение. Яаков сказал: «Сейчас "если Творец (АВАЯ) Всесильный (Элоким) будет со мною"[140], а имя Элоким это суд, поскольку мне нужен суд, чтобы охранять меня, пока я не "возвращусь с миром в дом отца моего"[140]» – потому что для покорения клипот необходимо свечение левой линии, а это суд. «Но когда я вернусь с миром, то включу милосердие в суд...» – т.е. правая линия включит левую, а левая – правую, «и свяжусь надежной связью, чтобы соединить все сфирот как одно целое».

«И камень этот, который я поставил памятником, будет домом Всесильного»[143] – ибо после того как правая и левая линии включатся друг в друга, всё будет в единой связи, и этот камень, т.е. Нуква, благословится справа и слева, т.е. от Хохмы и Бины, а также сверху и снизу – от Тиферет и Малхут. Поэтому: «И из всего, что дашь мне, я дам Тебе десятую часть»[143]. Иными словами, десятая часть, т.е. Нуква, одна из десяти, будет включать все десять сфирот: с юга и с севера, а также сверху и снизу, – и это ХУБ ТУМ.

82) Но ведь сказано: «И взял он из камней этого места»[144] – это двенадцать камней, которые под Нуквой, а не сама Нуква. И нельзя утверждать, что взятый им камень является высшим над всеми камнями, и он взял его в место своего привала с тем, чтобы находиться над ними, т.е. это Нуква, находящаяся над двенадцатью камнями. Ибо это не так, ведь сказано: «И камень

---

[143] Тора, Берешит, 28:22. «И камень этот, который я поставил памятником, будет домом Всесильного, и из всего, что дашь мне, я дам Тебе десятую часть».

[144] Тора, Берешит, 28:11. «И достиг того места, и ночевал он там, ибо зашло солнце. И взял он из камней этого места и положил себе в изголовье, и лег на том месте».

этот, который я поставил памятником»¹⁴³ – высшим, следовало сказать согласно этому утверждению. Однако благодаря тому, что сказал: «Это не что иное, как дом Творца»¹⁴⁵, он поднял его как высший памятник, поскольку связал всю хвалу «этого (зэ)», т.е. Есода, с ним, высшим камнем, о чем сказано: «Это (зэ) не что иное, как дом Творца»¹⁴⁵. Иными словами: «"Это (зэ)" нужно возвести, т.е. наполнить свойством мохин "не что иное, как дом Творца" – т.е. высший камень, дом Творца, Нукву, и это является правильным. А потому сказано: «Который я поставил памятником»¹⁴³, и не сказано «высшим».

83) «Будет домом Всесильного» – т.е. навсегда. Иными словами, чтобы не прекращалось наполнение, приходящее к ней от Есода, никогда. Сказано: «Дом Всесильного (Элоким)», но ведь следовало сказать: «дом Творца (АВАЯ)»? Как мы говорим: «Дома Творца»¹⁴⁶, а также: «В дом Творца пойдем»¹⁴⁷.

Однако Нуква – это место для дома суда, для свойств суда, с двух высших сторон:
1. Со стороны йовель¹¹, ИШСУТ, называемого «Элоким ха́им (досл. живой)». Ибо ЗАТ Бины, т.е. ИШСУТ, тоже называются Элоким, а из-за того, что она дает Хохму, называется «хаим».
2. Со стороны Ицхака, Гвуры Зеир Анпина, которая тоже называется Элоким. И потому сказано о Нукве: «Дом Всесильного (Элоким)», т.е. суд, – а не «дом Творца (АВАЯ)», т.е. милосердие.

84) Йовель – это ИШСУТ, т.е. Бина. И хотя от нее пробуждаются суды, вся она – милосердие. Вся радость исходит от нее, и она – радость всего. Поэтому нельзя сказать, что Нуква называется «дом Всесильного», так как она получает суды от йовеля. А название «дом Всесильного» указывает на то, что она представляет собой сторону сурового суда, Гвуру Зеир Анпина, его левую линию.

---

¹⁴⁵ Тора, Берешит, 28:17. «И убоялся, и сказал: "Как страшно это место. Это не что иное, как дом Творца, и это – врата небес"».
¹⁴⁶ Пророки, Мелахим 1, 9:1. «И было, после того как Шломо закончил постройку дома Творца и дома царского, и всего, чего желал Шломо и что хотел сделать».
¹⁴⁷ Писания, Псалмы, 122:1, «Песнь ступеней Давидова. Радовался я, когда сказали мне: "В дом Творца пойдем"».

Если к добру, то с левой стороны пробуждается любовь для зивуга, как сказано: «Левая рука его у меня под головой»[148]. А если ко злу, то с левой стороны пробуждается суровый суд, как сказано: «с севера начнется бедствие»[149]. Поэтому, конечно же, она называется домом Всесильного.

«Дом Всесильного» – это, как сказано: «Город Царя великого»[150]. Нуква – это город для Бины, зовущейся великим Царем. Так и здесь Нуква – это дом Всесильного, т.е. Бины. Ибо есть просто Царь – Нуква, и есть великий Царь. И разумеется, высший мир, Бина, называется великим Царем, а Нуква, т.е. просто Царь, – это город великого Царя, Бины.

---

[148] Писания, Песнь песней, 2:6.
[149] Пророки, Йермияу, 1:14.
[150] Писания, Псалмы, 48:3. «Прекрасна видом, радость всей земли, гора Цион, северная сторона – город Царя великого».

ГЛАВА ВАЕЦЕ

Сказал рабби Хия Элияу

85) Рабби Хия и рабби Хизкия сидели под деревьями поля Óно (досл. силы Его). Задремал рабби Хия и увидел Элияу. Сказал рабби Хия Элияу: «Благодаря указанию пути господином моим, поле светит» – т.е. Нуква.

Сказал Элияу: «Сейчас я пришел сообщить тебе, что Йерушалаим близок к разрушению и все города мудрецов вместе с ним. Ибо Йерушалаим, Нуква, – это суд, и держится на суде и разрушается за суд, что в нем. И уже дана власть Саму над ним и над сильными мира сего. И я пришел сообщить мудрецам – может они смогут продлить годы жизни Йерушалаима, чтобы он не разрушился. Ведь всё время, пока Тора находится в нем, он стоит, потому что Тора – это Древо Жизни, которое стоит над ним. Всё время, пока Тора пробуждается снизу, т.е. люди занимаются ею, Древо Жизни не исчезает наверху, из высшего Йерушалаима. Когда же прекращается Тора внизу, т.е. люди прекращают заниматься ею, тогда Древо жизни, Зеир Анпин, исчезает из мира, Нуквы, которая называется миром и называется также Йерушалаимом. И речь здесь идет не о нижнем Йерушалаиме, потому что эти мудрецы жили уже спустя много лет после разрушения Йерушалаима».

86) «Поэтому всё время, пока мудрецы радуются занятиям Торой, не одолеть их Саму, как сказано: "Голос – голос Яакова, а руки – руки Эсава"[151]. И это высшая Тора, Зеир Анпин, зовущийся голосом Яакова. Пока не прервался этот голос, речь властвует и побеждает. И потому не следует отрываться от Торы». Проснулся рабби Хия. И пошли они и сообщили мудрецам то, что слышали от Элияу.

Внутренний смысл сказанного. Рабби Хия – это Есод, называемый «Оживляющий (хай) миры», а рабби Хизкия – Гвура, называемая «закон Творца», т.е. левая линия. Деревья – это ступени, поле – Нуква. Óно – Гвура, как сказано: «И сила его

---
[151] Тора, Берешит, 27:22.

(ве-оно) – в мускулах живота его»¹⁵², а также: «А силою своей (у-в-оно) боролся с ангелом Всесильного»¹⁵³.

И это означает сказанное: «Рабби Хия и рабби Хизкия» – т.е. рабби Хия, свойство Есод, присоединился к рабби Хизкия, левой линии, «сидели под деревьями поля Оно». Они «сидели под деревьями» – т.е. ступенями, «поля Оно» – Нуквы, которая называется так во время своего соединения с левой линией. Иначе говоря, они притянули к Нукве левую линию без правой, которая представляет собой свойство силы и свойство Гвуры. И поэтому она называется в это время полем Оно (силы Его).

И мы уже знаем, что левая линия без правой, это суды, приводящие к исчезновению мохин и сну. И потому «задремал рабби Хия», – так как исчезли его мохин, «и увидел Элияу (אליהו)», числовое значение имени которого – БОН (52 ב"ן), и так называется Нуква, когда она светит в трех линиях, «йуд-хэй-вав יהו». И поэтому Элияу (אליהו) это «Эль (אל)» «йуд-хэй-вав יהו» – т.е. имя Нуквы в которой светят три линии «йуд-хэй-вав יהו». И он является носителем экрана де-хирик, на который выходит ступень средней линии. И поскольку тот раскрылся ему в сновидении, узнал он, что благодаря его указаниям и силе, он снова удостоится своих мохин. И потому сказал ему: «Благодаря указанию пути господином моим, поле светит» – т.е. благодаря его указаниям он снова удостоится свечения поля Оно, и склонит его к милосердию.

И тот сразу же ответил ему: «Сейчас я пришел сообщить тебе, что Йерушалаим близок к разрушению» – то есть, если он не присоединится к средней линии, «всё время, пока Тора» – средняя линия, называемая Торой, «пробуждается снизу» – т.е. поднимается МАН на экран де-хирик, «Древо жизни» – ступень средней линии, выходящая на этот экран, «не исчезает наверху» – и есть у него все совершенство.

«Когда же прекращается Тора внизу» – т.е. не поднимается МАН к средней линии, «Древо Жизни исчезает» – и тогда смерть и разрушение властвуют в мире. И когда принял слова

---

¹⁵² Писания, Иов, 40:15-16. «Вот бегемот, которого Я создал, как и тебя, – траву, как вол, он ест. Вот мощь его – в чреслах его, и сила его – в мускулах живота его».

¹⁵³ Пророки, Ошеа, 12:4. «Во чреве обманул он брата своего; а силою своей боролся с ангелом Всесильного».

его, «проснулся рабби Хия» – т.е. сразу же постиг эти совершенные мохин, и это называется пробуждением.

87) И всем мудрецам известно сказанное Элияу, что склоняющийся к левой линии разрушает Нукву. Ибо сказано: «Если Творец не охраняет город, напрасно усердствует страж»[154]. Кто занимается Торой, т.е. соединен со средней линией, называемой Тора, над теми стоит святой город, Нуква. И тогда «Творец (АВАЯ)» – т.е. срединный столп, «охраняет город». И не (пребывает Он) над сильными мира сего, прилепленными к левой линии. Поэтому сказано: «Если АВАЯ», т.е. средняя линия, «не охраняет город, напрасно усердствует страж», потому что в итоге он будет разрушен.

---

[154] Писания, Псалмы, 127:1. «Если Творец не отстроит Храм, напрасен труд строивших его, если Творец не охраняет город, напрасно усердствует страж».

И увидел: вот колодец в поле

88) «И увидел: вот колодец в поле»[155]. Сказано: «Псалом Давида, когда бежал он от Авшалома, сына своего»[156]. «Псалом Давида» означает, что он произнес песнь, – и непонятно, почему он произнес песнь. Потому ли, что именно сын его восстал против него, а не кто-то чужой, – ведь сын его будет милосерден к нему, в отличие от человека чужого? Но это не так, и скорбь его должна быть еще больше, потому что незначительное зло, исходящее от близких людей, гораздо сильнее огорчит человека, чем большое зло – от посторонних.

Однако, «псалом Давида» означает, что Давид произнес песнь, потому что желал этого. Ведь раньше он думал, что Творец накажет его за грехи его в будущем мире, но когда увидел, что (Творец) желает воздать ему здесь, в этом мире, обрадовался и произнес песнь.

89) Давид видел, что даже люди, игравшие в мире еще более важную роль, бежали, и все – в одиночку. Яаков бежал, как сказано: «И убежал Яаков в поле Арама»[157]. Моше бежал, как сказано: «И бежал Моше от Фараона»[158]. А когда бежал Давид, все правители земли, все знаменитые воины и предводители Исраэля бежали с ним и окружали его справа и слева, чтобы охранять со всех сторон. И когда он увидел себя в этой славе, произнес песнь.

90) Все встречали этот колодец, Нукву, во время бегства. Почему же Давид не встретил ее, когда бежал. Он тогда считался ее ненавистником, так как она воздавала ему за грех с Бат-Шевой[159]. И потому он не встретил ее.

---

[155] Тора, Берешит, 29:2. «И увидел: вот, колодец в поле, и вот, там три стада мелкого скота расположены около него; потому что из того колодца поят стада, и камень большой на устье колодца».

[156] Писания, Псалмы, 3:1. «Псалом Давида, когда бежал он от Авшалома, сына своего».

[157] Пророки, Ошеа, 12:13. «И убежал Яаков в поле Арама, и служил Исраэль за жену, и за жену стерег стада».

[158] Тора, Шмот, 2:15. «И услышал Фараон об этом, и вознамерился убить Моше, и бежал Моше от Фараона, и остановился в земле Мидьян, и сел у колодца».

[159] См. Пророки, Шмуэль 2, 11.

Однако Яакова и Моше этот колодец принял с радостью и желал приблизиться к ним. Когда видел их колодец, поднималась вода пред ними, подобно тому, как жена радуется (встрече) с мужем.

91) Элияу бежал, но не встретил этот колодец, так как Элияу – ниже колодца, будучи строением для Нуквы, зовущейся колодцем, а не выше колодца, как были Моше и Яаков. Ибо Элияу – ангел, выполняющий миссию Нуквы. И поскольку Яаков и Моше были выше колодца, являясь строением для Зеир Анпина, колодец радовался им, и вода поднималась им навстречу, чтобы принять их, – так МАН поднимается навстречу МАД, и так жена радуется своему мужу и принимает его.

92) Сказано: «И увидел: вот колодец в поле». Он увидел высший колодец, Нукву. Одно подобно другому, то есть нижний колодец соответствовал высшему. И сказано: «И вот, там три стада мелкого скота расположены около него»[155]. Следовательно, три стада мелкого скота постоянно находятся возле устья колодца. Почему же сказано далее: «И собирались туда все стада»[160]? Значит, есть еще стада? Однако их всего три, и не более. Это юг, восток и север, т.е. Хесед, Тиферет и Гвура. Юг справа, север слева, восток – средняя линия, согласовывающая их между собой. Они стоят над колодцем, объединяются с помощью него и наполняют его.

Что значит наполняют его? Потому что сказано: «Из того колодца поят стада» – т.е. нижние души миров БЕА, как сказано: «Поят всех зверей полевых»[161]. «И собирались туда все стада»[160] – имеются в виду все души в мирах БЕА. Однако поят этот колодец всего три – т.е. три линии ХАГАТ.

93) «И собирались туда все стада»[160], как сказано: «Все реки стекаются в море»[162]. Реки – это души, и так же все стада – это значит души.

---

[160] Тора, Берешит, 29:3. «И собирались туда все стада, и отваливали камень от устья колодца, и поили овец, и возвращали камень на устье колодца, на свое место».
[161] Писания, Псалмы, 104:11. «Поят всех зверей полевых, дикие звери утоляют жажду».
[162] Писания, Коэлет, 1:7. «Все реки стекаются в море, а море не наполняется».

«И откатывали камень от устья колодца»¹⁶⁰ – т.е. снимали с колодца силу сурового суда, студящего и морозящего, и он тогда называется камнем, из-за которого вода не выходит наружу. И когда эти реки стекаются в море, Нукву, – усиливается юг, т.е. правая линия, Хесед, и тогда север, Гвура, не может больше замораживать воду. Подобно тому как воды большой реки не остывают и не замерзают так быстро, как воды маленькой.

Объяснение. Уже говорилось, что «от свойства северной стороны, от левой линии, застывают воды, а от свойства южной стороны, правой линии, они тают и начинают течь»¹⁶³. Север – это левая линия без правой, и тогда Хохме недостает хасадим. Поэтому замерзают света Нуквы, называемой морем, и ее свечение выходит к нижним только с выходом ступени хасадим на экран хирик, представляющий собой среднюю линию. Тогда, благодаря множеству хасадим, он приводит к перевесу силы правой линии над левой, и они включаются друг в друга, и Хохма облачается в хасадим юга. Тогда лед тает, и наполнение течет к нижним.

И чтобы согласовать две линии Бины между собой, Зеир Анпин поднимается в МАН, и становится там согласовывающей средней линией. И также для согласования Зеир Анпина и Нуквы, представляющими собой правую и левую линии, души праведников поднимаются и становятся согласовывающей их линией, т.е. приводят к перевесу силы юга, хасадим, над севером. Тогда лед моря начинает таять. Об этом и сказано: «Все реки текут в море». Души называются реками,¹⁶⁴ и они текут в море, которое освобождается ото льда.

«Собирались туда все стада», т.е. все реки, потому что стада – это значит души праведников, подобные рекам, текущим в море. «"И отваливали камень от устья колодца"¹⁶⁰, т.е. снимали с колодца силу сурового суда, студящего и морозящего, и он тогда называется камнем» – говорится о времени, когда север властвует над Нуквой, и при этом вода замерзает и не передается нижним. И потому это сравнивается с большим камнем, лежащим на устье колодца. Поэтому нельзя черпать из него воду.

---

¹⁶³ См. Зоар, главу Берешит, часть 1, п. 302.
¹⁶⁴ См. Зоар, главу Берешит, часть 1, п. 96.

«И когда эти реки стекаются» – т.е. души праведников поднимают МАН, и выходит ступень хасадим на их экран, и они приводят к перевесу правой линии над левой. «Усиливается юг, т.е. правая линия» – посредством множества хасадим, вызванных душами, юг становится сильнее севера. «И тогда север, Гвура, не может больше замораживать воду. Подобно тому как воды большой реки не остывают и не замерзают так быстро, как воды маленькой» – так как благодаря множеству хасадим она больше не замерзает; подобно реке, воды которой обильны, и благодаря этому она не замерзает.

94) И потому, когда эти реки стекаются, усиливается юг, правая линия, и воды освобождаются ото льда, и текут, и поят стада, т.е. души, как сказано: «Поят всех зверей полевых»[161]. «И возвращали камень на устье колодца, на свое место»[160] – так как миру нужны суды Нуквы, и потому она должна пребывать в суде, чтобы наказывать им грешников. Поэтому возвращают камень на свое место, так что Нуква светит лишь во время зивуга, когда души поднимают к ней МАН. А после зивуга она вновь перекрывается.

95) Сидя у колодца, Яаков увидел, что вода поднимается к нему, и понял, что там он повстречается со своей женой. Так и Моше, сидя у колодца, увидел, что вода поднимается к нему, и понял, что там он повстречается со своей женой. Именно так и случилось – Яаков повстречал там жену, как сказано: «Еще он говорит с ними, а Рахель пришла с овцами»[165], «И было, когда увидел Яаков Рахель, то подошел Яаков и отвалил камень с устья колодца»[166]. Так было и с Моше, как сказано: «Пришли пастухи и отогнали их – но Моше поднялся на их защиту и спас их, и напоил их скот»[167]. И там повстречалась ему Ципора, его жена. Колодец вызвал это, потому что колодец – это высшая Нуква. И так же, как они встретились с высшей Нуквой, так же встретились и с Нуквой этого мира.

---

[165] Тора, Берешит, 29:9. «Он еще говорит с ними, а Рахель пришла с овцами, которые у ее отца, потому что пастушка она».

[166] Тора, Берешит, 29:10. «И было: когда увидел Яаков Рахель, дочь Лавана, брата его матери, и овец Лавана, брата его матери, то подошел Яаков и отвалил камень с устья колодца, и напоил он овец Лавана, брата его матери».

[167] Тора, Шмот, 2:16-17. «А у правителя Мидьяна было семь дочерей; пришли они и начерпали воды, и наполнили каменные корыта, чтобы напоить скот отца своего. И пришли пастухи и отогнали их – но Моше поднялся на их защиту и спас их, и напоил их скот».

96) В этой главе слово «колодец» употребляется семь раз, и это намек на семь, на Нукву Зеир Анпина, которая является седьмой и включает семь сфирот. И называется она «колодец семи» – Беэр-Шева.

97) В связи с Моше слово «колодец» употребляется один раз. Сказано: «И остановился в земле Мидьян, и сел у колодца»[158]. Дело в том, что Моше полностью отделился от всего, от дома внизу, т.е. от Нуквы, (расположенной) ниже хазе Зеир Анпина, – Рахели, называемой семью, и был слит со скрытым миром – с Нуквой, что от хазе и выше. А Яаков вовсе не отделился от Нуквы, что от хазе и ниже, Рахели, явного мира, называемой семью. И потому в связи с Моше слово «колодец» употребляется один раз. Как сказано: «Одна она, голубка моя, чистая моя, одна она у матери своей»[168] – потому что скрытый мир происходит от Имы (матери), и она одна у матери. Поэтому Моше был хозяином дома, т.е. корень его находился над нижней Нуквой, зовущейся домом; и он поднялся выше нее. И потому сказано о Моше: «Сел у колодца (досл. над колодцем)» – т.е. выше колодца. А о Яакове сказано: «И увидел: вот колодец в поле»[155], и не сказано: «Сел над колодцем».

98) «И увидел: вот колодец в поле»[155]. Колодец – это ступень, называемая «Господин всей земли», т.е. Нуква, когда она получает Хохму. Тогда она оканчивается в свойстве захар (мужском) и зовется мужским именем – Господин. «Поле» – это «поле святых яблок»[169], т.е. Нуква, расположенная от хазе и ниже.

«Три стада мелкого скота»[155] – это три высшие святые ступени, которые устанавливаются над этим колодцем, и это Нецах (вечность), Ход (великолепие) и Есод (основа) мира. И эти НЕХИ притягивают воду, т.е. наполнение, свыше, от Зеир Анпина, и наполняют этот колодец.

99) Поскольку когда этот источник, т.е. основа (Есод) мира, находится в колодце, он приносит там плоды и изливается всегда, и колодец наполняется им. Иными словами, Есод дает колодцу, Нукве, два вида наполнения:

---

[168] Писания, Песнь песней, 6:9. «Одна она, голубка моя, чистая моя, одна она у матери своей, избранная – у родительницы своей. Увидели ее девицы – и признали, царицы и наложницы – и восхвалили ее».

[169] См. Зоар, главу Толдот, п. 135.

1. Для порождения душ, называемых плодами.
2. Для питания нижних.

Когда колодец наполняется изобилием, «из того колодца поят стада»[155] – все множества душ и святые воинства. Все они пьют «из того колодца», каждый – сколько ему положено.

100) «И камень большой на устье колодца»[155]. Это камень, о который спотыкаются жители мира, называемый «камнем преткновения и скалою преграждающей»[170], нечистая сторона, всегда стоящая над устьем колодца, согласно своему предназначению: требовать суда над всем миром, чтобы в мир не спускались пропитание и благо. То есть, когда Нуква получает от левой линии без правой, она (нечистая сторона) наказывает и требует суда.

101) «И собирались туда все стада»[160]. Что значит «все»? Но «все стада» – это святые станы наверху, т.е. ангелы, и святые станы внизу, т.е. праведники. Эти – в служении и восхвалениях наверху, а те – в молитвах и просьбах внизу. И те и другие вместе сразу же «отваливали камень от устья колодца»[160] – они отваливают его и устраняют из святости. И колодец избавляется от суда, называемого «камень».

102) «И возвращали камень на устье колодца, на свое место»[160]. То есть по указанию колодца они возвращают камень на свое место, чтобы он (камень) был готов пред ним (колодцем) требовать суда над миром, чтобы миром правил суд. Ибо мир может существовать только на основе суда, чтобы всё было истинно и по справедливости.

103) Когда Яаков обрел совершенство, отыскав жену Рахель, ему не нужна была чья-либо помощь с этим камнем. Как сказано: «Подошел Яаков и отвалил камень с устья колодца»[166]. Почему сказано: «отвалил», «отваливали», а не «убрал», «убирали»? Но «отваливали» указывает на замешательство Сатана, подобно сказанному: «Вся ответственность перекладывается

---

[170] Пророки, Йешаяу, 8:14. «И будет Он святилищем, и камнем преткновения, и скалою преграждающей для обоих домов Исраэля, и западнею и тенетами для жителей Йерушалаима».

на него»[171]. То есть, приводят его в замешательство и он не может обвинять.[172]

104) Яаков сам отвалил этот камень, не нуждаясь в посторонней помощи. Ведь Яаков был избранным из праотцев, т.е. средней линией, и потому, посредством привлечения хасадим на экран де-хирик, он отвалил камень от устья колодца, т.е. левая линия включилась в правую. И когда он пересилил Эсава в этом мире, он пересилил его и наверху. Во всем требуется сначала действие внизу, и поскольку Яаков произвел сперва действие внизу, в этом мире, чтобы победить Эсава, он удостоился победить его и наверху, – отвалив камень, лежавший на устье колодца, т.е. устранив наверху силу Эсава, обвиняющую Исраэль.

105) Два мира получил в наследие Яаков: открытый мир и скрытый мир. Это две Нуквы Зеир Анпина: выше хазе – Лея, ниже хазе – Рахель. И поскольку он был средней линией, ему надо было установить высшее единство и нижнее единство, подобно Зеир Анпину.[173] От одной произошли шесть колен – т.е. от Леи, которая является скрытым миром, а от другой произошли два колена – от Рахели, соответствующей открытому миру. И подобно этому скрытый мир, Лея, Нуква Зеир Анпина выводит шесть окончаний, вследствие того, что получает питание от ХАБАД ХАГАТ де-келим и ХАГАТ НЕХИ светов, имеющихся выше хазе Зеир Анпина, а открытый мир, Рахель, Нуква Зеир Анпина, находящаяся ниже его хазе, выводит два (окончания), вследствие того, что получает питание от НЕХИ Зеир Анпина, и это Есод, включающий Нецах и Ход, и Малхут. И это два херувима, зовущиеся Матат и Сандал.

Матат выходит вследствие того, что она получает питание от Есода Зеир Анпина, а Сандал выходит вследствие того, что она получает питание от Малхут Зеир Анпина. Они соответствуют Йосефу и Биньямину – сыновьям Рахели, жены Яакова. Яаков находился меж двух миров: открытого и скрытого, т.е. в виде высшего единства и нижнего единства, имеющихся в Зеир Анпине, «Слушай, Исраэль» и «благословенно имя

---

[171] Вавилонский Талмуд, трактат Бава батра, лист 4:2.
[172] См. Зоар, главу Ваера, пп. 383-384.
[173] См. выше, п. 33.

величия царства Его вовеки».¹⁷⁴ Поэтому все слова Леи были под покровом и скрытием, а все слова Рахели были открыты.

106) «И увидел: вот колодец в поле»¹⁵⁵. Сказано: «Слушайте Меня, стремящиеся к праведности»¹⁷⁵ – т.е. стремящиеся исправить Нукву, зовущуюся праведностью. Это они требуют сути веры – требуют суда для исправления Нуквы, которая зовется верой, средней линией. Это они соединились связью веры – т.е. связью в правой линии. Это они знают пути высшего Царя, представляющего среднюю линию. Этот призыв обращен к тем, кто удостоился трех линий, кто стремится исправить Нукву, – чтобы они прислушались, как сказано: «Слушайте Меня»¹⁷⁵.

107) «Когда поднимаются две» – линии, «и выходят навстречу одной» – средней линии, «они берут ее обеими руками». «Обе они» – линии, «спускаются вниз». «Их две, и одна между ними. Эти две являются обителью пророков – тем местом, где они получают питание. Одна между ними, соединяющаяся со всеми, и она принимает и включает в себя всех».

Пояснение сказанного. Здесь разъясняются, в основном, две вещи:
1. Что такое колодец.
2. Почему сказано: «Три стада мелкого скота расположены около него»¹⁵⁵. И это только НЕХИ, но не более.

Известно, что благодаря согласованию сфиры Тиферет, левая линия больше не может светить сверху вниз, как правая, а светит только снизу вверх.¹⁷⁶ Речь идет о возникновении трех линий в их корне – Бине. И правая линия – это Хохма в ней, а левая – Бина в ней. И поэтому сказано: «Когда поднимаются две и выходят навстречу одной» – когда обе линии светят во время подъема, т.е. свечением Хохмы, которое распространяется только снизу вверх. То есть, когда они «выходят навстречу» средней линии, которая уменьшает свечение левой линии, направляя его снизу вверх, и это ВАК, считается, что «они берут ее обеими руками» – две линии принимают согласование средней линии, поскольку являются двумя руками – Хесед и Гву-

---
¹⁷⁴ См. «Предисловие книги Зоар», п. 208.
¹⁷⁵ Пророки, Йешаяу, 51:1. «Слушайте Меня, стремящиеся к праведности, ищущие Творца! Смотрите на скалу, из которой высечены вы, и в глубину рва, из которого извлечены вы».
¹⁷⁶ См. выше, п. 15, со слов: «Вначале: "И восходит солнце" – от Бины...»

ра. Иными словами, они спустились из Хохмы и Бины и стали свойствами Хесед и Гвура, т.е. из ГАР они сделались ВАК, так как больше не могут светить сверху вниз.

А кроме того, считается, что «обе они спускаются вниз» – эти две линии, ставшие свойствами Хесед и Гвура, опустились еще ниже, став Нецахом и Ходом под табуром, в результате исправления, при котором высшие опрокидываются вниз, что происходит при свечении левой линии. И это поднимает «судебный приговор» наверх, и сначала идут НЕХИ, затем – ХАГАТ, а в конце – ГАР, ниже всех.[177] И по этой же причине две эти линии опустились во второй раз и стали Нецахом и Ходом ниже табура, где действует судебный приговор.

Поскольку Хесед и Гвура опустились в Нецах и Ход, средняя линия тоже опустилась с ними, и Тиферет стал Есодом. Сказано: «Две их, и одна между ними» – т.е. и «одна», средняя линия, тоже опустилась вместе с ними. И для того, чтобы мы достоверно знали, что речь идет о Нецахе и Ходе, они отмечаются особо и говорится, что «эти две являются обителью пророков – тем местом, где они получают питание» – и это Нецах и Ход. Поэтому средняя линия тоже спустилась между ними, поскольку она «соединяющаяся со всеми, и она принимает и включает в себя всех» – так как две эти линии не могут светить без ее соединения с ними, и она включает в себя свечение обеих. И поэтому, вместе с ними обязана спуститься также и средняя линия, т.е. Есод.

И в то время, когда три линии светят, пребывая под властью левой линии, т.е. в мохин Хохмы, они светят лишь в свойстве своих НЕХИ. Ведь ХАБАД опустились в ХАГАТ, и оба – в НЕХИ. Когда же три линии светят, пребывая под властью правой линии, в мохин де-хасадим, включающими свечение Хохмы, тогда светят все их девять сфирот, – ведь ХАБАД в них не опустились в ХАГАТ, в свойство ВАК, а светят сверху вниз, как обычно. Нечего говорить о том, что ХАГАТ не опустились в НЕХИ, так как исправление опрокидыванием производится только в левой линии.

---

[177] См. Зоар, главу Ваера, п. 286, со слов: «Внутренний смысл сказанного. Содомские города притягивали ГАР свечения левой линии...»

108) «Этот святой колодец» – Нуква, когда она светит свойством Хохмы, содержащейся в мохин трех линий, «стоит ниже их» – т.е. под сфирот Нецах, Ход, Есод, в которые спустились и включились ХАБАД ХАГАТ. И тогда «он зовется полем святых яблок». «"Из того колодца поят стада"155 – это все построения ангелов и все ангелы, обладающие крыльями». «Трое расположились над колодцем», – это три сфиры Нецах-Ход-Есод, и не более, потому что все девять сфирот включены в эти три, «и колодец наполняется от них».

«Из того колодца поят стада», и называется он именем Адни (אדני), как сказано: «Господин мой (אדני), Всесильный (Элоким)! Ты начал являть рабу своему»[178] И сказано: «Освети ликом Твоим опустевший храм Твой ради Господина моего (Адни)»[179]. И зовется он Господином всей земли, как сказано: «Вот, ковчег завета Господина всей земли»[180].

---

[178] Тора, Дварим, 3:24. «Господин мой, Всесильный! Ты начал являть рабу своему Твое величие и крепкую руку Твою; ибо кто есть сильный на небесах и на земле, который сделал бы подобное Твоим делам и могучим деяниям Твоим!»

[179] Писания, Даниэль, 9:17. «И ныне, внемли, Всесильный наш, молитве раба своего и мольбам его, и освети ликом Твоим опустевший храм Твой – ради Господина моего!»

[180] Пророки, Йеошуа, 3:11. «Вот, ковчег завета Господина всей земли пойдет пред вами через Ярден».

ГЛАВА ВАЕЦЕ

И вышел Яаков из Беэр-Шевы

109) Сказано: «Счастливы те, кто хранит правосудие и поступает праведно во всякое время»[181]. «Счастливы те, кто хранит правосудие» – счастливы сыны Исраэля, которым Творец дал истинную Тору, чтобы заниматься ею днем и ночью. Ведь каждый занимающийся Торой обретает свободу от всего – свободу от смерти, которая не властна больше над ним. И каждый, кто занимается Торой, связывая себя с ней, связан с Древом жизни. Но если ослабляет свою связь с Древом жизни, то Древо смерти воцаряется над ним, и он связан с ним. Как сказано: «Если оказался слаб ты в день бедствия, скудна сила твоя»[182]. «Оказался слаб ты» означает – ослабил связь свою с Торой.

110) «В день бедствия скудна сила твоя»[182]. «Скудна сила твоя» – скудна сила КО (כח). Ибо если ослабляет связь свою с Торой, то скудна сила Шхины, называемой КО (כח). И она не защищает его, ведь Шхина всегда пребывает в правой, и оберегает человека всегда, когда идет он путями Торы. И тогда она выталкивает зло наружу, чтобы не приближалось оно к человеку, и не могло обвинить его. А когда человек уклоняется от пути Торы, ослабляя свою связь с ней, тогда скудна сила КО, Шхины, поскольку именно это зло, левая сторона, властвует над человеком, выталкивая КО, Шхину, наружу, пока это место не станет тесным ему из-за бед и страданий.

111) Другое объяснение сказанного: «Скудна сила твоя». Когда человек держится путей Торы, он любим наверху и любим внизу, и он становится любимцем Творца. Как сказано «И Творец возлюбил его»[183] – то есть он был любим Творцом и любил Его. А когда человек уклоняется с путей Торы, скудна сила КО (כח), т.е. Шхины, которая стала притеснителем и врагом его, а он стал ее ненавистником. И это зло, т.е. злое начало, настолько властвует над ним, что начинает обвинять его в этом мире и в мире будущем.

---

[181] Писания, Псалмы, 106:3. «Счастливы те, кто хранит правосудие, поступает праведно во всякое время».
[182] Писания, Притчи, 24:10.
[183] Пророки, Шмуэль 2, 12:24. «И утешил Давид Бат-Шеву, жену свою, и вошел к ней, и лег с нею; и родила она сына, и нарекла ему имя Шломо. И Творец возлюбил его».

112) Это зло, злое начало, властвует над миром самыми разными способами, и у него есть много видов правления в мире, и это коварный змей, из-за которого прегрешил Адам Ришон. И люди сбиваются с пути, привлекая его к себе, пока он не вытянет из них душу.

113) Когда злое начало властвует, оно властвует над телом, и когда оно властвует над телом, выходит из него душа, ведь когда тело оскверняется, душа выходит из него. И нет у него (у злого начала) права забрать душу человека, не получив разрешения.[184] Много их, приходящих со стороны злого начала и властвующих в мире. И они управляют всеми деяниями в мире, совершаемыми под влиянием соблазна. И есть у него (у злого начала) правители и служители – все они заняты деяниями мира, то есть совращают людей на совершение плохих поступков.

114) И оно поэтому является концом левой линии. Мы уже выясняли[185], что есть конец правой линии, и есть конец левой. Об этом, конце левой линии, сказано: «Конец всякой плоти»[186]. И он называется концом всякой плоти, а не концом всякого духа, потому что есть два конца:
1. «Конец всякой плоти», поставленный над телом.
2. «Конец всякого духа», поставленный над духом человека.

Поэтому один – внешний, а другой – внутренний, один – порочный, а другой – праведный.

115) В правой стороне, южной, кроется высшая святая тайна веры, т.е. тайна мира захар, Зеир Анпина, и мира некевы, Нуквы Зеир Анпина. И все «святая святых», и все таинства веры, то есть Нуквы, – все исходят отсюда. И вся жизнь, и вся свобода, и всё благо, и все света, – всё отсюда. И все благословения, и весь установленный порядок подношений, и вся любовь во всех ее проявлениях, – всё от этой стороны: правой, южной.

---

[184] См. Зоар, главу Ноах, п. 78.
[185] См. Зоар, главу Ноах, п. 75.
[186] Тора, Берешит, 6:13. «И сказал Всесильный Ноаху: "Конец всякой плоти пришел предо Мною, ибо земля наполнилась злодеянием из-за них. И вот, Я истреблю их с землею"».

116) С северной стороны распространяются ступени до тех пор, пока вниз, в БЕА, не приходят «отходы золота»[187]. Со стороны нечистоты, нечистые осадки соединяются с тем, кто наверху, с захаром, и соединяются с тем, кто внизу, с некевой. И здесь производят зивуг захар и некева вместе. И это – «восседающий на змее» и «змей», т.е. захар и нуква.[188] И это – Азазель, включающий захара и некеву нечистоты.

117) Отсюда эти ступени делятся, часть свойств выходит в мир, распространяясь отсюда и властвуя над миром, и все они относятся к нечистоте и правителям, поставленным над миром. Так Эсав, когда вышел в мир, был весь красный, как роза, что указывает на левую линию, и волосатый, как козел, т.е. от скверны. И оттуда исходят жестокие властители, назначаемые править миром.

118) «Счастливы те, кто хранит правосудие»[181] – это хранящие веру Творца, ибо Творец зовется правосудием, и человек должен беречь себя, чтобы не сойти на другой путь, и быть только хранящим правосудие. Потому что Творец – это правосудие, «ведь все пути Его – правосудие»[189].

Объяснение. Слово «правосудие» указывает на решение, выносимое после выслушивания двух противоположных сторон. Так же, как судья выносит свое решение после внимательного выслушивания претензий двух тяжущихся сторон и сообщает, что одна из них праведна, а другая – виновна. Это решение называется правосудием. И подобно этому средняя линия выносит решение относительно двух противоположных друг другу линий, правой и левой, обязывающее их обе светить стороне святости. И по действию вынесения решения, она называется правосудием.

Для того, чтобы выяснить сказанное: «Счастливы те, кто хранит правосудие», Зоар показывает пути и результаты распространения двух противоположных друг другу сторон, правой и левой – т.е. достижения занимающегося Торой, который

---

[187] См. Зоар, главу Ваера, п.329.
[188] См. выше, п. 23.
[189] Тора, Дварим, 32:4. «Он твердыня, совершенно деяние Его, ибо все пути Его – правосудие; Творец верен и нет кривды; праведен и справедлив Он».

связывает себя с «Древом жизни» в ней, только правой стороной,[190] и в противоположность ему, оставляющий занятие Торой, падает в связь с «Древом смерти», только левой стороной. И понятие «конец правой» сравнивалось с «концом левой»[191], а также результаты распространения с южной стороны[192] сравнивались с северной[193].

И после того, как мы узнали все это, выясняется сказанное в Писаниии и говорится, что «"счастливы те, кто хранит правосудие" – это хранящие веру Творца». Нуква называется верой. «Вера Творца» означает единство Творца и Его Шхины, и во время единства называется Творец «правосудием». Ибо Творец – правая (линия), а Шхина – левая (линия), а их соединение (зивуг) – это правосудие.

А без этого единства, хотя Он и называется Древом жизни, все же не является еще желанным совершенством и не называется правосудием, поскольку склоняется к правой линии. И поэтому Адам был изгнан из Эденского сада, как сказано: «А теперь, как бы не простер он руки своей, и не взял также от Древа жизни, и не поел, и не стал жить вечно»[194]. Но желанием было, чтобы он вознес МАН с просьбой соединить Творца и Шхину Его, и был хранящим правосудие, что является согласованием и результатом двух линий вместе, и не отклонялся бы ни вправо, ни влево. Ибо Творец в соединении со Шхиной называется правосудием, ведь тогда: «Все пути Его – правосудие», – то есть, чтобы выбрал средний путь, содержащий в себе правую и левую (линии) вместе, и не отклонялся ни вправо, ни влево.

119) Сказано: «Поступает праведно во всякое время»[181]. Разве человек может во всякое время поступать праведно? Тот, кто следует путям Торы и праведно поступает с теми, кто нуждается в праведности, называется «поступающим праведно во всякое время», ибо всякий, кто поступает праведно

---

[190] См. выше, п. 109.
[191] См. выше, п. 114.
[192] См. выше, п. 115.
[193] См. выше, п. 116.
[194] Тора, Берешит, 3:22. «И сказал Творец Всесильный: "Вот, человек стал как один из нас в познании добра и зла. А теперь, как бы не простер он руки своей, и не взял также от Древа жизни, и не поел, и не стал жить вечно"».

с бедными, он усиливает Нукву, называемую праведностью, наверху и внизу, т.е. способствует зивугу ЗОН наверху и обилию благословений внизу.[195]

120) У того, кто прилагает усердие в праведности, совершаемая им праведность поднимается наверх и достигает наверху места Яакова, высшего строения (меркавы), т.е. Нуквы, называемой местом, и привлекает благословение в это место от источника всех источников – от Бины, из которой исходят все мохин. А от этой праведности, т.е. от Нуквы, после того, как она получила благословение от Бины, протягивает, умножая эти благословения, ко всем нижним, и ко всем построениям (меркавот) ангелов, и ко всем высшим воинствам. И все они благословляются, и света собираются. И поскольку все нижние и ангелы называются «время», так как происходят от Нуквы, называемой «время», поэтому сказано: «Поступает праведно во всякое время»[181] – т.е. увеличивает наполнение для всех обитающих в мирах БЕА, исходящих от Нуквы, и они называются «время», как и Нуква.

121) Когда Исраэль находились в земле святости, они притягивали благословения сверху вниз, а когда вышли из земли святости, то оказались под другой властью, и прекратились благословения в мире.

122) Яаков пребывал под властью святости в земле Исраэля, когда же ушел из земли Исраэля, оказался под другой властью, не являющейся святостью. Прежде, чем он оказался под другой властью, явился ему Творец во сне. И он увидел всё, что увидел, и сопутствовали ему святые ангелы, пока он не сел у колодца. А когда он сел у колодца, вода поднялась ему навстречу. И так же было у Моше, потому что оттуда он повстречал жену. Колодец не поднимается иначе, как в то время, когда обнаруживает свою связь, своего суженого, чтобы соединиться с ним.

Объяснение. «Колодец» указывает на Нукву Зеир Анпина, а Моше и также Яаков были строением (меркава) для Зеир

---

[195] См. Зоар, главу Лех леха, п. 2, со слов: «Объяснение. Малхут, со стороны суда...»

Анпина, и поэтому вода поднялась им навстречу, как Нуква навстречу своему суженому.

123) Однако, одно противоречит другому. Вначале сказано: «И вышел Яаков из Беэр-Шевы и пошел в Харан»[196]. А Лаван жил в Харане. В таком случае, почему он ушел оттуда, как сказано: «И обратил Яаков стопы свои, отправившись в землю сынов Востока»[197]. И откуда мы знаем, что место поселения Лавана находилось в Харане? Из того, что сказано: «И обратился к ним Яаков: "Братья мои, откуда вы?", и ответили ему: "Из Харана мы". И спросил он их: "Знаете ли вы Лавана, сына Нахора?" И сказали: "Знаем"»[198]. Отсюда следует, что место поселения Лавана было в Харане. В таком случае, почему он пошел «в землю сынов Востока»?

124) Но Яаков сказал: «Я хочу соединиться со Шхиной», т.е. с колодцем, «потому что я хочу найти себе жену. Мой отец, решив жениться, послал своего слугу, этот слуга нашел источник воды, и тогда нашлась жена для отца моего. Но ведь в этом месте, в Харане, я не нашел ни источника, ни ямы, ни воды». Сразу же: «И обратил Яаков стопы свои, отправившись в землю сынов Востока»[197], и там ему встретился колодец, и повстречал он жену.

125) Харан – это земля Востока, и колодец находился в поле, относящемся к Харану. И если бы это было не так, почему сказано: «И побежала она, и рассказала отцу своему»[199]? – только потому, что он находился рядом с городом.

126) Почему у колодца не встретилась ему (Яакову) Лея – ведь именно она произвела для Яакова все эти колена? Однако Творец не желал привести ее к зивугу с Яаковом открыто, как сказано: «И оказалось поутру, что это Лея»[200]. Но раньше это не открылось, ибо такова была воля Творца.

127) Поэтому явилась не Лея, а Рахель, чтобы привлечь взор и сердце Яакова красотой Рахели. И он остался жить там. И

---

[196] Тора, Берешит, 28:10.
[197] Тора, Берешит, 29:1.
[198] Тора, Берешит, 29:4-5.
[199] Тора, Берешит, 29:12.
[200] Тора, Берешит, 29:25.

ради нее была ему отдана в зивуг также и Лея, и она произвела все эти колена. Откуда же знал Яаков, кто такая Рахель – ведь он не был знаком с ней? Пастухи поведали ему, как сказано: «А вот дочь его, Рахель подходит с овцами»[201].

---

[201] Тора, Берешит, 29:6. «И сказал он им: "Здоров ли он?" И они сказали: "Здоров, а вот дочь его, Рахель, подходит с овцами"».

ГЛАВА ВАЕЦЕ

Буду служить тебе семь лет

128) «И сказал: "Я буду служить тебе семь лет за Рахель, твою младшую дочь"»[202]. Что думал Яаков, почему не сказал «десять месяцев», или «год», а «семь лет»? Но Яаков действовал мудро, чтобы люди не подумали, будто он сделал это из-за страсти к красоте Рахели, а знали, что поступил мудро. Ибо луне, Нукве Зеир Анпина, семь лет, т.е. она должна строиться в семи сфирот ХАГАТ НЕХИМ. И все высшие семь лет, ХАГАТ НЕХИМ от Бины, спустились к Яакову прежде, чем он женился на Рахели, – чтобы дать семь сфирот Бины семи ее сфирот; ибо Яаков взял их все от Бины, а затем пришел к ней, чтобы он мог находиться в свойстве Зеир Анпина, называемом «небо», а она – в свойстве Нуквы Зеир Анпина, называемом «земля».

129) «И были они в глазах его, как несколько дней, из-за любви его к ней»[203]. Что значит – «как несколько дней»? Все эти семь лет в его глазах были равносильны семи высшим годам, от Бины, которые находятся в полном единстве и неразделимы. Все они – одно целое, так как связываются друг с другом. «Из-за любви его к ней» – он любил ее, поскольку она была для него подобна высшему единству, единству Бины.

130) Даже Лаван намекал ему на эти семь сфирот, сам не зная, что говорит. Он начал свою речь словом «лучше», как сазано: «Лучше отдать мне ее за тебя»[204]. И он (Яаков) работал семь лет, и это семь сфирот, чтобы соединиться с седьмым годом (шмита)[12], т.е. передать эти семь сфирот нижней Нукве, Рахели, которая зовется седьмым годом (шмита). «Лучше (тов טוב)» – это семь высших сфирот, притягиваемых от Бины, так как они относятся к точке мифтеха. Буква «тэт ט»[205] – это Есод, «вав ו»[206] – Тиферет, включающий шесть сфирот, а «бэт ב»[207] – это две буквы «хэй ה».[208]

---

[202] Тора, Берешит, 29:18.
[203] Тора, Берешит, 29:20. «И служил Яаков за Рахель семь лет; и были они в глазах его, как несколько дней, из-за любви его к ней».
[204] Тора, Берешит, 29:19. «И сказал Лаван: "Лучше отдать мне ее за тебя, чем отдать ее за человека другого; живи у меня"».
[205] Буква тэт означает также девять.
[206] Буква вав означает также шесть.
[207] Буква бэт означает также два.
[208] См. Зоар, главу Берешит, часть 1, п. 326.

Пятидесятый год (йовель)[11], Бина, недоступен, так как не раскрывается, т.е. это укрытые хасадим, которые скрыты от Хохмы. А седьмой год (шмита) раскрывается, потому что хасадим в нем раскрываются в свечении Хохмы. Так и Лея с Рахелью соответствуют пятидесятому и седьмому году. Лея – это Нуква от хазе Зеир Анпина и выше, соответствующая Бине, йовель, скрытый мир; а Рахель – это Нуква от хазе Зеир Анпина и ниже, шмита, открытый мир.

131) Когда Яаков отработал первые семь лет, раздался голос и сказал: «Яаков, написано: "От мира и до мира"[209]» – т.е. от скрытого мира, Леи, дойти до открытого мира, Рахели. От недоступного мира наверху, йовель, Леи, надо исходить, а не от открытого мира, Рахели. Те ступени, которые недоступны и не раскрываются нам, исходят от йовель. Поэтому они были скрыты от Яакова, и он не знал даже, что они принадлежат Лее, йовель, но думал, что они относятся к шмита (седьмому году), т.е. принадлежат Рахели.

Другая причина: для того, чтобы он начал с высшего мира, Леи. Поэтому было скрыто от него, что они принадлежат Лее, так как йовель недоступен. И поскольку он недоступен и укрыт от Хохмы, (Яаков) не захотел бы начинать с него и продолжать, если бы не думал, что они принадлежат открытому миру. Когда же прошли семь скрытых лет йовеля, он отработал семь открытых лет шмиты за Рахель. И удостоился Яаков двух миров, скрытого и открытого, и соединился с ними.

---

[209] Писания, Псалмы, 106:48. «Благословен Творец, Всесильный Исраэля, от века и до века (досл. от мира и до мира). И скажет весь народ: "Амен и хвала Творцу!"»

ГЛАВА ВАЕЦЕ

Высший праведник, нижний праведник

132) Лея родила шестерых сыновей и одну дочь. Ибо шесть окончаний находятся над ней, т.е. Яаков, свойство Тиферет, включающее ХАГАТ НЕХИ. И эти шестеро и одна дочь вышли в высшем свойстве: шесть сыновей – соответственно шести окончаниям ХАГАТ НЕХИ Яакова, а одна дочь – соответственно Малхут.

133) Рахель родила двух праведников. И так должно быть, потому что Рахель – это свойство «шмита (седьмой год)», она всегда располагается между двумя праведниками, как сказано: «Праведники унаследуют землю»[210]. И это праведник наверху, в Зеир Анпине, и праведник внизу, в Нукве. От праведника наверху нисходят высшие воды, т.е. прямой свет, идущий сверху вниз. От праведника внизу Нуква поднимает воды к захару, и это – отраженный свет снизу вверх, в совершенном стремлении.

Получается, что есть у нее праведник с одной стороны и праведник – с другой. Так же как высший захар, Зеир Анпин, находится между двумя нуквами – Биной и Нуквой, так же и нуква внизу, Нуква от хазе Зеир Анпина и ниже, находится между двумя праведниками: Йосефом и Биньямином.

Объяснение. Небосвод и парса посредине каждого парцуфа в месте его хазе, «которая берет сверху и передает вниз»,[211] – это оканчивающая Малхут, поднимающаяся к Тиферет каждого парцуфа, т.е. к Бине де-гуф, и опускающая половину Бины и ТУМ де-гуф, называющиеся НЕХИ, на ступень ниже него. И поскольку эти НЕХИ соединяются с нижним во время малого состояния (катнут), то затем, во время большого состояния (гадлут), когда высший возвращает на свою ступень собственные НЕХИ из места нижнего, поднимается вместе с ними к месту высшего также и нижний, который слит с ними. И благодаря этому нижний получает света высшего.

---

[210] Писания, Псалмы, 37:29. «Праведники унаследуют землю и будут обитать в ней навеки».
[211] См. Зоар, главу Берешит, часть 1, п. 369.

И получается теперь, что парса берет от высшего и передает нижнему. И если бы не парса, опустившая и соединившая НЕХИ высшего с нижним, ни один нижний не смог бы подняться и получить что-либо от своего высшего, поскольку они находятся в двух разных местах. И таким образом НЕХИ Бины, слитые с Зеир Анпином, вернувшись в Бину, дают ему света Бины. А НЕХИ Зеир Анпина, слитые с Нуквой, вернувшись в Зеир Анпин, дают ей света Зеир Анпина. А НЕХИ Нуквы, слитые с душами праведников, вернувшись в Нукву, дают им света Нуквы.

И потому считается, что Зеир Анпин находится между двумя Нуквами. Ибо НЕХИ Бины, спустившиеся к Зеир Анпину, присоединяют и поднимают его к Бине, т.е. к высшей Нукве; а его собственные НЕХИ, опустившиеся к нижней Нукве, присоединяют и поднимают ее к нему. Так же и нижняя Нуква находится между двумя праведниками, потому что НЕХИ Зеир Анпина, основу которых составляет их средняя линия, Есод, опустились и слились с Нуквой. И это – высший праведник, поскольку это НЕХИ Зеир Анпина, и называется он Йосеф. А ее собственные НЕХИ, основу которых составляет Есод, опустились и слились с душами праведников. И это – нижний праведник, поскольку это НЕХИ нижней Нуквы, и называется он Биньямин.

И поэтому сказано, что высший захар, Зеир Анпин, находится между двумя нуквами, так как есть два вида НЕХИ:

1. НЕХИ его высшего присоединяют его к высшей Нукве, Бине, чтобы получать ее света.
2. Его собственные НЕХИ присоединяют его к нижней Нукве, чтобы передавать ей его света́.

Нижняя Нуква, расположенная от хазе Зеир Анпина и ниже, тоже находится между двумя праведниками, так как и у нее обязательно есть эти два вида НЕХИ, основа которых – Есод, называемый праведником:

1. НЕХИ ее высшего, Зеир Анпина, и она получает свои света от этих НЕХИ, называемых «высший праведник, Йосеф».
2. Ее собственные НЕХИ, соединяющие ее с душами праведников, чтобы передавать им света. И ее основой является Есод, называемый «нижний праведник, Биньямин».

134) И поэтому Йосеф и Биньямин – это два праведника. Йосеф удостоился быть праведником наверху, в Зеир Анпине, так как хранил знак союза. А Биньямин – это праведник внизу, в самой Нукве. (И это нужно) для того, чтобы седьмой год, Нуква, украсилась меж двух праведников – Йосефом и Биньямином.

135) Разве Биньямин был праведником? Да, потому что во все дни своей жизни он не прегрешил в отношении знака союза, хотя и не довелось ему выдержать испытание на деле, как Йосефу. Но почему он тогда зовется праведником, если не прошел никакого испытания, – ведь было много людей, хранивших союз все дни жизни своей, и они не назывались праведниками, пока не проходили испытания?

Однако все дни, пока Яаков пребывал в скорби по Йосефу, он (Биньямин) не вступал в супружеские отношения, и потому удостоился называться праведником. Можно возразить, что в то время когда Йосефа забрали у Яакова, Биньямин был еще ребенком, – о каких же супружеских отношениях идет речь? Но он все-таки, хотя и женился затем, не желал вступать в супружеские отношения.

136) Когда Йосеф спросил у Биньямина, женат ли он, тот ответил, что да. На вопрос, есть ли у него сыновья, ответил, что есть. Спросил у него, как назвал он их, и ответил, что по имени «Эхи и Рош», «Гера и Нааман», как сказано: «А сыны Биньямина: Бела, и Бехер и Ашбель, Гера и Нааман, Эхи и Рош, Муним и Хупим, и Ард»[212]. Как же он не вступал в супружеские отношения?!

137) Но ведь когда они пришли в Египет, у Биньямина уже были сыновья? Однако все время, пока Яаков пребывал в скорби по Йосефу, Биньямин не вступал в супружеские отношения и не производил на свет детей. Биньямин сказал так: «Мой брат Йосеф был знаком союза моего отца». Ибо Яаков – это Тиферет, содержащий ХАГАТ НЕХИ, а Йосеф – это Есод Яакова, так как союз, т.е. Есод, является окончанием гуф, Тиферет.

---

[212] Тора, Берешит, 46:21. «А сыны Биньямина: Бела, и Бехер и Ашбель, Гера и Нааман, Эхи и Рош, Муним и Хупим, и Ард».

«И поскольку он пропал, я буду хранителем места моего брата» – т.е. Есодом праведника и окончанием Тиферет, подобно Йосефу.

138) Но когда Йосеф пропал, он ведь не был праведником, поскольку нельзя стать праведником, не выдержав испытания, а тогда он еще не прошел испытание? Однако все знали это от Яакова, которому было известно, что это место займет Йосеф. Иначе говоря, благодаря духу святости он знал, что Йосеф выдержит испытание с женой Потифара и удостоится ступени Есод праведника.

И поэтому он так задержался в доме Лавана, и не возвращался к себе домой, пока не завершится тело (гуф), а завершением тела является союз, т.е. Йосеф. И поэтому сказано: «И было, когда Рахель родила Йосефа, сказал Яаков Лавану: "Отпусти меня"»[213], потому что подумал: «Теперь, когда родился Йосеф, Есод, конечно же завершилось тело, Тиферет. А поскольку тело завершено, я хочу пойти "в место свое и в землю свою"[213]». Таким образом, Яаков знал благодаря духу святости, что Йосеф является свойством Есод, а от него знали все. Поэтому знал Биньямин и хранил путь своего брата, т.е. стал Есодом праведника для отца своего вместо Йосефа после того, как тот пропал.

139) Когда он (Биньямин) пришел к Йосефу, и тот открылся своему брату, он вернулся домой, вступил в супружеские отношения и родил сыновей. Поэтому сделал его Творец праведником внизу, в Нукве. А Йосеф был праведником наверху, в Зеир Анпине. И потому Рахель родила двух сыновей, а Лея – шестерых сыновей и дочь.

И не следует удивляться, как это возможно, что в столь короткий срок, со времени возвращения колен с повозками Фараона к отцу и до их возвращения в Египет, он произвел на свет десять сыновей. Ведь дело в том, что Зоар говорит вовсе не о материальных событиях, а о высших мирах, где порядок времен не таков, как в материальном мире. И времена в духовном

---

[213] Тора, Берешит, 30:25. «И было, когда Рахель родила Йосефа, сказал Яаков Лавану: "Отпусти меня, и пойду я в место свое и в землю свою"».

выявляются посредством изменения форм и ступеней, которые выше места и времени.²¹⁴

140) И потому были скрыты эти семь лет так, что Яаков не знал, что они предназначены для Леи, так как исходили от пятидесятого года (йовель), т.е. от Бины, называемой скрытым миром. А семь лет шмиты, т.е. открытого мира, были открыты, и он знал, что работает за Рахель. И работая ради седьмого года, т.е. открытого мира, он работал в действительности ради пятидесятого года (йовель), т.е. для скрытого мира, думая, что работает за Рахель, седьмой год. А в итоге они оказались для Леи, пятидесятого года. Сказано об этом: «И служил Яаков за Рахель семь лет»²⁰³ – относящихся к недоступному миру, Лее. Он «работал за Рахель» и отработал семь высших лет – семь сфирот Леи. Таким образом, благодаря им он стал связан с двумя мирами – думал об открытом мире, а продолжал работать для скрытого мира. Отсюда следует, что человек от явного приходит к тайному.

141) В таком случае, если первые семь лет, которые он отработал, были для пятидесятого года (йовель), т.е. Леи, то ведь сказано о йовеле: «Семь раз по семи лет»²¹⁵. Семь лет есть, как сказано: «И служил Яаков за Рахель семь лет»²⁰³. Но где же семь раз по семь? Ему следовало работать сорок девять лет, по числу лет йовеля? Однако же те семь дней, которые он позаботился соблюсти на пиру Леи, как сказано: «Дополни неделю этой, и мы дадим тебе и ту»²¹⁶, составили число сорок девять. Ибо каждый день называется одной семеркой, как сказано: «Семь раз в день я восхвалю Тебя»²¹⁷. Каждый из семи дней пира восполнялся и включал в себя все семь дней. Таким образом, семь в каждом из дней называются «один раз». И эти семь раз по семь составляют сорок девять, согласно числу лет йовеля.

---

²¹⁴ См. «Учение десяти сфирот», часть 1, Внутреннее созерцание, пп. 33-34.
²¹⁵ Тора, Ваикра, 25:8. «И отсчитай себе семь субботних лет, семь раз по семи лет, и выйдет у тебя времени семи этих субботних лет сорок девять лет».
²¹⁶ Тора, Берешит, 29:27. «Дополни неделю этой, и мы дадим тебе и ту за службу, которую будешь у меня служить еще семь лет других».
²¹⁷ Писания, Псалмы, 119:164. «Семь раз в день я восхвалю Тебя за справедливые законы Твои».

142) А с Рахелью он не должен был соблюдать семь дней пира, но только (отработать) семь лет за нее после женитьбы. Разве не следовало ему сперва отработать все годы шмиты до седьмого, а затем совершить соединение (зивуг) со шмитой, т.е. Рахелью? Ведь сначала ему надо было привлечь для нее семь сфирот, как он сделал для йовель, т.е. Леи? Но поскольку он обязался отработать, это зачлось ему, как будто он уже отработал, и сразу же низошли к нему семь сфирот для Рахели.

Об этом месте, расположенном от хазе Зеир Анпина и ниже, об открытом мире, т.е. о Рахели, находящейся там, сказано: «Творец желал ради правды своей возвеличить Тору и прославить»[218]. И это значит, что «Творец желал ради правды своей», чтобы раскрылось и прославилось величие Торы, потому что посредством открытого мира, Рахели, раскрываются хасадим Зеир Анпина, называемого Торой. И потому Рахель называется устной Торой, так как она раскрывает тайны письменной Торы, Зеир Анпина. Однако в месте от хазе Зеир Анпина и выше, где находится скрытый мир, Лея, нет раскрытия Торы, Зеир Анпина; и она укрыта и облечена в тайны Торы. И поэтому она называется скрытым миром.

---

[218] Пророки, Йешаяу, 42:21.

ГЛАВА ВАЕЦЕ

Четыре связи

143) Итак, мы знаем, что Лея родила шестерых сыновей и одну дочь – ХАГАТ НЕХИМ. И Рахель родила двух сыновей, двух праведников – высшего и нижнего. Ну, а четверо сыновей рабынь – где находится их исправление, ведь в сыновьях Рахели и Леи уже есть все сфирот? Однако, это четыре связи, называющиеся обратной стороной (ахораим). И сказано о них: «А все их обратные стороны (ахораим) обращены внутрь»[219].

144) В правой руке, Хеседе, есть три связки, так как рука делится на три части: плечо, предплечье и кисть, которые соединяются тремя связками. Но есть одна связка посередине, которая больше всех и она считается обратной стороной, поскольку выступает за пределы тела. Подобно ей, есть одна связка посередине в трех связках левой руки, и точно так же – одна из трех связок правой ноги, а также – одна из трех связок левой ноги. И когда всё исправлено, эти четыре обратные связи входят во внутреннюю часть тела, как сказано: «А все их обратные стороны обращены внутрь»[219] – т.е. во внутреннюю часть.

145) Все остальные связки, кроме этих четырех, представляют собой одну линию с органами тела. А эти четыре выступают за пределы рук и ног, тем самым указывая на сыновей рабынь. Ведь хотя они входят в число двенадцати колен, все таки они не так важны, как сыновья Леи и сыновья Рахели. Поэтому они выступают за пределы рук и ног.

Пояснение сказанного. Число двенадцать – это строение, предназначенное для того, чтобы притягивать свечение Хохмы. И это свечение трех линий в каждом из свойств Хохма, Бина, Тиферет и Малхут, которые являются в Зеир Анпине свойствами Хесед, Гвура, Нецах и Ход, а четыре раза по три – двенадцать. Поэтому есть по три части в каждой из рук, т.е. в Хеседе и Гвуре, а также в каждой из ног, т.е. в Нецахе и Ходе.

---

[219] Пророки, Мелахим 1, 7:25. «Стояло море на двенадцати быках: три глядели на север, три глядели на запад, три глядели на юг и три глядели на восток. И море располагалось на них сверху, а все их задние части (досл. обратные стороны) обращены внутрь».

И мы уже знаем, что в корне своем три линии исходят от трех точек холам-шурук-хирик, и они считаются тремя посевами:

Холам – это подъем Малхут к Бине, т.е. нижней «хэй ה» к никвей эйнаим, когда ступень остается в свойстве МИ (מי) имени Элоким (אלהים), а буквы ЭЛЕ (אלה) падают на ступень, расположенную под ней. И «йуд י» входит в свет (ор אור) ступени, и он становится воздухом (авир אויר). И это правая линия.

Шурук – это опускание нижней «хэй ה» из никвей эйнаим, когда буквы ЭЛЕ (אלה) возвращаются к буквам МИ (מי) и открывается имя Элоким (אלהים). Однако свет Хохмы при этом пребывает без свойства Хесед и не может светить. И это левая линия.

Хирик – экран первой стадии, который выводит свойство ВАК без рош, и в любом месте это свойство Зеир Анпин данной ступени и средняя линия.

Таким образом, в каждом из них есть особое уменьшение, называемое посевом, и они считаются тремя посевами.

Но когда они соединяются друг с другом посредством средней линии, точки хирик, соединяющей друг с другом шурук и холам, т.е. правую и левую линии, все они обретают совершенство и светят как одна. И тогда три уменьшения в них являются связями, посредством которых три линии соединяются друг с другом.

Ведь если бы не шурук, «йуд י» не вышла бы из воздуха (авир אויר), из точки холам, правой линии, и она бы осталась в свойстве хасадим без Хохмы. И если бы не точка хирик, объединяющая шурук и холам друг с другом, то шурук не смог бы светить из-за недостатка хасадим. А благодаря согласованию экрана де-хирик, установившего единство холама и шурука друг с другом, он тоже достиг свойства рош во всей той мере, в какой вызвал свечение холам и шурук. Так что все они связаны друг с другом, и если бы разорвалась какая-нибудь связь, то исчезло бы свечение их всех.

И поэтому они считаются тремя связями. При этом три ступени света, имеющиеся в них, считаются тремя частями, имеющимися в каждой из рук и ног, а три экрана в них, которые связывают света и восполняют их, чтобы светили как один, являются тремя связями: верхняя – холам, средняя – шурук, а нижняя – хирик.

И это означает сказанное[220]: «В правой руке есть три связки, но есть одна связь посередине, которая больше всех и она считается обратной стороной» – потому что это три связи холам-шурук-хирик, и средняя это шурук, называемая большой, т.е. в ней есть свечение Хохмы, называемое большим. Но это обратная сторона, поскольку не светит вовсе, ибо пока нет в ней свечения хасадим, она не может светить.

«И когда всё исправлено, эти четыре обратные связи входят во внутреннюю часть тела, как сказано: "А все их обратные стороны обращены внутрь"[219]» – когда все три точки холам-шурук-хирик соединяются между собой, т.е. когда посредством ступени, выходящей на экран де-хирик, соединяются холам и шурук друг с другом, и все три светят, как один. Ведь теперь и шурук, т.е. средняя связь, которая находилась в свойстве ахор (обратной стороны) и не светила, снова становится свойством паним (лицевой стороной). То есть, она вновь светит, поскольку включилась в хасадим точки холам. И сказанное: «А все их обратные стороны обращены внутрь» указывает на среднюю связь в каждой из рук и ног, находившихся в свойстве ахораим (обратной стороны), т.е. не светивших. И благодаря соединению средней линии они вернулись к тому, чтобы быть свойством паним и светить.

И поэтому сказано: «Все остальные связки представляют собой одну линию с органами тела, а эти выступают за пределы ...они не так важны, как сыновья Леи и сыновья Рахели» – так как две связи холам и хирик, от которых происходят сыновья Рахели и Леи, светили даже до соединения друг с другом, но в свойстве ВАК. Поэтому после соединения друг с другом они считаются наравне с органами тела. Однако средние связи до этого соединения были совершенно темными, без света. Поэтому и после соединения друг с другом, когда они вернулись к свойству паним, они все таки остаются выходящими за пределы органов тела, так как в них еще различимо свойство ахораим (обратной стороны). Это говорит о том, что они являются сыновьями рабынь. И хотя они входят в число двенадцати и

---
[220] См. выше, п.144.

без них не было бы свойства ГАР в обеих линиях, исходящих от холама и хирика, вместе с тем «они не так важны», как холам и хирик, имеющиеся в руках и ногах, т.е. сыновья Рахели и Леи, поскольку до соединения (средние связи) были совершенно темными, и суд пребывал над ними.

146) Другое объяснение: эти сыновья рабынь представляют собой четыре связи. Все остальные связи совершают движение с их помощью, и эти четыре являются их носителями. Без них не было бы ГАР в двух связях, холам и шурук, в каждой из рук и ног. Таким образом, все остальные связи перемещаются и светят благодаря этим четырем связям обратной стороны. И четыре связи обратной стороны являются носителями остальных связей, т.е. в них светит свойство ГАР, а без них все упали бы в свойство ВАК. Так что они – носители всех.

ГЛАВА ВАЕЦЕ

И увидел Творец, что нелюбима Лея

147) «И увидел Творец, что нелюбима Лея, и отверз утробу ее, а Рахель бесплодна»[221]. И сказано: «Превращает (бездетную) хозяйку дома в мать, радующуюся сыновьям. Алелуйа»[222]. «Превращает хозяйку дома» – это Рахель, основа дома. «Мать, радующаяся сыновьям» – это Лея, родившая шесть сыновей и одну дочь.

148) «Превращает хозяйку дома» – это шмита, Нуква Зеир Анпина, являющаяся основой, потому что ею обусловлено всё происходящее в этом мире. «Мать, радующаяся сыновьям» – йовель, Бина: вся радость и веселье, имеющиеся в мирах БЕА, зависят от нее, так как у Нуквы Зеир Анпина нет ничего своего, но только то, что Зеир Анпин получает от Бины и передает ей. И тогда она передает во все миры. Таким образом, вся радость, имеющаяся в мирах, приходит от Бины.

Эта фраза является обобщением всего, потому что это включает в святость всё – как скрытый мир, так и раскрытый. Поэтому он завершается словом: «Алелуйа (досл. славьте Творца)», ибо такое восхваление является самым возвышенным в псалмах.[223]

149) «И увидел Творец, что нелюбима Лея»[221]. Почему же она была нелюбима – ведь сыновья нелюбимой считаются сыновьями недостойными, а всех лучших сыновей породила Лея? Но дело в том, что йовель – это скрытый мир, и поэтому все его действия были скрыты от Яакова. Иначе говоря, она относилась к нему со скрытой любовью, хотя с виду казалась нелюбимой, потому что Лея относится к свойству от хазе Зеир Анпина и выше, где находится свойство Имы, йовель, скрытый мир, и поэтому всё происходящее там – в скрытии.

150) Нижний мир, Рахель, Нуква Зеир Анпина, – в раскрытии, и он является началом всего для восхождения по ступеням. Так же как высшая Хохма, Хохма Арих Анпина, является

---

[221] Тора, Берешит, 29:31.
[222] Писания, Псалмы, 113:9.
[223] См. Зоар, главу Ваишлах, п. 270.

началом всего сверху вниз,²²⁴ так же и нижний мир является свойством Хохма, и он – начало всего снизу вверх. Поэтому называют ее «ты», поскольку она – шмита, и она в раскрытии. «В раскрытии» означает, что хасадим в ней раскрываются в свечении Хохмы, когда «йуд י» выходит из воздуха (авир אויר) и остается свет (ор אור). И тогда Нуква Зеир Анпина называется «шмита». И это смысл слов: «Потому что он – шмита и в раскрытии».

151) Высший мир, йовель, – т.е. Лея, исходящая от Имы, – называется «он», так как всё в нем находится в скрытии. Ибо под словом «он» имеется в виду скрытый мир. О Лее сказано: «И лег с ней ночью он»²²⁵. «Леви, он совершать будет служение»²²⁶ – то есть Леви служит для того, чтобы продолжить благословение от него, называемого «он», во все миры. «Он» – это высший мир, который скрыт всегда, а Яаков прилепился только к тому, что раскрыто в желании, как сказано: «И прилепится он к жене своей». Как сказано: «Потому оставит человек отца своего и мать свою»²²⁷ – то есть скрытый мир, «и прилепится он к жене своей» – к раскрытому миру.

152) «И увидел Творец, что нелюбима Лея»²²¹ – поскольку она исходит от Имы. Отсюда следует, что человек ненавидит «наготу», (открывающуюся) со стороны «матери своей», так как «мать (има) его» – это скрытый мир, и «потому оставит человек отца своего и мать свою». И он в любом месте может оставаться наедине с матерью своей, и не опасаться запрета уединения. Поэтому всё скрыто от Яакова – ведь высший мир, Лея, исходящий от Имы, не раскрыт совсем.

---

[224] См. Зоар, главу Берешит, часть 1, п. 2, со слов: «Слово "вначале (берешит)" указывает на парцуф Арих Анпин мира Ацилут, называемый началом (решит) по той причине, что он является первым парцуфом, от которого передаются все мохин...»
[225] Тора, Берешит, 30:16.
[226] Тора, Бемидбар, 18:23.
[227] Тора, Берешит, 2:24. «Потому оставит человек отца своего и мать свою, и прилепится он к жене своей».

ГЛАВА ВАЕЦЕ

Колена

153) Мир был установлен благодаря заслугам Яакова. Можно возразить – но ведь мир был установлен благодаря заслугам Авраама?! Как сказано: «Вот порождения неба и земли при сотворении их (бе-ибарам בהבראם)»[228], нужно читать не «при сотворении их (бе-ибарам בהבראם)», а «при Аврааме (бе-Авраам באברהם)», «Вот порождения неба и земли при Аврааме», поскольку это те же буквы, и это означает, что порождения неба и земли происходили благодаря Аврааму?! Но дело в том, что Авраам существовал благодаря заслугам Яакова, как сказано: «Так сказал Творец о доме Яакова, который спас Авраама»[229]. Ведь до этого Творец создавал миры и разрушал их. Когда явился Яаков, благодаря ему миры установились в окончательном совершенстве и не разрушались, как раньше. Как сказано: «Так говорит Творец, сотворивший тебя, Яаков, и создавший тебя, Исраэль»[230].

Пояснение сказанного. Авраам – это правая линия Зеир Анпина, свойство Хесед. И поэтому говорится, что мир был сотворен благодаря Аврааму», т.е. благодаря Хеседу (милости), как сказано: «Мир милостью устроен»[231]. Однако во время выхода левой линии, между двумя линиями возникло разногласие.[232] И об этом сказано, что Творец строил миры и разрушал их, поскольку в результате множества судов в левой линии, всё, что строилось в правой линии, снова разрушалось из-за левой линии. Пока не явилась средняя линия, т.е. Яаков, и не согласовала правую и левую линию, примирив их между собой. И тогда мир установился и больше не разрушался. И это смысл слов: «Яаков, который спас Авраама»[229], ведь на самом деле: «Мир милостью (хесед) устроен» – т.е. свойством Авраама. Но

---

[228] Тора, Берешит, 2:4. «Вот порождения неба и земли при сотворении их, в день созидания Творцом Всесильным земли и неба».

[229] Пророки, Йешаяу, 29:22. «Посему так сказал Творец о доме Яакова, который спас Авраама: "Не будет теперь пристыжен Яаков, и не побледнеет теперь лицо его"».

[230] Пророки, Йешаяу, 43:1. «И ныне так говорит Творец, сотворивший тебя, Яаков, и создавший тебя, Исраэль: "Не бойся, ибо Я спас тебя"».

[231] Писания, Псалмы, 89:3. «Ибо думал я: "Свет милостью устроен, в небесах – там утвердил Ты верность Свою"».

[232] См. Зоар, главу Берешит, часть 1, п. 44, со слов: «Когда пробудилась власть левой линии, возникло расхождение между ней и правой линией...»

если бы не средняя линия, Яаков, не могла бы существовать правая линия, Авраам.

154) Сказано: «Сын Мой, первенец Мой Исраэль»[233]. И сказано: «Отпусти Моего сына, и он будет служить Мне»[234]. Ведь Исраэль называется сыном Творца, поскольку он прилепился к Нему. Как сказано: «Как имя Его и как имя сына Его, знаешь ли?»[235].

Пояснение сказанного. Сфирот исходят одна из другой путем распространения от причины к следствию, и в этом отношении они не называются «отец и сын», так как «сын» означает свет порождения, в котором нет ничего от распространяющегося света, но только свойство обновления. И поэтому Хохма и Бина называются Аба ве-Има, а Зеир Анпин называется их сыном.

И при распространении сфирот Зеир Анпин находится в свойстве ВАК без рош, и в таком состоянии он не называется сыном. Но когда он поднимает МАН для согласования между собой двух линий Бины, правой и левой, становясь там средней линией, соединяющей обе линии друг с другом, он получает от нее свойство ГАР.[236] Как сказано: «Трое выходят благодаря одному, один находится в трех». И это происходит потому, что всей меры света, которая благодаря нижнему выходит в высшем, удостаивается также и нижний.

И эти ГАР, которых удостоился Зеир Анпин, считаются светом порождения. Ведь при распространении сфирот в нем нет ничего от света ГАР, и он только ВАК без рош. И выходит, что весь этот свет ГАР является новым светом, которого он удостоился благодаря тому, что вызвал свечение в правой и левой линиях Бины. И в этом отношении две линии Бины называются «Аба ве-Има (досл. отец и мать)», а Зеир Анпин – «сын». И называются они Аба ве-Има потому, что сделали новым этот

---

[233] Тора, Шмот, 4:22. «И скажи Фараону: Так сказал Творец: "Сын Мой, первенец Мой Исраэль"».
[234] Тора, Шмот 4:23. «И сказал Я тебе: "Отпусти Моего сына, и он будет служить Мне; но ты противился отпустить его, вот Я убью твоего сына, твоего первенца (за это)"».
[235] Писания, Притчи, 30:4. «Кто взошел на небо и снизошел, кто собрал ветер пригоршнями своими, кто завязал воды в одежду; кто поставил все пределы земли? Как имя Его и как имя сына Его, знаешь ли?»
[236] См. Зоар, главу Берешит, часть 1, п. 363.

свет, хотя он таким вовсе не был при распространении от причины к следствию. А Зеир Анпин называется сыном, так как он и является новым светом, который появился благодаря левой и правой линиям Бины, порождающим.

И об этом сказано: «Как имя Его и как имя сына Его, знаешь ли?»[235] – имеются в виду Бина и Зеир Анпин, потому что две линии Бины, которые назывались Хохма и Бина, стали называться Аба ве-Има, а Зеир Анпин стал называться их сыном, так как приобрел новое свойство и вышел из них. «Как имя Его», – указывает на высшую Иму, т.е. на Бину, а правая линия в ней – это Хохма, и вместе они получили имя «Аба ве-Има (досл. отец и мать)», т.е. порождающие. А Зеир Анпин – сын, который рождается от них.

И поэтому здесь сказано: «Ведь Исраэль называется сыном Творца, поскольку он прилепился к Нему» – потому что души праведников прилепляются к Творцу благодаря тому, что поднимают МАН для зивуга Творца и Его Шхины и становятся там свойством средней линии между Творцом, правой линией, и Шхиной, левой линией, точно так же, как Зеир Анпин поднялся в качестве МАН в Бину и стал средней линией между правой и левой линиями Бины. И в таком случае всей той меры, которую души праведников вызвали посредством совместного зивуга Творца и Его Шхины, удостаиваются также и они. И в отношении света, полученного ими от зивуга ЗОН, они считаются сыновьями ЗОН, ведь это свет порождения, который приобрел новое свойство от порождающих, т.е. ЗОН.

И в подтверждение приводится сказанное: «Как имя Его и как имя сына Его, знаешь ли?»[235] Это учит нас, что так же, как Зеир Анпин считается сыном Абы ве-Имы, поскольку является средней линией, согласующей между собой обе линии Бины, по той же причине и души праведников считаются сыновьями ЗОН, так как и они являются свойством средней линии в зивуге ЗОН.

155) «О Лее, когда она родила Реувена, сказано: "И нарекла ему имя Реувен"[237], просто Реувен (смотрите–сын)» – без всякого дополнительного смысла. Но если он относится к свойству

---

[237] Тора, Берешит, 29:32. «И зачала Лея и родила сына, и нарекла ему имя Реувен, ибо подумала: "Вот увидел Творец нищету мою, и теперь будет любить меня муж мой"».

Хесед, почему же она не назвала его Бен-ямин (досл. сын правой)? «И это потому, что он был включен в три линии, которые соединялись как одна, с Шимоном и Леви», с левой и средней линиями.

Пояснение сказанного. Души этих колен вышли из ЗОН: от Зеир Анпина и Леи вышли шесть сыновей и одна дочь, а от Зеир Анпина и Рахели – два праведника.[238] «Сын» – означает свет порождения, которого удостаивается средняя линия, так как она согласует и соединяет правую и левую линии. И поэтому Лея назвала своего первого сына просто Реувен (смотрите–сын), а не Бен-ямин, потому что имя Бен (сын) указывает на среднюю линию, удостаивающуюся той меры, которую она вызвала в высшем, в свойстве «трое выходят благодаря одному, один находится в трех». И потому она намекнула на это в отношении своего первого сына.

И поэтому сказано, что назвала его «просто Реувен (смотрите–сын), поскольку он был включен в три линии, которые соединялись как одна» – так как имя Бен (сын) указывает на свет, родившийся от взаимовключения трех линий, которое он вызвал в высшем, благодаря чему нижний тоже удостоился всех трех. Поэтому она намекнула на это в отношении своего первого сына.

Почему своего третьего сына она назвала Леви? Объяснение. Реувен называется Бен (сын), потому что он является средней линией, включающей в себя три линии, и хотя он сам – правая линия, он называется Бен благодаря этому включению. В таком случае Леви, который сам является средней линией относительно душ, тем более нужно было назвать Бен, почему же он назван Леви? Но имя Леви имеет значение, подобное слову «гирлянды (лойот לויות)»[239], которое указывает на соединение всех сторон, т.е. на среднюю линию, соединяющую правую и левую стороны. Таким образом, имя Леви указывает на среднюю линию. И получается, соответственно, что имя Бен (сын) указывает на то, что свет его обновился в средней линии, объединяющей правую и левую, и поэтому он сам тоже включает

---

[238] См. выше, п. 133.
[239] Пророки, Мелахим 1, 7:30. «На четырех углах ее под умывальною чашею выступы, выступы литые, и со всех сторон гирлянды».

три линии. Но на среднюю линию, относящуюся к свойству Бен в единстве, указывает только имя Леви.

156) Отсюда ясно, что он включает три линии, как сказано: «Реувен, первенец мой ты, сила моя и начаток мощи моей, верх достоинства и верх могущества»[240]. И согласно толкованию этого, первородство – это средняя линия, священство – правая линия, и царство (малхут) – левая линия. Ибо Малхут относится к стороне Гвуры. Поэтому она назвала его просто Реувен (смотрите-сын), – указать, что он включает три линии в свойстве света порождения.

157) Поэтому она сказала просто Реувен (смотрите-сын), а не Бен-ямин (сын правой), так как он включился в Шимона и Леви, поскольку именно это намеревалась сделать Лея – включить его в двух других сыновей, как сказано: «На сей раз присоединится муж мой ко мне, ибо я родила ему трех сыновей»[241], – это показывает нам, что все трое соединяются как один. Иначе говоря, каждый из них включает всех трех. И поэтому она не могла назвать его Бен-ямин (сын правой) – ведь он включает в себя также и левую.

158) Высшее строение (меркава) – это праотцы и царь Давид, который присоединяется к ним. И все четверо – это святое имя АВАЯ (הויה), где «йуд-хэй-вав יהו» – это праотцы, т.е. три линии, а нижняя «хэй ה» – царь Давид, т.е. Нуква. Реувен, Шимон, Леви – это три линии, «йуд-хэй-вав יהו», а затем – Йегуда, корень Малхут, т.е. нижней «хэй ה» имени АВАЯ (הויה). И поэтому все они находятся в этом месте, т.е. в строении. И так же как в строении каждый из них включает три линии, так же и в коленах – каждое из них включает три линии.

159) И сказано: «И родила сына, и сказала: "На этот раз возблагодарю (אודה одэ) Творца!" Потому нарекла ему имя Йегуда (יהודה)»[242]. Тотчас: «И перестала рожать»[242] – поскольку с Йегудой четыре основания престола достигли окончательного

---

[240] Тора, Берешит, 49:3.
[241] Тора, Берешит, 29:34. «И зачала она еще и родила сына, и сказала: "Ныне, на сей раз прильнет мой муж ко мне, ибо я родила ему трех сыновей". Потому нарек ему имя Леви».
[242] Тора, Берешит, 29:35. «И зачала еще и родила сына, и сказала: "На этот раз возблагодарю Творца!" Потому нарекла ему имя Йегуда. И перестала рожать».

совершенства, и это Хесед и Гвура, и Тиферет и Малхут, где Реувен – это Хесед, Шимон – Гвура, Леви – Тиферет, а Йегуда – Малхут.

Почему же она сказала: «На этот раз возблагодарю Творца» – т.е. за этого сына, а не за всех сыновей? Но отсюда мы видим, что всё время, пока Кнессет Исраэль, т.е. Малхут, в изгнании, святое имя не пребывает в совершенстве. Несмотря на то, что три сына, т.е. ХАГАТ, были до того как она родила Йегуду, престол достиг совершенства только с Йегудой, т.е. с Малхут. Поэтому она сказала: «На этот раз возблагодарю Творца» – за Йегуду. Потому: «И перестала рожать». «И перестала» – так как престол встал на свои опоры, поскольку с Йегудой были завершены четыре основания престола – Хесед, Гвура, Тиферет и Малхут.[243]

160) Сказано: «И перестала (ве-таамóд)»[242] – ибо до Йегуды, т.е. до Малхут, она «и установилась (ве-таамод)» в полном единстве», а начиная с этого места и ниже, т.е. ниже Малхут мира Ацилут, находится мир разделения, т.е. три мира БЕА разделения. В таком случае те два сына, которых она родила после Йегуды, – Исасхар и Зевулун, – должны быть в свойстве разделения, ведь они родились после Малхут? Но это не так. Ведь Исасхар и Зевулун соединились с Реувеном, Шимоном и Леви, потому что шесть окончаний мира – они как одно целое.

Объяснение. Исасхар и Зевулун – это Нецах и Ход, и они являются одним целым с гуф, т.е. ХАГАТ, так как шесть окончаний (ВАК) гуф – это ХАГАТ НЕХИ. Поэтому получается, что Исасхар и Зевулун находятся до Малхут, т.е. Йегуды, ведь они соединены с ХАГАТ, и поэтому не относятся к свойству разделения. А Йегуда, т.е. Малхут, включает в себя также и Есод.

161) Все двенадцать колен – это исправление Кнессет Исраэль, которая является внутренней частью Нуквы от хазе и выше Зеир Анпина и нисходит из Бины в этот мир, т.е. в Нукву от хазе Зеир Анпина и ниже, для того чтобы притянуть двенадцать исправлений из высшего мира, Бины, в нижний мир, Нукву. А в общем это два исправления:

---

[243] См. Зоар, главу Ваера, п. 16, со слов: «Объяснение. Сначала Нуква...»

1. Исправить черный высший свет. И это исправление в левой линии, а поскольку Хохма без хасадим, она является черным светом и называется тьмой Имы.

2. Вернуть основу всего на свое место. И это исправление правой линии, дающее власть хасадим, являющимся основой всего, так как без них нет никакого свечения в мирах, ведь даже свечение левой – это тьма и черный мрак без него.

162) Исасхар и Зевулун – это Нецах и Ход. Здесь получают завершение шесть сыновей, т.е. шесть окончаний мира: ведь Реувен, Шимон, Леви, Йегуда – это Хесед, Гвура, Тиферет и Малхут, а Исасхар и Зевулун – это Нецах и Ход. И это исправление правой линии, т.е. ВАК де-хасадим. И также сыновей наложниц – четверо, и они соединились с шестью, т.е. с ВАК, и это четыре связи, с помощью которых они соединяются: две связи в Хеседе и Гвуре, и две связи в Нецахе и Ходе[244]. И это исправление левой линии, а когда они соединяются с правой, сказано: «А все их обратные стороны (ахораим) обращены внутрь»[219], – т.е. их ахораим становятся внутренней частью. И несмотря на то, что они сыновья наложниц, т.е. тьма и обратная сторона, тем не менее они «обращены внутрь», т.е. во внутреннюю часть.

Итак, мы выяснили десять колен в исправлении двенадцати, и это исправление правой (линии) и исправление левой, как сказано: «И положи их двумя стопами, шесть в стопе, на чистом столе пред Творцом»[245]. Шесть сыновей Леи – это исправление правой линии, и четыре сына наложниц – исправление левой. А что представляют собой два сына Рахели, мы увидим из дальнейшего объяснения.

163) Но мы же изучали, что все порождаемое нижним миром, т.е. Нуквой в окончании мира Ацилут, находится в разделении,[246] как сказано: «И оттуда разделяется»[247]. И если утверждать, что в Йосефа и Биньямина включены свойства единого мира, т.е. что они относятся к единству мира Ацилут, то это не так – ведь они не происходят от высшего мира, т.е. от Нуквы выше хазе, Леи, и родились от нижнего мира, Рахели, расположенной ниже

---

[244] См. выше, п. 144.
[245] Тора, Ваикра, 24:6.
[246] См. выше, п. 160.
[247] Тора, Берешит, 2:10. «И река выходит из Эдена, чтобы орошать сад, и оттуда разделяется и образует четыре русла».

хазе Зеир Анпина, в окончании мира Ацилут. А рождение означает, что душа нисходит сверху вниз, и поэтому порождаемое нижним миром находится внизу, то есть его порождения находятся ниже окончания мира Ацилут, а не выше, и в таком случае, они пребывают в разделении, т.е. в мире Брия разделения.

164) Но все же это непонятно, ведь высший мир установился в своих двенадцати исправлениях.

Объяснение. Несмотря на то, что уже были произведены два вида исправлений, т.е. правой и левой линии, с сыновьями Леи и с сыновьями наложниц, что и называется исправлением двенадцати, тем не менее это исправление двенадцати непонятно, ведь они находятся во власти укрытых хасадим. И чтобы раскрыть хасадим в свечении Хохмы, нужно исправление двух основ, т.е. двух праведников, в нижнем мире, Рахели, т.е. в нижней Хохме, поскольку от Хохмы Арих Анпина и до ступени Рахели Хохма пребывает в скрытии.[248]

Однако всякий раз праведник выходит из нижнего мира и входит, в него он входит и из него он выходит, и поэтому в этом месте он и строится, и он является основой наверху и он является основой внизу. И он всегда пребывает в нижнем мире, вечно. Как сказано: «И было, с выходом души ее, ибо она умирала»[249].

Пояснение сказанного. Две основы существуют в свете зивуга, в свойстве: «Двигаются вперед и назад»[250]. Как сказано: «"Двигаются вперед и назад" эти света, не задерживаясь там»[251]. «Двигаются вперед» – это раскрытие Хохмы, высшая основа, которая раскрывается с помощью НЕХИ высшего в Нукве, т.е. с помощью Йосефа. «И назад» – это воздействие хасадим, нижняя основа, которая раскрывается с помощью НЕХИ самой Нуквы, т.е. с помощью Биньямина.

И поэтому: «Всякий раз праведник выходит из нижнего мира и входит», – это два направления в зивуге, о которых

---

[248] См. Зоар, главу Берешит, часть 1, п. 354.
[249] Тора, Берешит, 35:18. «И было, с выходом души ее, ибо она умирала, нарекла ему имя Бен-Они. Но отец назвал его Биньямин».
[250] Пророки, Йехезкель, 1:14. «И живые существа эти двигались вперед и назад, как вспышки молний».
[251] См. выше, п. 17.

сказано: «Двигались вперед и назад». «В него он входит и из него выходит» – это два действия, которые праведник производит в Нукве, в которую он входит, чтобы раскрыть Хохму, и из которой выходит и раскрывает хасадим. И поэтому в Нукве образуются две основы:

«И он является основой наверху» – это НЕХИ высшего, Йосеф.

«И он является основой внизу» – НЕХИ самой Нуквы, Биньямин.

«И он всегда пребывает в нижнем мире, вечно» – нижняя основа, т.е. Биньямин, всегда присутствует в нижнем мире, как сказано: «И было, с выходом души ее, ибо она умирала»[249] – потому что праведник Биньямин и есть та самая душа Нуквы, т.е. ее собственные НЕХИ, и поэтому она всегда находится в ней. Тогда как праведник Йосеф, являющийся свойством НЕХИ высшего, раскрывающим в ней Хохму, не находится в ней постоянно,[251] и не задерживается там, а сразу возвращается.

165) Праведник в нижнем мире, т.е. в Нукве, в него входит и из него выходит. Когда он входит, это свойство Йосеф-праведник, а когда выходит – Биньямин-праведник. Как сказано: «И было, с выходом души ее, ибо она умирала»[249]. «Душа ее» – это праведник, который выходит из нее.

166) Поэтому Биньямин называется Бен-Они (сын страдания моего), ведь она думала, что родила его ниже мира Ацилут, в мире разделения, и осталось одиннадцать в коленах, находящихся наверху, в Ацилуте. Однако сказано: «Но отец назвал его Биньямин»[249], – т.е. Бен-Ямин (сын правой), потому что он поднялся наверх, в верхний мир. Ведь когда Йосеф пропал, Биньямин занял его место.

Объяснение. Здесь завершается ответ на вопрос, который мы задавали раньше[252]: если Йосеф и Биньямин родились от Нуквы, завершающей Ацилут, а всякое рождение обязательно идет сверху вниз, и порождение находится ниже порождающих, то ведь и Йосеф, и Биньямин обязательно находятся ниже Нуквы, ниже окончания Ацилута, т.е. в мире разделения?

---

[252] См. выше, п. 163.

И мы уже выяснили, что в Нукве присутствуют два праведника – высший и нижний, или два свойства НЕХИ:

1. НЕХИ высшего, Зеир Анпина, которые соединились с Нуквой, и это Йосеф-праведник;
2. НЕХИ самой Нуквы – Биньямин-праведник.

Но хотя Йосеф-праведник и рожден Нуквой, он происходит от НЕХИ Зеир Анпина, которые соединились с Нуквой, а не от НЕХИ Нуквы, завершающей Ацилут, и поэтому он еще находится в мире Ацилут. И теперь вопрос касается только Биньямина, который происходит от НЕХИ самой Нуквы, завершающей Ацилут.

И говорится: «Поэтому Биньямин называется Бен-Они (сын страдания моего), ведь она думала, что родила его ниже мира Ацилут, в мире разделения» – поскольку он происходит от Нуквы, завершающей Ацилут, мать «нарекла ему имя Бен-Они»[249], так как думала, что он находится в мире разделения.

Однако дальше сказано: «"Но отец назвал его Биньямин"[249], потому что он поднялся наверх, в верхний мир» – ибо после рождения от НЕХИ нуквы он поднялся и получил подслащение наверху в высшем мире, в Бине, т.е. он поднялся и включился в НЕХИ высшего и стал свойством НЕХИ высшего, Зеир Анпина, как и Йосеф. И потому сказано: «Ведь когда Йосеф пропал, Биньямин занял его место» – т.е. он стал Есодом Зеир Анпина, подобно Йосефу.

Объяснение. Из-за продажи Йосефа, пропал высший праведник. Иначе говоря, исчезли мохин де-гадлут, которые передаются высшим праведником, Йосефом. И тогда Зеир Анпин передает Нукве только мохин де-хасадим, т.е. ВАК, для оживления миров, и они передаются через Биньямина. И это означает, что «когда пропал Йосеф, Биньямин занял его место», и поэтому отец назвал его Бен-Ямин (сын правой), что означает – хасадим, идущие от правой линии. И это ответ на вопрос: ведь и Биньямин снова соединился с НЕХИ высшего, Зеир Анпина, и потому он тоже находится в Ацилуте, а не в разделении.

И поэтому «Праведник в нижнем мире, т.е. в Нукве, в него входит и из него выходит»[253]. Поэтому Йосеф и Биньямин и все

---

[253] См. выше, п. 165.

двенадцать колен, подобно высшим двенадцати, находятся в полном единстве. Где шесть сыновей Леи – это ХАГАТ НЕХИ, а четыре сына наложниц – четыре связи, т.е. средняя связь, исходящая от точки шурук, в каждой из сфирот Хесед, Гвура, Нецах, Ход. А два сына Рахели – это два праведника, которые передают мохин де-гадлут во время зивуга Исраэля и Рахели.

ГЛАВА ВАЕЦЕ

На этот раз возблагодарю – и нарекла ему имя Йегуда

167) «На этот раз возблагодарю Творца! Потому нарекла ему имя Йегуда»[254]. Это как сказано: «Возблагодарю Творца всем сердцем в совете праведных и в обществе!»[255] Давид стремился возблагодарить Творца в высшем свойстве святого имени АВАЯ. «Возблагодарю Творца всем сердцем (досл. всеми сердцами)» означает – добрым началом и злым началом, т.е. двумя сердцами, двумя желаниями, живущими в сердце, двумя сторонами, правой и левой.

168) «В совете праведных и в обществе»[255] – это остальные стороны в этом мире, в Нукве, потому что «сердцем (досл сердцами)» – это как юг и север, т.е. Хесед и Гвура. «В совете праведных» – это остальные стороны из тех, что есть в мире, т.е. из шести окончаний, подобных высшим, Хесед-Гвура-Тиферет Нецах-Ход-Есод (ХАГАТ НЕХИ). И выходит, что «в совете праведных» – это Тиферет-Нецах-Ход-Есод (ТАНХИ), «и в обществе» – это место Йегуды, т.е. Малхут. И сказано: «И Учение Мое, которому Я научу их»[256] – имеется в виду устная Тора, т.е. Малхут.

169) И сказано: «А Йегуда еще держался (рад רד) Всемогущего (Эль)»[257]. Это означает, что Йегуда, т.е. Малхут, соединенная с АВАЯ, опустился (ярад ירד) от имени АВАЯ, включающего шесть сторон, к имени Эль, которым называется Малхут. Как сказано: «И гневается Всемогущий (Эль) каждый день»[258]. И

---

[254] Тора, Берешит, 29:35. «И зачала еще и родила сына, и сказала: "На этот раз возблагодарю Творца!" Потому нарекла ему имя Йегуда. И перестала рожать».

[255] Писания, Псалмы, 111:1. «Алелуйа. Возблагодарю Творца всем сердцем в совете праведных и обществе!»

[256] Писания, Псалмы, 132:11-12. «Поклялся Творец Давиду, дал клятву истинную, не отступит от нее: "Потомки твои будут сидеть на престоле твоем – если соблюдать будут потомки твои союз со Мной и Учение Мое, которому Я научу их, то во веки веков их сыновья сидеть будут на престоле твоем"».

[257] Пророки, Ошеа, 12:1. «Эфраим окружил Меня ложью, а дом Исраэля – обманом; но Йегуда еще держался Всемогущего и верен был Всесвятому».

[258] Писания, Псалмы, 7:12. «Всесильный – судья справедливый, и гневается Всемогущий (на нечестивых) каждый день».

сказано: «Возблагодарю Тебя всем сердцем своим, пред Всесильным (Элоким) воспою Тебе»[259]. «Пред Всесильным (Элоким) воспою Тебе» – имени Элоким, а не имени АВАЯ, ибо произносил он песнопения Малхут, называемой Элоким, чтобы соединить ее с правой стороной, с хасадим. И поэтому сказано здесь: «Возблагодарю Тебя всем сердцем своим (либи ליבי)», а не «всеми сердцами своими (леваби לבבי)», поскольку лишь в одном месте произнес он песнопения – когда Малхут в левой стороне и не соединена с именем АВАЯ.

170) «Имя Йегуда связано со всеми сторонами: связано с югом, и связано с востоком». Ведь в Йегуде заключено имя АВАЯ, и оно означает «благодарение». Как сказано: «Возблагодарю Творца (АВАЯ) всем сердцем (досл. сердцами לבב)»[255]. Ведь имя АВАЯ включает все стороны. Ибо Йегуда происходит от левой стороны, ведь Йегуда – это Нуква, которая создается от левой стороны.[260] И получается, что он берет начало свое в северной стороне и связывается с южной, поскольку движется к правой стороне, Хесед, и связан со свойством гуф, т.е. с Тиферет. Таким образом он связан со всеми сторонами. Поэтому сказано: «На этот раз возблагодарю Творца (АВАЯ)!»[254] – и это указывает, что он включает в себя все стороны. И дальше сказано: «И перестала рожать»[254] – поскольку укрепилась, т.е. установилась как подобает. Ибо теперь, когда она родила четырех сыновей, – Реувена, Шимона, Леви и Йегуду, т.е. ХАГАТ и Малхут, – исправилось всё строение (меркава) святости: Хесед, Гвура, Тиферет, Малхут.

172) «И Творец сказал Авраму после того, как отделился от него Лот: "Подними же глаза твои и посмотри"»[261]. Разве в меру того, сколько видели его глаза, Авраам унаследовал эту землю? Ведь насколько видит человек – на три, четыре, пять парсаот[262]? А Писание говорит: «Ибо всю землю, которую ты видишь, тебе дам ее и твоему потомству навеки»[261].

---

[259] Писания, Псалмы, 138:1. «(Псалом) Давида. Возблагодарю Тебя всем сердцем своим, пред Всесильным воспою Тебе».

[260] См. Зоар, главу Берешит, часть 1, п. 41.

[261] Тора, Берешит, 13:14-15. «И Творец сказал Авраму после того, как отделился Лот от него: "Подними же глаза твои и посмотри с места, на котором ты находишься, на север и на юг, на восток и на запад. Ибо всю землю, которую ты видишь, тебе дам ее и твоему потомству навеки"».

[262] Парса – древняя мера длины, примерно 4.5 км. Мн.ч.: парсаот.

173) Но дело в том, что поскольку он видел четыре стороны света, «на север, и на юг, на восток и на запад»[261], он видел всю землю, потому что четыре стороны света и являются всем миром. Ведь Творец поднял его над всей землей Исраэля, Нуквой, и показал ему, что она связана со сторонами света – т.е. ХУБ ТУМ Зеир Анпина, называемыми строением (меркава). И тогда он увидел всё. И так же тот, кто видит рабби Шимона, видит весь мир, потому что он тоже включает весь мир – ту радость, что наверху, и ту радость, что внизу.

174) «Землю, на которой ты лежишь, тебе отдам ее и потомству твоему»[263]. Неужели только лишь это место обещал ему Творец – ведь оно было не более четырех-пяти локтей? Но дело в том, что в этот момент Творец сложил под ним всю землю Исраэля. И получается тогда, что это место включало в себя всю землю. И если это место стало всей землей, то тем более рабби Шимон, светоч всей земли, сопоставим со всем миром.

175) «На этот раз возблагодарю Творца!»[254] Йегуда – четвертый сын престола, т.е. Малхут, четвертая опора,[264] и он стал завершением престола. И поэтому один лишь Йегуда – это исправление престола. И это столп, на который опираются все столпы, поскольку он стал завершением престола. И тем более рабби Шимон, который освещает весь мир Торой, и множество светочей светит благодаря нему, является столпом всех столпов.

---

[263] Тора, Берешит, 28:13. «И вот Творец стоит над ним и говорит: "Я Творец, Всесильный Авраама, отца твоего, и Всесильный Ицхака. Землю, на которой ты лежишь, – тебе отдам ее и потомству твоему"».
[264] См Зоар, главу Берешит, часть 1, п. 117.

ГЛАВА ВАЕЦЕ

Мысли его были о Рахели

176) Сыновья Высшего, высшие праведники! Благословенные мира, удостоившиеся сердцевины ореха, соберитесь, чтобы узнать от том, что птица спускается каждый день, пробуждается в саду, огненное пламя в крыльях ее. В руке ее три лопатки, т.е. совки, острые как меч, ключи от сокровищ в ее правой руке.

Объяснение. Зоар призывает только людей, удостоившихся тех ступеней, которые перечислены, и это Хохма и Бина, Тиферет и Малхут (ХУБ ТУМ): «сыновья высшего» – это Бина, «высшие святые» – Хохма, «благословенные мира» – Тиферет, «сердцевина ореха» – Малхут. И говорит им: «"Соберитесь, чтобы узнать" и постичь призыв птицы, который она произносит каждый день в Эденском саду» – ибо они достойны понять эти вещи, а не другие, пока еще не удостоившиеся этих ступеней.

«Птица» – это Нуква Зеир Анпина. «Сад» – это Эденский сад, место Нуквы, которая достигла свойства Имы, а ее собственное свойство неразличимо вовсе.[265] И поэтому сказано здесь, что «птица спускается каждый день» – т.е. птица, Нуква, спускается из места Имы, после того как обрела свое собственное свойство, «пробуждается в саду» – и она пробуждается каждый день в Эденском саду, чтобы призывать оттуда, потому что там она полностью подобна Име. И ее уподобление по свойствам Име происходит в трех видах:

1. Катнут, свойство ВАК, называемое «крылья», т.е. она должна быть подобной «крыльям» Имы.
2. Свечение Хохмы, которая пока еще закрыта, и место ее – в левой руке, и это ГАР де-ВАК.
3. Хасадим, облачающие Хохму и раскрывающие ее для свечения во всем совершенстве, и называемые поэтому «ключи от сокровищ», ведь без них все сокровища Хохмы остаются закрытыми.

Нуква опустилась в Эденский сад из Имы и получила от нее «огненное пламя в крыльях ее», т.е. она опустила вместе с собой из Имы суды, называемые огненным пламенем, и место их называется «крылья», то есть она достигла свойства катнут от Имы. И вместе с собой она также опустила «в руке ее

---
[265] См. Зоар, главу Берешит, часть 2, п. 6.

три лопатки, острые как меч» – в левой руке ее она опустила свечение Хохмы, и хотя она всё еще закрыта, тем не менее она изгоняет все клипот, которые являются грязью и скверной, перекрывающими каналы изобилия от свечения нижним. И поэтому она называется лопаткой, острой как меч, которая вычищает всю грязь настолько, что становится невидным место ее. И поскольку произошло взаимное включение в двенадцати свойствах, т.е. имеется три части в каждом из свойств Хесед и Гвура, Нецах и Ход, называемых «руки» и «ноги», поэтому и здесь упоминаются три лопатки в левой руке ее, соответствующие трем частям руки. И это второе свойство, которое она получила от Имы.

«Ключи от сокровищ в ее правой руке» – это третье свойство, которое она опустила вместе с собой в Эденский сад от Имы, свет хасадим, место которых в правой руке, и они облачают Хохму и называются «ключи от сокровищ», поскольку открывают сокровища Хохмы. А без них все сокровища Хохмы остаются закрытыми, как на замке и на засове.

177) Громко призывает она, обращаясь к праведникам в Эденском саду: «Тот из вас, чей лик светел, тот, кто удостоился мудрости, как сказано: "Мудрость человека просветляет лик его"[266], тот, кто вошел и вышел и укрепился в Древе жизни…» То есть, он удостоился трех линий: «вошел» – в свойство правой линии, «вышел» – в свойство левой линии, «и укрепился в Древе жизни» – в свойстве средней линии. «Дошел до его ветвей» – сфирот ХАГАТ НЕХИ, включенных в Зеир Анпин, который называется Древом жизни, а они – ветвями его. «И соединился с его корнем» – т.е. с ГАР Зеир Анпина, «вкушает от плодов его, которые слаще меда» – это свечение Хохмы в Нукве Зеир Анпина, которая является его плодом, и он сладок, как сказано: «Как сладок этот свет очам моим», а эйнаим (глаза) относятся к свойству Хохмы. «Несущих жизнь душе и исцеление ему самому» – т.е. его телу (гуф).

178) И она взывает, говоря: «Кто удостоился всего этого?! Тот, кто бережет себя от дурных мыслей, мыслей, несущих ложь Древу жизни, мыслей, оскверняющих реку и ручей, исток Исраэля, мыслей, несущих смерть душе и разбиение ему самому, лишая его всей жизни».

---

[266] Писания, Коэлет, 8:1.

Пояснение сказанного. Нуква со стороны ее собственного свойства не способна получать никакие мохин, поскольку на нее действует первое сокращение.[267] И все мохин, которые она получает, она получает благодаря своему подъему и включению в келим Имы, поэтому точка ее собственного свойства должна быть совершенно скрыта в ней. И если она раскрывается, все света тотчас уходят из нее, так как раскрывается, что она относится не к свойству Имы, а к свойству Малхут, на которое действует сокращение, и она не способна получать света Имы.

И потому, это Древо познания добра и зла, о котором сказано: «Если удостоился человек – стало добром, а если не удостоился – то злом»[268]. Иными словами, если человек заботится о том, чтобы прилепиться к средней линии, которая согласовывает линии так, чтобы правая линия светила сверху вниз, а левая – снизу вверх, и также сам человек не притягивает свечение Хохмы левой линии сверху вниз, то считается, что он удостоился, и оно стало добром, т.е. точка собственного свойства Нуквы скрыта и неизвестна.

Однако если он притягивает свечение левой линии сверху вниз, и наносит ущерб средней линии, считается, что он «не удостоился и оно становится злом». И тотчас раскрывается над ним точка собственного свойства Нуквы, и света жизни тут же улетучиваются и покидают его.

И для того чтобы «не удостоиться» не требуется само действие, чтобы совершить притяжение сверху вниз, а всего лишь согрешить в мысли, и хотя он еще не согрешил на деле, уже считается, что он «не удостоился» и оно стало злом, и света святости уходят от него, а дух глупости, являющийся смертью и злом, облачается в него, чтобы он согрешил на деле, как сказано: «Не совершит человек прегрешения, если не вселится в него дух глупости».[269]

---

[267] См. Зоар, главу Берешит, часть 1, п. 3, со слов: «В свойстве суда, т.е. в свойстве Малхут мира АК, прежде чем она подсластилась в Бине...»

[268] См. «Предисловие книги Зоар», п. 123, «Так как Малхут – это Древо познания добра и зла,».

[269] См. выше, п. 27, со слов: «И это означает сказанное: "Глупец идет за ней"...»

И это смысл сказанного: «Тот, кто бережет себя от дурных мыслей» – т.е. удостаивается высших светов лишь тот, кто уберегся от дурной мысли, мысли согрешить и притянуть свечение левой линии сверху вниз. «Мыслей, несущих ложь Древу жизни» – потому что Древо жизни это средняя линия, окончательно определяющая, что только правая линия будет светить сверху вниз, а левая линия – только снизу вверх. И поскольку человек думал, как притянуть сверху вниз, выходит, что он лжет и вредит исправлению Древа жизни. «Мыслей, оскверняющих реку и ручей, исток Исраэля» – и мало того, он еще и оскверняет реку, свойство Имы, и ручей, Есод Имы, которая является источником Зеир Анпина, называемого Исраэль.

Объяснение. После того как света уходят из Нуквы из-за того, что в ней раскрылась сила сокращения, этот ущерб касается также и Имы, так как Нуква уже включилась в Иму. И считается, словно она осквернилась от соприкосновения с другими, поскольку относительно ее собственного свойства нет в ней никакого ущерба вследствие первого сокращения, но из-за того, что соединилась с Нуквой, она получает ущерб через нее. И Има называется рекой, о которой сказано: «И река выходит из Эдена»[270]. А со стороны ее Есода она называется ручьем, о котором сказано: «Из ручья в пути будет пить»[271] Зеир Анпин, «поэтому поднимет голову (рош)»[271] – т.е. Зеир Анпин постигает ГАР и рош от ручья, Есода Имы.

И поэтому сказано: «Мыслей, несущих смерть душе и разбиение ему самому» – ведь после того как света уходят из Нуквы, уходит также и свет человека, называемый «душа» (нефеш), и его кли, называемое «гуф» (тело), разбивается, «лишая его всей жизни» – ему не от кого получать света жизни, поэтому оно разбивается и умирает.

179) «Мысли, которые осквернили источник его» – т.е. Древа жизни, Зеир Анпина, из-за того, что он поднял ущерб Нуквы в Иму, «создают Древо лжи» – потому что ущерб и разрушение светов источника Древа жизни постепенно образуют Древо лжи ситры ахра, как сказано: «Цор отстраивается не иначе, как на

---

[270] Тора, Берешит, 2:10. «И река выходит из Эдена, чтобы орошать сад, и оттуда разделяется и образует четыре русла».
[271] Писания, Псалмы, 110:7. «Из ручья в пути будет пить, поэтому поднимет голову».

разрушении Йерушалаима»²⁷². «Ибо эти мысли поднимаются и подменяют одну душу другой» – душу, исходящую от светов святости, подменяют душой от светов ситры ахры, так как из-за этих мыслей «Древо жизни уходит, а Древо смерти соединяется с человеком – ведь от него он притягивает душу».

Объяснение. Как только он начинает думать о грехе, от него уходят света святости, т.е. Древо жизни, о котором сказано: «А если не удостоился, то становится злом». И облачаются в него света ситры ахра, и она – Древо смерти. И выходит, что обязательно душа его теперь исходит от Древа смерти, и дается ему душа ситры ахра вместо святой души, которая была у него.

180) «Горе ему, ведь из-за этих мыслей он стал оторван от Древа жизни и соединился с Древом смерти, у которого нет ветвей» – т.е. свет его прекратился и не распространяется, и соединившийся с ним «не увидит добра вовеки». «Сухо оно, нет в нем никакой влаги» – света, «плоды его горьки, как полынь. И о нем сказано: "Будет он как можжевельник посреди степи, и не увидит наступления благоденствия"²⁷³».

181) Добрые мысли, которые поднимаются наверх, связаны с Древом жизни, т.е. со средней линией, и держатся за его ветви и питаются от его плодов. Вся святость и все благословения исходят от него. Оно даруют жизнь душе человека и исцеление ему самому. О нем сказано: «И будет он, как дерево, посаженное при потоках вод»²⁷⁴.

---

[272] Тора, Берешит, 25:23. «И сказал ей Творец: «Два племени в чреве твоем, и два народа из утробы твоей расходятся; а народ от народа крепнуть будет, и старшему служить младшему». Комментарий Раши: «Не будут они равно великими одновременно: когда один возвысится, другой падет. Об этом сказано так: "Я наполнюсь, ибо опустошен он" (Пророки, Йехезкель, 26:2) – Цор наполняется не иначе, как от разорения Йерушалаима».
Тора, Шмот, 36:14. «И сделал полотнища из козьей шерсти для покрытия Скинии: одиннадцать полотнищ сделал таких».
[273] Пророки, Йермияу, 17:6. «И будет он как можжевельник посреди степи, и не увидит наступления благоденствия, и будет жить в сожженной (зноем) пустыне, среди необитаемых солончаков».
[274] Писания, Псалмы, 1:3. «И будет он, как дерево, посаженное при потоках вод, которое плод свой дает во время свое и чей лист не вянет; и во всем, что ни сделает он, преуспеет».

182) Все вещи в мире следуют за мыслями и размышлением. И об этом сказано: «Освятите себя, и будете святы»[275]. Ведь всю святость в мире он вызывает и притягивает своими добрыми мыслями.[276]

183) Тот, кто осквернил себя дурными мыслями, и собирается соединиться со своей женой, но его желание и мысли с другой женщиной, и если он излил семя с этими мыслями, то этим подменил высшие ступени наверху, т.е. ступень святости он подменил ступенью скверны. Так же как мысли его производят подмену внизу, когда он подменяет свою жену другой, так же он производит и подмену наверху. И так же как тело сына, которого он породил, называется подменой, так же и относительно души его это называется подменой, поскольку этими мыслями он не притягивал святость, и душа его сменилась другой ступенью, т.е. ситры ахра.

Пояснение сказанного. Мы уже выяснили, какой большой вред наносит тот, кто соединен со святостью, Древом жизни, а думает как притянуть левую линию сверху вниз, ведь вместе с его дурными мыслями света жизни и всё благо тут же уходят от него, и святая душа подменяется у него нечистой душой, как сказано: «А если не удостоился, то становится злом». И это сравнивается с тем, кто соединяется со своей женой и думает о другой, ибо совершающие зивуг в святости являются строением для высших Зеир Анпина и Нуквы, но думая о другой, он тем самым пробуждает Нукву ситры ахра, жену-блудницу, противостоящую Нукве Зеир Анпина, и приводит к тому, что свечение левой линии от Нуквы притягивается сверху вниз в клипот. И тогда она считается Древом познания добра и зла, о котором сказано: «А если не удостоился, то становится злом», потому что раскрывается над ней точка первого сокращения, и уходят все света святости, а вместо них приходят света ситры ахра. И получается, что совершающие зивуг становятся тогда строением для ЗОН клипот. И поэтому сын, родившийся от этого зивуга, происходит от ситры ахра и становится подменой. Иначе говоря, в нем находится дурная душа от ситры ахра, от сил первого сокращения, и он более не способен получать свет жизни святости.

---

[275] Тора, Ваикра, 11:44. «Ибо Я Творец Всесильный ваш, освятите себя, и будете святы, ибо свят Я, и не оскверняйте ваших душ всяким существом, копошащимся на земле».

[276] См. выше, пп. 177-178.

И это означает сказанное: «И если он излил семя с этими мыслями, то этим подменил высшие ступени наверху, т.е. ступень святости он подменил ступенью скверны», и об этом сказано: «А если не удостоился, то становится злом» – т.е. раскрылась над ней точка первого сокращения, и света жизни подменились светами Древа смерти.

«Так же как мысли его производят подмену внизу, когда он подменяет свою жену другой, так же он производит и подмену наверху» – так же как зло раскрылось внизу, в Нукве, вместо добра, которое было у него, так же произошла подмена наверху, в Име, т.е. изъян поднялся так же и в ЗАТ де-Има, ведь из-за того, что они были соединены друг с другом во время исправления, причиняется также и вред друг от друга во время нанесения вреда.[277]

184) И поэтому «так же как тело сына, которого он породил, называется подменой, так же и относительно его души это называется подменой, поскольку этими мыслями он не притягивал святость, и душа его сменилась другой ступенью, т.е. ситры ахра». Тело происходит от Нуквы, а душа происходит от светов Имы. И поскольку Име тоже был нанесен вред, получается, что не только телу был причинен вред, но и душе от Имы тоже был причинен вред, и считается подменой, т.е. она изменилась и стала нечистой душой.

185) Яаков совершенен, и раскрыто перед Творцом, что все пути Яакова были в истине, и мысли его были истинны всегда, о чем бы он не думал. В ту ночь, когда он соединился с женой своей, Леей, мысли его были о Рахели. Он соединялся с Леей, а думал о Рахели, и его источник следовал за его мыслями.

Пояснение сказанного. После того, как были выяснены два предисловия относительно большого ущерба, приносимого тем, кто помышляет о блудной женщине, подменяя высшие ступени святости ступенями нечистых сил, о чем сказано: «А если не удостоился, то стало злом», мы пришли к желаемой цели – выяснить в чем заключается внутренний смысл того, что во время соединения с Леей, Яаков думал о Рахели.

---

[277] См. выше, п. 178, со слов: «И это означает сказанное: "Тот, кто бережет себя от дурных мыслей"...»

И мы уже знаем, что Лея – это Бина, а Рахель – Малхут, т.е. Нуква, расположенная от хазе Зеир Анпина и ниже. И мы также знаем, что Нуква в отношении своего собственного свойства не может получать свет, поскольку находится в состоянии первого сокращения, но сначала она притягивает келим Имы, становясь Малхут, подслащенной свойством милосердия, и тогда она способна принимать света.[278] И выходит, что в свое свойство Рахель не способна принять никакой свет, но только после того, как получит келим от Леи, т.е. от Имы.

И поэтому говорится[279], что в час, «когда Яаков отработал первые семь лет» – и хотел притянуть семь светов ХАГАТ НЕХИМ для Рахели, раздался голос и сказал: «Яаков, написано: "От мира и до мира"» – т.е. сначала нужно притянуть исправленные келим от высшего мира, Бины, Леи, в нижний мир, Нукву, Рахель. И это также смысл сказанного: «Не делается так в нашем месте, чтобы младшую выдавать перед старшей»[280].

И получается, что когда он вошел к Лее, а думал о Рахели, т.е. думал притянуть света к Рахели, не зная, что это Лея, в этот момент он собирался притянуть света в еще не подслащенные келим первого сокращения, которые и называются злом, как сказано: «А если не удостоился, то стало злом». Ведь прежде, чем он взял в жены Лею, он не мог притянуть исправленные келим для Рахели. И потому раздался голос и сказал: «Яаков, написано: "От мира и до мира"» – поэтому келим Леи поменялись у него на свойство келим Рахели, т.е. сила сокращения, которая была в Рахели, соединилась с келим Леи, и он не мог притянуть в своем зивуге больше, чем ВАК без рош.

186) И он поступил так, не зная, что это Лея. Поэтому Реувен не был бы назван этим именем, ведь у него был только ВАК без рош, а «имя» означает постижение. Однако Творец, который знал, что это Лея, т.е. Бина, и она не должна нести ущерб из-за сокращения Рахели, указал на него, т.е. дал ему рош и ГАР, и сказал: «Смотрите – сын (Рéу – бен), который родился миру». И об этом сказано: «Если человек будет находиться в

---

[278] См. Зоар, главу Берешит, часть 1, п. 3, со слов: «В свойстве суда, т.е. в свойстве Малхут мира АК, прежде чем она подсластилась в Бине...»

[279] См. выше, п. 131.

[280] Тора, Берешит, 29:26. «И сказал Лаван: "Не делается так в нашем месте, чтобы младшую выдавать перед старшей"».

скрытии, разве Я не увижу его? – сказал Творец, – ведь и небо и земля полны Мною»²⁸¹, и вместо «увижу его (эрену אֶרְאֶנּוּ)» надо читать «укажу на него (эрану אַרְאֶנּוּ)». И поскольку открыто Творцу, что это было неизвестно Яакову и истинно думал он в желании своем, Реувен не был исключен из святых колен, т.е. не считался подменой, ведь в противном случае он был бы исключен.

187) И поскольку мысль является главным и она производит действие, Творец, знавший место, с которым была соединена эта мысль во время выделения первой капли семени, сохранил для нее это место, т.е. первородство, как сказано: «Ибо первенец он, но когда осквернил он ложе отца своего, отдано было первенство его …Йосефу»²⁸², – ибо куда ушла и прилепилась мысль во время зачатия, туда же прилепилось и было отдано первородство. И первородство было забрано у Реувена и было отдано тому месту, к которому прилепилась мысль. О Рахели думал он, и к ней прилепилось его желание. Поэтому к Рахели прилепилось первородство, и всё последовало за этой мыслью и размышлением.

188) Мысль и размышление производят действие, и совершается притягивание от всего, к чему человек тайно прилепился. Как сказано: «Не выйдет жена умершего замуж на сторону»²⁸³. И здесь мысли и желание должны прилепиться к душе его умершего брата, и в этом желании и мыслях он совершает притягивание и производит необходимое действие, и имя умершего не исчезнет из мира.

189) И это смысл сказанного: «Если человек обратит сердце свое к Творцу, то дух его и душу (руах и нешама) присоединит Он к Себе»²⁸⁴ – поскольку именно желание и мысли совершают притягивание и производят действие во всём необходимом. И

---

²⁸¹ Пророки, Йермияу, 23:24.
²⁸² Писания, Диврей а-ямим 1, 5:1-2. «И сыновья Реувена, первенца Исраэля, ибо первенец он, но когда осквернил он ложе отца своего, отдано было первенство его сыновьям Йосефа, сына Исраэля, но не причислен (он был) к первенцам, ибо Йегуда превзошел братьев своих, и царь – от него; но первенство – Йосефу».
²⁸³ Тора, Дварим, 25:5. «Если будут жить братья вместе и умрет один из них, а сына нет у него, то не выйдет жена умершего замуж на сторону за чужого. Деверь ее пусть войдет к ней и возьмет ее в жены себе, и вступит с ней в левиратский брак».
²⁸⁴ Писания, Иов, 34:14.

поэтому в молитве нужно направить на это желание и мысль. И так же во всякой работе Творца, мысль и размышление производят действие и совершают притягивание всего необходимого.

ГЛАВА ВАЕЦЕ

И нашел он мандрагоры в поле

190) «И пошел Реувен в дни жатвы пшеницы, и нашел он мандрагоры в поле»[285]. Первым заговорил рабби Ицхак, провозгласив: «Как многочисленны дела Твои, Творец, все их в мудрости Ты сотворил»[286]. Это изречение истолковывается во многих местах. Но кто может исчислить дела Творца – ведь сколько же есть воинств и станов, относящихся к ступеням и ангелам, отличающихся друг от друга, которым нет числа? То есть, сказанное: «Как многочисленны дела Твои, Творец», указывающее на то, что нет им числа, – это мохин де-хасадим. А слова: «Все их в мудрости Ты сотворил» указывают на мохин «числа», и это Хохма. И хотя они отличаются друг от друга, все они вышли одновременно, сразу. Как молот, ударяющий по камню или раскаленному железу, высекает искры, разлетающиеся сразу во все стороны, так и Творец извлекает друг из друга многочисленные виды и различные станы, причем все сразу.

191) «Речью и духом вместе», и это ЗОН, «создан мир». Как сказано: «Словом Творца сотворены небеса, и духом, исходящим из уст Его, – всё воинство их!»[287] «Словом Творца» – это речь, Нуква, которая светит свойством Хохмы. «И духом (руах), исходящим из уст Его» – это руах, Зеир Анпин, который светит свойством хасадим. И одно не действует без другого. И они включились друг в друга, и вышло из них множество воинств к воинствам и станов к станам, отличающихся друг от друга в своем свечении, одни светят Хохмой, а другие – хасадим, причем все одновременно.

192) Когда пожелал Творец сотворить миры, Он создал один скрытый свет, свет Бины, ибо ввел «йуд י» в свет (ор אור) Бины, и образовался воздух (авир אויר),[288] и от этого света исходят и светят все раскрывающиеся света, т.е. вследствие устранения этой «йуд י» из воздуха (авир אויר), который снова становится

---

[285] Тора, Берешит, 30:14. «И пошел Реувен в дни жатвы пшеницы, и нашел он мандрагоры в поле и принес их Лее, матери своей. И сказала Рахель Лее: "Дай же мне от мандрагоров сына твоего!"»
[286] Писания, Псалмы, 104:24. «Как многочисленны дела Твои, Творец! Все их мудростью сотворил Ты, полна земля созданиями Твоими».
[287] Писания, Псалмы, 33:6.
[288] См. Зоар, главу Берешит, часть 1, п. 4, со слов: «И создает...»

светом (ор אור). И от этого света создаются и распространяются и образуются остальные света, и это – высший мир, Бина.

193) Еще распространялся этот высший свет, Бина, а Творец, Создатель, уже создал свет, который не светит, и создал нижний мир – Нукву. И поскольку это свет, который не светит, он должен связаться с тем, что наверху и связаться с тем, что внизу, и с помощью нижней связи он связывается, чтобы светить высшей связью.

Пояснение сказанного. Рабби Ицхак раскрывает смысл того, о чем говорилось раньше, приводя слова изречения: «Как многочисленны дела Твои, Творец»[286], и также: «Словом Творца сотворены небеса»[287]. И хотя говорится об отличающихся друг от друга свечениях, Хохмы и хасадим, тем не менее они вышли одновременно. И причина этого в том, что «когда пожелал Творец сотворить миры, Он создал один скрытый свет»[289] – т.е. Бину, называемую высшим скрытым миром, «и от этого света исходят и светят все раскрывающиеся света» – т.е. раскрывающиеся в свечении Хохмы, «и образуются остальные света» – т.е. свечение хасадим. «И это – высший мир» – потому что и Хохма, и хасадим, берут начало от высшего мира, Бины.

«Еще распространялся этот высший свет, а Создатель уже создал свет, который не светит» – т.е. распространилась Бина в своей левой линии, и это свет, который не светит, являясь свойством Хохмы, без хасадим, «и создал нижний мир» – и создал он тогда нижний мир, Нукву.

Объяснение. Поскольку левая линия не светит без хасадим, она произвела зивуг на экран де-хирик де-ЗОН, которые поднялись туда в МАН, и вывела на него ступень средней линии, соединяющей правую и левую, и Хохма облачилась в хасадим, и восполнилось ее свечение тремя линиями ХАБАД. И поскольку «три выходят благодаря одному, один удостаивается трех»[290] – т.е. и ЗОН достигли свечения трех этих линий. И получается, что из-за левой линии Бины, которая не светит, Бина произвела зивуг на экран де-ЗОН, благодаря чему ЗОН достигли исходящие от нее мохин. Поэтому сказано: «Создатель создал свет, который не светит, и создал нижний мир». – т.е. благодаря

---

[289] См. выше, п. 192.
[290] См. Зоар, главу Берешит, часть 1, п. 363.

тому, что Создатель сотворил в левой линии Бины свет, который не светит, по этой причине Он сделал и установил нижний мир со всеми его мохин.

«И поскольку это свет, который не светит, он должен связаться с тем, что наверху и связаться с тем, что внизу» – из-за того, что левая линия Бины не светит, она должна установить связь трех линий в двух мирах, потому что отдельно в высшем мире она не светит из-за отсутствия хасадим, а отдельно в нижнем мире, в Нукве, не светит, из-за того, что корень его находится в Бине. Поэтому он обязан связаться с Биной, где находится корень его, и обязан связаться с Нуквой, чтобы получить от нее экран де-хирик, на который выходит ступень средней линии, восполняющей левую. И хотя экран де-хирик находится в Зеир Анпине, но любой экран – это свойство Нуквы, так как захар – это свойство света ступени, и потому считается, что экран Зеир Анпина расположен в Нукве.

Поэтому сказано: «И с помощью нижней связи» – т.е. экрана де-хирик, находящегося в нижнем мире, «он связывается, чтобы светить высшей связью» – связывается левая линия, чтобы светить связью Бины наверху, так как благодаря экрану де-хирик, имеющемуся в Нукве, выводящему среднюю линию, связывается левая линия Бины с ее правой линией и светит.

194) «А тот свет, который не светит» – левая линия, в связи трех линий, находящихся наверху, в Бине, «создает все виды воинств и станов, сильно отличающиеся друг от друга» – одни отличаются Хохмой, а другие – хасадим. Как сказано: «Как многочисленны дела Твои, Творец».

Объяснение. «Как многочисленны дела Твои» – означает света хасадим, т.е. мохин, которым нет числа. «Все их в мудрости Ты сотворил» – мохин «числа».[291] И вместе с тем, они вышли сразу, поскольку свечение левой связано одновременно с двумя мирами, и основа ее свечения – в высшем мире, в котором преобладает свечение хасадим, укрытых от Хохмы, которым нет «числа». И поэтому два вида вышеназванных мохин, хотя они и отличаются друг от друга, всё же каждое свечение состоит из обоих, так как выходят они одновременно.

---

[291] См. выше, п. 190.

195) И все, что есть на земле, также есть и наверху, и нет у тебя ничего, даже самого малого в этом мире, в Нукве, не зависящего от другого, высшего, поставленного над ним сверху, т.е. от Бины, поскольку все, что есть в Нукве, она получает только от Бины. И потому нет ничего в Нукве, что не имело бы корня в Бине. Поэтому, если что-то пробудилось внизу, в Нукве, прежде всего пробудился его корень, поставленный над ним свыше, в Бине, потому что всё связано друг с другом воедино.

196) И сказала Рахель Лее: «Дай же мне от мандрагоров сына твоего»[285] – это не означает, что мандрагоры позволили Рахели родить, но Творец устроил так посредством мандрагоров, чтобы родился Исасхар, который придерживался Торы больше, чем остальные колена, потому что Рахель удерживала Яакова, не давая ему уйти к Лее, как сказано: «Мало тебе, что забрала ты мужа моего?!»[292] И сказано: «За это пусть ляжет с тобой в эту ночь за мандрагоры сына твоего»[292].

Пояснение сказанного. После того, как рабби Ицхак подробно объяснил, что «свет, который не светит», т.е. свечение Хохмы левой линии, не может светить иначе, как в обоих мирах, в Бине и Нукве, так как корень его от Бины, но необходим экран де-хирик, находящийся в ЗОН, для того чтобы создать над ним среднюю линию, которая является согласующей, он раскрыл тем самым все, сказанное в этой главе. Ведь об этом сказано: «И пошел Реувен и нашел мандрагоры в поле, и принес их Лее, матери своей»[285], потому что «мандрагоры» – это свечение левой, «свет, который не светит», и называется он «мандрагоры (додаи́м)», так как является корнем любви между близкими людьми (доди́м).[293] И говорит Писание, что сын Леи нашел их и принес матери своей, чтобы показать нам, что корень этого света находится в Лее, Бине, а не в Рахели. А Рахель получает его от Леи. И это то, что она сказала Лее: «Дай же мне от мандрагоров сына твоего»[285] – т.е. желала удостоиться этого света.

А Лея сказала ей: «Мало тебе, что забрала ты мужа моего?»[292] – потому что Зеир Анпин, обладающий экраном де-хирик,

---

[292] Тора, Берешит, 30:15. «Но та сказала ей: "Мало тебе, что забрала ты мужа моего, но еще хочешь забрать и мандрагоры сына моего?!" И сказала Рахель: "За это пусть ляжет с тобой в эту ночь за мандрагоры сына твоего"».

[293] См. Зоар, главу Лех леха, п. 455, со слов: «Внутренний смысл сказанного...»

который своим согласованием восполняет свечение мандрагоров (додаим), постоянно находится с экраном в Рахели, так как она является носителем экрана де-хирик в то время, когда Зеир Анпин находится у нее. И это является претензией Леи к Рахели: «Ты хочешь двух вещей: удерживать экран де-хирик, который нужен мне для образования средней линии, да к тому же и мои мандрагоры (додаим), которые без Яакова, средней линии, не светят даже у меня». И потому ответила ей Рахель: «За это пусть ляжет с тобой в эту ночь»[292]. «В эту» – указывает на экран де-хирик в нем, чтобы от этого зивуга протянулась ступень средней линии, объединяющая две линии в Лее, и тогда мандрагоры (додаим) восполняются в ней, и затем она дает их также и Рахели, в свойстве «трое выходят благодаря одному, один находится в трех».

197) Они привели к тому, что Исасхар вышел в мир для того, чтобы благоухание Торы поднялось к Творцу, как сказано: «Мандрагоры источают ароматы»[294]. Ибо Исасхар придерживался Торы больше всех остальных колен.

Сказано: «И лег с нею ночью он»[295]. Высший мир называется «он», так как он скрыт и не проявлен. И поскольку Тора вышла из высшего мира, который скрыт и недоступен, в зивуге, совершенном благодаря Исасхару, содержится намек на это: «И лег с нею ночью он» – потому что Исасхар является строением (меркава) для Торы.

198) И в любом месте высший мир называется «он», так как он не проявлен. И также сказано: «Леви, он совершать будет служение»[296] – то есть служить высшему миру, называемому «он», чтобы притягивать оттуда благословение для всех миров. И Исасхар удерживался в нем, в высшем мире. И поэтому мы называем Зеир Анпин Древом жизни, потому что он – дерево, исходящее от высшей жизни, наполняющей высший скрытый

---

[294] Писания, Песнь песней, 7:14. «Мандрагоры источают ароматы, у нашего входа всякие яства, новые и старые, возлюбленный, для тебя припасенные».

[295] Тора, Берешит, 30:16. «И пришел Яаков с поля вечером, и вышла Лея навстречу ему и сказала: "Ко мне войди, ибо внаем наняла я тебя, за мандрагоры сына моего!" И лег с нею ночью он».

[296] Тора, Бемидбар, 18:23. «Леви, он совершать будет служение при шатре собрания, и они понесут их вину. Закон вечный для поколений ваших, и среди сынов Исраэля не получат они удела».

мир, называемый «он», а не «ты», так как слово «ты» указывает на явное, а «он» – на скрытое.

199) Разве не эти мандрагоры отверзли утробу Рахели? Нет. Ведь сказано: «И услышал ее Всесильный, и отверз утробу ее»[297] – то есть отверз ее утробу Творец, и ничто иное. И хотя есть в этих мандрагорах сила воздействовать на высшее, всё же не дана им сила приносить сыновей, так как сыновья зависят от «мазаль (удачи)», Дикны Арих Анпина, и ни от чего иного.[298]

200) Но разве мандрагоры созданы зря, и ни на что не воздействуют? Нет, это не так. Есть у них особое действие, и даже с сыновьями они помогают тем, кто не может забеременеть, хотя и не бесплодны. Но родить с их помощью можно только при содействии «мазаль (удачи)». Иначе говоря, если им уже суждено родить с помощью «мазаль», но всё же не могут по какой-либо причине, тогда могут помочь мандрагоры.

201) «Чаша благословения» – т.е. Нуква, когда в ней есть свечение Хохмы, и она светит в свойстве «вино, радующее Творца и людей», «благословляется лишь в правой стороне» – хасадим, так как Хохма без хасадим является тьмой. «И поэтому, пока не пробудится правая, чтобы наполнить чашу благословения» – Нукву, «левая не может поддерживать там, так как правая нашла причину в чаше, чтобы ради нее пробудиться к высшему миру» – и это хасадим, укрытые от Хохмы.

Объяснение. Нуква, когда она находится в свойстве левой линии, т.е. Хохмы без хасадим, называется чашей, и тогда она не светит и нуждается в благословении – т.е. в притяжении хасадим из правой линии, которое называется «благословение». И сказано: «И поэтому, пока не пробудится правая, чтобы наполнить чашу благословения, левая не может поддерживать там» – т.е. в то время, когда правая дает ей хасадим, прекращается полностью свечение левой, Хохмы. «Так как правая нашла причину в чаше, чтобы ради нее пробудиться к высшему миру». «Так как правая нашла причину в чаше» – т.е. отчего та померкла и не светит, и по этой причине оставила свечение Хохмы, исходящее от левой, и пробудилась к притяжению

---

[297] Тора, Берешит, 30:22. «И вспомнил Всесильный о Рахели, и услышал ее Всесильный, и отверз утробу ее».
[298] См. Зоар, Берешит, часть 2, п. 110.

хасадим от высшего мира, Леи, которая находится в хасадим, укрытых от Хохмы. И если будет при этом хоть какая-то поддержка от левой, правая не сможет слиться с высшим миром, укрытым от Хохмы, и притягивать оттуда хасадим, так как слияние означает совпадение по свойствам.

202) «"И пошел Реувен"[285] – это южная сторона» – т.е. правая линия, хасадим, «и поэтому его знамя находится на юге – источнике и начале двенадцати границ». Так как двенадцать границ – это четыре стороны Хесед-Гвура-Тиферет-Малхут, в каждой из которых три линии,[299] а Хесед – это начало двенадцати границ и стремление южной стороны отыскать причину и дары для Нуквы, чтобы благословить ее.

203) «"И нашел мандрагоры в поле"[285] – пошел искать во всех богатствах его» – т.е. Нуквы, «и нашел в этом поле» – Нукве, «мандрагоры. И о них сказано: "Мандрагоры источают аромат"[294]. И это два херувима – его исправление» – Нуквы, «для того чтобы подняться в пробуждении наверх» – к Бине, «так как во всех исправлениях этого поля нет иного исправления подъема в пробуждении наверх, к Бине, кроме херувимов».

Объяснение. «Мандрагоры» – это свечение Хохмы левой линии.[300] И всё то время, пока ей недостает хасадим, она не светит, и считается, будто ее нет. И поэтому сказано, что он «пошел искать во всех богатствах его, и нашел в этом поле мандрагоры» – Реувен, свет Хесед, пошел, чтобы отыскать и обнаружить мандрагоры в поле, которые невозможно найти без него, т.е. благодаря тому, что он облачает их в свет Хесед, они обнаруживаются и светят. И поэтому считается, что он нашел их – то есть обнаружил их.

Поэтому сказано: «И это два херувима» – потому что херувимы появляются вследствие свечения левой (линии), исправления Нуквы для подъема в пробуждении наверх, к Бине, так как все исправления и мохин Нуква получает от Зеир Анпина, а не от Бины. Только эти мохин свечения левой, т.е. мандрагоры, она получает от самой Бины, наравне с Зеир Анпином, и тогда она находится в состоянии «два больших светила».[301]

---

[299] См. выше, п. 145, со слов: «Пояснение сказанного. Число двенадцать...»
[300] См. Зоар, главу Берешит, часть 2, п. 124.
[301] См. Зоар, главу Берешит, часть 1, п. 110.

И поэтому сказано, что во всех исправлениях этого поля нет иного исправления подъема в пробуждении наверх, к Бине, кроме херувимов».

204) «Когда пробуждается к ней южная сторона» – Хесед, «чтобы отыскать причину для ее благословения?» – привлечения к ней хасадим. «"В дни жатвы пшеницы"[285] – в то время, когда делит добычу воинствам ее» – т.е. ангелам, как сказано: «Встает она еще ночью, раздает пищу в доме своем»[302], «и всем жнецам поля» – тем душам, которые удостаиваются получить плоды Нуквы, называемой полем. «Сразу же: "И принес их Лее, матери своей"[285] – вознес их аромат и пробуждение к высшему миру, который укрыт» – к Лее, «для того, чтобы передать благословение нижнему миру» – Рахели.

205) «А когда благословлены мандрагоры» – т.е. облачились в хасадим, «берут их и передают во все миры, как сказано: "Мандрагоры источают аромат"[294]. Когда они источают аромат» – т.е. когда светят в свойстве Хохмы снизу вверх, «это благоухание получает южная сторона» – Хесед, «чтобы пробудить ее к высшему миру» – чтобы она светила снизу вверх, «сразу: "У входов наших всякие яства"» – и мир не лишается всех благ.

206) «Нижний мир пробуждается к высшему миру» – чтобы получить от него мохин, «только когда мандрагоры передают благоухание правой. Когда они передают благоухание правой, правая пробуждается к высшему миру – сразу же пробуждается нижний мир, чтобы просить о том, в чем нуждается. И говорится об этом: «И сказала Рахель Лее: "Дай же мне от мандрагоров сына твоего"[285] – дай мне благословения от этого пробуждения мандрагоров, которые пробудились, чтобы включиться в правую сторону» – облачиться в хасадим, содержащиеся в правой.

207) «Тогда высший мир отвечает ей с радостью и удовольствием, говоря: "Мало тебе, что забрала ты мужа моего"[292] – как мать, которая с радостью обращается к дочери, а не с возмущением. Отсюда мы видим, что муж высшего мира, Бины, – это Яаков» – ведь о Яакове она сказала: «Мало тебе, что забрала ты мужа моего». Но разве не Хохма является мужем Бины?

---

[302] Писания, Притчи, 31:15. «Встает она еще ночью, раздает пищу в доме своем и урок служанкам своим».

«Однако, это не так. Желание отца (аба)» – Хохмы, «всегда направлено к этой дочери» – Нукве Зеир Анпина, «потому что любовь его к ней незыблема, ведь она – единственная дочь среди шести сыновей» – ХАГАТ НЕХИ, «и всем шести сыновьям он дал удел и наслаждения, и подарки».

У них есть два вида наслаждения, основной и дополнительный:
1. Основной – это мохин де-ВАК, у них не будет недостатка, и они называются уделом;
2. Дополнительный – это мохин де-ГАР, в которых они время от времени испытывают недостаток, и они называются наслаждениями и подарками.

«А ей он ничего не дал, и нет у нее никакого наследства» – потому что у Нуквы нет ничего своего, но только то, что дает ей Зеир Анпин, муж ее, – т.е. ХАГАТ НЕХИ, называемые шестью сыновьями. «И поэтому он смотрит на нее с благоволением и с любовью большей, чем на всех остальных».

208) «В любви своей он назвал ее дочерью. Но этого ему было мало, и тогда он назвал ее сестрой. И этого ему было мало, и назвал ее матерью, в честь матери своей. Но и этого ему было мало, и назвал ее именем своим. И это о ней сказано: "А мудрость (хохма) где найдешь ты?"[303] – мудростью он называл ее, разумеется». Объяснение. Он передал ей свойства от четырех букв АВАЯ (הויה): вначале от нижней «хэй ה», называемой «дочь»; затем от «вав ו» де-АВАЯ, называемой «брат», и Нуква по отношению к нему называется «сестра»; затем от первой «хэй ה» де-АВАЯ, называемой «мать (има)»; затем от «йуд י» де-АВАЯ, называемой «мудрость (хохма)».

«И потому сказала ей, т.е. высший мир» – Бина, Има: «"Мало тебе, что забрала ты мужа моего"[292]» – Хохму, Абу, «ведь вся его любовь нисходит к тебе». Поэтому с радостью и любовью сказала это мать дочери.

209) Но если она сказала без возмущения: «Мало тебе, что забрала ты мужа моего»[292], почему ответила Рахель: «За это пусть ляжет он с тобой этой ночью»[292]? Дело в том, что слова «за это» везде употребляются при произнесении клятвы.

---
[303] Писания, Иов, 28:12. «А мудрость где найдешь ты, и где место разума?»

Объяснение. «За это» она сказала не в ответ на слова: «Мало тебе, что забрала ты мужа моего», но это означает – клятва и твердое решение, ибо тем самым сказала ей: «Если дашь мне мандрагоры, он, несомненно, будет обязан лечь с тобой этой ночью».

Что означает «ляжет»? «Лечь» означает везде – исправление нуквы у захара, чтобы он ввел в нее образ всех букв. И это означает «Ляжет (ишкав ישכב)» – «еш каф-бэт יש כב (досл. есть двадцать две)». «Еш ש"י» – это высший мир, Бина, которая снова стала Хохмой, «каф-бэт כב» – Тора, Зеир Анпин, скрытая точка, в которой пробуждается двадцать две (каф-бэт) буквы, точка хирик, на которую выходит средняя линия, создающая три линии в Бине, и поэтому он тоже получает три линии, представляющие собой двадцать две буквы.[304]

И это означает «ляжет (ишкав יש-כב)». «Еш ש"י» – это будущий мир, как сказано: «Дать в наследие любящим Меня сущее (еш ש)»[305]. «Кав-бэт כב» – высшая точка, хирик, которая приносит все двадцать две (каф-бэт) буквы, т.е. всю Тору, все келим Зеир Анпина, называемые Торой.

210) Почему сказано просто «ляжет с тобой», а не «ляжет с тобой Яаков»? Но дело в том, что просто «ляжет с тобой» указывает на того скрытого, т.е. высшего Абу, которому надлежит соединиться «с тобой». Объяснение. Яаков не является захаром Бины, а поднимается в МАН к Бине и высшей Хохме, называемой Аба, и он (Аба) является захаром Бины, он совершает зивуг с ней. А Лея здесь – это намек на саму высшую Бину.

211) «И пришел Яаков с поля вечером»[306]. Яаков, Тиферет, Зеир Анпин, приходит с поля, которое принимает все благословения, как сказано: «Которое благословил Творец»[307] – Нуква Зеир Анпина. Почему «вечером»? Как сказано: «И вышел

---

[304] См. Зоар, главу Берешит, часть 1, п. 34.
[305] Писания, Притчи, 8:21. «Дать в наследие любящим Меня сущее, и сокровищницы их Я наполню».
[306] Тора, Берешит, 30:16. «И пришел Яаков с поля вечером, и вышла Лея навстречу ему и сказала: "Ко мне войди, ибо внаем наняла я тебя, за мандрагоры сына моего!" И лег с нею ночью он».
[307] Тора, Берешит, 27:27. «И обонял (Ицхак) запах одежд его, и благословил его, и сказал: "Гляди, запах от сына моего, как запах поля, которое благословил Творец"».

Ицхак молиться в поле под вечер»³⁰⁸ – в то время, когда Нуква получает от свечения левой без правой, свойство Хохмы без хасадим, что вызывает тьму в ней и она называется «вечер»; то время, когда Ицхак, отец его, поднимается к этому полю и овладевает им. Ведь Ицхак поднимается к этому полю, поскольку оно принадлежит Яакову, Зеир Анпину, только после того как уходит оттуда Яаков, «вечером», так как заканчивается день, хасадим, и настает тьма. И он оставляет тогда это поле Ицхаку, отцу своему, левой линии, а Яаков поднимается в это время в Бину, в МАН.

212) «И вышла Лея навстречу ему»³⁰⁶ – высшая Има, Бина, вышла к единственному сыну, Зеир Анпину. «И сказала: "Ко мне войди"³⁰⁶ – под мои крылья, чтобы благословить тебя и напоить высшими усладой и блаженством. Теперь настало время желания и наслаждения, чтобы дать тебе отраду высшего духа» – хасадим от свойства «чистый воздух», «для этого поля» – Нуквы, «прежде чем сгорит оно из-за силы суда Ицхака» – левой линии, которая светит тогда без хасадим правой, став палящим огнем.

213) После того, как она приняла Яакова под свои крылья, т.е. он поднялся к ней в МАН, тогда: «И лег с ней ночью он». Не сказано: «Ночью той», а сказано: «Он», что указывает на скрытого, на того, от которого исходят все благословения и все освящения, т.е. на высшего Абу. Не сказано: «И лег Яаков», а «он», что указывает на того, кто должен соединиться с ней, на высшего Абу, который наполняет Бину.

214) «Прежде чем оказался под крыльями Бины тот, кто получает от нее эти благословения» – и это Яаков, т.е. прежде чем Яаков поднялся в МАН под крылья Имы, чтобы получить освящения и благословения для Рахели, не наполнился высший мир, Бина, благословениями от скрытой точки. Иными словами, не произошло обновление зивуга Хохмы и Бины на экран точки хирик, так как эта точка поднимается с Яаковом.³⁰⁹

И поэтому мандрагоры пробуждают всё – ведь благодаря им поднялся Яаков к Бине в МАН, чтобы облачить их в хасадим,

---

³⁰⁸ Тора, Берешит, 24:63. «И вышел Ицхак молиться в поле под вечер, и поднял он глаза свои и увидел: вот верблюды идут».

³⁰⁹ См. выше, п. 193, со слов: «И поскольку это свет...»

а затем передал их Рахели. И всё это – как высшая тайна, т.е. все отрывки здесь, как уже выяснилось, повествуют о высшей тайне.

Что значит Реувен? Иными словами, кто дал ему это имя и сказал о нем: «Смотрите – сын (реу-бен)»? Творец дает имена на земле, т.е. Творец нарек ему имя Реувен.[310] Как сказано: «Идите, зрите дела Творца, который произвел имена на земле»[311].

«И пошел Реувен»[285] – Хесед, «и нашел мандрагоры в поле»[285] – т.е. облачил эти мандрагоры, «свет, который не светит», в свет хесед, и тогда они начали светить. И засчитывается ему это, словно он нашел их – то есть раскрыл их свечение.

«И принес их Лее, матери своей»[285] – то есть поднял их свечение к Бине, Лее. И там они скрываются, а место их раскрытия только в Рахели, Нукве, находящейся от хазе и ниже Зеир Анпина. Поэтому: «И сказала Рахель Лее: "Дай же мне от мандрагоров сына твоего"»[285] – потому что место их свечения находится только у меня. «И сказала ей: "Мало тебе, что забрала ты мужа моего?"»[292] – то есть сказала это, испытывая радость: «Мало тебе, что вся любовь мужа моего, свойства Хохмы, только лишь к тебе, и построил он тебя в ХУБ ТУМ, т.е. передал свойства "дочь-сестра-Има-Хохма"[312]».

И тогда: «И сказала Рахель: "За это пусть ляжет он с тобой в эту ночь"»[292]. «За это» – означает твердое решение, т.е. она заверила ее, что Яаков поднимется в МАН к ней, если та даст ей мандрагоры, так как он вынужден будет притянуть хасадим и облачить мандрагоры для Рахели, то есть «за мандрагоры сына твоего»[292], чтобы мне их восполнить. А после того, как Рахель получила мандрагоры от Леи, т.е. Хохму без хасадим, уходят света и наступает тьма, как сказано: «И пришел Яаков с поля»[306] – от Нуквы, Рахели, которая во время судов называется полем, «вечером»[306] – когда наступила в ней тьма из-за мандрагоров, которые она получила. Поэтому: «И вышла Лея навстречу ему и сказала: "Ко мне войди"»[306] – то есть, чтобы

---

[310] См. выше, п. 186.
[311] Писания, Псалмы, 46:9. См. также Зоар, главу Берешит, часть 2, пп. 432-433.
[312] См. выше, п. 208.

вошел к ней и поднял к ней МАН с помощью точки де-хирик для того, чтобы согласовать это, облачив мандрагоры в хасадим.

«Ибо внаем наняла я тебя, за мандрагоры сына моего»[306]. Иными словами, сказала ему: «Я дала мандрагоры Рахели, и в ней образовалась тьма, поэтому ты обязан подняться ко мне в МАН и притянуть для нее хасадим, чтобы не сгореть ей из-за судов левой линии». И считается, что наняла его. «И лег с нею ночью он»[306] – т.е. она произвела зивуг с высшим Аба, называемым «он», от которого нисходят к ней все освящения и благословения, и передала его Яакову. А Яаков наполнил ими Рахель.

И свечение левой, Хохму без хасадим, Нуква получает от самой Бины наравне с Зеир Анпином. И поэтому находится она тогда на одном уровне с Зеир Анпином, и ступени их равны. Но свечение правой, т.е. хасадим, облачающие Хохму, она обязана получать от Зеир Анпина, мужа своего.[313] И также здесь, Рахель получила мандрагоры от самой Бины, от Леи, однако свечение хасадим получила от Яакова, после того, как он поднялся в МАН к Бине и привел к зивугу Хохмы и Бины, как сказано: «И лег с ней ночью он».

215) «И вышла Лея навстречу ему и сказала: "Ко мне войди"»[306]. «Ко мне войди» – разве это не дерзость? Как раз наоборот, отсюда мы видим скромность Леи, что ничего не сказала перед своей сестрой, а поспешила встретить его на пути, шепотом сказав ему и известив его, так как он находится в распоряжении Рахели. Как сказано: «Ибо внаем наняла я тебя» – у Рахели, т.е. получила разрешение, и чтобы это не было злом в глазах Рахели, сказала ему снаружи, а не дома.

216) И к тому же, вход в шатер Леи находился снаружи, и она провела Яакова через вход, который находился снаружи, прежде чем тот вошел в шатер Рахели. Но зачем? Чтобы не говорить это перед Рахелью и не выказывать дерзость перед сестрой. И кроме того, еще сказала Лея: «Если войдет Яаков в шатер Рахели, увести его оттуда будет нечестно». Поэтому поспешила встретить его снаружи.

---

[313] См. Зоар, главу Берешит, часть 1, п. 112, со слов: «В таком же состоянии...»

217) Откуда всё это? Дело в том, что дух святости пробуждался в Лее, и она знала, что все эти высшие колена, и все они праведные, произойдут от нее, и спешила ускорить этот час из-за большой любви к Творцу. И поскольку она удостоилась духа праведности, то знала в свете мудрости, какими именами наречь их.

219)[314] Сказано: «В первый месяц, в четырнадцатый день месяца вечером, ешьте опресноки»[315]. И сказано: «Семь дней ешь при этом опресноки, хлеб бедности»[316]. «Хлеб бедности (они עֹנִי)» написано без «вав ו», потому что Исраэль находились в Египте, находились в чужой власти. Когда захотел Творец приблизить их к Себе, Он дал им ступень «хлеб бедности». «Хлеб бедности» – это царь Давид, о котором сказано: «Ибо беден я и нищ»[317].

Объяснение. Царь Давид – это свойство Нуквы во время получения свечения левой от Бины, и тогда она находится на равной ступени с Зеир Анпином, и является четвертой опорой престола, Бины, и тогда Нуква слита с Биной и не совершает зивуга с Зеир Анпином, мужем своим. И поэтому она бедна, лишена света, и называется «хлеб бедности», так как Хохма не светит без хасадим.[318] И тогда сказано: «Ибо беден я и нищ»[317]. И эта ступень Нуквы является ее первой ступенью. И поэтому сказано: «Когда захотел Творец приблизить их к Себе, Он дал им ступень "хлеб бедности"» – ибо когда Он вывел их из Египта, из-под власти ситры ахра, и хотел приблизить их к святости, Он дал им ступень «хлеб бедности», которая содержится в Нукве, потому что она является первой ступенью Нуквы.

220) И этот «хлеб бедности (они עֹנִי)» называется опресноками, и он без «вав ו», Зеир Анпина, потому что нуква без захара – «бедная», так как лишена хасадим. И сначала Исраэль

---

[314] Пункт 218 в данной редакции текста не приводится.
[315] Тора, Шмот, 12:18. «В первый месяц, в четырнадцатый день месяца вечером, ешьте опресноки до двадцать первого дня этого месяца вечером».
[316] Тора, Дварим, 16:3. «Не ешь при ней квасного, семь дней ешь при этом опресноки, хлеб бедности, ибо в спешке ты вышел из земли египетской, – чтобы помнил ты день своего исхода из земли египетской во все дни жизни своей».
[317] Писания, Псалмы, 86:1. «Молитва Давида. Приклони, Творец, ухо Свое, ответь мне, ибо беден я и нищ».
[318] См.Зоар, главу Ваера, п.16.

приблизились к свойству «опресноки», поскольку это первая ступень, а затем, когда Он приблизил их еще больше, то привел их Творец к другим ступеням, и соединился захар с нуквой, т.е. она произвела зивуг с Зеир Анпином, получив от него хасадим. И тогда «опресноки (маца מצה)», после того, как она соединилась с захаром, называются «заповедь (мицва מצוה)», с добавлением «вав ו», ибо «вав ו» указывает на Зеир Анпин, как сказано: «Ибо эта заповедь (мицва מצוה)»[319]. И потому на первой ступени она называется «маца (מצה опресноки)», а затем, на других ступенях, называется «мицва (מצוה заповедь)».

224)[320] Дал Творец Исраэлю этот хлеб, т.е. мохин, от земли жизни, от Нуквы, называемой «маца». А затем этот хлеб был хлебом с небес, от Зеир Анпина.

225) Когда Исраэль вышли из Египта, они не знали ничего, пока не дал им Творец отведать хлеб от этой земли, и это Нуква, называемая «маца», как сказано: «Земля, из которой всходит хлеб»[321]. И тогда Исраэль пришли к познанию и постижению Творца, как ребенок, который не знает и не постигает, пока не отведает хлеба этого мира. Иными словами, хлеб, который Исраэль получили в Песах только от Нуквы, называемый «маца», – это первая ступень постижения, подобно ребенку, который впервые почувствовал вкус хлеба.

226) Исраэль не знали и не постигали то, что есть наверху, т.е. более высоких ступеней, до тех пор, пока не отведали высший хлеб, т.е. исходящий от Зеир Анпина, называемого небесами. И тогда, прежде, чем испробовали высший хлеб, они знали и постигали только это место, т.е. Нукву, и не более того. И пожелал Творец, чтобы Исраэль узнали больше о месте, подобающем этой земле, т.е. более высокие ступени, которые светят из места Зеир Анпина Нукве. Но они не могли (их постичь), пока не отведали хлеб с того места, высшего. И что это за место? То, которое называется «небеса», т.е. Зеир

---

[319] Тора, Дварим, 30:11. «Ибо заповедь эта, которую Я заповедую тебе, не скрыта она для тебя, и не далека она».
[320] Пункты 221-223 в данной редакции текста не приводятся.
[321] Писания, Иов, 28:5.

Анпин. Как сказано: «Вот Я посылаю вам хлеб с небес»[322]. И тогда они познали и созерцали это высшее место.

227) Вначале, когда Исраэль только начали познавать, был «хлеб бедности». Но ведь нет в мире ничего, в чем не было бы свойств захар и некева. И все, что есть на земле, есть также и в море.

228) «И пришел Яаков с поля вечером и вышла Лея навстречу ему»[306]. Откуда она знала, что он идет? Осел его ревел, и Лея узнала и вышла навстречу. И осел стал причиной того, что Исасхар произошел от Леи. Как сказано: «Исасхар осел костистый (гарем גֶּרֶם)»[323] – то есть осел стал причиной (гарам גרם) его прихода в мир. Сказала Лея: «Знаю я совершенно точно, что если Яаков войдет в шатер Рахели, я не смогу его взять оттуда, поэтому обожду я его здесь, и он войдет ко мне в шатер».

229) «Ибо внаем наняла я тебя, за мандрагоры сына моего»[306]. Почему сказала она: «За мандрагоры сына моего» – ведь достаточно было сказать: «За мандрагоры»? Для того, чтобы доставить удовольствие Яакову тем, что они помогают порождать сыновей. Но Яакову было известно, что это зависит не от мандрагоров, а от того, что свыше – от «мазаль (удачи)». Объяснение. «Мандрагоры сына моего» означает – мандрагоры, несущие сыновей. И она напомнила это Яакову, чтобы доставить ему удовольствие тем, что Рахели дана возможность родить сыновей.

230) Сказано: «Превращает хозяйку дома в мать, радующуюся сыновьям. Алелуйа»[324]. «Превращает хозяйку дома» – это Рахель, «в мать, радующуюся сыновьям» – это Лея. И разъясняется еще. «Превращает хозяйку дома» – это нижний мир, т.е. Нуква Зеир Анпина, называемая Рахель, «в мать, радующуюся сыновьям» – это высший мир, Бина, называемый Лея. И поэто-

---

[322] Тора, Шмот 16:4. «И сказал Творец, обращаясь к Моше: "Вот Я посылаю вам хлеб с небес, и будет выходить народ и собирать ежедневно, сколько нужно на день, чтобы Мне испытать его – будет ли он поступать по закону Моему или нет"».

[323] Тора, Берешит, 49:14. «Исасхар осел костистый, лежащий меж пределов».

[324] Писания, Псалмы, 113:9. «Превращает хозяйку дома в мать, радующуюся сыновьям. Алелуйа».

му: «Алелуйа (הללויה)» – сочетание букв «алелу йуд-хэй (הללו יה) восхвалите Творца)», так как высший мир создан буквой «йуд י», а нижний мир создан буквой «хэй ה».[325]

231) Все эти колена представляют собой исправления внизу, т.е. Нуквы, и все они исправляются по высшему подобию, свойству Бины. «Ибо внаем наняла я тебя»[306] – чтобы взять у него гуф. И что этот гуф собой представляет? Это Тора. «Внаем наняла я тебя» – тебя, именно твой гуф. «Внаем наняла я тебя» – чтобы породить образ твой.

Объяснение. Непонятно, зачем нужно повторение близких по смыслу слов – «внаем наняла»? Но мы уже говорили[326], что Лея – это Бина, а зивуг был произведен с Хохмой, и поэтому сказано: «И лег с нею ночью он»[306], но не сказано: «Яаков». «Ко мне войди»[306] – означает подняться в МАН. И поэтому сказано: «Ибо внаем наняла я тебя», т.е. многими видами найма:

1. Чтобы взять от него, от Хохмы, гуф, и это Тора, т.е. Исасхар, который является строением (меркава) для Торы более, чем все остальные колена,[327] и этот вид найма относится к зивугу с Хохмой благодаря ему.

2. «Ибо внаем наняла я тебя» – тебя, именно твой гуф. И этот вид найма относится к гуф Яакова, т.е. чтобы поднялся в МАН для зивуга Хохмы с Биной.[328]

3. «Ибо внаем наняла я тебя» – чтобы породить твой образ. И этот наём – для порождения образа, т.е. рождения сына.

И все эти три вида найма включены в повторение слов «внаем наняла я тебя».

232) Отсюда следует, что тот, кто занимается Торой, наследует грядущий мир, мохин Бины, и наследует удел Яакова, мохин высших Абы ве-Имы. Как сказано: Исасхар (יששכר) – сочетание букв «есть награда (еш сахар יש שכר) за труд твой»[329]. И трудом его является изучение Торы. А награда, как сказано:

---

[325] См. Зоар, главу Аазину, п. 226.
[326] См. выше, п. 210.
[327] См. выше, п. 197.
[328] См. выше, п. 214.
[329] Пророки, Йермияу, 31:15. «Так сказал Творец: "Удержи голос твой от рыданья и глаза твои от слез, ибо есть награда за труд твой, – сказал Творец, – возвратятся они из вражьей страны"».

«Дать в наследие любящим Меня сущее (еш יש)»³³⁰ – и это Бина, которая вернулась к Хохме, «и сокровищницы их Я наполню» – мохин высших Абы ве-Имы, наследие Яакова, который унаследовал от них безграничный удел. Эти два вида мохин являются наградой для занимающегося Торой.

233) «И сказала Лея: "Ибо я родила ему шесть сыновей"»³³¹ – это верх и низ, Нецах и Ход, и четыре стороны мира, т.е. Хесед, Гвура, Тиферет и Есод. И тот, кто произносит протяжно букву «далет ד» в слове «эхад (אחד один)», т.е. в слове «эхад (אחד один)», произносимом в воззвании «Шма», должен возвести на престол Творца наверху и внизу и в четырех сторонах мира. Иначе говоря, единство Его проявляется в шести этих окончаниях (ВАК).

234) Сказано: «На горах разделения»³³², и сказано: «На горах благовоний»³³³. Что значит «горы благовоний»? Это шесть сыновей Леи, которые включают шесть других: Йосефа и Биньямина и сыновей рабынь, и их – двенадцать, и их же – шесть. То есть, можно сказать, что их двенадцать, а можно сказать, что их шесть, поскольку каждый из них включен в другого. Если брать в расчет шесть основных, то их – шесть, а если брать в расчет также и включенных в них, то их – двенадцать. И Лея стоит над ними, в свойстве «тринадцать», для того чтобы осуществилось сказанное: «(Превращает хозяйку дома в) мать, радующуюся сыновьям. Алелуйа»³²⁴.

235) И поэтому сказано: «Не бери матери, вместе с детьми»³³⁴ – так как она скрытый мир, и не раскрылась, и нижние не постигают ее. Поэтому сказано: «Отпусти мать, а детей возьми

---

[330] Писания, Притчи, 8:21. «Дать в наследие любящим Меня сущее, и сокровищницы их Я наполню».

[331] Тора, Берешит, 30:20. «И сказала Лея: "Одарил меня Всесильный хорошим даром – теперь постоянно будет жить у меня муж мой, ибо я родила ему шесть сыновей". И нарекла ему имя Звулун».

[332] Писания, Песнь песней, 2:17. «Пока не занялся день, разогнав тени. Обернись, будь подобен оленю, возлюбленный мой, на горах разделения!»

[333] Писания, Песнь песней, 8:14. «Беги, мой возлюбленный, и будь подобен оленю или молодой газели на горах благовоний!»

[334] Тора, Дварим, 22:6-7. «Если попадется тебе птичье гнездо на дороге, на каком-либо дереве или на земле, с птенцами или с яйцами, а мать сидит на птенцах или на яйцах, то не бери матери вместе с детьми – отпусти мать, а детей возьми себе, чтобы было тебе хорошо и продлились дни твои».

себе», потому что «мать» – это скрытый мир, который вообще не раскрывается. А «возьми себе» означает – возьми на себя постижение их, т.е. притяни в них свечение Хохмы и раскрой их. И это повеление, поскольку мать, Лея, скрыта, т.е. непостижима, поэтому: постигни сыновей.

236) «А детей возьми себе». Сказано: «Ибо спроси о первых днях, которые были до тебя»[335]. «И от края небес»[335] – Хесед, первый край Зеир Анпина, небес, «и до края небес»[335] – Есод, последний край Зеир Анпина. То есть, это шесть окончаний, ХАГАТ НЕХИ Зеир Анпина, называемые «шесть сыновей Леи». И Писание указывает нам, что в них возникает вопрос, т.е. подъем МАН для привлечения Хохмы.[336] И все они называются «горы благовоний»[333].

А отсюда и ниже, после Малхут Ацилута, называются «горами разделения»[332]. Как сказано: «И оттуда разделяется и образует четыре русла»[337], и это – горы разделения. До Малхут Ацилута – это мир единства, где «Исраэль, Тора и Творец едины», а ниже него – это три мира разделения БЕА.[338]

237) Сыновья рабынь образовали связи – четыре связи, нуждающиеся в исправлении.[339] И поэтому эти связи выходят за пределы тела, выступают наружу, хотя все они – одно целое. То есть, хотя они уже установились в свойстве: «А все их обратные стороны (ахораим) обращены внутрь»[340], всё же они остались выступающими за пределы тела, потому что изначально, еще до соединения, были пустыми и лишенными всякого света. И отсюда и далее все остальные связи представляют собой одну линию связи, то есть не выступают наружу из тела. И поэтому колена восходят, благодаря свидетельству свыше, т.е. благодаря мохин Бины, называемых свидетельством, о которых

---

[335] Тора, Дварим, 4:32. «Ибо спроси о первых днях, какие были до тебя, со дня, когда сотворил Всесильный человека на земле, и от края небес и до края небес: бывало ли подобное сему великому делу, или слыхано ли подобное?»

[336] См. «Предисловие книги Зоар», п. 10.

[337] Тора, Берешит, 2:10.

[338] См. «Введение в книгу Зоар», п.24.

[339] См. выше, пп.143-146.

[340] Пророки, Мелахим 1, 7:25. «Стояло море на двенадцати быках: три глядели на север, три глядели на запад, три глядели на юг и три глядели на восток. И море располагалось на них сверху, а все их задние части (досл. обратные стороны) обращены внутрь».

сказано: «И река выходит из Эдена»[337]. И потому сказано: «То место, куда восходили колена, колена Творца, – свидетельство для Исраэля, чтобы благодарить имя Творца»[341].

---

[341] Писания, Псалмы, 122:4.

ГЛАВА ВАЕЦЕ

И было, когда родила Рахель Йосефа

238) «И было, когда родила Рахель Йосефа, сказал Яаков Лавану: "Отпусти меня и пойду я в свое место и в свою землю"»[342]. Что увидел Яаков, если попросил идти своим путем после рождения Йосефа – ведь прежде чем родился Йосеф он вообще не просил идти своим путем? Однако, он увидел, что родился обвинитель Эсава. Ибо Йосеф – обвинитель Эсава, как сказано: «И будет дом Яакова огнем, и дом Йосефа – пламенем, а дом Эсава – соломой»[343].

239) «Йосеф довершил место Яакова после него» – поскольку он является сфирой Есод, последней сфирой Яакова, «и Йосеф удостоился называться праведником» – т.е. Есодом, «и здесь окончание гуф» – последняя сфира, как уже сказано. «Когда увидел Яаков, что гуф завершен с рождением Йосефа, попросил, чтобы гуф пошел своим путем. И окончание гуф – это "брит (союз)"» – т.е. Йосеф. «И все же Биньямин завершает счет, ибо с ним завершается число двенадцать».

240) Разве Яаков не знал, что до сих пор еще не завершились колена, хотя и родился Йосеф? В чем же причина того, что он не ждал, пока родится Биньямин и завершатся колена? Однако Яаков поступил мудро и знал о том, что еще не завершились колена, решив: «Конечно же, если здесь завершатся все колена, я знаю, что высшее исправление низойдет на них надлежащим образом. Но я не хочу, чтобы они завершились на этой земле, а лишь на святой земле».

241) «Все двенадцать колен представляют собой исправление нижнего мира» – Нуквы Зеир Анпина от хазе и ниже. «И когда родился Биньямин» – и завершились все двенадцать, «умерла Рахель, и нижний мир» – Нуква Зеир Анпина, «взял место, чтобы исправиться с их помощью».

Объяснение. Нуква не исправляется менее чем двенадцатью, и когда она исправляется посредством двенадцати колен,

---

[342] Тора, Берешит, 30:25.
[343] Пророки, Овадья, 1:18. «И будет дом Яакова огнем, и дом Йосефа – пламенем, а дом Эсава – соломой, и зажгутся они среди них (среди сынов Эсава) и поглотят их, и не будет уцелевшего в доме Эсава, ибо так сказал Творец».

посредством полных мохин свечения Хохмы, тогда две Нуквы Зеир Анпина, Рахель и Лея, становятся одним парцуфом, и Лея находится в его внутренней части, а Рахель – во внешней. Именно поэтому, когда родился Биньямин и завершились двенадцать колен, исправилась с их помощью Нуква Зеир Анпина от его хазе и ниже, – т.е. поднялась и соединилась с Нуквой, находящейся от хазе и выше, с Леей, так как они стали одним парцуфом.

Но прежде, чем завершаются двенадцать колен, Нуква Зеир Анпина делится на два парцуфа, и в обоих нет совершенства, потому что высшей, Лее, недостает сфирот Тиферет-Нецах-Ход-Есод Зеир Анпина, а нижней, Рахели, недостает ГАР, находящихся от хазе Зеир Анпина и выше. И это означает, что Рахель тогда умирает, то есть отменяется Нуква от хазе Зеир Анпина и ниже, так как обе эти Нуквы становятся одним целым.

Поэтому сказано: «Когда родился Биньямин» – т.е. завершились двенадцать колен, «умерла Рахель, и нижний мир взял место, чтобы исправиться с их помощью» – т.е. отменилась Нуква ниже хазе Зеир Анпина, ибо нижний мир исправился посредством двенадцати колен и стал поэтому одним парцуфом с высшим миром.

И поэтому Биньямин рождается только на святой земле, как сказано: «И когда я переходил из Падана, умерла у меня Рахель в земле Кнаана»[344] – и там умерла Рахель. «И нижний мир» – Нуква Зеир Анпина от хазе и ниже, «получил место, чтобы обосноваться во всем доме» – т.е. на всей ступени Зеир Анпина, так как стал одним целым с высшим миром, находящимся выше хазе. «И все время, пока была жива Рахель» – когда было у него две Нуквы, «нижний мир еще не был исправлен с помощью двенадцати колен». «(А когда) умерла Рахель» – так как стала одним целым с высшей Нуквой, «получила весь дом полностью» – соответственно полной ступени Зеир Анпина.

242) Почему Лея не умерла в то же самое время, когда завершились двенадцать колен, и две Нуквы Зеир Анпина стали

---

[344] Тора, Берешит, 48:7. «И когда я переходил из Падана, умерла у меня Рахель в земле Кнаана, на дороге, не доходя немного до входа в Эфрат, и я похоронил ее там на дороге в Эфрат, он же Бейт-Лехем».

одним целым, – ведь отменилось тогда свойство Леи так же, как и свойство Рахели, и Лея тоже должна была умереть, как и Рахель? А дело в том, что «дом» находится в нижнем мире, в Нукве ниже хазе, называемой Рахель, и все должны исправиться от него, и от его совершенства зависит совершенство всех нижних, пребывающих в БЕА, а не от высшего мира. Поэтому свойство высшего мира, Лея, не отменяется в чем-либо даже после того, как завершены двенадцать колен, потому что и тогда она находится в укрытых хасадим, как и до этого совершенства. И поэтому не умирает Лея в то же самое время, так как она не отменяется.

243) В высшем мире, Лее, всё находится в скрытии, а в нижнем мире – всё раскрыто. И поэтому Лея была скрыта и похоронена в пещере Махпела, а Рахель была похоронена на открытом месте. И так же высший мир отличается скрытием, как сказано: «И сказала Лея: "Мне на счастье (бе-ашри בְּאָשְׁרִי), ибо счастливой (ишруни אִשְּׁרוּנִי) сделают меня дочери". И потому дала ему имя Ашер (אָשֵׁר)»[345].

Объяснение. Имя Ашер указывает на укрытые хасадим, как сказано: «"Ашер (אשר)" указывает на «рош (ראש)», вышедший из «начала (решит ראשית)"»[346] – и это Бина, вышедшая из рош Арих Анпина, называемого «начало (решит)», т.е. она стала укрытой и исчезла из свойства рош, из свойства Хохмы. Ведь в Ашер (אשר) те же буквы, что и в слове «рош (ראש)», но в ином порядке, чем в слове «рош». Со стороны нуквы, т.е Имы, она называется Ашер. А со стороны захара называется «рош», «рош всех рош» – т.е. Арих Анпин, свойство Хохмы. И дала ему имя Ашер – т.е. назвала его собственным именем, именем укрытых в ней хасадим. Ведь Лея отличается укрытыми в ней хасадим и украшается ими так, что даже когда две Нуквы стали одним парцуфом, и она может получить Хохму, все же она не устремляется за Хохмой, а остается в укрытых хасадим. И это означает, что не умирает тогда Лея.

244) «И поэтому всё стало единым» – т.е. две Нуквы стали одним парцуфом, «так как всё это – от высшего мира». Объяснение. Здесь приводится более широкое объяснение, и говорится, что две Нуквы становятся одним целым потому, что нижняя

---

[345] Тора, Берешит, 30:13.
[346] См. Зоар, главу Берешит, часть 1, п. 7.

Нуква, расположенная ниже хазе, восполнилась и стала совершенно такой же, как высшая Нуква. И потому в этом состоянии нижняя Нуква, Рахель, отменилась, то есть стала как высшая, Лея, но сама высшая не отменилась, и поэтому не умерла Лея.

И так в любом месте, как в состоянии совершенства, так и в несовершенстве, это два мира, один – в раскрытии, другой – в скрытии. Иначе говоря, даже во время совершенства, когда Рахель занимает всю ступень Зеир Анпина, включая от хазе и ниже, тоже есть два мира, но только один – во внутренней части, в скрытии, а другой – во внешней части, в раскрытии, так, что они облачают друг друга.

И мы благословляем Творца только с помощью двух миров, как сказано: «Благословен Творец от мира и до мира. И поэтому высший мир мы называем «Он», и это указывает на скрытие, а нижний мир называем «Ты», что указывает на присутствие и раскрытие, так как он благословен от высшего мира благодаря праведнику. И сказано: «Благословен из Циона Творец, обитающий в Йерушалаиме. Алелуйа»[347] – т.е. благодаря тому, что нижний мир благословляется с помощью хасадим высшего мира, он раскрывается нам, потому что «из Циона», Есода высшего мира, Он благословен. И поэтому обязан высший мир существовать в своем свойстве всегда.

245) Подобно этому сказано: «И прошел Творец пред лицом его, и возгласил: "Творец (АВАЯ) – Творец (АВАЯ)"»[348]. И «АВАЯ – АВАЯ» в начале тринадцати свойств – это два мира, раскрытый и скрытый, пряди волос (пейсы) с двух сторон рош, правая – укрытые хасадим, а левая – раскрывшееся свечение Хохмы. Поэтому есть разделительный знак между двумя АВАЯ, и от одного мира до другого мира всё – одно целое, потому что раскрытый мир не имеет ничего своего, и всё, что есть в нем, получает от скрытого мира.

---

[347] Писания, Псалмы, 135:21.
[348] Тора, Шмот, 34:6-7. «И прошел Творец пред лицом его, и возгласил: "Творец – Творец Сильный, Милосердный и Милостивый, Долготерпеливый и великий милостью и истиной, Он хранит милость для тысяч, снимает вину и преступление и прегрешение, но без кары не оставляет; Он поминает вину отцов сыновьям и сынам сыновей до третьего и четвертого поколения"».

246) «И было, когда родила Рахель Йосефа, сказал Яаков Лавану: "Отпусти меня и пойду я в свое место и в свою землю"»[342]. Это говорит о совершенстве Яакова, который не хотел уходить без разрешения Лавана, как сказано: «Сказал Яаков Лавану: "Отпусти меня, и пойду я"»[342]. Почему же во второй раз он убежал от него? Потому что Яаков боялся, что тот не позволит ему уйти от него, и завершатся двенадцать колен на чужой земле. И поскольку видел Яаков, что настал час рожать Биньямина, он убежал, как сказано: «И убежал он со всем, что у него»[349].

247) «Когда родился Биньямин, соединилась Шхина» – нижняя Нуква, «со всеми коленами» – так как стала одним парцуфом с высшей Нуквой, Леей. И включилась нижняя Нуква также в шесть сыновей Леи, и получила дом со всеми коленами». «Дом» означает – мохин свечения Хохмы, как сказано: «Мудростью (бе-хохма) устраивается дом»[350].

«И Яаков знал благодаря своей мудрости, что когда восполнятся двенадцать колен, Шхина украсится и соединится благодаря им» – т.е. при помощи них она украсится мохин гадлута и соединится благодаря им в один парцуф с высшей Нуквой, находящейся выше хазе. «И Рахель умрет» – из-за того, что отменится[351], «а Шхина примет дом»[351].

248) Нижний мир, Шхина, был достоин соединиться с Яаковом, так же как был достоин (соединиться) с Моше, но только она (Шхина) не могла соединиться с ними, прежде чем было двенадцать колен в доме. Когда завершились двенадцать колен, забрана была Рахель, и Шхина получила дом со всеми двенадцатью коленами и стала хозяйкой дома. Именно тогда сказано: «Превращает хозяйку дома»[324].

249) Подумал Яаков: «Уже настал час, чтобы родился Биньямин и завершились двенадцать колен. Конечно, высший мир» – Нуква выше хазе, «спустился здесь в дом, чтобы соединиться с ними» – то есть, чтобы две Нуквы соединились и стали одним

---

[349] Тора, Берешит, 31:21. «И убежал он со всем, что у него, и переправился через реку, и направил взор свой к горе Гилад».
[350] Писания, Притчи, 24:3. «Мудростью устраивается дом и разумом утверждается».
[351] См. выше, п. 241, со слов: «Объяснение. Нуква не исправляется менее чем двенадцатью...»

парцуфом. «И эта бедная» – Рахель, «будет забрана у него». И понял Яаков: «Если умрет она здесь, я больше никогда не выйду отсюда». И более того, что на этой земле он не сможет завершить дом, а только в земле святости. И поэтому: «И было, когда родила Рахель Йосефа»[342] – то есть прежде, чем восполнились колена.

250) Почему же он сразу не отправился в путь свой, а остался и работал шесть лет со стадами Лавана? Но дело в том, что пока Рахель не забеременела Биньямином, он оставался там. А когда настал час, и она забеременела Биньямином, он убежал, не спросив разрешения Лавана, чтобы не оставаться там. И соединился Яаков со всеми коленами в нужном месте, в земле святости.

251) Сказано: «И пошел Моше и возвратился к Йетеру, тестю своему и сказал ему: "Пойду я, с твоего разрешения"»[352]. Моше пас скот Итро, тестя своего, и жил в доме его, а когда захотел уйти, ушел только с его разрешения. Но ведь Яаков был «человеком непорочным»[353] и все время жил в доме Лавана, – почему же он не спросил у него разрешения, как Моше? Он боялся, что тот подстроит все так, чтобы оставить его там. Ведь раньше он уже сказал ему, что хочет уйти в свой дом, и тот сразу подстроил все так, что он остался там. И поэтому теперь он боялся его и не попросил у него разрешения.

252) Однако Итро не до такой степени был против Моше, так как Лаван был колдуном, и в колдовстве совершал все свои действия против Яакова. А поскольку теперь Яаков не захотел оставаться там, ведь Творец сказал ему: «Возвратись на землю отцов своих»[354], – и именно потому не захотел оставаться, пренебрегая заповедью Господина своего, – поэтому не спросил разрешения.

---

[352] Тора, Шмот, 4:18. «И пошел Моше, и возвратился к Йетеру, тестю своему, и сказал ему: "Пойду я, с твоего разрешения, и возвращусь к братьям моим, которые в Египте, посмотрю, живы ли они еще". И ответил Итро Моше: "Иди с миром"».

[353] Тора, Берешит, 25:27. «И выросли отроки, и стал Эсав человеком, сведущим в охоте, человеком поля; а Яаков – человеком непорочным, живущим в шатрах».

[354] Тора, Берешит, 31:3. «И сказал Творец Яакову: "Возвратись на землю отцов твоих и на родину твою, и Я буду с тобой"».

Аламот песнь

ГЛАВА ВАЕЦЕ

253) «И вспомнил Всесильный о Рахели, и услышал ее Всесильный, и отверз утробу ее»[355].

«Руководителю. Псалом сыновей Кораха. Аламот песнь»[356]. Все эти воспевания и восхваления, произносимые сыновьями Кораха, не являются новыми, они лишь возобновили прежние воспевания и восхваления, бывшие уже до них. И также все воспевания и восславления, произнесенные Давидом и всеми, кто был с ним, имена которых упомянуты в начале песен в Псалмах, – все они были от высшего свойства, т.е. от Бины, передающего мохин Хохмы.

Объяснение. Мохин нисходят и распространяются в воспевании. Ибо ТАНТА (טנתא)[357], содержащаяся в воспевании, является порядком тех соединений, путем которых распространяются мохин. Воспевание в псалмах – это порядок соединения мохин, содержащихся в нижнем мире, Нукве Зеир Анпина. Корни мохин во всех их видах находятся в высшем мире, Бине, и из высшего мира нисходят в нижний мир.

И есть различие между левой линией и остальными линиями. Левую линию Нуква получает от самой Бины, а не от Зеир Анпина, мужа своего, в состоянии «два больших светила».[358] Однако остальные линии она получает от Зеир Анпина, мужа своего, а не от Бины. Таким образом, в левой линии Нуквы не произошло никаких изменений при передаче ее от Бины Нукве, тогда как остальные линии изменяются при передаче их Зеир Анпину, которому свойственны укрытые хасадим, и Нуква обязана получить их у него.

И поэтому сказано: «Все эти воспевания и восхваления, произносимые сыновьями Кораха, не являются новыми, они лишь возобновили прежние воспевания и восхвалсния, бывшие уже до них» – так как воспевания сыновей Кораха представляют

---

[355] Тора, Берешит, 30:22. «И вспомнил Всесильный о Рахели, и услышал ее Всесильный, и отверз утробу ее».
[356] Писания, Псалмы, 46:1.
[357] ТАНТА (טנתא) – аббревиатура слов таамим, некудот, тагин, отиёт, указывающих на порядок распространения света в парцуфе.
[358] См. выше, п. 214, со слов: "И пошел Реувен"...»

собой распространение левой линии в Нукве, в которой нет никакого изменения по сравнению с порядком ее свечения в Бине, и есть здесь только возобновление воспевания Бины в месте Нуквы. И поэтому их воспевание считается всего лишь возобновлением прежнего воспевания, тогда как остальные линии, хотя они тоже нисходят из Бины, тем не менее есть в них изменения вследствие передачи их в Зеир Анпин.

А дальше говорится: «И также все воспевания и восславления, произнесенные Давидом и всеми, кто был с ним, имена которых упомянуты в начале песен в Псалмах, – все они были от высшего свойства, т.е. от Бины, передающего мохин Хохмы». Имеется в виду, что не только воспевания сыновей Кораха от Бины, но и воспевания Давида и остальных старейшин общества вместе с ним, – что все эти воспевания и восславления исходят от Бины. Но они только исходят от высшего свойства, Бины, и не являются воспеваниями самой Бины, потому что изменяются при передаче их в Зеир Анпин, однако воспевание сыновей Кораха вообще не изменяется.

254) Творец создал нижний мир, Нукву, подобным высшему миру, Бине, так как он получает от него. И всё то, что построили Давид и Шломо, сын его, и все истинные пророки, всё это они построили в нижнем мире наподобие высшему, Бине.

255) Так же, как есть стражи на земле, где двенадцать ночных часов делятся на три раза по четыре, есть они так же на небосводе, где три группы ангелов воспевают во время них Господина своего, и возносят всегда в это время песнь. И все они стоят одни над другими, согласно порядку своих ступеней, как сказано: «Над высоким наблюдает высший»[359], и все они расположены соответственно уровням воспеваний и восславлений, и каждая группа воспевает согласно ее ступени.

256) «Аламот песнь». Что значит «аламот песнь»? Как сказано: «Их шестьдесят цариц и восемьдесят наложниц, а девицам (аламот) – числа нет»[360]. Что значит: «А девицам числа нет»?

---

[359] Писания, Коэлет, 5:7. «Если увидишь в стране угнетение бедных, извращение суда и справедливости, не удивляйся этому, ибо над высоким наблюдает высший, а над ними – наивысшие».
[360] Писания, Песнь песней, 6:8.

Это все равно, что сказать: «Есть ли счет воинствам Его?»³⁶¹ И поскольку нет им числа, сказано: «А девицам числа нет».

Объяснение. «Число (миспар מספר)» – это мохин свечения Хохмы, как сказано: «Небеса рассказывают (месаприм מספרים)»³⁶². «Без числа» – это мохин света хасадим.³⁶³ И поэтому сказано: «И поскольку нет им числа» – т.е. они находятся в свойстве мохин света хасадим, которые определяются как не имеющие числа. И это означает: «А девицам (аламот) – числа нет» – потому что слово «девицы (аламот עלמות)» указывает на слово «скрытие (ээлем העלם)», т.е. эти мохин являются укрытыми хасадим, и нет в них свечения Хохмы. Поэтому сказано о них: «Числа нет», чтобы указать на мохин света хасадим, содержащиеся в них. И также «аламот песнь» указывает на мохин света хасадим, содержащиеся в них.

257) И все они, ряды за рядами, выстраиваются в расположения, одни относительно других, чтобы воспевать песнь и славу Господину своему, и это те самые «аламот песнь», о которых говорится в этом отрывке. И есть «аламот», не воспевающие как эти, поэтому именно эти называются «аламот песнь».

Объяснение. «Песнь» и «воспевание» в основном находятся на ступенях, происходящих от свечения Хохмы левой линии. Но свечение Хохмы не светит без облачения хасадим. И поэтому «воспевание» относится также и к свету хасадим, которые включают свечение Хохмы. И потому есть два вида «аламот», представляющие собой свет хасадим:

1. Содержащие Хохму, и это – «аламот песнь» сыновей Кораха.
2. Не содержащие Хохму, и к ним воспевание не относится, и называются они просто «аламот».

---

³⁶¹ Писания, Иов, 25:3.
³⁶² Писания, Псалмы, 19:2. «Небеса рассказывают о славе Творца и о деянии рук Его повествует небосвод».
³⁶³ См. «Предисловие книги Зоар», п. 19, со слов: «И сказано: "Ибо по числу..."»

Любое построение может быть только по три

258) По три построения распределяются в каждой из четырех сторон мира, и в любом построении каждой из сторон есть три других построения. В первом построении восточной стороны есть три построения, и их девять, так как в каждом из этих трех построений содержатся три построения, всего – девять. И в каждой из остальных трех сторон мира тоже есть девять построений. И многие тысячи и десятки тысяч – под ними.

Начало статьи здесь отсутствует, а говорится там следующее:[364] «В Скинии использовались три вида металла – золото, серебро и медь. А в остальном использовалось четыре вида, соответственно ХУГ ТУМ, как например: "синета" – Малхут, "багряница" – Тиферет, "червленица" – Гвура, "виссон" – Хесед. Или, например, "четыре ряда драгоценных камней", соответствующие ХУГ ТУМ. От этих – по три, от этих – по четыре, от этих – по два, от этих – по одному. Однако все было построено по три. Это три построения», и далее всё как и в этой статье.

Пояснение сказанного. Четыре стороны мира – это Хохма и Бина, Тиферет и Малхут (ХУБ ТУМ). И хотя они включены друг в друга и в каждом из них должны быть ХУБ ТУМ, все же там есть только Хохма-Бина и Тиферет в каждом, а Малхут отсутствует. Даже в западной стороне, в Малхут, есть только Хохма-Бина и Тиферет, а ее собственное свойство, Малхут, отсутствует в ней. И дело в том, что Малхут получила подслащение в Бине и потому считается свойством Малхут Бины, т.е. свойством атэрет Есода, а сама Малхут скрылась благодаря этому подслащению.[365]

Поэтому, хотя и есть четыре стороны ХУБ ТУМ, тем не менее, западная сторона, Малхут, это только атэрет Есода, т.е. свойство Тиферет, а не Малхут. И когда они включаются друг в друга, в каждой из них есть только три свойства – Хохма-Бина и Тиферет. И даже в западной стороне есть только три свойства – Хохма-Бина и Тиферет.

---

[364] См. Зоар, главу Пкудей, пп. 132-133.
[365] См. Зоар, главу Берешит, часть1, п. 82, со слов: «Пояснение сказанного...»

И сказано, что «по три построения распределяются в каждой из четырех сторон мира» – т.е. даже в западной стороне, в Малхут. И есть четыре порядка, но «и в любом построении каждой из сторон есть три других построения» – а не четыре, так как отсутствует собственное свойство Малхут, а западная сторона – это лишь Малхут, подслащенная в Бине, но не сама Малхут. Поэтому имеются два вида включения сфирот друг в друга:

1. Когда ХУБ ТУМ включаются друг в друга, и их двенадцать, а не шестнадцать. И это включение не является завершенным, так как здесь должно быть шестнадцать. И потому нужно второе включение.

2. Когда три свойства каждой стороны также включаются друг в друга, и возникают три свойства в каждом, по девять в каждой стороне. И поэтому сказано: «И их девять, так как в каждом из этих трех построений содержатся три построения», т.е. второе включение является завершенным, и всё оно – милосердие, потому что там нет даже включения западной стороны.

Но вместе с тем, благодаря исправлениям и мохин числа «двенадцать», хотя в Малхут и отсутствует ее собственное свойство, она все равно получает от них свое исправление. И об этом сказано: «И многие тысячи и десятки тысяч – под ними» – потому что свечения Хохмы, исходящие от ИШСУТ, считаются тысячами, так как десять сфирот их исчисляются в тысячах. А свечение хасадим, исходящее от высших Абы ве-Имы, считаются десятками тысяч, так как десять их сфирот исчисляются в десятках тысяч.

И против них есть клипот, против свойства «тысячи», которые удерживаются в Малхут, подслащенной в Бине, и это атэрет Есода, которой соответствуют мохин «тысячи». А есть клипот, напротив свойства «десять тысяч», которые удерживаются в неподслащенной Малхут, т.е. в собственном свойстве Малхут. И это смысл сказанного: «Падет слева от тебя тысяча»[366] – т.е. с помощью мохин свечения Хохмы, исходящих от ИШСУТ. Они относятся к свойству «тысяча» и исходят, в основном, от левой линии. И это означает: «Слева от тебя» – т.е. с левой стороны.

---

[366] Писания, Псалмы, 91:7. «Падет слева от тебя тысяча, и десять тысяч, справа от тебя, к тебе не подступятся».

«И десять тысяч, справа от тебя, к тебе не подступятся»[366] – т.е. с помощью мохин де-хасадим, которые исходят от высших Абы ве-Имы, относящихся к свойству «десять тысяч», они спасаются от клипот, находящихся в свойстве «десять тысяч». И они не позволяют этим клипот, которые исходят от правой линии, приближаться к человеку, и поэтому сказано: «Справа от тебя».

И клипот, относящиеся к десяткам тысяч, обладают большой силой, и их невозможно повергнуть подобно клипот, которые относятся к свойству «тысяча». И поэтому сказано о них, что они к тебе всего лишь «не подступятся», потому что невозможно повергнуть их до конца исправления.

И поэтому сказано: «И многие тысячи и десятки тысяч – под ними», т.е. это два вышеуказанных вида свечения – повергающие клипот свойства «тысячи» и отдаляющие клипот свойства «десятки тысяч». Таким образом, исправление достигает и самой Малхут, недостающей в числе двенадцати, – в той мере, насколько они отдаляют клипот свойства «десятки тысяч».

259) Все эти девять порядков управляются определенными записанными буквами. И каждый порядок, чтобы получить наполнение, следит за теми записанными буквами, которые относятся к нему. Когда эти буквы воспаряют в воздухе той стороны, которая поставлена над всеми, они перемещаются, и одна буква снизу получает удар, и эта буква поднимается и опускается, а две буквы парят над ней. И та буква, что внизу, поднимает этот порядок снизу вверх и соединяется с ними, с двумя парящими буквами, и они становятся тремя буквами, и все они соответствуют буквам «йуд-хэй-вав יהו», и это – три в светящем зеркале, Зеир Анпине. От них, букв «йуд-хэй-вав יהו», отделяются три порядка, и это две буквы и буква, которая поднимается и соединяется с ними, и их три.

Пояснение сказанного. Девять порядков в каждой стороне – это ХУБ и Тиферет, в каждом из которых есть ХУБ и Тиферет. И сказано, что они управляются определенными буквами – т.е. согласно исправлению линий. Ибо огласовки (некудот) находятся в Бине, а буквы (отиёт) – в ЗОН. Поэтому три линии в Бине называются тремя точками (также огласовками) холам-шурук-хирик, а в ЗОН они представляют собой три буквы.

И поэтому сказано: «Все эти девять порядков» – ХУБ и Тиферет, в каждом из которых есть ХУБ и Тиферет, «управляются определенными записанными буквами» – тремя буквами в виде правая-левая-средняя, исходящими от трех точек Бины холам-шурук-хирик. «И каждый порядок следит за теми записанными буквами, которые относятся к нему» – и каждый из девяти порядков следит за этими записанными буквами, т.е. получает наполнение от одной из этих трех букв правой-левой-средней, относящихся к нему: от правой в правой стороне или от левой в правой стороне, или от средней в правой стороне; от правой в левой стороне и т.д., по тому же принципу.

И теперь разъясняется, в чем особенность этих трех букв, и говорится, что «когда эти буквы воспаряют в воздухе той стороны, которая поставлена над всеми, они перемещаются» – т.е. правая буква и левая буква, исходящие от двух точек Бины, холам и шурук; и в тот момент, когда «йуд י» вошла в свет Бины, и свет (ор אור) стал свойством «воздух (авир אויר)», буквы ЭЛЕ (אלה) имени Элоким (אלהים) упали из нее в ЗОН, и она осталась с буквами МИ (מי) имени Элоким (אלהים), и это – точка холам, свойство хасадим и корень правой линии.

А затем, когда «йуд י» вышла из воздуха (авир אויר) Бины, и буквы ЭЛЕ (אלה) вернулись к ней, стали буквы ЭЛЕ корнем левой линии, и это – Хохма без хасадим, точка шурук. И тогда две линии МИ (מי) ЭЛЕ (אלה) находятся в разногласии: одна – полностью хасадим, а другая – полностью Хохма, и каждая хочет отменить свечение другой. Поэтому они меняются от суда к милосердию, и от милосердия к суду. Когда одерживает верх левая линия, ЭЛЕ, усиливается власть суда, а когда берет верх правая линия, МИ, усиливается власть милосердия, т.е. хасадим правой линии. И потому, хотя «йуд י» уже вышла из воздуха (авир אויר), две линии еще находятся в свойстве «воздух», т.е. в ВАК, на ступени руах, поскольку они меняются и не светят.

И сказано: «Когда эти буквы воспаряют в воздухе» – т.е. правая буква, исходящая от МИ, и левая буква, исходящая от ЭЛЕ, до выхода средней линии, и они «воспаряют в воздухе той стороны, которая поставлена над всеми» – т.е. в воздухе Бины, поставленной над всеми мохин в мирах. Иначе говоря, все мохин исходят от нее. Ведь корень воспарения в воздух, т.е. разногласия правой и левой линии, находится там, в Бине, ибо в час, когда преобладает левая линия, «йуд י» выходит из воздуха (авир אויר), а в час, когда преобладает правая, «йуд י» снова входит в свет (ор אור), и он становится воздухом (авир אויר). И поэтому сказано, что «они перемещаются», то есть переходят то к правой линии и милосердию, то к левой и суду.

И мы уже знаем, что для согласования правой и левой линии и соединения их друг с другом, Зеир Анпин становится свойством МАН в Бине, так как поднимается к ней вместе с буквами ЭЛЕ, с которыми он слит.[367] И тогда совершается зивуг де-акаа со стороны высшего света на экран Зеир Анпина, и выходит ступень хасадим, согласующая и соединяющая две линии, МИ (מי) ЭЛЕ (אלה), друг с другом. И тогда полностью завершается имя Элоким (אלהים). И это – точка хирик и средняя линия.

Поэтому сказано: «И одна буква» – буква, которая исходит от точки хирик в Бине, «снизу получает удар» – т.е. на нее происходит зивуг де-акаа, и он совершается снизу, т. е. от Зеир Анпина, который поднялся к Бине в качестве МАН. И так на любой ступени: считается, что средняя линия в ней приходит от нижней ступени, поднимающей МАН, т.е. нижний всегда поднимается вместе с АХАП высшего, с которыми он слит, и становится там средней линией.[368]

И поэтому сказано: «И эта буква поднимается и опускается, а две буквы парят над ней» – средняя буква поднимается снизу и согласовывает две линии высшего, «и две буквы» высшего «парят над ней». Иначе говоря, она устанавливает мир между ними, потому что поддерживает свечение их обеих, так чтобы левая линия светила снизу вверх, а правая – сверху вниз.[369]

И сказано, что «та буква, что внизу, поднимает этот порядок снизу вверх» – и буква, приходящая снизу, поднимает порядок, т.е. свечение левой линии, чтобы он светил снизу вверх. «И соединяется с ними, и они становятся тремя буквами» т.е.

---

[367] См. выше, п. 30, со слов: «И сказано: "Йуд – это подъем желания"...»
[368] См. выше, п. 30, со слов: «Кетер и Хохма, которые остались в Бине...»
[369] См. Зоар, главу Берешит, часть 1, п. 50.

буква, поднимающая снизу в качестве МАН, соединяется с двумя высшими буквами, с правой буквой и с левой буквой, и они становятся тремя буквами правая-левая-средняя.

«Все они соответствуют буквам "йуд-хэй-вав יה״ו", и это – три в светящем зеркале». Объяснение. «Йуд-хэй-вав יה״ו», находящиеся в светящем зеркале, – это ХАГАТ Зеир Анпина, т.е. три линии в нем. И говорится, что те три буквы, которые здесь, в Скинии, т.е. в Нукве, притягиваются и действуют соответственно трем линиям Зеир Анпина, т.е. буквам «йуд-хэй-вав יה״ו». «От них отделяются три порядка» – от этих «йуд-хэй-вав יה״ו» нисходят три порядка, три линии, «и это две буквы» – правая буква и левая буква, «и буква, которая поднимается» – средняя буква, «соединяется с ними» – соединяется с этими двумя, «и их три» – и это три буквы в свойстве «йуд-хэй-вав יה״ו» Зеир Анпина.

И этого уже достаточно, чтобы выяснить сказанное в начале этой статьи, то есть что порядки работ по возведению Скинии подразделяются следующим образом:

«От этих – по три» – т.е. соответственно ХУБ и Тиферет, включенным в каждую сторону.

«От этих – по четыре» – соответственно четырем сторонам ХУБ ТУМ. И их двенадцать, так как четыре стороны – это ХУБ ТУМ, включенные друг в друга, а в каждом из них – всего лишь три: ХУБ и Тиферет, и отсутствует Малхут.

«От этих – по два» – соответственно двум буквам в Нукве, правой и левой, исходящим от точек холам-шурук.

«От этих – по одному» – соответственно средней букве, которая приходит снизу от Нуквы и исходит от точки хирик, и становится в ней (в Бине) МАНом, и на него происходит зивуг де-акаа, выводящий ступень руах, которая согласовывает и соединяет правую и левую линии друг с другом.

Но в отношении этих трех линий необходимо еще выяснить, что означают девять порядков в каждой стороне, и это мы выясним далее.

260) Эти две высшие буквы, поднимающиеся в воздухе, правая и левая, включены друг в друга – милосердие в суд. И правая буква – это хасадим и милосердие, а левая буква – это Хохма без хасадим и суд. И из-за своей противоположности, они считаются двумя. И они исходят от высшего мира, и являются свойством захар, а буква, которая поднимается и соединяется с ними, средняя буква, – это нуква, так как на ее экран совершается зивуг де-акаа. И она включена в обе, т.е. обе буквы, правая и левая, соединяются со средней буквой, и в ней самой образуются три буквы – правая, левая и средняя.

И так же, как и вся Нуква состоит из двух сторон, правой и левой, которые она получает от Зеир Анпина, как сказано: «Левая рука его у меня под головою, а правая обнимает меня»[370], и соединяется с ними, так и средняя буква, являющаяся нуквой, соединяется с двумя другими буквами, и они становятся в средней букве двумя сторонами, правой и левой. Две буквы в ней стали высшими, а сама она – ниже них, и все три буквы стали одним целым: захар и некева. Иными словами, они стали едины в зивуге, как захар и некева, где две высшие буквы – это захар, а средняя буква – некева.

Ведь при сотворении мира, т.е. когда вышли три линии в Бине, чтобы сотворить мир, ЗОН, эти две буквы, правая и левая, произошли от высшего мира, Бины. И они породили по точному образу своему все действия внизу, а не средняя линия Бины. Поэтому две эти буквы считаются свойством захар. И потому каждый, кто постигает их и осторожен с ними, любим наверху и любим внизу.

Объяснение. Сотворение мира, ЗОН, произошло благодаря подъему ЗОН в качестве МАН к двум линиям Бины, правой и левой, который стал там средней линией и получил тогда все мохин, имеющиеся в Бине, как сказано: «Трое выходят благодаря одному, один находится в трех»[371]. И получается, что только две линии Бины, правая и левая, дают все мохин Зеир Анпину и Нукве, так как средняя линия Бины – это сами ЗОН. Таким образом, сотворение мира осуществилось посредством всего лишь двух букв, правой и левой, и потому они считаются свойством захар, а средняя буква – свойством некева.

---

[370] Писания, Песнь песней, 2:6.
[371] См. Зоар, главу Берешит, часть 1, п. 363.

261) Все эти буквы, т.е. все двадцать семь букв алфавита, являются свойством захар и некева, чтобы включиться друг в друга как одно целое. То есть буквы, относящиеся к правой и левой линиям, являются свойством захар, а относящиеся к средней линии – свойством некева. Буквы свойства захар передают высшие воды, а буквы свойства некева поднимают МАН (воды нукв), и всё соединяется и становится одним целым. И это – совершенное единство. И поэтому тот, кто постигает эти виды единства и осторожен в том, чтобы правильно направить их – счастлив его удел в этом мире и в мире будущем. Ибо это – подобающая основа совершенного единства.

«По три» – буквы делятся на группы по три, два захара – наверху, и одна некева – внизу, «с одной стороны и с другой стороны, в полном единстве». Иными словами, правая и левая буквы объединяются в единое целое посредством средней буквы, «и это совершенство всего». «И все они» – т.е. все группы, в каждой из которых содержится три буквы алфавита, «расположены в надлежащем высшем порядке» – как наверху, в Бине, «где этот порядок по три является одним целым». Объяснение. Когда вышли три основные линии в Бине, они включились друг в друга, и в ней образовались три группы по три линии. Поэтому двадцать семь букв в Нукве тоже делятся вслед за ними на группы по три буквы.

262) И после того как разъяснились девять порядков первого построения, в восточной стороне, Тиферет, разъясняется второе построение, относящееся к южной стороне, Хесед. «Три порядка есть в этой стороне, и в каждом из порядков – по три, всего девять порядков. И все они происходят от порядка праотцев» – т.е. трех линий наверху, в Бине, Авраама, Ицхака и Яакова, «согласно порядку следования букв "йуд-хэй-вав יהו" в святом имени». «Все эти девять порядков управляются этими известными буквами» – тремя группами трех букв правая-левая-средняя, «и перемещаются с ними». «И множество воинств и десятки тысяч ангелов внизу, в мирах БЕА, перемещаются и управляются посредством этого порядка южной стороны.

263) Третье построение, относящееся к северной стороне, это Гвура. Три порядка есть в этой стороне, и их девять, так как в этих порядках есть по три на каждую сторону – всего девять. И

эти девять порядков исходят от трех сторон правой-левой-средней.

264) «Двадцать семь порядков соответствуют двадцати семи буквам. И хотя их только двадцать две, но в целом» – двадцать две буквы и двойные «**манцепах**»[372], «их двадцать семь». «И порядок таков. Эти двадцать семь порядков распределяются по три в каждой стороне, три в восточной стороне, три – в южной, и три – в северной, и поскольку три в каждой стороне состоят друг из друга, то три с одной стороны – это девять, и три с другой стороны – девять, и три с третьей стороны – девять. Таким образом, все вместе – это двадцать семь букв».

265) И эти двадцать семь букв состоят из девяти букв свойства некева, которые соединяются с восемнадцатью другими порядками свойства захар. И всё – как должно быть.

Объяснение. Мы уже выяснили[373], что каждые три буквы – это три линии, исходящие от трех линий Бины. Две высшие буквы, правая и левая, являются свойством захар, а третья буква под ними – некева. Девять букв, присутствующие в каждой стороне, – это три группы по три.

Таким образом, в каждой стороне есть шесть букв свойства захар – три раза по две буквы, правая и левая, в каждой группе, а также три буквы свойства некева – три средние буквы каждой группы. Следовательно, есть шесть захаров и три некевы в восточной стороне, шесть захаров и три некевы в южной стороне, а также шесть захаров и три некевы в северной стороне. И вместе это восемнадцать захаров и девять некевот.

Поэтому сказано: «И эти двадцать семь букв состоят из девяти букв свойства некева» – так как три буквы свойства некева присутствуют в каждой стороне, а три раза по три – девять. И шесть букв свойства захар присутствуют в каждой стороне, а три раза по шесть – восемнадцать. Таким образом, двадцать семь букв делятся на восемнадцать свойства захар и девять свойства некева.

---

[372] Пять букв с двойным написанием: мэм, нун, цади, пэй, хаф. Второй вариант написания используется, когда они стоят в конце слова.
[373] См. выше, п. 261.

266) Подобно этим буквам, имеющимся в высшем мире, в Бине, есть другие буквы внизу, в Нукве. Высшие буквы, в Бине, – большие, а нижние буквы, в Нукве, – малые. И всё это – одно в подобии другому: всё, что имеется в буквах Бины, имеется и в буквах Нуквы. И в них есть все свойства захар и некева, имеющиеся в буквах. И всё это едино в своем совершенстве. Иными словами, всё, что имеется в высшем мире, имеется и в нижнем.

Память и воспоминание

267) «И помнил Всесильный о Рахели, и услышал ее Всесильный, и отверз утробу ее»[374]. Ибо сыновья зависят от удачи (мазáль מזל), как сказано: «Река вытекает из Эдена», и разливается (мэзи́ль מזיל) и орошает сад, т.е. Зеир Анпина.[375] Поэтому сказано о ней: «И помнил», так как память (зхирá זכירה) – от свойства «помни (захор זכור)», т.е. Зеир Анпина, а воспоминание (пкида פקידה) – от Нуквы.[376] Сказано: «И Творец (ве-АВАЯ) вспомнил о Саре»[377] – т.е. это не исходит от удачи (мазаль מזל), так как о ней не сказано: «Помнил». И если сыновья зависят от удачи, а не от Нуквы внизу, то ведь здесь, в случае с Сарой, это не исходило от удачи? Однако сказано: «И Творец (ве-АВАЯ) вспомнил», и это включает в себя всё как одно целое, так как «И Творец (ве-АВАЯ)» означает – Он и Его суд, т.е. Зеир Анпин вместе с Нуквой. А значит, в случае с Сарой есть также память (зхира זכירה) от Зеир Анпина, т.е. удача (мазаль מזל).

268) Если «И Творец (ве-АВАЯ)» включает Зеир Анпина и Нукву вместе, память и воспоминание, почему еще сказано: «Вспомнил» – ведь «И Творец (ве-АВАЯ)» и так уже включает в себя воспоминание? Однако память была до этого, и этот ключ, относящийся к рождению сыновей, уже был передан вниз, как сказано: «Союз же Мой заключу с Ицхаком, которого родит тебе Сара»[378]. И сказано: «К сроку вернусь Я к тебе, как в пору сию – и у Сары сын»[379]. И поскольку уже была память на ступени Зеир Анпина, как сказано: «Союз Мой», что означает Есод Зеир Анпина, сказано затем о воспоминании, Нукве, чтобы было включение всего вместе, т.е. чтобы были в ней память и воспоминание вместе.

269) «И помнил Всесильный о Рахели». «И также услышал Я стенание сынов Исраэля, которых египтяне порабощают, и

---

[374] Тора, Берешит, 30:22. «И помнил Всесильный о Рахели, и услышал ее Всесильный, и отверз утробу ее».
[375] См. Зоар, главу Ваера, п. 424.
[376] См. Зоар, главу Ваера, п. 423.
[377] Тора, Берешит, 21:1. «И Творец вспомнил о Саре, как сказал, и сделал Творец для Сары, как обещал».
[378] Тора, Берешит, 17:21. «Союз же мой заключу я с Ицхаком, которого родит тебе Сара к этому же времени следующего года».
[379] Тора, Берешит, 18:14. «Ужели для Всесильного недоступное есть? К сроку вернусь Я к тебе, как в пору сию, и у Сары сын».

помнил Я союз Мой»³⁸⁰. «И помнил» – это память, потому что она наверху, в Зеир Анпине, так как удача (мазаль מזל), которая находится наверху, в свойстве захар, приходит к воспоминанию, Нукве, внизу, когда она в изгнании, чтобы вызволить ее. Подобно этому: «И помнил Всесильный о Рахели», так же как: «И помнил Я союз Мой». Объяснение. «Помнил» – означает память, Зеир Анпин. «И помнил Всесильный о Рахели» – т.е. о Нукве, воспоминании. То есть память, подразумеваемая под словами «И помнил», пришла к Рахели, которая является воспоминанием, и дало ей обилие сыновей. А имя Элоким в словах: «И помнил Всесильный (Элоким)» – это свойство Бины.

270) Сказано: «Вспоминая вспомнил Я о вас»³⁸¹. Возможно ли вспоминание в Нукве, которая в это время была в изгнании? Если она в изгнании, как же она раскрылась здесь Моше? И как сказала: «Вспоминая вспомнил»?

271) «Но когда солнце светит, оно на небесах, и могущество и сила его правят повсюду на земле. Подобно этому, сказано: "Полна вся земля славой Его"³⁸². Когда существовал Храм: "Полна вся земля славой Его" – и это святая земля, т.е. Нуква. И тогда происходит раскрытие Шхины. «Теперь же, когда Исраэль в изгнании, Шхина находится наверху» – выше хазе Зеир Анпина, и там свойство «небеса», т.е. укрытые хасадим, и она не раскрывается на земле, «однако могущество ее нисходит на землю» – подобно тому, как солнце прячется в небесах, но силой и могуществом его полна земля. «И она окружает Исраэль, чтобы защищать их, хотя и находятся они в другой земле, в изгнании».

272) «Есть Шхина внизу» – ниже хазе Зеир Анпина, «и есть Шхина наверху» – выше хазе Зеир Анпина. «Шхина наверху – в двенадцати пределах высших строений и двенадцати высших животных» – т.е. четыре сфиры ХУБ ТУМ, в каждой из которых есть ХУБ и Тиферет, и они составляют число двенадцать. Это двенадцать пределов, а также двенадцать больших животных, когда они от хазе и выше. «А Шхина внизу – в двенадцати

---

³⁸⁰ Тора, Шмот, 6:5.
³⁸¹ Тора, Шмот, 3:16. «Иди, собери старейшин Исраэля и скажи им: "Творец Всесильный отцов ваших, открылся мне – Всесильный Творец Авраама, Ицхака и Яакова, чтобы передать вам: Вспоминая вспомнил Я вас и увидел то, что делают с вами в Египте"».
³⁸² Пророки, Йешаяу, 6:3.

святых коленах.³⁸³ И тогда» – когда обе они в свойстве двенадцати, «соединяется Шхина наверху и внизу» – т.е. обе они становятся единым парцуфом,³⁸⁴ «и всё светит одновременно и вместе. И тогда говорится: "Полна вся земля славой Его", и происходит раскрытие Шхины внизу, в этом мире».

«И хотя во время изгнания Исраэля не исправилась Шхина внизу» – ниже хазе, а поднялась выше хазе, «но и наверху она не исправилась» – так как считается, что ей недостает ГАР, «из-за того что не исправилась внизу» – ниже хазе, поскольку недостает ей НЕХИМ, которые находятся ниже хазе. «И потому сказано, что Шхина в изгнании вместе с Исраэлем, ибо она в изгнании с ними» – так как вследствие своего подъема наверх она лишилась ГАР светов и НЕХИ келим, и это является изгнанием.

273) Как исправляется Нуква во время изгнания, чтобы иметь возможность раскрыться внизу? Подобно царю, у которого умер сын. Перевернул он ложе свое из-за траура по сыну и не застилал его, а взял тернии и чертополох, и положил под ложе, и лег на них. Так и Творец, когда был изгнан Исраэль и разрушен Храм, взял тернии и чертополох и положил их под Собой. Сказано: «Явился ему ангел Творца в пламени огня из терновника»³⁸⁵. И сделал Он это потому, что Исраэль были в изгнании. И мы, таким образом, ответили на первый вопрос: «Если Шхина была в изгнании, как же она раскрылась Моше?»³⁸⁶ Она раскрылась ему из терновника, т.е. из состояния несовершенства и судов, – подобным образом она может раскрываться и во время изгнания.

274) Кто находится не в собственном владении, а в изгнании, – что он может вспомнить и что он может сделать? Как Шхина могла сказать: «Вспоминая вспомнил», когда она в изгнании? Однако же «вспоминая» означает, что исходит сверху, от Зеир Анпина, памяти. А «вспомнил» – внизу, в Нукве. Но почему она сказала: «Вспоминая» в значении «помнить», а не сказала напрямую: «Помня»? И это потому, что память о ней уже была до этого, как сказано: «И помнил Я союз Мой»³⁸⁰. И

---

³⁸³ См. выше, п. 161.
³⁸⁴ См. выше, п. 241.
³⁸⁵ Тора, Шмот, 3:2.
³⁸⁶ См. выше, п. 270.

поскольку сказано: «И помнил», то память уже передается с ней, и поэтому она сказала: «Вспоминая вспомнил», где слово «вспоминая» указывает на ту память, которая была передана с ней прежде, ибо знак для слов «вспоминая вспомнил» был у нее еще до этого. Объяснение. Как сказали мудрецы, знак этот передан от Яакова и Йосефа. Яаков сказал: «Вспоминая вспомнит о вас»[387], а также Йосеф сказал: «Вспоминая вспомнит Всесильный о вас»[388]. Ибо для избавления нужны память и воспоминание. И «вспоминая» указывает на память, которая уже была и раньше, а «вспомнил» – на воспоминание.

276)[389] При благословениях один упоминает имя Творца, а двое отвечают ему. Сказано: «Когда имя Творца назову, воздайте славу Всесильному нашему»[390]. «Когда имя Творца назову» – это один, упоминающий имя. «Воздайте славу Всесильному нашему» – это двое других, которые отвечают. Однако что касается Торы, даже если двое сидят и занимаются Торой, они воздают славу, мощь и великолепие Торы Творцу.

277) Зачем нужны трое при благословениях? Все благословения таковы, что один призван благословлять, а двое – отвечать, чтобы возносить хвалу Творцу в трех линиях. Один благословляет – это средняя линия, производящая действие раскрытия света. Двое соглашаются и выполняют его благословения, – это две линии, получающие действие средней линии и светящие благодаря ее силе. Так должны осуществляться благословения, чтобы они соответствовали высшему свойству как подобает и находились в трех.

278) Есть память к добру, и есть память во зло. Есть воспоминание к добру, и есть воспоминание во зло.

Память к добру, как сказано: «И буду помнить Я для них союз с предками»[391], «И помнил Всесильный о Ноахе»[392], «И помнил

---

[387] Тора, Берешит, 50:24.
[388] Тора, Шмот, 13:19.
[389] Пункт 275 в данной редакции текста не приводится.
[390] Тора, Дварим, 32:3.
[391] Тора, Ваикра, 26:45. «И буду помнить Я для них союз с предками их, которых я вывел из страны египетской на глазах народов, чтобы быть им Всесильным, Я – Творец».
[392] Тора, Берешит, 8:1. «И помнил Всесильный о Ноахе, и о всех зверях, и о всем скоте, что с ним в ковчеге; и навел Всесильный ветер на землю, и унялась вода».

Всесильный союз Свой»³⁹³. Память во зло – как сказано: «И помнил Он, что плоть они – дух уходит и не возвращается»³⁹⁴.

Воспоминание к добру, как сказано: «Вспоминая вспомнил Я о вас»³⁸¹. Воспоминание во зло – как сказано: «Припомню Я прутом преступление их и язвами – грех их»³⁹⁵.

279) Вся память и воспоминания к добру – это известные ступени веры. Свойства захар и некева как одно целое – это память и воспоминание. Память – захар, воспоминание – некева. И они к добру. А память и воспоминание во зло – это другая сторона, другой бог, захар и некева как одно: память в свойстве захар, воспоминание – в некева, всегда направленные во зло. И они – одно против другого: свойства захар и некева ситры ахра против свойства захар и некева святости.

От памяти и воспоминания, относящихся к святости, происходят все тайны веры и все высшие святые ступени.

А от памяти и воспоминания ситры ахра происходят все дурные качества, вся смерть и все стороны дурных свойств в мире.

280) Счастлив тот, чей удел на доброй стороне, кто не склоняется к нечистым силам (ситра ахра) и спасается от них. Счастлив тот, кто может спастись от той стороны, и счастливы праведники, которые могут спастись от них (нечистых сил) и вести войну с той стороной. Сказано: «Ибо всеми способами будешь вести войну свою»³⁹⁶ – это война злого начала, с которым человек должен вести войну и властвовать над ним, и спастись от него.

281) Чего только не делал Яаков в отношении Эсава с целью подчинить его сторону, перехитрить ее и действовать против нее обманом везде, где это необходимо, чтобы властвовать над ней в начале и в конце и устроить всё должным образом. И начало и конец словно одно целое – похожи друг на друга.

---

³⁹³ Тора, Шмот, 2:24. «И услышал Всесильный стенание их, и помнил Всесильный союз Свой с Авраамом, Ицхаком и Яаковом».
³⁹⁴ Писания, Псалмы, 78:39.
³⁹⁵ Писания, Псалмы, 89:33.
³⁹⁶ Писания, Притчи, 24:6. «Ибо всеми способами будешь вести войну свою, и помощь – в силе советника».

В начале сказано: «Мое первородство взял»³⁹⁷, а в конце: «И вот ныне взял мое благословение», и в словах «мое первородство (бехорати́ בכרתי)» и «мое благословение (бирхати́ ברכתי)» те же буквы,³⁹⁸ – таким образом, начало и конец были одним целым, одно напоминало другое. И всё это было для того, чтобы повелевать им прямым путем, как и подобает ему. Поэтому счастлив тот, кто спасается от нечистых сил (ситра ахра) и может повелевать ими.

282) Память и воспоминание к добру – когда они как одно целое в вере, т.е. Нукве. Иными словами, когда Зеир Анпин, память, и Нуква, воспоминание, пребывают в зивуге. Счастлив стремящийся за верой, чтобы удостоиться ее, как сказано: «За Творцом последуют – как лев взревет Он, и устремятся (к нему) сыны из-за моря»³⁹⁹.

283) Когда человек возносит свою молитву, пускай не говорит о себе самом: «Помни обо мне и вспоминай меня»⁴⁰⁰, потому что память и воспоминание бывает к добру, но память и воспоминание может быть и во зло. И в будущем обвинители возьмут произнесенное устами его: «Помни обо мне и вспоминай меня» и явятся, чтобы напомнить о грехах человека и наказать его. И используют память и воспоминание о нем во зло. И только если он завершенный праведник, то память и воспоминание во зло, т.е. нечистые ЗОН, проверят за ним грехи и не найдут их, и тогда ему можно сказать: «Помни обо мне, Всесильный мой, к добру»⁴⁰¹.

284) В каком бы состоянии человек не возносил свою молитву, он должен включиться в остальных, быть внутри всего общества. Как в случае с шунамитянкой, которой сказал Элиша:

---

³⁹⁷ Тора, Берешит, 27:36. «И сказал он: "Потому ли нарек ему имя Яаков (יעקב), что он обошел (יעקבני) меня дважды: мое первородство взял и вот ныне взял мое благословение!" И сказал: "Неужели ты не оставил мне благословения?"»

³⁹⁸ См. Зоар, главу Толдот, п. 177.

³⁹⁹ Пророки, Ошеа, 11:10. «За Творцом последуют – взревет, как лев; как лев взревет Он, и устремятся (к нему) сыны из-за моря».

⁴⁰⁰ Пророки, Йермияу, 15:15. «Ты все знаешь, Творец! Помни обо мне и вспоминай меня, и отомсти за меня преследователям моим. Не погуби меня, потому что долготерпелив Ты; знай, что ради Тебя терпел я позор».

⁴⁰¹ Писания, Нехемия, 5:19. «Помни же обо мне, Всесильный мой, к добру – все, что сделал я для этого народа».

«Не нужно ли поговорить о тебе с царем или с военачальником?»[402] «Не нужно ли поговорить о тебе с царем?» – поскольку это был праздничный день, Начало года (рош а-шана). В этот день Малхут небес властвует, чтобы судить мир, и Творец зовется в это время Царем правосудия. Потому сказал ей Элиша: «Не нужно ли поговорить о тебе с царем?» – т.е. он назвал Творца царем.

285) «И сказала она: "Среди народа своего я нахожусь"»[402]. Иными словами, она сказала: «Я не хочу выделяться ничем наверху, а включиться с головой в остальных, и не быть исключением». И так же человек должен влиться в общество и не считать себя чем-то особенным, чтобы обвинители не усмотрели повода напомнить ему о его грехах.

---

[402] Пророки, Мелахим 2, 4:13. «"Не нужно ли поговорить о тебе с царем или с военачальником?" И сказала она: "В среде народа своего я живу"».

Смерть и смертная тень

286) «Раскрывались ли тебе врата смерти и видел ли ты врата смертной тени?»[403] – так сказал Творец Иову, когда тот испытывал страдания из-за судов Творца. Сказал Иов: «Пусть Он убьет меня – на Него уповаю»[404]. «На Него» написано с «алеф א» (לא), а читается с «вав ו» (לו)[405], и все это – в нем. Иначе говоря, здесь кроется два смысла – т.е. он сказал также, что если (Творец) убьет его, он не сможет уповать на Него.

287) Сказал ему Творец: «Разве Я убиваю людей? "Раскрывались ли тебе врата смерти и видел ли ты врата смертной тени?"[403] Сколько врат открыто в той стороне, с помощью которых можно спастись от смерти?! Но все равно смерть царит над ними, потому что все они скрыты от людей, и не знают они об этих вратах». А в будущем сбудутся слова: «И наполнится земля знанием Творца»[406], и истинно сказано: «Уничтожит Он смерть навеки»[407]. Выходит, что они умирают потому, что не умеют остерегаться, а не Творец убивает их.

288) «"И видел ли ты врата смертной тени?"[403] Что это такое – "врата смерти" и "врата смертной тени"? Однако, смерть и смертная тень – словно одно целое» – т.е. это захар и некева как одно целое в зивуге. «"Смерть" – мы уже узнали, что это ангел смерти» – змей, т.е. некева.[408] «Смертная тень (цальма́вет צלמות) – это буквы "тень смерти (цель ма́вет – צל מות)", и это тот, кто восседает на смерти, т.е. Сам, восседающий на змее́. И он – его тень и его мощь, позволяющая совершать зивуг вместе в единой связи. И они едины».

---

[403] Писания, Иов, 38:17. «Раскрывались ли тебе врата смерти и видел ли ты врата смертной тени?»
[404] Писания, Иов, 13:15. «Пусть Он убьет меня – на Него я уповаю; только бы мне утвердить пути свои пред Ним!»
[405] לו – на Него. לא – отрицательная частица «не».
[406] Пророки, Йешаяу, 11:9. «Не будут делать зла и не будут губить на всей Моей святой горе, и наполнится земля знанием Творца, как полно море водами».
[407] Пророки, Йешаяу, 25:8. «Уничтожит Он смерть навеки, и смахнет Творец Всесильный слезу с лица всех, и позор народа Своего устранит Он на всей земле, ибо (так) сказал Творец».
[408] См. Зоар, главу Берешит, часть 1, статью «Змей же был хитрее», п. 437 и далее.

289) «И все ступени, которые исходят от них и связываются с ними» – с этими ЗОН клипы, «являются их вратами, как наверху» – в святости, «как сказано: "Вознесите, врата, главы ваши"[409], и это те, что называются реками и потоками, т.е. основами шести концов (ВАК) мира» – ЗОН святости, «так же и здесь, врата смерти и врата смертной тени нечистых сил (ситры ахра) – это их ступени, властвующие в мире. Врата смерти и врата смертной тени: одни – некева, другие – захар, и оба они слиты друг с другом, словно одно целое».

290) Именно поэтому на все слова Иова, т.е. на сказанное им: «Исчезает облако и уходит – так и нисходящий в могилу не поднимется»[410], и на все остальное сказал ему Творец: «"Раскрывались ли тебе врата смерти?"[403], чтобы мог ты узнать, что все в Моей власти, и всем им предстоит исчезнуть из мира», как сказано: «Уничтожит Он смерть навеки»[407].

---

[409] Писания, Псалмы, 24:7. «Вознесите, врата, главы ваши! И войдет Царь славы»
[410] Писания, Иов, 7:9.

ГЛАВА ВАЕЦЕ

И помнил Всесильный о Рахели

291) «И помнил Всесильный о Рахели, и услышал ее Всесильный, и отверз утробу ее»[411]. Почему здесь дважды сказано «Всесильный (Элоким)»? Разве не достаточно было сказать: «И услышал ее, и отверз утробу ее»? Однако же один – от мира захар, т.е. Бины, называемой Элоким, а один – от мира некева, Нуквы Зеир Анпина, тоже называемой Элоким. Ведь это зависит от удачи, исходящей от мира захар, как сказано: «Сыновья зависят от удачи».[412]

292) Когда пробудилась Рахель с помощью этого имени, Биньямина, как сказано: «Да прибавит мне Творец другого сына»[413], т.е. Биньямина, знал Яаков, что так и будет, поскольку достойна она дополнить все колена до числа двенадцать. И он знал, что она после этого больше не будет жить в мире, и потому захотел пойти тогда в землю Исраэля, чтобы дополнились колена в земле Исраэля и чтобы не умерла Рахель вне земли Исраэля. Но не мог он уйти, потому что Лаван задержал его. Когда же пришло время Биньямина, после того как она забеременела им, бежал (Яаков) и это ему удалось, чтобы не дополнился дом (там) двенадцатью коленами и святой мир, т.е. Нуква Зеир Анпина, не установила с ним связь в другой земле.

293) «И сказал Творец Яакову: "Возвратись на землю отцов твоих, и Я буду с тобой"»[414]. Сказал ему Творец: «До сих пор была Рахель бездетной в доме с тобой. Отныне и далее Я буду с тобой и возьму дом, т.е. Шхину, с тобой, благодаря двенадцати коленам». Сказано: «И когда я переходил из Падана, умерла у меня Рахель»[415]. «У меня» это было и для меня это случилось: Рахель забрана, и вошел другой обитатель, т.е. Шхина, и взял дом ради меня, дабы обитать со мной.

---

[411] Тора, Берешит, 30:22. «И помнил Всесильный о Рахели, и услышал ее Всесильный, и отверз утробу ее».
[412] См. выше, п. 200.
[413] Тора, Берешит, 30:24. «И нарекла ему имя Йосеф, говоря: "Да прибавит мне Творец другого сына"».
[414] Тора, Берешит, 31:3.
[415] Тора, Берешит, 48:7. «И когда я переходил из Падана, умерла у меня Рахель в земле Кнаана, на дороге, не доходя немного до входа в Эфрат, и я похоронил ее там на дороге в Эфрат, он же Бейт-Лехем».

ГЛАВА ВАЕЦЕ

Назначь себе плату

294) «И сказал он: "Назначь себе плату от меня, и я дам ее"»[416]. Что значит «назначь»? Сказал этот злодей: «Вижу я, что Яаков смотрит только на женщин, и потому он будет служить мне». Поэтому он и сказал: «Назначь (ноква נָקְבָה) себе плату от меня», т.е. женщина (некева נְקֵבָה) будет платой твоей, как и вначале. «И я дам ее» – «скажи, какая женщина тебе приглянулась, и я дам ее тебе, и ты будешь служить мне за нее».

295) «И сказал Яаков: "Не давай мне ничего"»[417]. Яаков сказал так: «Ни в коем случае, ведь всё мною сделанное я делал ради славы святого Царя, а не ради своего вожделения. Поэтому не давай мне ничего, так как этого я не имел в виду никогда».

296) «И отделил он в тот день козлов...»[418] Сказано об этом: «Творец, кто будет жить в Твоем шатре? Ходящий в беспорочности, поступающий справедливо и говорящий правду»[419]. «Ходящий в беспорочности» – это Авраам, ибо при обрезании он был назван беспорочным. «Поступающий справедливо» – это Ицхак. «Говорящий правду» – это Яаков. Конечно же, Яаков прилепился к свойству правды. Почему же он обдирал прутья у Лавана, как сказано: «И брал себе Яаков прутья и зачищал»[420]?

297) Однако же Яаков предопределял час удачи во всех этих деяниях, которые совершил. Ибо разрешено человеку определить его час, прежде чем он вернулся в свою землю. Если удача с ним в его делах – хорошо, а если нет – пускай не выходит в путь, пока удача не улыбнется ему. Ибо пропитание зависит не от заслуг, т.е. не от чистых келим, а от удачи, т.е. от авиюта

---

[416] Тора, Берешит, 30:28. «И сказал он: "Назначь себе плату от меня, и я дам ее"».

[417] Тора, Берешит, 30:31.

[418] Тора, Берешит, 30:35. «И отделил он в тот день козлов пестрых и с пятнами, и всех коз с крапинами и с пятнами, всех, что с белизною, и всех бурых овец, и отдал в руки сыновьям своим».

[419] Писания, Псалмы, 15:1-2. «Творец, кто будет жить в Твоем шатре? Кто будет обитать на Твоей святой горе? Ходящий в беспорочности, и поступающий справедливо, и говорящий правду в сердце своем».

[420] Тора, Берешит, 30:37. «И брал себе Яаков прут белого тополя влажного, миндаля и каштана, и зачищал на них белые полоски, обнажая белизну, что на прутьях».

(сильных желаний) Малхут, на который выходит средняя линия, и корень ее – в дикне Арих Анпина.[421] А земля Исраэля – это Малхут, когда она облачается на Иму, и келим ее очень чисты, поскольку удача (мазаль) к Исраэлю не относится. И поэтому он (Яаков) должен был привлечь удачу, когда находился за пределами земли Исраэля, до возвращения в нее. И он привлек ее с помощью прутьев, которые сделал.

298) «И ответит за меня праведность моя перед тобой»[422]. Он ведь сделал это не для того, чтобы взять у Лавана что-либо даром. Напротив, он делал всё это искренне и со всем желанием. Более того, на всё это он получил разрешение от Лавана. Сказано об этом, что ответил ему (Лаван): «Гадал я, и благословил меня Творец ради тебя»[423] – ибо Лаван применял несколько видов ворожбы, испытывая свою удачу: сможет ли он добиться успехов благодаря Яакову. И каждый месяц находил сто голов мелкого скота, сто овец и сто коз в придачу к своему стаду благодаря Яакову, – поэтому он дал ему разрешение.

299) Сто голов мелкого скота, сто овец и сто коз приносил ему Яаков в придачу каждый месяц. Сказано: «Ибо мало было у тебя до меня, а возросло до множества, и Творец благословил тебя благодаря мне»[424]. А благословение свыше – это не менее тысячи от каждого вида. От мелкого скота – тысяча, от овец – тысяча, и от коз – тысяча. Всё, над чем пребывает высшее благословение, составляет не менее тысячи – вплоть до того, что, благодаря Яакову, Лаван взошел к большому богатству.

Объяснение. Корень Лавана – левая линия Бины. Пока не пришел Яаков, чтобы поднять МАН и привлечь среднюю линию, она была темна. И сказал Лаван: «Гадал я, и благословил меня Творец благодаря тебе». А также сказано: «Мало было у тебя до меня» – так как до прихода Яакова у него было мало, поскольку была тьма из-за недостатка хасадим. Когда же пришел Яаков,

---

[421] См. Зоар, главу Берешит, часть 2, п. 110.
[422] Тора, Берешит, 30:33. «И ответит за меня праведность моя перед тобой в последующее время, когда придешь проверять награду мою: всякая некрапчатая и непестрая из коз и небурая из овец – крадена она у меня».
[423] Тора, Берешит, 30:27. «И сказал ему Лаван: «О, если бы я обрел милость в твоих глазах! Гадал я, и благословил меня Творец ради тебя».
[424] Тора, Берешит, 30:30. «Ибо мало было у тебя до меня, а возросло до множества, и Творец благословил тебя благодаря мне. Теперь, когда же сделаю я что-нибудь и для моего дома?»

т.е. Зеир Анпин, и привлек к нему среднюю линию, тогда: «Возросло до множества, и Творец благословил тебя благодаря мне» – потому что благодаря Яакову возникли три линии в Бине, как сказано: «Трое выходят благодаря одному». И тогда заполучил Лаван сфирот от Бины, которые исчисляются сотнями, или Абы, исчисляемые в тысячах. Однако Яаков, представляющий собой среднюю линию, а не Бину, взял лишь ступень Зеир Анпина, сфирот которого исчисляются в десятках.

300) «Когда Яаков попросил оплаты, он нашел лишь по десять от каждого вида» – так как он является средней линией, Зеир Анпином, сфирот которого составляют десять, «и Яаков посчитал это большим богатством» – так как получил свойство Даат, относящееся к рош, «и увидел (разницу), сколько он брал у Лавана по сравнению с тем, что сам давал Лавану своими заслугами». «И всё, что досталось Яакову, досталось в силу этих прутьев, которые он ставил в стаде». Дело в том, что прутья – это авиют Малхут, от которого устанавливается экран де-хирик. И в силу того, что он уменьшает левую линию с ГАР до ВАК, он объединяет ее с правой линией. Это уменьшение с ГАР до ВАК называется силой. И потому сказано: «Всё, что досталось Яакову, досталось в силу этих прутьев» – ибо вследствие того, что он привлек среднюю линию на экран прутьев и вышли три линии в Бине в свойстве «три выходят благодаря одному», Яаков тоже удостоился трех линий в свойстве «один удостаивается трех».

301) «Сколько же трудился тот, кто совершенен» – Яаков, «на Лавана». Сказано: «И назначил расстояние в три дня пути»[425], и он приносил ему всё это богатство. И вместе с тем не захотел Лаван, чтобы оплата Яакова была той, о которой он условился с ним, а брал по десять от одного вида и по десять от другого вида и давал ему. И говорил ему: «Возьми этих. Если они родят пестрых и крапчатых, таковой будет твоя оплата» – т.е. пускай возьмет (Яаков) по десять от каждого вида. Поэтому сказано: «Но ты переменял мою плату десятки раз»[426] – т.е. по десять от того и по десять от этого. Разы (моним מונים) – от слов «каждого вида (мин-мин מין-מין)». Об этом и сказано:

---

[425] Тора, Берешит, 30:36. «И назначил расстояние в три дня пути между собою и между Яаковом. Яаков же пас остальных овец Лавана».
[426] Тора, Берешит, 31:41. «Вот, двадцать лет я в доме твоем: служил я тебе четырнадцать лет за двух дочерей твоих и шесть лет за скот твой, но ты переменял мою плату десятки раз».

«Отец ваш глумился надо мною и переменял мою плату десятки раз»[427]. И за эти десять он трудился на Творца, и (Творец) благословил его. От всего, о чем Лаван условливался с Яаковом, он отступался и брал у Яакова всё, пока Творец не пожалел его и не взял у Лавана силой – т.е. силой экрана де-хирик, называемого «прутья», который уменьшает левую линию с ГАР до ВАК.

---

[427] Тора, Берешит, 31:7. «Отец ваш глумился надо мною и переменял мою плату десятки раз».

Прутья

302) Все эти слова Писания призваны научить мудрости. Некоторые из высших вещей зависят от действий, такие как тфилин и цицит; некоторые – от слов, такие как воззвание «Шма» и молитва; некоторые – от намерения сердца, такие как любовь и трепет. Кто хочет привлечь благословения, достигает этого посредством молитвы в словах и намерении, но некоторые из них не привлекаются молитвой, а зависят от действий.

303) Яаков совершенен, и всё, что он делал – делал с мудростью. Сказано: «И ставил прутья, которые зачищал, в стоках»[428] – всё это он делал с мудростью, чтобы привлечь благословения от источника всего на все высшие ступени, являющиеся его долей и судьбой.

304) Прутья – это ступени суда, содержащие авиют Малхут. «Зачищал» – значит снимал с них суд посредством того, что привлекал на них уровень хасадим. «В стоках (раатим רְהָטִים)» – это как сказано: «Царь пленен кудрями (реатим רְהָטִים)»[429] – потому что от этого царя, т.е. высшего царя, Бины, приходят благословения во все миры. Объяснение. «Стоки (раатим רְהָטִים)» – это келим левой линии Бины, которые, вследствие объединяющего действия средней линии, светят только снизу вверх.[430] И это означает: «Царь пленен кудрями (реатим רְהָטִים)», так как Бина, зовущаяся высшим царем, удерживается этими «кудрями», чтобы не распространяться оттуда вниз. И это случилось потому, что Яаков поставил прутья, на которые вышла средняя линия, «в стоках» – и они больше не могут светить сверху вниз.

305) «Царь пленен кудрями»[429], – этот царь, т.е. Зеир Анпин, пленен и связан этими высшими кудрями, т.е. келим левой линии Бины, через которые все получают наполнение от высшего царя. Иначе говоря, «царь» – Зеир Анпин, «пленен» – т.е. не светит сверху вниз из-за кудрей, келим Бины, что в нем.

---

[428] Тора, Берешит, 30:38. «И ставил прутья, которые зачищал, в стоках, в поилах с водой, куда скот приходит пить, против скота, и они разгорячались, когда приходили пить».

[429] Писания, Песнь песней, 7:6. «Голова твоя, как Кармель и пряди волос на голове твоей, как пурпур; – царь пленен кудрями!»

[430] См. выше, п. 300.

«В поилах с водой»⁴²⁸ – это стоки, вытекающие и доходящие до того места, где они собираются, т.е. Нуквы Зеир Анпина, к которой нисходят стоки Бины, становясь в ней поилами с водой.

«Куда скот приходит пить»⁴²⁸, как сказано: «Поят всех зверей полевых»⁴³¹ – т.е. в то место, где собирается вода, в Нукву, приходят все они, все обитатели миров БЕА, чтобы пить из него.

306) «И они разгорячались»⁴²⁸. Что значит: «И они разгорячались»? «В час, когда веет северный ветер» – на Нукву, т.е. свечение левой линии, Хохма без хасадим, «замерзает вода» – т.е. наполнение, «и не течет наружу» – к трем мирам БЕА. «Когда же пробуждается южный ветер» – т.е. свечение правой линии, хасадим, «вода согревается и лед сходит с нее, и она течет» – в миры. «Тогда пьют все, так как южное тепло вскрывает лед на воде, и все согреваются и с радостью пьют, так как ушел от них северный холод, который был у них раньше.⁴³² Поэтому сказано: «И они разгорячались». Но почему сказано: «И они разгорячались (ва-еха́мна וַיֵּחַ֫מְנָה)» в женском роде, а не в мужском, как сказано дальше: «И разгорячались (ва-ехему́ וַיֵּחַ֫מוּ)»⁴³³ – ведь слово «скот» мужского рода? Однако все они женского рода, потому что скот, приходящий пить, – это ступени Нуквы, и поэтому они считаются некевот, подобно ей, и женский род является намеком на это.

---

⁴³¹ Писания, Псалмы, 104:11. «Поят всех зверей полевых, дикие звери утоляют жажду».

⁴³² См. Зоар, главу Берешит, часть 1, п. 301.

⁴³³ Тора, Берешит 30:37. «И разгорячался (досл. разгорячались) скот перед прутьями, и рождал скот с отметинами на голенях, крапчатых и пятнистых».

И брал себе Яаков прут белого тополя

307) «И потому Яаков собирался действовать мудро» – т.е. направить свои дела согласно высшим ступеням. «И об этом сказано: «И брал себе Яаков прут белого тополя влажного, миндаля и каштана»[434]. А также сказано: «Ибо в Яакове выбор Творца, Исраэль – достояние Его»[435]. Кто кого выбрал: Творец Яакова или Яаков Творца? Но Писание открывает нам, что Творец взял Яакова в Свой удел, как сказано: «Ибо доля Творца – народ Его, Яаков – наследственный удел Его»[436].

308) И Яаков тоже выбрал Его наследие и судьбу в свой удел, и поднялся выше всех ступеней и взял в удел свой «прут белого тополя влажного» – ступень белизны с правой стороны, свет хасадим. А также «миндаля и каштана» – ступень красноты с левой стороны, т.е. свойство судов Бины, после того как она вернулась к Хохме. Ибо два вида судов, с правой стороны и с левой, содержались в прутьях.

309) «И зачищал на них белые полоски», – т.е. удалял суд с миндаля и каштана, представляющих собой левую линию, и соединял их с правой линией. А сам он, т.е. средняя линия, вошел меж ними и взял их как одно целое – и стало всё едино в двух цветах. Иными словами, он вывел ступень хасадим на экран авиюта прутьев, и эта ступень является средней линией, включающей белизну и красноту, т.е. правую и левую линии, хасадим и свечение Хохмы. Но вместе с тем, «обнажая белизну» – делал это так, чтобы раскрывалась белизна на красном, т.е. чтобы свечение Хохмы, краснота, облачилось в хасадим, белизну. И зачем ему всё это? Для того чтобы привлечь благословения к своей ступени, к средней линии, от источника всего, от Бины, являющейся источником трех линий, и установить эту ступень исправления линий, в которой три линии как одно целое.

---

[434] Тора, Берешит, 30:37. «И брал себе Яаков прут белого тополя влажного, миндаля и каштана, и зачищал на них белые полоски, обнажая белизну, что на прутьях».
[435] Писания, Псалмы, 135:4.
[436] Тора, Дварим, 32:9.

310) «В стоках, в поилах с водой»⁴²⁸ – мы уже выясняли.⁴³⁷ И тогда, с помощью этого мудрого действия, т.е. исправления трех линий, благословения привлекаются вниз, и все миры орошаются, и благословения пребывают над ними. Сказано об этом: «Утром будет есть пойманное»⁴³⁸, а затем «вечером будет делить добычу»⁴³⁸ – то есть благословятся все миры внизу, и это три мира БЕА. И Яаков взял свою долю от этих благословений, пребывающих над ним внизу, так как это – доля и удел Творца.

Объяснение. Яаков – средняя линия, а средняя линия – это доля Творца. И все те света, которые средняя линия вызвала своим согласованием наверху, она получает внизу. Поэтому сказано: «И Яаков взял свою долю от этих благословений, пребывающих над ним внизу».

311) «И брал себе Яаков прут белого тополя влажного»⁴²⁸ – он с помощью этого действия намеревался укрепить связи веры: притянуть три связи к Нукве, которая зовется верой, т.е. три линии.

Глас голоса голосов пробудился сверху вниз, и мы смогли открыть глаза. Колесо вращалось во многие стороны, и пробудился приятный голос.

Колесо означает вращение свечения в трех местах холам-шурук-хирик,⁴³⁹ т.е. в трех линиях. Оно вращалось во многие стороны, так как эти свечения включены друг в друга. И возникают три линии, в каждой из которых тоже есть три линии: три линии ХАБАД в правой линии, и все они – моах Хохмы, три линии ХАБАД в левой линии, и все они – моах Бины, три линии ХАБАД в средней линии, и все они – моах Даат.

И всей степени свечения, которое вызвала средняя линия при выходе в двух высших линиях, она удостаивается сама. Поэтому считается, что моах Даат, т.е. средняя линия, сама по себе состоит из трех линий, и каждая из них состоит из трех линий. Таким образом, есть ХАБАД в Хохме де-моах Даат, ХАБАД в Бине де-моах Даат и ХАБАД в Даат де-моах Даат. И

---

⁴³⁷ См. выше, п. 304.
⁴³⁸ Тора, Берешит, 49:27. «Биньямин волк хищный: утром будет есть пойманное и вечером будет делить добычу».
⁴³⁹ См. Зоар, главу Ваера, п. 48, со слов: «И сказано: "Третий цвет..."»

поэтому сказано: «Колесо вращалось во многие стороны» – т.е. три стороны в моах Хохмы, три стороны в моах Бины и девять сторон в моах Даат.

Известно, что две линии, правая и левая, всегда принадлежат самому́ высшему, а все, что распространяется вниз – это только средняя линия, т.е. моах Даат. Таким образом, три стороны в моах Хохмы и три стороны в моах Бины не распространяются вниз, и один лишь моах Даат распространяется вниз. Но не все девять сторон моах Даат распространяются сверху вниз, а только одна из них – средняя сторона трех линий Даат в мохин Даат. Ибо ХАБАД Хохмы де-моах Даат, ХАБАД Бины де-моах Даат и ХУБ де-Даат де-моах Даат считаются двумя высшими линиями. А вниз распространяется лишь Даат де-Даат, что в моах Даат, – только одна из девяти сторон, что в моах Даат.

И это означает: «Глас голоса голосов пробудился сверху вниз». Даат, т.е. Зеир Анпин, поднимающий МАН и становящийся средней линией между Хохмой и Биной, называется голосом.[440] Поэтому моах Даат в целом называется голосом. И поскольку в моах Даат есть девять сторон, трижды ХАБАД, то и ХАБАД де-Даат, что в моах Даат, является средним голосом между двумя голосами: ХАБАД Хохмы де-Даат и ХАБАД Бины де-Даат. А свойство Даат в этом голосе голосов является гласом голоса голосов, так как один лишь он пробудился сверху вниз, а не остальные восемь сторон. И об этом голосе, распространяющемся вниз, сказано: «Пробудился приятный голос».

Теперь Зоар разъясняет понятие «вращение колеса во многие стороны», – три в Хохме, три в Бине и девять в Даат, – в отношении потери и ущерба. Те, кто прилепился к левой линии, зовущиеся спящими и сонными, теряют их. И говорится: «Дремлющие и спящие, у которых сон в зрачках глаз (никвэй эйнаим), – т.е. прилепившиеся к левой линии, – пробудитесь!» И перечисляет ущерб от всех пятнадцати сторон, выходящих вместе со средней линией.

В отношении потерь ХАБАД правой линии, т.е. моах Хохмы, сказано: «Не знают» – Даат, «не смотрят» – Бина, «не видят» – Хохма.

---

[440] См. Зоар, главу Лех леха, п. 6, со слов: «В час, когда руах…»

В отношении потерь ХАБАД левой линии, т.е. мохин Бины, сказано: «Тугие на ухо» – Хохма, «жестокосердные» – Бина, «спящие и не ведающие» – Даат.

В отношении потерь ХАБАД правой линии, моах Даат, сказано: «Тора стоит перед ними» – Даат, «не следят и не ведают, на что смотрят» – Бина, «видят и не видят» – Хохма.

В отношении потерь ХАБАД левой линии, моах Даат, сказано: «Тора поднимает голоса́, смотрите, глупцы» – Бина, «откройте глаза» – Хохма, «и узна́ете» – Даат.

А в отношении потерь ХАБАД средней линии, моах Даат, сказано: «Некому присматривать» – Хохма, «некому прислушаться» – Бина, «доколе будете во тьме из-за своего дурного желания?!» – Даат.

«Взгляните же, чтобы познать» – посредством средней линии, «и раскроется вам сияющий свет» – свет Зеир Анпина, средней линии, зовущейся светящимся зеркалом.

312) «Когда совершенный Яаков был в беде, в чужой земле и власти» – а не в святой земле, «и среди чуждых ступеней, он отверг их все и избрал своим уделом Его долю и наследие» – т.е. в средней линии, «свет из тьмы» – это правая линия, «мудрость из глупости» – это левая линия. «Он почитал своего Владыку, находясь в чужой власти» – в Падан-Араме, это средняя линия. И тогда сказано о нем: «Не будет теперь пристыжен Яаков»[441].

313) Здесь выясняется множество судов, которые властвовали в левой линии до прихода средней линии, и большое совершенство, возникшее с приходом средней линии.

«И брал себе Яаков прут белого тополя влажного»[434]. «Брал себе» означает, что «чистая связь» – т.е. авиют экрана де-хирик, в котором установилась чистая связь, чтобы связать посредством нее в чистоте три линии друг с другом, «поднялась в святая святых» – в Бину, путем подъема МАН, и там вышла на него средняя линия. А оттуда она низошла к Нукве и стала местом поселения для людей, чтобы давать им

---

[441] Пророки, Йешаяу, 29:22.

всё совершенство. «До того, как нашла место поселения» – в Нукве посредством подъема МАН, «это место» – место левой линии в Нукве, «не было местом, и лишено было всего» – света и изобилия, и «лишением было для всех» – нижних, так как им нечего было получать оттуда.

«Это лишение – свойство захар, Сам, вышедший из отбросов Гвуры Ицхака» – ибо эта левая линия до возникновения средней считается отбросами, и является уделом Сама. «А смерть – это его Нуква, и это первородный змей, зовущийся женой-блудницей, о которой сказано: "Ноги ее нисходят к смерти"[442]. Эти двое, лишение и смерть, послушались властного приказа царя». Объяснение. «Царь» – это средняя линия, Зеир Анпин, который путем привлечения хасадим аннулирует суды лишения и смерти. И это определяется как исходящий от него приказ не разрушать мир, и что они послушались его.

314) «Сокровенная тайна, высшая непостижимость, самый скрытый из всего скрытого, (скрытый) от всякой мысли и раздумья», – т.е. Арих Анпин, подразумеваемый под высшим кончиком буквы «йуд י» имени АВАЯ (הויה). «Из него вышла буква "йуд י"» – имени АВАЯ, «и это высшая точка» – т.е. Аба ве-Има, называемые вместе Аба. «Из этой высшей точки выходит всё» – как Хохма, так и хасадим. Буква йуд «произвела дальше букву "хэй ה"» – имени АВАЯ, «и это высшая Има» – ИШСУТ, называемые Има, «которая поит всех» – это мохин Хохмы, называющиеся питьем, которые относятся к Име. «Из нее» – этой хэй, «выходит буква "вав ו"» – имени АВАЯ, «и она тайна шести» – сфирот ХАГАТ НЕХИ, называемых Зеир Анпин, средняя линия, объединяющая правую сторону и левую сторону друг с другом. «И она» называется «прут белого тополя влажного, миндаля и каштана»[434]. Объяснение. Они являются намеком на три линии, включенные в среднюю линию: «прут белого тополя влажного» – ее правая линия, «миндаля» – ее средняя линия, «и каштана» – сама средняя линия.

315) В Зеир Анпин, среднюю линию, включены две высшие линии, правая и левая, называемые руками. «Эти руки выходят и включаются в последнюю хэй» – имени АВАЯ, т.е. в Нукву Зеир Анпина, и тогда Хохма левой руки облачается в хасадим

---

[442] Писания, Притчи, 5:5. «Ноги ее нисходят к смерти, на преисподнюю опираются стопы ее».

правой, «чтобы соединить Скинию», т.е. Нукву, с Зеир Анпином «в одно целое, чтобы стали они едины».[443] «Тогда тринадцать свойств» – милосердия, «становятся одним» – так как числовое значение слова «один (эхад אחד)» – это тринадцать. «И белизна» – т.е. хасадим, «запечатлевается на цветах» – т.е. на ХУБ ТУМ прутьев, «и поднимается» – т.е. властвует, «над всеми их цветами, и об этом сказано: "Обнажая белизну"[434]». И тогда сказано: «Творец един, и имя Его – едино»[444], т.е. оба они едины. И тогда: «Творец – пастырь мой, не будет у меня нужды»[445] – это правая линия, «на пастбищах травянистых Он укладывает меня»[445] – это левая линия, «к водам тихим приводит меня, душу мою оживляет»[445] – это средняя линия.

316) «И брал себе Яаков»[434] – т.е. выбрал себе долю и судьбу. «Прут белого тополя»[434] – это правая линия, «влажного»[434] – значит, вода, хасадим. «Миндаля»[434] – это левая линия, красная как роза. «Каштана»[434] – это средняя линия, включающая их друг в друга. Всех их держит правая линия своим белым цветом и властвует над ними, как сказано: «Обнажая белизну»[434] – т.е. хотя Зеир Анпин, средняя линия, держит две линии, правую и левую, все равно доля его в правой линии, и он запечатлел свечение правой линии во всех. И тогда зовется он «человеком непорочным»[446], т.е. совершенным во всем.

317) «И было, при каждом разгорячении овец крепких ставил Яаков прутья»[447]. Среди станов высших ангелов есть высшие ступени, одни над другими: одни – внутренние, другие – вне их. Внутренние связываются со святым царем, Зеир Анпином, и связываются с Исраэлем, святыми сыновьями Творца, и они называются «овцами крепкими (досл. связанными)» – т.е.

---

[443] См. Зоар, главу Берешит, часть 1, п. 126.
[444] Пророки, Зехария, 14:9. «И будет Творец царем над всей землей, в этот день будет Творец един, и имя Его – едино».
[445] Писания, Псалмы, 23:1-3. «Псалом Давида. Творец – пастырь мой, не будет у меня нужды. На пастбищах травянистых Он укладывает меня, к водам тихим приводит меня, душу мою оживляет. Ведет меня путями справедливости ради имени Своего».
[446] Тора, Берешит, 25:27. «И выросли отроки, и стал Эсав человеком, сведущим в охоте, человеком поля; а Яаков – человеком непорочным, живущим в шатрах».
[447] Тора, Берешит, 30:41. «И было, при каждом разгорячении овец крепких ставил Яаков прутья у стоков перед глазами этих овец, чтобы разгорячались перед прутьями».

станы ангелов, связанные наверху с правой линией, и внизу со средней линией.

Пояснение сказанного. Сыновья – это свет порождения, приходящий не путем распространения ступеней одна из другой, а посредством подъема МАН от нижнего к высшему, т.е. экрана де-хирик, с помощью которого нижний становится средней линией между правой и левой линиями высшего и вызывает в нем обновление света, по принципу «трое выходят из одного». И в той же мере удостаивается его и сам нижний, по принципу «один удостаивается трех». И эта мера, которой удостоился нижний, называется сыном высшего. А две линии высшего, принявшие среднюю линию от нижнего, называются по отношению к нижнему Аба ве-Има (досл. отец и мать).

И потому души Исраэля зовутся сыновьями Творца, как сказано: «Сыновья вы Творцу Всесильному вашему»[448]. Ибо Зеир Анпин и Нуква до зивуга – это две линии, правая и левая, которые светят только вследствие подъема МАН Исраэля к ЗОН, т.е. свойства экран де-хирик, на который создается согласующая средняя линия благодаря зивугу Зеир Анпина и Нуквы. И обновляется, и возникает в них свет в виде «трое выходят благодаря одному», и это значит, что благодаря нижнему, который поднял МАН, в высшем обновились три линии. И в той же мере Исраэль, которые подняли МАН и вызвали это обновление света, тоже удостаиваются трех мохин, зовущихся душами, в виде «один удостаивается в трех». И эти мохин называются сыновьями ЗОН, а ЗОН по отношению к ним считаются как Аба ве-Има, и это означает сказанное: «Сыновья вы Творцу Всесильному вашему»[448].

Вместе с душами от ЗОН рождаются также святые ангелы. И есть среди них два вида: внутренние и внешние. Те, которые исходят от соединения трех линий, считаются внутренними; а те, которые исходят от власти левой линии в момент зивуга, прежде чем она включилась в среднюю линию, – это внешние ангелы.

И это означает сказанное: «Среди станов высших ангелов есть высшие ступени, одни над другими: одни – внутренние, другие – вне их» – те, что происходят от исправления трех

---

[448] Тора, Дварим, 14:1.

линий, внутренние, а те, что происходят от левой линии, внешние. «Внутренние связываются со святым царем, Зеир Анпином, и связываются с Исраэлем, святыми сыновьями Творца». «Святой царь, Зеир Анпин» – это правая линия, а «Исраэль» – это средняя линия, так как они вызвали зивуг. «Связь» – это экран де-хирик, на который выходит ступень хасадим, называемая средней линией.[449] И с помощью нее левая линия тоже связывается с Хеседом и светит.

Таким образом, есть две связи, привлекающие хасадим: правая линия и средняя линия. И потому сказано: «Связываются со святым царем» – это правая линия, «и связываются с Исраэлем» – средняя линия. И сказано: «С Исраэлем, святыми сыновьями Творца», потому что они происходят от обновления света, вызванного ими для Зеир Анпина с Нуквой и называемого сыном, как сказано: «Сыновья вы Творцу Всесильному вашему»[448]. И это означает сказанное: «И они называются «овцами крепкими (досл. связанными)» – т.е. станы ангелов, связанные наверху, и внизу». «Наверху» означает – в правой линии, Зеир Анпине, «и внизу» означает – в средней линии, свойстве Исраэль.

318) В час, когда стремление их обращено к высшему сиянию, тогда срединный столп, совершенный Яаков, берет эти прутья, представляющие собой четыре раздела тфилин головы, т.е. четыре мохин ХУБ ТУМ. «Прут» – это экран, на который совершается зивуг, «белого тополя влажного» – это правая линия, раздел «Посвяти Мне каждого первенца»[450]. «Миндаля» – это левая линия, раздел «И будет, когда введет тебя…»[451]. «Каштана» – это средняя линия, которая содержит Зеир Анпина и Нукву, представляющих собой разделы «Слушай, Исраэль»[452], «И будет, если послушаетесь…»[453]. И он поставил их «в стоках», представляющих собой место и емкость для помещения тфилин.[454] Отсюда получают свет и сияние все высшие воинства

---

[449] См. выше, п. 299.
[450] Начальные слова отрывков первого отдела тфилин. Тора, Шмот, 13:1 и далее до слов «из года в год» (13:10).
[451] Начальные слова отрывков второго отдела тфилин. Тора, Шмот, 13:11 и далее до слов «вывел нас Творец из Египта» (13:16).
[452] Начальные слова отрывков третьего отдела тфилин. Тора, Дварим, 6:4 и далее до слов «на вратах твоих» (6:9).
[453] Начальные слова отрывков четвертого отдела тфилин. Тора, Дварим, 11:13 и далее до слов «сколько дней небеса над землей» (11:21).
[454] См. выше, п. 305.

и станы – те, что связываются наверху, с правой линией и те, что связываются внизу, со средней линией, называемые «овцы крепкие». Когда они получают наполнение «из стоков и поил с водой»[434], они становятся источниками и родниками, чтобы спуститься вниз, в БЕА, и дать наполнение всем.

319) «Поэтому Яаков проводил разделение между высшими святыми ступенями и другими ступенями остальных народов, как сказано: "Держал свои стада особо, и не оставлял их вместе со скотом Лавана"[455]. Он отделял стада для себя, чтобы доля его не была как у остальных народов, так же как выделял себе Яаков ступени веры наверху» – т.е. «овец крепких»[434], рождающихся от Нуквы, называемой «вера», которых он отделял от внешних станов, исходящих от левой линии. «И так же он должен был отделять и ступени святых станов внизу» – ягнят, рождавшихся от крепких овец, он отделял от слабых, которые рождаются от внешних станов, «чтобы связать их с собой в чертогах госпожи» – т.е. Нуквы. Сказано о них: «А ягнят отделял Яаков»[455].

320) «И все они занесены в список высшего Царя» – Зеир Анпина, т.е. средней линии. «Ибо так же как Исраэль записаны и отмечены среди всех народов, так и ступени станов высших святых ангелов записаны в удел Творца среди прочих воинств и станов ангелов» – не исходящих от средней линии. И потому своей долей и уделом Яаков выбрал веру» – Нукву. «И Творец тоже выбрал Яакова из всех остальных воинств и станов мира».

321) Высшие станы отделены друг от друга, ибо в час, когда в свечении Шхины раскрывается сияние огня, все другие ступени» – исходящие от левой линии, «стыдятся и прикрываются, т.е. укрываются» – из-за страстного желания, исходящего «от этого сияния, к которому они не в силах приблизиться». «А все те святые ступени, которые относятся к исправлению его» – т.е. средней линии, Яакова, «в час, когда это сияние раскрывается, радуются и сразу поднимаются, чтобы приблизиться к нему и установить связь, – и сияние утверждается в них». «И это означает сказанное: "Доставались слабые (атуфим עטפים)

---

[455] Тора, Берешит, 30:40. «А ягнят отделял Яаков, и ставил скот лицом к имеющим пятна на коленях и ко всему бурому скоту Лавана; и держал свои стада особо, и не оставлял их вместе со скотом Лавана».

Лавану"[456]» – те, которые исходят от левой линии, укрывающиеся (митатфим מתעטפים) при раскрытии сияния, «"а крепкие – Яакову"[456]» – те, которые исправлены, чтобы установить с ним связь.

322) «И должен был Яаков выбирать и отделять святые ступени своего удела», которые крепки, «от ступеней остальных народов», которые слабы. «Всё это должен был делать Яаков. И потому Творец письменно сообщил в Торе о верности и праведности Яакова в этих словах, несущих скрытый смысл. Счастлив его удел».

---

[456] Тора, Берешит, 30:41-42. «И было, при каждом разгорячении овец крепких ставил Яаков прутья в стоках перед глазами этих овец, чтобы разгорячались пред прутьями, а когда слабы были овцы, не ставил. И доставались слабые Лавану, а крепкие Яакову».

ГЛАВА ВАЕЦЕ

Благословения – на голове праведника

323) Сказано: «Благословения – на голове праведника»[457]. Следовало сказать: «На праведнике», почему сказано: «На голове праведника»? Однако, голова (рош) праведника – это венец (атэ́рет) святости, т.е. атэрет Есод. И также рош праведника – это Яаков, Тиферет, и гуф. И называется рош праведника, потому что он получает благословения и передает их праведнику, Есоду, который называется праведником, и оттуда они посылаются во все стороны, т.е. в правую и левую стороны Малхут, и все миры благословляются.

324) «Благословения – на голове праведника». Место, являющееся союзом (брит), называется «праведник», и из него источники исходят наружу. Ведь отверстие в кувшине, через которое выливается вино, – это верхняя часть (рош) кувшина, и также рош праведника является таким же местом в то время, когда он направляет свои источники Нукве. Праведник это рош, потому что все благословения пребывают в нем и исходят от него.

325) Тот человек, который удостоился хранить знак святого союза и выполняет заповеди Торы, называется праведником, и он с головы до ног – праведник. О нем говорит Писание: «Благословение – на голове праведника», ибо когда благословения нисходят в мир, они пребывают над головой его, и благодаря ему пребывают благословения в мире, на праведных сыновьях и на праведниках, которых он воспитывает».

---

[457] Писания, Притчи, 10:6. «Благословения – на голове праведника, а уста нечестивых скрывают насилие».

ГЛАВА ВАЕЦЕ

Но не видел я праведника оставленным

326) «Молод я был и состарился, но не видел я праведника оставленным, а потомство его просящим хлеба»[458] – в этом изречении содержится большая мудрость, так как говорится в нем о святом единстве.

327) «Но не видел я праведника оставленным» – это восславление единства Зеир Анпина и Нуквы, и учит оно нас тому, что не бывает дня, Зеир Анпина, без ночи, Нуквы. Ибо ночь всегда соединена с днем, т.е. Зеир Анпин с Нуквой. А праведник, Есод, удерживается наверху, в Зеир Анпине, называемом днем, и удерживается внизу, в Нукве, называемой ночью. И это – совершенное единство, (постигаемое) в постоянном зивуге, который не прекращается.

328) «А потомство (досл. семя) его просящим хлеба»[458]. Но в час, когда дает ей семя, и оно исходит, он не требует и не просит Нукву, ибо тогда она находится с ним, так как они находятся в никогда не прекращающемся зивуге. И она уготована для него, потому что семя это исходит только в час, когда Нуква уже уготована для него, и стремление их обоих – как одно целое, в едином слиянии, которое не прекращается. И поэтому он не должен требовать и просить ее.

Пояснение сказанного. Два вида Хохмы имеется в мире Ацилут:
1. Высшая Хохма, находящаяся в Арих Анпине.
2. Нижняя Хохма, находящаяся в Нукве.

А на всех промежуточных ступенях нет Хохмы. И в этом заключается стремление Зеир Анпина к Нукве – восполниться с ее помощью свечением Хохмы. А Нуква стремится к Зеир Анпину для того, чтобы получить от него семя его, т.е. хасадим, так как Хохма без хасадим – это тьма и стужа.[459] И семя, которое Есод Зеир Анпина, праведник, дает Нукве – это хасадим.

---

[458] Писания, Псалмы, 37:25. «Молод я был и состарился, но не видел я праведника оставленным, а потомство его просящим хлеба».
[459] См. выше, п. 306.

Поэтому сказано: «Но в час, когда дает ей семя, и оно исходит, он не требует и не просит Нукву» – то есть в час, когда праведник дает семя, хасадим, он не требует получения свечения Нуквы, т.е. Хохмы. И здесь приводятся две причины этого:

1. «Ибо тогда она находится с ним, так как они находятся в никогда не прекращающемся зивуге» – Нуква находится с ним в непрекращающемся зивуге, и ЗОН облачают тогда высшие Абу ве-Иму, зивуг которых не прекращается, и они всегда – в хасадим, укрытых от Хохмы. Поэтому и их зивуг не прекращается, и они тоже находятся только в свойстве хасадим, как высшие Аба ве-Има. И поэтому праведник не желает получать свечение Хохмы от Нуквы.

2. «И она уготована для него, потому что семя это исходит только в час, когда Нуква уже уготована для него» – поскольку он уже включил в себя свечение Нуквы, так как семя это дается только в час, когда Нуква уже уготована для него, и он уже содержит в себе ее свечение, «и стремление их обоих – как одно целое» – и потому сейчас устремление их обоих едино, то есть оба они стремятся сейчас только к хасадим.

Ибо до этого зивуга Зеир Анпин стремился включить в себя Хохму, а Нуква (стремилась) к хасадим. А сейчас, после того, как Зеир Анпин уже включил в себя Хохму, он больше уже не стремится к Хохме, а только лишь к хасадим. И поэтому они «в едином слиянии, которое не прекращается». Иными словами, это само по себе является причиной того, что они находятся в непрекращающемся зивуге, потому что при изобилии хасадим нет присоединения клипот, из-за которого зивуг обязан прекратиться. Но если бы в свечении этого зивуга была Хохма, они бы не находились в непрекращающемся зивуге, поскольку в тот момент, когда нижние портят свои деяния, есть присоединение клипот в зивуге ЗОН, и зивуг прекращается.

329) «Но ведь во время изгнания это не так» – т.е. ЗОН не находятся в непрерывном зивуге, а лишь в то время, когда Исраэль находятся на земле своей, и возведен Храм, но не во время изгнания. Однако сказано: «А семя его (не видел) просящим хлеба»[458]. А когда выходит семя? Только когда нуква в зивуге с захаром. Иначе говоря, Писание говорит не о самом праведнике, а о его семени, которое разумеется (исходит только) во время зивуга, а не во время изгнания. Однако сказано:

«И не видел я праведника оставленным» – т.е. говорится о самом праведнике. Как же тогда во время изгнания – ведь праведник в это время оставлен, и нет у него зивуга с Нуквой?

330) Однако и во время изгнания он удерживается наверху, в Зеир Анпине, и никогда не оставляется Зеир Анпином. И поэтому говорит Писание: «И не видел я праведника оставленным» – даже во время изгнания. А в другое время, во время существования Храма, праведник не оставляем также и Нуквой, и тогда он удерживается наверху, в Зеир Анпине, и удерживается внизу, в Нукве. Таким образом, во время изгнания он удерживается наверху, в Зеир Анпине, а в другое время он удерживается в двух сторонах, наверху и внизу, в Зеир Анпине и Нукве, и так или иначе, он никогда не оставляется.

ГЛАВА ВАЕЦЕ

И поместил их Всесильный на своде небесном

331) «И поместил их Всесильный на своде небесном»[460] – это праведник, т.е. Есод. И хотя сказано: «На своде небесном», а небеса – это Зеир Анпин, а не Есод, однако он безусловно называется «на своде небесном», так как является окончанием гуф. Объяснение. «Небеса» – это Зеир Анпин, т.е. Тиферет и свойство гуф сфирот, включающее ХАГАТ НЕХИ, и Есод является его последней сфирой. И считается, словно Есод стоит в окончании этого гуф, т.е. Зеир Анпина, поэтому Писание называет его «на своде небесном» – то есть это Есод, который стоит в окончании небес, в окончании Зеир Анпина.

---

[460] Тора, Берешит, 1:17. «И поместил их Всесильный на своде небесном, чтобы светить на землю».

ГЛАВА ВАЕЦЕ

Два небосвода – начало и окончание

332) Это два небосвода, и они – начало и окончание, и один равен другому. Начало – это восьмой небосвод, на нем расположены все звезды, маленькие и большие. И это высший скрытый небосвод, дающий жизнь всему, и от него всё исходит. Он – восьмой снизу вверх, и он – начало, чтобы произвести от него всё.

333) Такой же восьмой небосвод сверху вниз, на котором расположены все звезды, все света и свечи. Он получает все, и это – окончание всего.

Пояснение сказанного. Небосвод – это парса, новое окончание, (образовавшееся) вследствие второго сокращения, выведшего Бину и ТУМ каждой ступени и опустившего их на ступень, расположенную под ней. А во время гадлута возвращается парса, небосвод, в окончание первого сокращения, и сфирот Бина и ТУМ возвращаются на (свою) ступень.

Обычно есть три парсы в мире Ацилут:
1. Первый небосвод, расположенный в месте в пэ Арих Анпина, который выводит Бину и ТУМ из рош Арих Анпина на ступень Абы ве-Имы, и в рош Арих Анпина остаются только Кетер и Хохма. И он является первым небосводом, потому что в парцуфе Атик не действует второе сокращение, как уже выяснилось, и он только находится в свойстве «разделенный» и «неразделенный».[461]
2. Средний небосвод, стоящий в месте хазе Арих Анпина и выводящий Бину и ТУМ де-ХАГАТ Арих Анпина в место ИШСУТ и ЗОН, расположенных ниже хазе.
3. Нижний небосвод, который стоит в месте окончания мира Ацилут и выводит Бину и ТУМ де-ЗОН Ацилута в БЕА.[462]

А здесь Зоар говорит только о первом и последнем небосводе.

---

[461] См. Зоар, главу Берешит, часть1, п. 2, со слов: «Когда Малхут мира АК произвела парцуф Атик...»
[462] См. Зоар, главу Берешит, часть1, п. 365, со слов: «Пояснение сказанного. Небосвод символизирует парсу, окончание второго сокращения...»

И сказано: «Это два небосвода, и они – начало и окончание, и один равен другому» – т.е. небосвод, находящийся в пэ Арих Анпина и являющийся началом всего, и небосвод, находящийся в месте атэрет Есод Зеир Анпина, который завершает весь мир Ацилут.

«Начало – восьмой небосвод, на нем расположены все звезды, маленькие и большие». «Звезды» – это мохин, и как малые, так и большие зависят и происходят от первого небосвода, потому что в то время, когда он выводит Бину и ТУМ де-рош Арих Анпина наружу, передаются мохин катнута всем парцуфам, а в то время, когда этот небосвод возвращается в окончание первого сокращения, возвращаются Бина и ТУМ де-рош Арих Анпина, и гадлут передается всем ступеням.[463]

«И это – высший скрытый небосвод» – и называется он скрытым потому, что находится под скрытой Хохмой Арих Анпина, «дающий жизнь всему» – всем видам гадлута, «и от него исходит всё» – все виды катнута.

«Он восьмой снизу вверх» – так как Арих Анпин является свойством Хохмы де-МА,[464] а от атэрет Есод до Хохмы есть восемь сфирот, ХУБ и ХАГАТ НЕХИ, и поэтому он считается восьмым. «И он – начало, чтобы произвести от него всё» – потому что от парцуфа Атик, находящегося до него, не исходят мохин в АБЕА.[465]

«Такой же восьмой небосвод сверху вниз» – небосвод, находящийся в месте атэрет Есод Зеир Анпина, восьмого сверху вниз, когда отсчет производится от Арих Анпина, т.е. Хохмы, до Есода, получается восемь сфирот, «на котором расположены все звезды, все света и свечи» – и от него приходят все виды мохин к Нукве и ко всем нижним обитателям БЕА, ибо в то время, когда он выводит БИНУ и ТУМ де-ЗОН за пределы Ацилута, Нуква и все нижние пребывают в катнуте, а в то время, когда отменяется второе сокращение, и он возвращает Бину и ТУМ де-ЗОН в Ацилут, все нижние получают мохин гадлута.[463]

---

[463] См. Зоар, главу Берешит, часть1, п. 366, со слов: «Поскольку все воды, т.е. все эти ступени, включены в этот высший небосвод...»

[464] См. «Введение в науку Каббала», п. 124.

[465] См. Зоар, главу Берешит, часть 1, п. 2, со слов: «Слово «вначале (берешит)» указывает на парцуф Арих Анпин...»

«Он получает всё» – он берет от высших все мохин для нижних, «и это – окончание всего» – т.е. он оканчивает весь Ацилут. И не следует спрашивать: «Ведь Малхут оканчивает Ацилут, а не Есод?» Дело в том, что от атэрет Есод строится весь парцуф Малхут, и поэтому относится это окончание к атэрет Есод.

Так же как восьмой высший небосвод – начало всего, и от него зависят все света, которые получают от высших, и от него выходят во все парцуфы Ацилута, так же и от восьмого нижнего небосвода зависят все света, которые он получает от более высших, и от него они выходят ко всем мирам – к Нукве и к БЕА.

334) Начало и окончание, эти два небосвода, имеют одинаковый вид. Нижний небосвод – это река, которая вытекает и выходит, и воды ее никогда не иссякают, и всё это – для того, чтобы окончание стало равным началу, поэтому сказано: «И поместил их Творец на своде небесном» – т.е. на нижнем небосводе. И зачем они там? Для того, «чтобы светить на землю»[460] – т.е. Нукве и БЕА.

335) Хотя высший небосвод и нижний небосвод – одинакового вида, все же есть различие между ними. И что их отличает? Один, т.е. высший небосвод, дает жизнь и питание высшему миру и всем высшим свойствам, а другой, нижний небосвод, дает жизнь и питание нижнему миру, Нукве, и всем нижним свойствам, находящимся в БЕА.

336) Но ведь этот скрытый высший восьмой небосвод сам является высшим миром? Как может быть, чтобы он питал высший мир, – ведь это означает, что он является свойством, отличным от высшего мира? Однако высший небосвод – это высший мир сам по себе, и все ступени, выходящие от него, называются по имени его, т.е. высшим миром. И все они, высший небосвод и нижний, составляют одно целое.

И пусть не смущает тебя, что высший небосвод находится в пэ Арих Анпина, но здесь говорится, что это высший мир, а высший мир – это Бина. Поэтому и сказано, что это – два мира. Другими словами, в каждом парцуфе есть только два мира: выше хазе считается высшим миром, а ниже хазе – нижним миром. Соответственно, и выше хазе Арих Анпина считается полностью высшим миром, и он тоже считается Биной, поскольку небосвод, представляющий собой второе сокращение, образовался лишь над Биной Арих Анпина, которую он вывел наружу из рош.

ГЛАВА ВАЕЦЕ

Насыщаются деревья Творца

337) «Насыщаются деревья Творца – кедры Леванона, которые насадил Он»[466]. «Леванон» – это Бина, вернувшаяся к Хохме. Ибо «Леванон (לבנון)» – это «тридцать два (ламед-бэт לב)» пути Хохмы и «пятьдесят (нун נן)» врат Бины.[467] «И там гнездятся птицы, жилище аиста – в кипарисах»[466]. «"И там гнездятся птицы" – в каком месте? В Леваноне» – высшей Бине Арих Анпина, вернувшейся к Хохме. «И это две птицы, о которых говорится во многих местах» – т.е. две Нуквы Зеир Анпина, Лея и Рахель. «И от них отделяются несколько других птиц» – т.е. в БЕА. «Но эти две птицы – они высшие» – в Ацилуте. «Они направляются из Леванона, который наверху, и это скрытый смысл сказанного: "А у Лавана – две дочери"[468]» – т.е. две птицы, Лея и Рахель. И Лаван это свойство Леванон, потому что Лаван – это захар, а Леванон – захар с нуквой.

338) «Жилище аиста – в кипарисах»[466] – в шести высших сыновьях, шести окончаниях мира ХАГАТ НЕХИ, нисходящих из высшего мира, Бины, и считающихся жилищем Бины. Почему Бина называется аистом? Но хотя этот высший мир и является некевой, Биной, называют ее захаром, ибо когда распространяются всё благо и весь свет, он распространяется и выходит от нее, а дающий называется захаром.

339) И поскольку Бина – «хасида (аист)», исходит от нее свет Хесед, являющийся первым светом, о котором сказано: «И сказал Всесильный: "Да будет свет!"»[469] И поэтому сказано, что жилище ее – в кипарисах. Следует читать не «брушим (кипарисы ברושים)», а «бе-рошим (в верхушках ברשים)», потому что Бина – это ГАР, и жилище ее, ХАГАТ НЕХИ ее, находятся в «рошим» – т.е. в свойстве рош и ГАР. Ибо жилище нижнего мира, Нуквы, находится в нижних, а не в рошим; т.е. она является свойством ВАК, а не рош и ГАР, и она – судебная палата мира. А иногда нижний мир, Нуква, называется также как и

---

[466] Писания, Псалмы, 104:16-17. «Насыщаются деревья Творца – кедры Леванона, которые насадил Он. И там гнездятся птицы, жилище аиста – в кипарисах».

[467] См. Зоар, Главу Берешит, часть 1, п. 295.

[468] Тора, Берешит, 29:16. «А у Лавана две дочери: имя старшей – Лея, а имя младшей – Рахель».

[469] Тора, Берешит, 1:3.

высший мир, Бина, – всеми его именами, т.е. в то время, когда Нуква, поднявшись, облачает Бину.

340) И об этой Нукве сказано: «И раскаялся Творец... и опечалился»[470] – поскольку с этим местом связаны суды и печаль. Однако всё, находящееся наверху, в Бине, наполнено светом и жизнью во всех сторонах. Мы учили: «Не бывает печали пред лицом Творца». Именно «пред лицом», что указывает на внутреннее свойство, Бину, и только в нем нет печали. Но во внешнем свойстве, Нукве, есть печаль. Поэтому сказано: «Служите Творцу в радости, предстаньте пред Ним с пением»[471]. «Служите Творцу в радости» – соответствует высшему миру. «Предстаньте пред Ним с пением» – соответствует нижнему миру.

---

[470] Тора, Берешит, 6:6. «И раскаялся Творец, что создал человека на земле, и опечалился в сердце Своем».
[471] Писания, Псалмы, 100:2.

ГЛАВА ВАЕЦЕ

Прутья (2)

341) «Если ты мудр, то мудр для себя, а если кощунствуешь, ты один пострадаешь»[472]. Горе грешникам мира, которые не знают и не изучают сказанное в Торе. А когда они изучают ее, то из-за того, что нет у них разума, слова Торы кажутся им пустыми речами, в которых нет никакой пользы. И всё это потому, что лишены они знания и разума, ведь все слова Торы – возвышены и бесценны. И каждое слово, написанное в ней, дороже жемчуга.

342) И когда все эти глупцы с непроницаемым сердцем видят слова Торы, то мало им незнания, но они еще говорят, что слова эти извращены и нет в них проку. Горе им, когда Творец спросит с них за позор Торы, и будут они преданы наказанию, которое заслужили восстающие против Господина своего.

343) Сказано о Торе: «Это вам не слово пустое»[473]. А если оно пустое – только для вас пустое оно. Ведь вся Тора полна разными драгоценными камнями и дорогими жемчугами, и всем благом, которое только есть в мире.

344) Сказал царь Шломо: «Если ты мудр, то мудр для себя»[472], – ибо, когда человек становится мудрым в Торе, то вся выгода относится к нему, а не к Торе, ведь к Торе он не может добавить ни одной буквы. «А если кощунствуешь, ты один пострадаешь»[472] – потому что слава Торы никак не пострадает от этого, а кощунство принадлежит лишь ему одному, и остается с ним, чтобы искоренить его из этого мира и из мира будущего.

345) Когда все высшие буквы, т.е. ступени Бины, соединяются на этой ступени, являющейся концом высших святых ступеней, т.е. на ступени Нуквы, и она наполняется от них и благословляется от высшего мира, т.е. Бины, эта ступень готова напоить все стада, – каждого, как подобает ему, и каждый наполняется судом и милосердием.

---

[472] Писания, Притчи, 9:12. «Если ты мудр, то мудр для себя, а если кощунствуешь, ты один пострадаешь».
[473] Тора, Дварим, 32:47. «Ибо это вам не слово пустое, но это жизнь ваша, и этим продлите вы дни на земле».

346) Сказано: «И ставил прутья, которые зачищал, в стоках»[474]. Ибо Яаков явился, чтобы исправить вечернюю молитву, т.е. Нукву, в свойстве левой линии, которая является тьмой, и дать свет луне, т.е. Нукве ночного правления, и напоить ее и благословить ее со всех сторон, т.е. как справа, так и слева. Как сказано: «И ставил прутья», – это суды свойства Малхут, находящиеся в ее экране, и гвурот, исходящие от высшей Гвуры, т.е. от левой линии Бины. Иными словами, прутья содержат два вида судов, Малхут и Бины.

347) И Яаков, когда он хотел исправить эту ступень, т.е. Нукву, устранил все эти суды и гвурот из прутьев. И в отношении судов в них сказано: «И зачищал на них белые полоски»[475] – т.е. притянул хасадим на экран. А о гвурот сказано: «Обнажая белизну»[475]. И он поставил эти прутья «в стоках»[474], – в четырех стоках, т.е. четырех келим ХУБ ТУМ, находящихся под «колодцем, выкопанным старейшинами»[476], т.е. под Нуквой, исправленной с помощью ХАГАТ Бины, называемых «старейшины». И она состоит из четырех келим ХУБ ТУМ, называемых «стоки», и наполняется от ручьев и высших источников, т.е. от сфиры Бина. Ведь когда вода выходит из этого колодца святости, эти четыре, т.е. ХУБ ТУМ, берут всё, и поэтому они называются «стоки», и все приходят напиться оттуда, – ангелы и души.

348) И все эти суды и гвурот, которые он устранил из прутьев, стоят в стоках, чтобы каждый получал оттуда то, что ему подобает. Как сказано: «Куда скот приходит пить, против скота»[474]. Дважды сказано «скот», т.е. одни против других – ступени, способные принимать хасадим, стояли против ступеней, способных принимать суды и гвурот. «И они разгорячались, когда приходили пить»[474] – ведь когда ангелы, которые называются «скот», облачаются в хасадим и принимают суд, они горячатся от этого суда, так как получение суда в себя называется нагреванием, и отправляются бродить по миру, чтобы наблюдать за путями

---

[474] Тора, Берешит, 30:38. «И ставил прутья, которые зачищал, в стоках, в поилах с водой, куда скот приходит пить, против скота, и они разгорячались, когда приходили пить».

[475] Тора, Берешит, 30:37. «И брал себе Яаков прут белого тополя влажного, миндаля и каштана, и зачищал на них белые полоски, обнажая белизну, что на прутьях».

[476] Тора, Бемидбар, 21:18. «Колодец, выкопанный старейшинами, вырытый вождями народа жезлом, посохами своими».

людей, как во благо, так и во зло, т.е. награждая и наказывая, потому что они состоят из хасадим и судов.

349) «И разгорячался скот перед прутьями»[477] – из-за этих прутьев, т.е. судов и гвурот, они разогревались и следили за судами в мире, и командовали ими, и люди подвергались их суду, как сказано: «Дело это принято по решению ангелов-разрушителей и по желанию святых»[478].

350) «Прилепилась к Тебе душа моя, поддерживает меня десница Твоя»[479]. Нужно внимательно рассмотреть этот стих. «Прилепилась к Тебе душа моя» – потому что всегда царь Давид прилеплялся к Творцу всем своим существом и не заботился в мире ни о чем другом, кроме как прилепиться к Нему своей душой и желанием. И когда он прилеплялся к Творцу, Творец поддерживал его и не покидал, как сказано: «Поддерживает меня десница Твоя»[479]. Отсюда следует, что когда человек хочет прилепиться к Творцу, Творец поддерживает его и не покидает.

351) «Прилепилась к Тебе душа моя» – чтобы украсилась его ступень наверху. Ведь когда ступень его прилепляется к высшим ступеням, чтобы подняться за ними, то «десница», т.е. свойство хасадим, поддерживает его, чтобы вознести его и соединить с правой линией в полном единстве, как подобает. Как сказано: «И держать меня будет десница Твоя»[480], и также: «А правая – обнимает меня»[481]. И поэтому говорит Писание: «Поддерживает меня десница Твоя»[479].

352) Когда он держится за Творца, сказано: «Левая рука Его у меня под головою, а правая – обнимает меня»[481]. Это называется неразрывным единством и неразрывной связью

---

[477] Тора, Берешит, 30:39. «И разгорячался скот перед прутьями, и рождал скот с отметинами на голенях, крапчатых и пятнистых».

[478] Писания, Даниэль, 4:14. «Дело это принято по решению ангелов-разрушителей и по желанию святых, чтобы знали все живые, что Всевышний властвует над царством людским. И кому пожелает Он, тому отдаст его, и самого низкого может поставить над ним».

[479] Писания, Псалмы, 63:9. «Прилепилась к Тебе душа моя, поддерживает меня десница Твоя».

[480] Писания, Псалмы, 139:10. «И там рука Твоя поведет меня, и держать меня будет десница Твоя».

[481] Писания, Песнь песней, 2:6. «Левая рука его у меня под головою, а правая – обнимает меня».

с Творцом. И когда связь с Ним становится неразрывной, его ступень наполняется и благословляется.

353) И когда наполняются все эти стоки, они наполняются в четырех сторонах мира, ХУБ ТУМ.[482] И все стада становятся напоены, каждый по своему свойству – посредством этих четырех свойств, ХУБ ТУМ. И когда Яаков явился, чтобы исправить Нукву, он выбрал для себя правую сторону, пригодную для него. А другая сторона, не пригодная для него, отделилась от него, как сказано: «И ставил он свои стада отдельно, и не ставил он их со скотом Лавана»[483]. «Отдельно» – он отделялся, чтобы не поклоняться другим богам, в других сторонах. Счастлива доля Исраэля, о котором сказано: «Ибо народ святой ты у Творца Всесильного твоего»[484].

354) Яаков был избранным из праотцев, и он соединял в себе их всех, поскольку средняя линия, т.е. Яаков, включает в себя две линии, правую и левую, т.е. Авраама и Ицхака. И поскольку он включает их всех, он должен светить луне, Нукве. Ведь Яаков должен исправить вечернюю молитву, т.е. Нукву.

355) И всё это исправление он произвел, как подобает; все эти святые свойства – всех их он установил, каждое в своем исправлении, в средней линии, и отделил свою долю от доли других народов, пребывающих в левой линии. Одни были высшими святыми свойствами в высшей святости, а другие – нечистыми свойствами в грязи скверны.

356) Сказано: «И ставил он свои стада отдельно»[483]. «И ставил он» означает, что установил исправления только лишь для одной веры, т.е. Нуквы, как сказано: «Тебя избрал Творец, чтобы ты был ему народом, избранным из всех народов»[484]. «И не ставил он их со скотом Лавана»[483], – т.е. не связывал свою долю и судьбу с ними.

---

[482] См. выше, п. 347.
[483] Тора, Берешит, 30:40. «И ягнят отделял Яаков, и обращал он скот к имеющему отметины на голенях и всему бурому из скота Лавана. И ставил он свои стада отдельно, и не ставил он их со скотом Лавана».
[484] Тора, Дварим. 7:6. «Ибо народ святой ты у Творца Всесильного твоего: тебя избрал Творец Всесильный твой, чтобы ты был ему народом, избранным из всех народов, что на лице земли».

357) Поэтому Яаков, избранный из праотцев, выправил свойство веры, и отделил свою долю и судьбу от остальных народов, как сказано: «А вы, прилепившиеся к Творцу Всесильному вашему, живы все вы ныне»[485].

358) Счастлива доля Исраэля, которые выше народов-идолопоклонников, ведь их ступень выше, так как они получают свечение левой линии снизу вверх. А ступень народов-идолопоклонников ниже, потому что они притягивают свет левой линии сверху вниз. Одни – со стороны святости, а другие – со стороны скверны. Одни – справа, другие – слева.

359) Когда был разрушен Храм, сказано: «Убрал Он десницу Свою перед врагом»[486]. И поэтому сказано: «Спаси десницей Своею и ответь мне»[487] – поскольку левая тогда одолела и скверна пересилила. Пока Творец не отстроит Храм и не исправит мир, как полагается, и все не вернется к своему совершенству как подобает, и нечистая сторона не исчезнет из мира, как сказано: «И дух нечистоты изгоню Я из страны»[488], а также: «Уничтожит Он смерть навеки»[489].

360) И останется один лишь Творец, как сказано: «И идолов совершенно не станет»[490]. И сказано: «И велик будет только лишь Творец в тот день»[491], «И нет с ним богов чужих»[492]. Поскольку истреблена будет сила скверны из мира, и как вверху, так и внизу останется один лишь Творец и Исраэль, святой народ для служения Ему, и святым будет назван он, как сказано: «И будет, кто останется в Ционе и уцелеет в Йерушалаиме,

---

[485] Тора, Дварим, 4:4.
[486] Писания, Эйха, 2:3. «В пылу гнева сразил Он всю мощь Исраэля, пред врагом убрал Он десницу Свою; и запылал Он в среде Яакова, как огонь пламенеющий, что (все) пожирает вокруг».
[487] Писания, Псалмы, 108:7. «Чтобы избавлены были любимые Тобой, спаси десницей Своею и ответь мне».
[488] Пророки, Зехария, 13:2. «И будет в день тот, – слово Владыки воинств: истреблю имена идолов из страны, и не будут они более упомянуты, а также (лже) пророков и дух нечистоты удалю из страны».
[489] Пророки, Йешаяу, 25:8. «Уничтожит Он смерть навеки, и отрет Творец Всесильный слезы со всех лиц, и позор народа Своего устранит Он на всей земле, ибо так сказал Творец».
[490] Пророки, Йешаяу, 2:18. «И идолов совершенно не станет».
[491] Пророки, Йешаяу, 2:17. «И унижена будет гордость человеческая, и поникнет надменность людей; и возвеличен будет один только Творец в тот день».
[492] Тора, Дварим, 32:12. «Один Творец водил его, и нет с ним богов чужих».

тот назван будет святым, – все, кто записан для жизни в Йерушалаиме»[493]. И тогда будет один Царь наверху и внизу и один народ для служения Ему, как сказано: «И кто подобен народу Твоему, Исраэлю, народу единому на земле»[494].

361) Шхина соединяется с находящимися в пути, чтобы оберегать их.[495] «Каждый, кто занимается речениями Торы, стараясь постичь ее, удостаивается привлечь ее» – т.е. привлечь Зеир Анпин, называемый Торой. И тогда соединяется благодаря им Зеир Анпин с Нуквой, т.е. Шхиной, в полном единстве.

---

[493] Пророки, Йешаяу, 4:3. «И будет, кто останется в Ционе и уцелеет в Йерушалаиме, тот назван будет святым, – все, кто записан для жизни в Йерушалаиме».

[494] Писания, Диврей а-ямим 1, 17:21. «И кто подобен народу Твоему, Исраэлю, народу единому на земле, (ради) которого ходил Всесильный, чтобы искупить (его) в народ Себе, чтобы сделать Себе имя великое и страшное, изгоняя народы пред народом Твоим, который избавил Ты от Египта».

[495] См. Зоар, главу Берешит, часть 2, п. 224.

ГЛАВА ВАЕЦЕ

Жив Творец, и благословен оплот мой

362) Заговорил рабби Ицхак, провозгласив: «"Жив Творец, и благословен оплот мой, и да будет превознесён Всесильный спасения моего"[496]. В чем смысл сказанного: "Жив Творец" – разве не знаю я, что Творец жив? Но дело в том, что даже праведник» – т.е. Есод, «называется живым» – так как праведник притягивает свечение Хохмы, называемое светом ха́я (жизни), и поэтому называется живым (хай). «Ибо "живой (хай)" – это праведник наверху и праведник внизу» – т.е. как Зеир Анпин наверху, так и его Есод внизу, называются «живой». «Наверху Творец» – Зеир Анпин, «называется живым, как сказано: "Жив Творец (АВАЯ)"». «А внизу праведник» – Есод Зеир Анпина, «называется живым, как сказано: "И Бнайяу бен Йеояда, бен Иш Хай (сын мужа живого)"[497]», что указывает на Есод.

«А почему Творец называется живым? Потому что Он праведник» – т.е. включает также и свойство Есод-праведник. «Ведь праведник называется живым, живущим вечно» – поскольку он притягивает свечение Хохмы, которое называется светом ха́я. И Творец передает Хохму только после завершения НЕХИ (Нецах-Ход-Есод) де-келим, и основным в них является свойство Есод-праведник, и тогда сказано: «Жив Творец (АВАЯ)», т.е. в знак того, что он притягивает Хохму.

«"И благословен оплот мой"[496]. Всё это одно целое, "жив" и "благословен", потому что они неотделимы друг от друга». Так как «жив» означает свечение Хохмы, а «благословен» означает свечение хасадим, и они должны облачиться друг в друга, поскольку Хохма без хасадим – это тьма. И это смысл слов: «Жив Творец, и благословен», – т.е. Хохма и хасадим вместе. «Оплот мой» – это Нуква Зеир Анпина. «И когда они, – "жив Творец (АВАЯ)" и "оплот", – соединяются как одно целое, называется он, "оплот", колодцем живой воды». «Один исходит изнутри» колодца – т.е. «жив Творец (АВАЯ) и благословен».

---

[496] Писания, Псалмы, 18:47. «Жив Творец, и благословен оплот мой, и будет превознесен Всесильный спасения моего».

[497] Пророки, Шмуэль 2, 23:20. «И Бнайяу, сын Йеояды бен Иш Хай, величественный в деяниях, из Кавцеэля. И он сразил двух доблестных воинов Моава, и сошел он, и поразил льва во рву в снежный день».

«А другая наполняется от него» – т.е. «оплот», который называется колодцем.

И называется она «колодцем живой воды» вот почему. «Вода» – это хасадим, которые она получает от «благословенного». «Живой» она называется благодаря свечению Хохмы, которое она получает от «живого». И благодаря роднику, дающему внутри нее два этих свечения, он называется колодцем. И так выясняется внутренний смысл изречения: «Жив Творец, и благословен оплот мой»[496], что это указывает на совершенство зивуга Зеир Анпина с Нуквой, когда она получает от него совершенные мохин, подразумеваемые под словами «жив» и «благословен».

363) «"И будет превознесен Всесильный спасения моего"[496] – это высший мир» – Бина, «который "Возвышен и Превознесен"[498]». «Возвышен над всем, ведь от него все исходит» – т.е. все мохин, существующие в ЗОН и мирах БЕА, исходят от Бины, «и каждый родник, который выходит, чтобы наполнить колодец» – исходит от него. «И оттуда благословляется она» – Нуква, «чтобы светить всем, кто ниже» – Ацилута. «И когда все они наполняются» – изобилием, тогда: «И будет превознесен Всесильный спасения моего» – так как высший возвышается и превозносится посредством большого изобилия, которое он передает нижним.

---

[498] Пророки, Йешаяу, 57:15. «Ибо так говорит Возвышенный и Превознесенный, Существующий вечно и Святой – имя Его: (в месте) высоком и священном обитаю Я, но с тем, кто сокрушен и смирен духом, чтобы оживлять дух смиренных и оживлять сердце сокрушенных».

ГЛАВА ВАЕЦЕ

Не отвращает очей Своих от праведника

364) «Не отвращает очей Своих от праведника, а царями (возводит) на престол и сажает их навеки, и возвышаются они»[499]. Когда грешники не господствуют в мире и исчезают из него, в мире правит праведник, как сказано: «Он (Творец) не даст жить грешнику и угнетенным воздаст по праву»[500], – т.е., когда грешники исчезнут из мира. Сказано после этого: «Не отвращает очей Своих от праведника». Что значит «очей Своих»? Как сказано: «Очи Творца – к праведникам»[501], – так как удостаиваются при этом мохин свечения Хохмы, которые называются «очи». И тогда миром правит праведник, т.е. средняя линия, поскольку нет иной власти, кроме как в свете Хохмы.

365) «А царями (возводит) на престол»[499] – это правящие цари, поддерживаемые престолом, т.е. те, у которых есть свечение Хохмы, называемое властью.

«И сажает их навеки»[499], – т.е. они пребывают на престоле в совершенном существовании.

«И возвышаются они»[499], – т.е. они возвышаются, чтобы править миром, и чтобы престол стоял на своих опорах.

Объяснение. Когда левая линия господствует без включения правой и ее свечение распространяется при этом сверху вниз, грешники получают от ее свечения оживление и силу, чтобы править миром, и приводят к уничтожению и разрушению всего, что найдут, как сказано: «Земля отдана во власть грешника»[502].

А когда нижние поднимают МАН в ЗОН, Зеир Анпин поднимается в качестве МАН в Бину вместе со своим экраном

---

[499] Писания, Иов, 36:7. «Не отвращает очей Своих от праведника, а царями (возводит) на престол, и сажает их навеки, и возвышаются они».
[500] Писания, Иов, 36:6. «Он не даст жить грешнику и угнетенным воздаст по праву».
[501] Писания, Псалмы, 34:16. «Очи Творца – к праведникам, и уши Его – к воплю их».
[502] Писания, Иов, 9:24. «Земля отдана во власть грешника, лица судей ее закрывает Он; если же нет – кто тот?»

де-хирик, и на него выходит уровень хасадим первого вида и этим уменьшает ГАР левой линии,[503] и его свечение более не притягивается сверху вниз, а лишь снизу вверх. И тогда пропадает оживление грешников и они исчезают, как сказано: «Он не даст жить грешнику»[500].

И хотя отменились ГАР левой линии, т.е. свечение Хохмы, Писание сообщает нам: «Не отвращает очей Своих от праведника»[500], – не отвращает Он из-за этого очей, т.е. Хохму, от праведника, т.е. средней линии, ведь он получает ВАК де-ГАР левой линии, которые включаются в правую, и это всё совершенство свечения Хохмы.[504] И это означает сказанное: «Когда грешники не господствуют в мире и исчезают из него»[505] – т.е. когда Зеир Анпин поднимает экран де-хирик в качестве МАН в Бину, и тогда исчезают грешники, «в мире правит праведник» –праведник получает тогда свечение Хохмы, называемое властью.

И поэтому сказано: «"А царями (возводит) на престол"[499] – это правящие цари, поддерживаемые престолом» – т.е. цари, которые правят на земле, получают власть от Малхут, когда она находится в свойстве «престол». И это свойство мохин, получаемых в сидячем состоянии. Ведь когда человек сидит на стуле, его рост уменьшается из-за того, что он сидит, и это удобно ему. Так же и эти мохин уменьшаются от ГАР до ВАК де-ГАР, чтобы уничтожить грешников из мира. И об этом сказано: "И сажает их навеки"[499], – т.е. они пребывают на престоле в совершенном существовании». Иными словами, власть их не прекратится никогда, поскольку грешники исчезли и не смогут больше присоединиться к этим мохин.

«"И возвышаются они"[499], – т.е. они возвышаются, чтобы править миром, и чтобы престол стоял на своих опорах». Это значит, что они получают мохин снизу вверх, и поэтому они должны подняться в место гвуры, Нуквы Зеир Анпина, чтобы получить там мохин. А почему «они возвышаются»? Для того чтобы править миром, т.е. получить мохин Хохмы и совершить исправление «престола на его опорах», что означает

---

[503] См. Зоар, главу Лех леха, п. 22, со слов: «Экран де-хирик, на который выходит средняя линия, происходит от свойства суда, имеющегося в Малхут...»
[504] См. Зоар, главу Ноах, п. 239.
[505] См. пункт 364.

произвести исправление линий престола, Нуквы, так чтобы они установились навечно.

Другое объяснение слов: «И возвышаются они». Берут престол, Нукву, и устанавливают его наверху, в месте Бины, чтобы соединить ее на месте ее, как подобает. Объяснение. Мохин Нуквы пребывают во всем совершенстве только когда она поднимается в Бину и облачает ее. И поэтому сказано: «И возвышаются они» – так как поднимают ее наверх, к Бине.

ГЛАВА ВАЕЦЕ

Жертву Мне, хлеб Мой

368)[506] «Жертву Мне, хлеб Мой в огнепалимые жертвы Мне, в благоухание, приятное Мне»[507]. Жертва Творцу каждый день – чтобы питать мир, давать пропитание наверху и внизу, ведь в пробуждении снизу, вместе с ежедневным жертвоприношением, пробуждается свыше дарование изобилия, и благодаря этому каждый получает пропитание, как подобает. Пища – это изобилие света хасадим. Пропитание – это Хохма, облаченная в хасадим, т.е. оно состоит из двух сторон, и это значение слова «пропитание (калькала́ כַּלְכָּלָה)».

369) «Жертву Мою, хлеб Мой»[507], как сказано: «Отведал я соты мои с медом, пил я вино мое с молоком»[508], и это указывает на пропитание, о котором мы говорили. «В огнепалимые жертвы Мне»[507], как сказано: «Ешьте, друзья! Пейте до упоения, любимые!»[508], и это указывает на пищу. И если Творец наказывает пробудить питание наверху, чтобы передать питание вниз от этой высшей пищи, то человека, который дает питание бедняку для поддержания жизни, Творец тем более благословляет и дает ему высшее питание, и мир благословляется ради него.

370) Об этом сказано, что нельзя пренебрегать ни одним человеком в мире. Ибо двух видов награды можно удостоиться через этого человека: удостоиться через него будущего мира, дав ему подаяние, и удостоиться услышать от него открытия в Торе.

371) Другое объяснение. «Жертву Мне, хлеб Мой в огнепалимые жертвы Мне, в благоухание, приятное Мне»[507]. «Жертву Мне (эт корба́ни)» – это Кнессет Исраэль, т.е. Нуква. Ведь сказано: «Эт», что означает – Нуква. Иначе говоря, Писание намекает этим, что имеется в виду Нуква. «Жертва Мне (корба́ни קָרְבָּנִי)» – это близость (кирва קִרְבָה) и связь, чтобы соединиться, т.е. сблизить (лекаре́в לְקָרֵב) и связать Нукву с Зеир Анпином.

---

[506] Пункты 366, 367 в данной редакции текста не приводятся.
[507] Тора, Бемидбар, 28:2. «Повели сынам Исраэля и скажи им: "Жертву Мне, хлеб Мой в огнепалимые жертвы Мне, в благоухание, приятное Мне, – соблюдайте вы, принося Мне в положенное время"».
[508] Писания, Песнь песней, 5:1. «Пришел я в сад мой, сестра моя, невеста, набрал я мирры с бальзамом моим; отведал я соты мои с медом, пил я вино мое с молоком. Ешьте, друзья! Пейте до упоения, любимые!»

«Хлеб Мой» – это питание, изобилие мохин, появляющееся наверху благодаря пробуждению внизу во время ежедневного жертвоприношения. «В огнепалимые жертвы Мне» – чтобы включить всех остальных ангелов, которые должны питаться отсюда, каждый согласно своему свойству. «В благоухание, приятное Мне» – это желание единения, чтобы всё объединилось в высшем мире, Бине. То есть, это раскрытие свечения Хохмы из высшего мира, которое светит снизу вверх и называется благоуханием.[509]

372) «Соблюдайте вы, принося Мне в положенное время»[507]. Когда же приходит это положенное время? Это то время, когда Авраам пробудился, чтобы выполнить волю Творца, как сказано: «И поднялся Авраам рано утром»[510], – т.е. время ежедневного утреннего жертвоприношения. А когда Ицхак был связан на жертвеннике, в сумерках, – это время ежедневного вечернего жертвоприношения. В таком случае, почему же сказано: «В положенное время», – в единственном числе? Следовало сказать: «В положенные времена», – во множественном числе, ведь есть два времени. Но дело в том, что во время ежедневного приношения свойство Авраама, вода, включается в свойство Ицхака, огонь, и наоборот. Поэтому сказано: «В положенное время», в единственном числе, поскольку они включились друг в друга.

373) Обо всех жертвоприношениях не говорится «соблюдайте», как сказано здесь: «Соблюдайте вы, принося»[507]. И это потому, что «соблюдайте (тишмеру́ תשמרו)» относится к заповеди «храни (шамо́р שָׁמוֹר)», т.е. к Нукве, которая должна быть приближена наверх, к Зеир Анпину. Как сказано: «Соблюдайте вы, принося Мне» – т.е. приближая Нукву, «в положенное время» – т.е. в правой и левой сторонах Зеир Анпина, и это Авраам и Ицхак, как мы уже выяснили.

---

[509] См. Зоар, главу Толдот, п. 134.
[510] Тора, Берешит, 19:27. «И поднялся Авраам рано утром (и пошел) на то место, где стоял пред Творцом».

Божки

375)[511] «А Лаван пошел стричь свой мелкий скот, и Рахель похитила божков, которые у ее отца»[512]. Что представляют собой эти божки? Это поклонение идолам, и назывались они божками (трафи́м תְרָפִים) в знак пренебрежения, от слов «бейт турпа́ (בית תורפה непристойное место у женщины)». И откуда нам известно, что им поклонялись как идолам? Поскольку сказано: «Зачем ты похитил мои божества?»[513], и сказано: «У кого же найдешь твои божества»[514]. А Лаван был колдуном всех колдунов мира, и по этим божкам узнавал всё, что ему нужно было узнать.

376) Эти божки были сделаны с помощью колдовства. С помощью заклинаний делались. Сделаны были в урочные часы. И почему они названы божками (трафи́м תְרָפִים)? Потому что в назначенное время работают над ними и в назначенное время оставляют (марпи́м מרפים) их. И из-за этой необходимости оставлять (леарпо́т להרפות) их в урочные часы, они были названы трафим (божки).

377) Когда мастер делает его, тот, кто знает мгновения и часы, когда работать, а когда перестать, стоит над ним и говорит: «Сейчас перестань, а сейчас делай». И нет другого действия, которое следует переставать делать в урочный час, кроме действия с божками. И он говорит всегда и дает дурные советы, как причинить вред душе человека.

378) А Рахель боялась, чтобы божки не дали совета, как навредить Яакову. И в знак пренебрежения к идолопоклонству положила их под себя, так чтобы они не могли говорить, поскольку, когда их готовят к тому, чтобы они заговорили, метут и брызгают водой перед ними, т.е. следует выказать к

---

[511] Пункт 374 в данной редакции текста не приводится.
[512] Тора, Берешит, 31:19. «А Лаван пошел стричь свой мелкий скот, и Рахель похитила божков, которые у ее отца».
[513] Тора, Берешит, 31:30. «И ныне, (если) ушел ты из-за того, что истосковался по дому отца твоего, зачем ты похитил мои божества?»
[514] Тора, Берешит, 31:32. «"У кого же найдешь твои божества, не будет жив. При наших братьях опознай, что (из твоего) у меня, и бери себе". И не знал Яаков, что Рахель похитила их».

ним уважение. А про нее сказано: «И села на них»[515], – т.е. она выказала к ним пренебрежение, и они не могли говорить. Божки эти были захар и некева (досл. мужчиной и женщиной), и много поклонений совершалось пред ними, прежде чем они начинали говорить. И из-за того, что не было божков, Лаван задержался на три дня, потому что он не знал, что Яаков сбежал, как сказано: «И сообщено было Лавану на третий день, что убежал Яаков»[516].

379) Он подготовился в двух отношениях: вооружился всеми чарами, которые были у него, и запасся оружием, чтобы извести Яакова из мира, как сказано: «Арамеец вознамерился погубить отца моего»[517]. Когда Творец увидел, что он хочет погубить Яакова, сказано: «Берегись, чтобы не говорить с Яаковом ни хорошего, ни плохого!»[518] Ведь сказано: «Есть в руке моей сила сделать вам зло»[519]. Чему он так верил? – Тем чарам, которые были у него в руках.

380) Лаван за один день прошел путь, пройденный Яаковом за семь дней, чтобы извести его из мира: во-первых, за то, что он ушел от него, и во-вторых, за божков, которые они похитили у него. И хотя Рахель сделала это, чтобы вырвать отца из идолопоклонства, все же она была наказана тем, что не вырастила Биньямина и не пробыла с ним на свете ни одного часа из-за страданий отца, – несмотря на то, что намерения ее были хорошими.

381) Все страдание, перенесенное Яаковом с Лаваном, обратило Лавана к раскаянию, к тому, что он признал Творца, как сказано: «Смотри: Всесильный (Элоким) свидетель между

---

[515] Тора, Берешит, 31:34. «А Рахель взяла идолов и положила их в верблюжье седло и села на них. И ощупал Лаван весь шатер и не нашел».

[516] Тора, Берешит, 31:22. «И сообщено было Лавану на третий день, что убежал Яаков».

[517] Тора, Дварим, 26:5. «И возгласишь ты и скажешь пред Творцом Всесильным твоим: "Арамеец вознамерился погубить отца моего; а (затем) он спустился в Египет и проживал там с немногими, и стал там народом великим, могучим и многочисленным"».

[518] Тора, Берешит, 31:24. «И явился Всесильный Лавану-арамейцу ночью во сне и сказал ему: "Берегись, чтобы не говорить с Яаковом ни хорошего, ни плохого!"»

[519] Тора, Берешит, 31:29. «Есть в руке моей сила сделать вам зло. Но Всесильный отца вашего прошлой ночью сказал мне так: "Берегись, не говори с Яаковом ни хорошего, ни плохого!"»

мной и тобой»[520], – т.е. он упомянул имя Элоким. Но сказано: «Всесильный Авраама и бог Нахора пусть вершат суд между нами»[521], – т.е. этот грешник вернулся к своим заблуждениям. После того как произнес: «Всесильный Авраама» – святое имя, снова упомянул бога Нахора, что является идолопоклонством.

382) «И поклялся Яаков Страхом отца своего, Ицхака»[521]. Почему он поклялся Страхом Ицхака, а не Всесильным Авраама? Но дело в том, что он не желал обременять правую сторону, Авраама, привлекая его ради Лавана, и потому не поклялся Всесильным Авраама, правой линией. И кроме того, человек не должен клясться высшим свойством по каждому поводу, даже если он клянется истинно. Объяснение. Он не поклялся Всесильным Авраама, поскольку он является Хеседом, высшим из семи сфирот ХАГАТ НЕХИМ, а человек не должен клясться таким высоким свойством.

383) Нет сомнения, что Яаков поклялся так, чтобы всё сбылось, как подобает, т.е. он намеренно заручился Страхом отца своего Ицхака, чтобы придать бо́льшую крепость своей клятве, как и должно быть. И Яаков, посмотрев на положение вещей, подумал: «Ведь Лаван уже сказал: "Всесильный Авраама", но не упомянул отца моего Ицхака, я дополню всё это». Тотчас: «И поклялся Яаков Страхом своего отца Ицхака»[521]. Другое объяснение: включиться в суд, чтобы устоять перед Лаваном.

---

[520] Тора, Берешит, 31:50. «Если притеснять будешь моих дочерей и если возьмешь жен кроме моих дочерей! Нет мужа с нами; смотри: Всесильный свидетель между мной и тобой».

[521] Тора, Берешит, 31:53. «Всесильный Авраама и бог Нахора пусть вершат суд между нами, Всесильный отца их. И поклялся Яаков Страхом отца своего, Ицхака».

ГЛАВА ВАЕЦЕ

И встретили его ангелы Всесильного

384) «Яаков же пошел своим путем, и встретили его ангелы Всесильного»[522]. Заговорил рабби Аба, провозгласив: «"Мужчиной и женщиной сотворил Он их"[523]. Насколько же внимательно мы должны изучать слова Торы» – т.е. Зеир Анпина, средней линии. «Горе тем, у кого сердце черство и глаза закрыты» – тем, кто соединен с левой линией, для которых перекрыта Хохма, называемая «глаза», и Бина, называемая «сердце». «Ведь Тора» – исходящая от средней линии, «взывает к вам: "Идите, ешьте хлеб мой"[524], – который исходит от правой линии Торы, "и пейте вино, мною растворенное"[524], – исходящее от левой линии Торы». «"Кто глуп", – всякий, соединенный с левой линией, "пускай завернет сюда", – неразумному она сказала"[524]. Но нет того, кто бы всмотрелся в нее».

385) «В сказанном: "Мужчиной и женщиной (захар и некева) сотворил Он их"[523] содержатся высшие тайны. И относится это как к внутреннему, так и к внешнему». Иначе говоря, есть соединение захара и некевы во внутреннем, т.е. в гадлуте, и есть соединение захара и некевы во внешнем, т.е. в катнуте. «По отношению к внутреннему получается одним образом, а по отношению к внешнему – другим. Ведь получается, что солнце и луна» – т.е. ЗОН, «находятся в полном единстве, поскольку сказано: "Сотворил их", как сказано: "Солнце, луна находились в обители своей"[525]» – т.е. захаром и некевой во внутреннем свойстве. «И следует из Писания, что Адам и Хава были созданы и вышли от одного зивуга» – от высших ЗОН, т.е. вышли вначале во внешнем. «И поскольку в зивуге они были как одно целое, сейчас же: "И благословил их"[523] Всесильный, потому что благословение пребывает только там, где есть захар и некева».

---

[522] Тора, Берешит, 32:2. «Яаков же пошел своим путем, и встретили его ангелы Всесильного».
[523] Тора, Берешит, 5:2. «Мужчиной и женщиной сотворил Он их. И благословил Он их, и нарек им имя Адам, человек, в день сотворения их».
[524] Писания, Притчи, 9:1-6. «Премудрость построила себе дом, вытесала семь столбов его, заклала свою жертву, растворила вино свое и накрыла стол свой. Послала своих прислужниц, возглашает на вершинах городских высот. "Кто глуп, пускай завернет сюда", – неразумному она сказала. "Идите, ешьте хлеб мой и пейте вино, мною растворенное, оставьте неразумное и живите, и ходите путем разума!"»
[525] Пророки, Хавакук, 3:11.

И потом уже образовались захар и некева во внутреннем, в свойстве паним-эль-паним (досл. лицом к лицу).

386) Когда Яаков собрался идти в Харан, он был один, поскольку еще не был женат. Сказано: «И достиг он того места»[526]. И ответили ему только лишь во сне. А сейчас, когда он уже женат, и вышел со всеми коленами, высшие станы, якобы, пошли ему навстречу и уговаривали, как сказано: «И встретили его ангелы Творца»[527], которые вернулись, чтобы пойти ему навстречу, т.е. чтобы уговорить.

Сначала он уговаривал, как сказано: «И достиг он того места»[526]. Теперь они уговаривали, как сказано: «И встретили его»[527]. Ведь благодаря Яакову и коленам они были напоены водами великого моря, т.е. изобилием Нуквы в гадлуте. И поэтому они уговаривали его, чтобы он притянул к ним это изобилие. Вначале он увидел их ночью и во сне, как сказано: «И снилось ему: ...и вот ангелы Всесильного восходят и нисходят по ней»[528]. А сейчас он увидел их воочию и днем. Как сказано: «И сказал Яаков, увидев их: "Стан Всесильного это"»[529].

Объяснение. Выше сказано: «И достиг он того места»[526], – а здесь сказано: «И встретили его»[527]. И в обоих случаях сказано о встрече, что означает «умиротворение», т.е. притяжение свечения левой линии в начале зивуга.[530] В таком случае, в чем же разница между ними, если там Яаков, т.е. Зеир Анпин, умиротворял Нукву, а здесь ангелы Нуквы умиротворяли его?

И чтобы объяснить это, приводится сказанное: «Мужчиной и женщиной (захаром и некевой) сотворил Он их»[523], и поясняется, что есть два вида зивугов – внутренний и внешний. И они делятся так, что «И достиг он того места»[526] – это свечение

---

[526] Тора, Берешит, 28:11. «И достиг он того места и ночевал там, ибо зашло солнце. И взял он из камней этого места и положил себе в изголовье, и лег на том месте».

[527] Тора, Берешит, 32:2. «Яаков же пошел своим путем, и встретили его ангелы Всесильного».

[528] Тора, Берешит, 28:12. «И снилось ему: и вот лестница поставлена на землю, а вершина ее достигает небес; и вот ангелы Всесильного восходят и нисходят по ней».

[529] Тора, Берешит, 32:3. «И сказал Яаков, увидев их: "Стан Всесильного это". И нарек он имя месту тому Маханаим».

[530] См Зоар, главу Берешит, часть 2, п. 215, со слов: «Внутренний смысл сказанного...»

левой линии от внешнего свойства, поэтому сказано: «Он был один, поскольку еще не был женат». Иными словами, Нуква еще не установилась к нему паним бе-паним. Сказано: «И достиг он того места»[526] – он должен был умиротворить Нукву, т.е. притянуть к ней наполнение в зивуге от свечения левой линии. «И ответили ему только лишь во сне» – т.е. это внешнее свойство, так как сон означает – внешнее свойство.

«А сейчас, когда он уже женат», – т.е. Нуква установилась к нему паним бе-паним, «сказано: "И встретили его", т.е. вернулись, чтобы пойти ему навстречу» – ибо после того, как Нуква находится в гадлуте, он не должен более притягивать к ней от левой линии, а он передает ей только хасадим от правой. А что касается свечения левой, наоборот, – ведь поскольку Нуква уже исправлена в свойстве нижней Хохмы, ее ангелы действуют на него свечением левой линии, что называется: «И встретили его ангелы Всесильного»[527].

387) «Благодаря тому, что Яаков уже был женат и исправлен в двенадцати коленах» – в состоянии паним бе-паним, «они были напоены от вод великого моря» – т.е. уже были напоены от свечения Хохмы левой линии, называемого великим морем, и поэтому: «И встретили его»[527], – т.е. они придали ему свечение левой линии. И сказано: «Однако вначале только ночью и во сне» – потому что вначале, когда Яаков должен был умиротворить ее и притянуть к ней от свечения левой линии, это возможно лишь ночью, поскольку во время свечения левой линии без правой возникает тьма и ночь.[531] «А сейчас он увидел их воочию и днем» – ибо сейчас он больше не должен передавать ей наполнение от левой линии, а только от правой, т.е. свечение хасадим, время передачи которого – днем.

388) Как он узнал, что это ангелы Всесильного? Он увидел, что это те же ангелы, которых он видел во сне. И поэтому он назвал их: «Маханаим (станы)»[529], как сказано: «И вот ангелы Всесильного восходят и нисходят по ней»[528], которых он видел в своем сне. И они были видны наверху и были видны внизу, т.е. было два стана.

389) «Почему сейчас ангелы раскрылись, чтобы встретить его, т.е. умиротворить с помощью свечения Хохмы? Дело в том,

---

[531] См Зоар, главу Берешит, часть 2, п. 216.

что Шхина пошла к Яакову, чтобы взять (весь) дом его» – т.е. соединиться с высшей нуквой Леей и стать одним парцуфом, и тогда будет у нее весь дом Яакова, все двенадцать колен, т.е. также и шесть сыновей Леи. И Шхина ждала Биньямина, чтобы взять дом вместе с Яаковом как полагается, т.е. со всеми двенадцатью коленами. И поэтому ангелы раскрылись ему, чтобы дать умиротворение, т.е. свечение левой линии, окончательно наполнив его. И тогда сказано: «И возвратится Яаков, и будет жить спокойно и мирно, и никто не будет страшить его»[532] – потому что с помощью свечения Хохмы можно победить все клипот в мире, и никто не устрашит его.

390) «Яаков же пошел своим путем, и встретили его ангелы Всесильного»[527]. Покровители старейшин, выпрямляющие свыше, и пламя огненного меча, поставленное над всеми воинствами и станами. «Старейшины» – это Аба ве-Има. Мохин левой линии Абы ве-Имы – это «покровители старейшин». «Выпрямляющие» означает – ГАР, потому что мохин де-ВАК считаются склоненными, а ГАР выпрямляют их.

«Покровители старейшин, выпрямляющие свыше» – т.е. ГАР светят в левой линии Абы ве-Имы, называемых старейшинами. И тогда они выпрямляющие. А Нуква, которая получает при этом наполнение от Абы ве-Имы, становится «пламенем обращающегося меча»[533] и управляет с помощью этой силы суда всеми воинствами и станами ангелов, которые исходят от нее, исходят как справа, так и слева, и все они действуют с помощью суда. Как сказано: «Колодец, выкопанный старейшинами»[534]. «Колодец» – это Нуква, «старейшины» – Аба ве-Има, «выкопанный» – силой судов.

391) Огненный меч – красный, поскольку эти суды притягиваются им от левой линии Бины, и цвет ее – красный. Сказано

---

[532] Пророки, Йермияу, 30:19. «"И ты не бойся, раб Мой Яаков, – сказал Творец, – и не страшись, Исраэль, ибо вот, спасу Я тебя издалека и потомство твое из страны пленения их. И возвратится Яаков, и будет жить спокойно и мирно, и никто не будет страшить его"».

[533] Тора, Берешит, 3:24. «И изгнал Адама и поместил к востоку от сада Эденского херувимов и пламя обращающегося меча, чтобы охранять путь к Древу жизни».

[534] Тора, Бемидбар, 21:18. «Колодец, выкопанный старейшинами, вырытый вождями народа жезлом, посохами своими».

о нем: «Меч Творца полон крови»[535]. От этого меча зависит обращение, т.е. те ангелы, которые обращаются в несколько видов: то они женщины, то они – мужчины. И в этом отношении остальные свойства распределяются по нескольким ступеням. Ведь есть еще два свойства, называемые ангелы и духи, в женщинах, а также два свойства, ангелы и духи, в мужчинах. И то, что касается этих преобразований, мы ранее уже выясняли, и не можем то же самое делать дважды.[536]

Пояснение сказанного. Рассматриваются следующие вопросы:
1. Яаков шел своим путем, но непонятно каким путем.
2. «Увидев их»[529] – лишнее. Ведь они встретили его, конечно же, он увидел их.
3. Почему во время встречи сказано: «Ангелы Всесильного»[527], а при наречении имени – «стан Всесильного»[529]?

И далее выясняется, что «Яаков пошел своим путем»[527], означает – для привлечения мохин от Абы ве-Имы к Нукве. И вначале, когда он привлек левую линию в Абе ве-Име, в Нукве раскрылись ангелы суда, и о них сказано: «И встретили его его ангелы Всесильного»[527]. И Яаков пробудился, чтобы охранять Нукву от этих судов, и тогда сказано: «И сказал Яаков, увидев их»[529], – т.е. когда он раскрыл в них ви́дение с помощью привлечения средней линии, которая объединяет две линии. Сказал он тогда: «стан Всесильного это»[529].

«Стан» означает, что он связал четыре свойства ангелов в один стан. И потом они стали опорами для Нуквы с четырех ее сторон. И тогда: «И нарек он имя месту тому»[529], – т.е. Нукву, которая называется местом, он назвал теперь станами, потому что стан Всесильного распространился на четыре стана, в четырех сторонах ее.

И поэтому нужно было сначала выяснить место выхода мохин, что они от Абы ве-Имы, и что от Абы ве-Имы получает Нуква, а от Нуквы нисходят ангелы. И надо было выяснить эти три свойства во власти левой линии, и именно это выясняется здесь:

---

[535] Пророки, Йешаяу, 34:6. «Меч Творца полон крови, тучнеет от тука, от крови баранов и козлов, от тука с почек баранов, ибо резня у Творца в Боцре и заклание великое в земле Эдома».
[536] См. Зоар, главу Берешит, часть 2, пп. 119-122.

1. Что «покровители старейшин, выпрямляющие свыше» – это мохин левой линии Абы ве-Имы.

2. От них исходит «пламя меча» – т.е. Нуква с мохин левой линии.

3. «От этого меча зависит обращение, т.е. те, которые обращаются в несколько видов» – это ангелы, происходящие от Нуквы, иногда они мужчины, иногда – женщины.

А затем выясняются эти три свойства в средней линии.

392) «Со стороны Древа жизни» – т.е. средней линии, «выходят» – в Абе ве-Име, «те, которые образуют единство с помощью связи» – т.е. выходят три линии в Абе ве-Име в полном единстве с помощью связи экрана де-хирик,[537] которую Яаков поднял туда в виде МАН.

«Эти святые» – три линии, «неизменно наполняются от небесной росы». Иначе говоря, хотя все три линии присутствуют там как одно целое, тем не менее левая линия там не властвует вовсе, и лишь правая господствует над всеми, и это свойство покрытых хасадим, называемых «небесная роса», поскольку левая линия раскрывается в одной лишь Нукве. И это первое свойство средней линии.

«Имя Элоким» – т.е. Нуква, «исправляется с помощью них» – с помощью мохин Абы ве-Имы. И это второе свойство средней линии.

«В четырех сторонах мира» – Нуквы, «мохин становятся опорами престола» – т.е. Нуквы, называемой престолом. Иными словами, они стали четырьмя ножками престола, и это четыре ангела: Михаэль, Гавриэль, Уриэль, Рефаэль. И это третье свойство средней линии.

И выяснились три свойства – т.е. Аба ве-Има, и Нуква, и ангелы, также со стороны средней линии.

«Все они» – все эти три свойства, «изножье, части и опоры, никогда не отделяются от этого имени» – Элоким, т.е. Нуквы.

---

[537] См. выше, п. 317, со слов: «Пояснение сказанного...»

«И они – "овцы крепкие (досл. связанные)"[538] Яакова, которых он избрал в свою долю, и они соединились с этим именем» – т.е. с Нуквой, «и все они вышли благодаря Яакову».

Объяснение. Все три вышеназванных свойства, – источник их выхода в Абе ве-Име, приход в Нукву и распространение в ангелах, – соединяются в Нукве и называются в ней: «изножье, части и опоры». Поскольку НЕХИ Абы ве-Имы облачаются в Нукву со своими мохин, и эти НЕХИ называются: «Мать одалживает свои одежды дочери».[539] И они называются «изножье», как в сказанном: «И открыла изножье его»[540], – поскольку НЕХИ называются «ноги».

И когда в ней распространяются эти мохин, она называется престолом, и ангелы, которые нисходят от нее, становятся четырьмя ножками этого престола. А мохин, которые распространяются в самой нукве, называются частями, т.е. частями и элементами самого престола. Мохин, распространяющиеся к ангелам, называются опорами, так как они поддерживают престол, но не являются самим престолом.

И выяснилось соединение этих трех свойств вместе внутри Нуквы. И сказано, что «все они вышли благодаря Яакову» – т.е. несмотря на то, что Нуква получает три эти свойства от Абы ве-Имы, она не получает их напрямую от Абы ве-Имы, но сначала они выходят в Яакове, т.е. Зеир Анпине, и Нуква получает их от Яакова.

393) «Когда Яаков пошел своим путем» – т.е. когда он пошел получить от Абы ве-Имы эти три свойства для Нуквы, «с четырех сторон» – ХУБ ТУМ, «окружили его» – т.е. он поднялся в виде МАН в Абу ве-Иму и в средней линии раскрыл там четыре света ХУБ ТУМ в отраженном свете. «В четырех сторонах мира» – Нуквы, называемой миром, «охраняли его» – т.е. он притянул ХУБ ТУМ от Абы ве-Имы в Нукву во всём совершенстве. «И

---

[538] Тора, Берешит, 30:41. «И было, при каждом разгорячении овец крепких ставил Яаков прутья у стоков перед глазами этих овец, чтобы разгорячались перед прутьями».

[539] См. «Предисловие книги Зоар», п. 17, со слов: «Поэтому сказано: "Мать одалживает свои одежды дочери и венчает ее своими украшениями"...»

[540] Писания, Рут, 3:7. «Боаз поел и попил, и стало у него хорошо на душе, и пошел он, чтобы лечь (спать) у края вороха (зерна). А она подошла тихонько, и открыла изножье его, и прилегла».

лишь недолго был он под впечатлением высшего места» – т.е. покровителей старейшин, выпрямляющих свыше, и это власть левой линии в Абе ве-Име, откуда распространяются ангелы, обращающиеся в несколько видов. И о них сказано: «И встретили (ифгеу́ יפגעו) его ангелы Всесильного»[527], – т.е. он был тронут (нифга́ נפגע) и впечатлен содержащимся в них судом. И это нужно было для того, чтобы охранить дерево внизу. Иначе говоря, для того чтобы он поднял МАН в Абу ве-Иму и раскрыл там среднюю линию для охраны дерева внизу, т.е. Нуквы, от судов.

А после того, как он притянул среднюю линию, «И сказал Яаков, увидев их»[529], – когда раскрыл в них ви́дение, т.е. мохин ХУБ ТУМ, которые выходят на среднюю линию, то сказал: «Стан Всесильного это»[529]. Иначе говоря, он объединил ангелов Творца в один стан, и они стали опорами для Нуквы, для ее четырех сторон. И тогда: «И нарек он имя месту тому "Маханаим (станы)"»[529], – т.е. они стали четырьмя станами для четырех сторон Нуквы, или четырьмя ножками престола.

Выражаем огромную благодарность группе энтузиастов из разных стран мира, выступивших с инициативой сбора средств для реализации этого проекта.

Спонсоры и инициаторы:

Сергей Лунёв, Вадим Плинер - *Канада*,

Борис Родов - *Филлипины*,

Максим Голдобин, Константин Фарбирович - *Россия*,

Николай Полудённый, Александр Зайцев,

Александр Каунов, Сергей Каунов, Евгений Сачли,

Андрей Нищук, Михаил Плющенко - *Украина*.

Идея:
Максим Маркин - *Украина*

Сайт спонсоров проекта:
http://zoar-sulam-rus.org/

Под редакцией президента института
ARI проф. М. Лайтмана

Руководители проекта: Г. Каплан, П. Ярославский

Перевод: Г. Каплан, М. Палатник, О. Ицексон

Редактор: А. Ицексон

Технический директор: М. Бруштейн

Дизайн и вёрстка: А. Мухин

Корректор: И. Лупашко, П. Календарев

Благодарность
за помощь в работе над книгой:

Э. Винер, Н. Винокур, И. Каплан, Р. Каплан, Л. Гойман,
И. Лупашко, Р. Марголин, Э. Агапов, А. Каган, З. Куцина

Видеопортал Zoar.tv

Видеопортал Зоар.ТВ располагает уникальным контентом в виде бесплатных видео материалов, видеоклипов, ТВ онлайн, добрых фильмов онлайн, музыки.

http://www.zoar.tv/

Курсы обучения

Миллионы учеников во всем мире изучают науку каббала.

Выберите удобный для вас способ обучения на сайте:

http://www.kabacademy.com/

Книжный магазин

РОССИЯ, СТРАНЫ СНГ И БАЛТИИ

http://kbooks.ru

АМЕРИКА, АВСТРАЛИЯ, АЗИЯ

http://www.kabbalahbooks.info

ЕВРОПА, АФРИКА, БЛИЖНИЙ ВОСТОК

http://www.kab.co.il/books/rus

www.ingramcontent.com/pod-product-compliance
Lightning Source LLC
LaVergne TN
LVHW081534070526
838199LV00006B/363